真假信号

股市十大技术指标实战经典和常见虚假信号

麻道明◎编著

中国宇航出版社

·北京·

内 容 提 要

本书是一本技术指标分析专著，详细解析了指数平滑异同移动平均线、相对强弱指标、随机指标、威廉指标、移动平均线、乖离率、均量线指标、动向指标、布林线指标、宝塔线指标等十大常用技术指标，旨在通过深度剖析经典实例，帮助投资者熟练掌握这些技术指标的基本特性，摸准其运行规律，掌握具有实盘操作价值的买卖信号，免受实盘操作中各种虚假信号的误导，从而使投资者掌握一套投资实战技术和技巧，以便准确地判断股市行情，更好地把握市场买卖时机。

图书在版编目（CIP）数据

真假信号 ：股市十大技术指标实战经典和常见虚假信号 / 麻道明编著. -- 北京 ：中国宇航出版社，2022.7

ISBN 978-7-5159-2083-2

Ⅰ. ①真… Ⅱ. ①麻… Ⅲ. ①股票投资－基本知识 Ⅳ. ①F830.91

中国版本图书馆CIP数据核字(2022)第105505号

策划编辑 卢 珊
责任编辑 白希国　　**封面设计** 宋 航

出版发行 中国宇航出版社

社 址 北京市阜成路8号　邮 编 100830
（010）68768548
网 址 www.caphbook.com
经 销 新华书店
发行部 （010）68767386　（010）68371900
（010）68767382　（010）88100613（传真）
零售店 读者服务部　（010）68371105
承 印 三河市君旺印务有限公司

版 次 2022年7月第1版
2022年7月第1次印刷
规 格 787×1092
开 本 1/16
印 张 20.25
字 数 392千字
书 号 ISBN 978-7-5159-2083-2
定 价 59.00元

本书如有印装质量问题，可与发行部联系调换

前　言

在股市技术分析中，技术指标是一个独立且不可缺少的分析工具，实盘应用十分广泛，效果也非常显著。但是，如何运用技术指标更好地为实盘操作提供帮助，成了不少人的技术难点，甚至让人感到无从下手，以致造成操作失误。投资者一定要正确地利用技术指标判断股市行情，更好地把握市场买卖时机。根据多年的A股市场运行规律，并经过长期的跟踪观察、市场检验和潜心研究，笔者编写了这本技术指标分析专著《真假信号：股市十大技术指标实战经典和常见虚假信号》，旨在为广大投资者在实盘操作中提供正确的应用方法，并使大家免受虚假信号的误导。

书中详细解析股市中十大常用技术指标，通过经典实例的深度剖析，帮助大家熟练掌握重要技术指标的基本特性，摸准技术指标的运行规律，掌握具有实盘操作价值的买卖信号，免受实盘操作中各种虚假信号的误导，力求使普通散户掌握一套投资实战技术和技巧，用技术指标在茫茫股海中引领航向，达到运筹帷幄、从容出入、胜人一筹的操盘境界。

书中还重点破解十大技术指标的常见技术陷阱，提出了每一种技术陷阱的破解方法，让散户掌握一套操刀执剑的具体要领。中国资本市场存在幕后庄家是不争的事实，市场有了庄家的存在，就会产生无数真真假假的信号。这些信号若现若离，时真时假，散户难以准确把握，以致深受其害，蒙受巨大的经济损失。

比如，主力建仓时，就会制造“难看”的技术图形，误导散户抛出筹码；主力出货时，就会设计“好看”的技术图形，引诱散户接走筹码。

在这个布满陷阱的市场中，散户要有一套防身制胜的技术本领。那么，散户拿什么来保护自己呢？只有掌握破解技术陷阱的方法，才能利用庄家的短处，掐住庄家的咽喉。

本书教给大家一套识别和破解陷阱的方法，通过技术指标的每一个细节，分析当前的市场特征，进而推测未来股价的变化趋势，从而掌握庄家“变脸”的规律，找出其中破绽，切中庄家要害，然后出剑下刀。

书中关于陷阱的识别和破解方法，都是经过多年的市场跟踪观察、实盘检验和反复印证，其“破阵”效果很好。可以这样说，庄家能够设置技术陷阱，散户就有识别和破解其陷阱的方法。

本书不是普通的“指标大全”，而是一本以研究特殊信号为主要内容的炒股专用书。全书以理论为前提，注重实战分析，突出实盘技巧。书中讲解的内容，对实盘操作具有十分重要的指导意义，希望能给投资者今后的实盘操作带来切实的帮助。

麻道明

2022 年春　中国·楠溪江畔

目　录

第一章

指数平滑异同移动平均线（MACD）

一、MACD 指标精要

指数平滑异同移动平均线指标（Moving Average Convergence and Divergence，简称 MACD），又称指数差离指标，它是利用短期和长期两条移动平均线之间的聚合与分离的征兆功能，并加以双重平滑计算，用来研判股市的未来变化趋势，以确定股票最佳买卖时机的中线技术指标。

MACD 由差离值 DIF 和平均差离值 DEA 组成，它是在移动平均线的基础上发展过来的，一则去掉了移动平均线频繁发出虚假信号的缺陷，二则确保移动平均线的最大效果。MACD 的原理是利用两条不同速度（短期和长期）的平滑移动平均线的变化关系，用快速平滑移动平均线减去慢速平滑移动平均线，就得到一个差离值 DIF。当这个值是正数时，叫 + DIF；是负数时，叫 –DIF。再与连续数日 DIF 值得出一个差离平均值 DEA，DEA 对 DIF 作移动平均，就像对收盘价作移动平均一样，消除了诸多偶然因素的影响，从而使发出的信号更加准确。所以，在图表上就形成了一条快线 DIF，一条慢线 DEA，DEA 就是我们常说的 MACD 线。

MACD 的计算方法十分复杂，先计算出平滑系数，然后计算平滑移动平均线 EMA，再计算快、慢速平滑移动平均线的正负差离值 DIF，最后计算出差离平均值 DEA，即 MACD。

在技术分析软件中，还有一个红绿相间的柱状线，叫 BAR 指标，它是用来表明 DIF

和 MACD 两者之间距离大小的指标。BAR 与 MACD 结合起来，能够很好地研究股价的走势变化，达到最佳买卖效果。红色柱状线为做多信号，当红柱增多拉长时，说明多方气势旺盛，多头行情仍将继续；反之，当红柱减少缩短时，说明多方气势在衰减，股价随时可能会下跌。绿色柱状线为做空信号，当绿柱增多拉长时，说明空方气势旺盛，空头行情仍将继续；反之，当绿柱减少缩短时，说明空方气势在衰减，股价随时会止跌或见底回升。

MACD 围绕 0 轴作无规则的波谱式的运行。0 轴是中心，只不过在某个区域里运行的时间长短不一。DIF 的运行速度相对较快，MACD 的运行速度相对较慢。两条曲线在 0 轴上方正值区域运行，说明现在的市场为多头市场；两条曲线在 0 轴下方负值区域运行，说明现在的市场是空头市场。无论是在 0 轴上方还是下方运行，都有向 0 轴回归的要求，正区和负区的 MACD 值没有限制。

在一段真正持续的涨势或跌势行情中，DIF 和 MACD 之间的距离必将愈拉愈大，随后渐渐趋于缓慢，两者之间的距离也必然缩小，最后形成互相交叉并趋向 0 轴。DIF 由下往上穿过 MACD，称为 MACD 金叉，为买进信号。DIF 由上往下穿过 MACD，称 MACD 死叉，为卖出信号。

二、MACD 指标特性

（1）当 DIF 和 MACD 的值均为正值时，即均在 0 轴以上，属于多头市场。若 DIF 线向上突破 MACD 线，则构成黄金交叉，为买入信号。若 DIF 线向下突破 MACD 线，则构成死亡交叉，为回落信号，可以短线获利了结，不可以长线放空。

（2）当 DIF 和 MACD 的值均为负值时，即均在 0 轴以下，属于空头市场。若 DIF 线向下突破 MACD 线，则构成死亡交叉，为卖出信号。若 DIF 线向上突破 MACD 线，则构成黄金交叉，为反弹信号，可以短线回补，不可以追涨。

（3）向下移动的 MACD 线转为向上移动，DIF 线向上穿过 MACD 线产生金叉，表明多方占有一定的优势。

这种现象可分为两种情况：第一，MACD 线在正值区域，即在 0 轴以上，此现象通常表示回档暂告结束，可以跟进做多；第二，MACD 线在负值区域，即在 0 轴以下，此现象通常表示反弹开始，可以用少量资金做反弹。

（4）向上移动的 MACD 线转为向下移动，DIF 线向下穿过 MACD 线产生死叉，表明空方占有一定的优势。

这种现象也可分为两种情况：第一，MACD 线在正值区域，即在 0 轴以上，此现象通常表示回档开始，可先暂时退出观望；第二，MACD 线在负值区域，即在 0 轴以下，此现象通常表示反弹结束，应离场观望为宜。

（5）当 MACD 与股价产生顶背离时，为卖出信号。股价出现两个以上近期相对低点，而 MACD 并不配合出现新低点，可以买入。

相反，当 MACD 与股价产生底背离时，为买入信号。股价出现两个以上近期相对高点，而 MACD 并不配合出现新高点，可以卖出。

（6）在高位两次或两次以上死叉可能大跌，应及时止损离场；在低位两次或两次以上金叉可能大涨，应转变空头思维，做好做多准备。

（7）运用 BAR 柱状线的加长和缩短，可提早进行买卖行动。

在 0 轴上方出现的柱状线为红柱，是做多信号。当红柱线加长时，说明多方力量强劲，行情仍将延续。当红柱线缩短时，说明多方力量衰竭，股价可能会下跌。

在 0 轴下方出现的柱状线为绿柱，是做空信号。当绿柱线加长时，说明空方力量强大，行情仍将延续。当绿柱线缩短时，说明空方力量减弱，股价可能会企稳回升。

三、MACD 实盘经典

实盘中，运用 MACD 研判后市走势时，若想成为股市中的获胜者，就要重点把握以下 4 个信号。

（1）关注 DIF 线与 MACD 线黏合后分离信号的变化。

（2）把握 DIF 线与 MACD 线交叉（金叉或死叉）信号。

（3）掌握 MACD 指标与股价形成的顶背离和底背离走势。

（4）认识和掌握 MACD 指标的特种图形用法。

在分析和应用过程中，将这 4 个信号与其辅助指标 BAR 柱状线结合起来，可以进一步提高信号的准确性。

（一）黏合信号

在实盘操作中，经常发现 DIF 线和 MACD 线靠得很近或黏合在一起，有时候其差值几乎为零，此时应重点关注，表明走势随时有突破的可能，但不能过早地做出买卖决定，后市仍然存在许多变数，等待方向明朗后再做出买卖决定。一旦股价有效突破，通常会朝突破方向持续运行一段时间。

这种盘面有以下 3 种现象值得注意。

1. 低位黏合

股价经过下跌调整后，DIF 线和 MACD 线在低位（在 0 轴下方较远的位置更具有判断价值）发生黏合或走平，出现这种现象多数是市场经过一轮持续下跌调整后，空方力量基本消耗殆尽，股价已经到达底部区域。此时主力进场收集筹码，采取打压或压箱顶的方式吸货，就会出现 DIF 线和 MACD 线黏合（或其差值接近于零）在一起的现象。

通常两条指标线黏合的时间越长，指标数值越接近，后市上涨的力度和幅度就越大。一旦 DIF 线向上脱离 MACD 线，两线出现向上发散，BAR 指标红柱增长，均线系统向多头转变，就可以大胆买入，一般短线都会有较好的收益。这种信号经常发生在筑底阶段，多为主力吸货所致，后市具有一定的做多价值，投资者应多加关注。

如图 1–1 所示，京城股份（600860）的股价反弹结束后向下回落，然后企稳，呈现横向振荡走势，成交量大幅萎缩。MACD 指标在 0 轴下方较远位置，DIF 线和 MACD 线两条指标线形成黏合状态，持续时间长达 10 多个交易日。2021 年 11 月 17 日，股价突

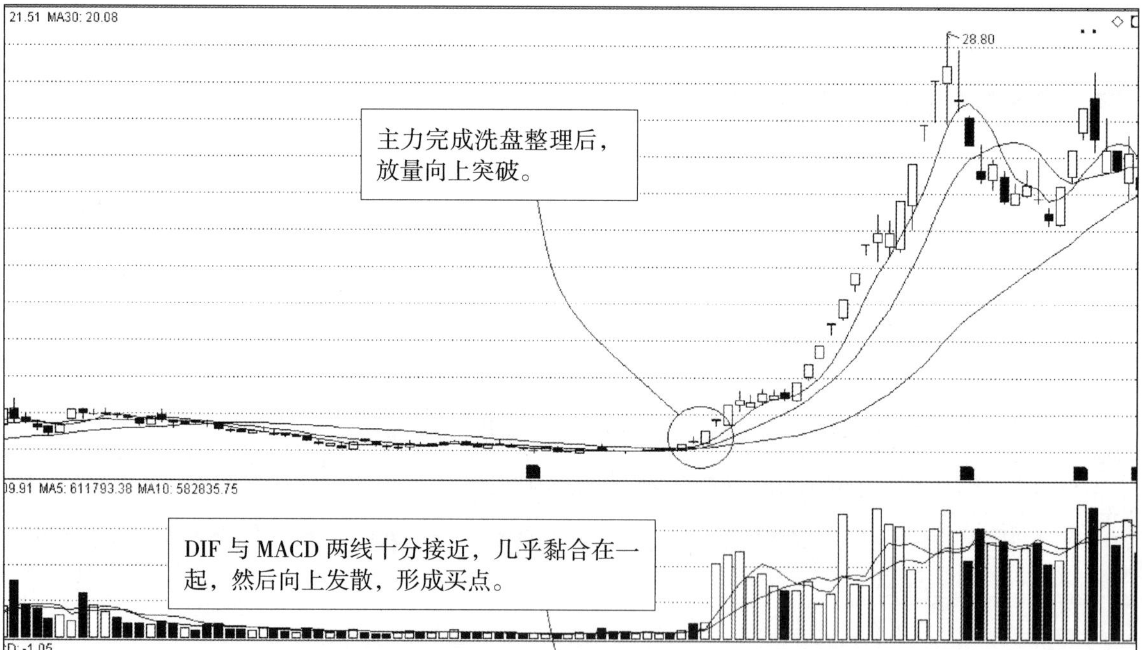

图 1–1　京城股份（600860）日 K 线图

破 30 日均线的压制，DIF 线脱离 MACD 线向上抬头，两条指标线出现明显的向上发散，BAR 指标红柱增长，成交量开始放大。11 月 19 日，股价向上脱离底部盘区，均线系统向多头发散，形成较好的买点。此后，该股成为短线黑马股，获利十分丰厚。

2. 中位黏合

中位黏合是指股价见底后出现小幅上涨，由于主力洗盘换手的原因，导致 MACD 在 0 轴附近发生黏合现象，然后出现突破性走势，因此这里的“中位”是指 0 轴附近。在实盘中经常看到这样的个股，DIF 线和 MACD 线在 0 轴附近黏合成一条线（时间越长越好，距离 0 轴越近越好），然后产生新的上涨行情。这种情况显示行情多数是横盘市道，主力一般控筹较好或压箱顶吸货形成的。若 DIF 线发力上攻，成功脱离 MACD 线，均线系统呈现多头发散，则是买入的最好时机。

如图 1–2 所示，经过长时间的调整后，热景生物（688068）的股价逐渐企稳回升，然后主力构筑整理盘区吸货、洗盘，使多数投资者误解为主力出货而纷纷离场，DIF 线和 MACD 线在 0 轴附近形成黏合状态，持续时间较长。2022 年 1 月 5 日，该股股价收出一根涨幅 8 个多点的大阳线，表明底部整理结束，股价开始向上突破，DIF 线脱离 MACD

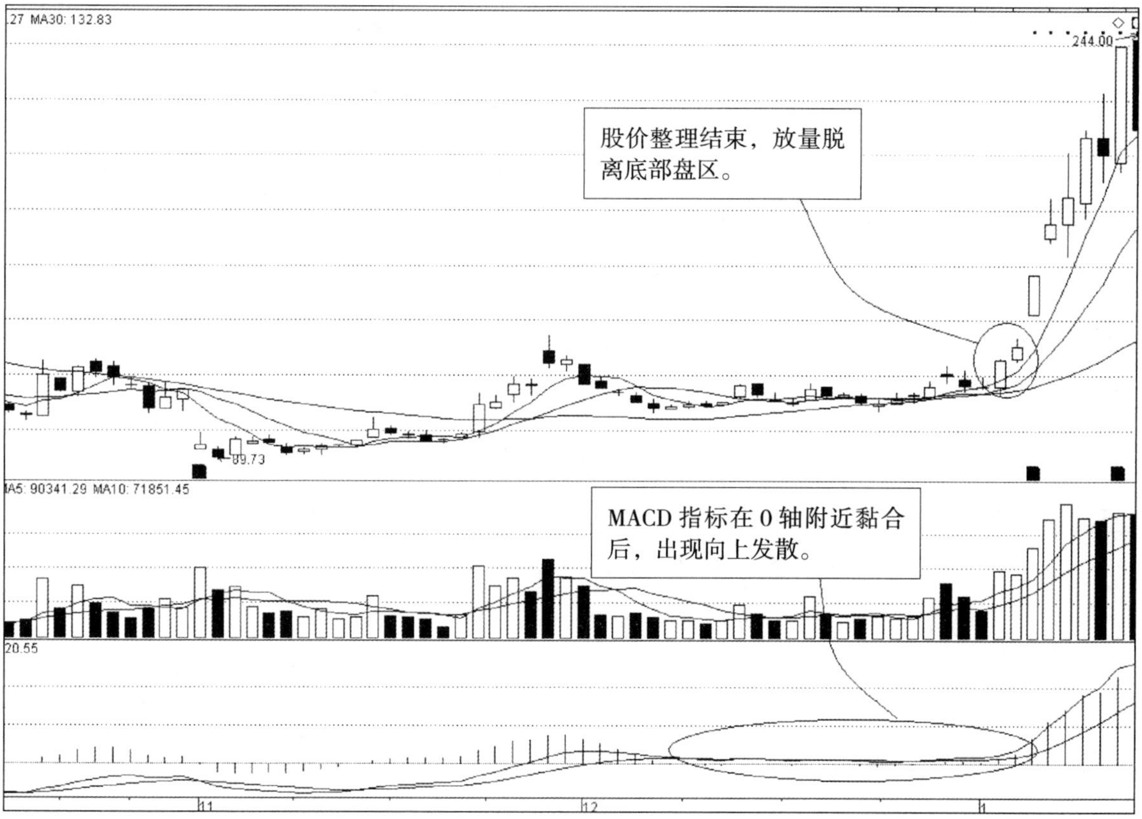

图 1–2　热景生物（688068）日 K 线图

线向上抬头，两条指标线向上发散，BAR 指标红柱增长。此时，均线系统向多头发散，30 日均线坚挺上行，成交量放大，买入信号非常明确。之后几日股价强势上涨。

相反，如果 DIF 线和 MACD 线在 0 轴附近黏合后，突然某一天 DIF 线脱离 MACD 线向下发散，表明主力前期已经抛出了大量的筹码，目前所持筹码已经不多，股价可能出现新一轮跌势，此时应当卖出手中的股票。

如图 1–3 所示，金山办公（688111）的股价经过一波反弹行情后，在高位构筑平台整理，此时 DIF 线与 MACD 线在 0 轴上方形成黏合状态。2021 年 7 月 23 日，一根大阴线形成破位走势，DIF 线也脱离黏合状态向下突破，BAR 指标出现绿柱，卖出信号非常明显。此后，技术指标进一步走坏，股价出现中期调整走势，如果出局不及时，必将成为套牢一族。

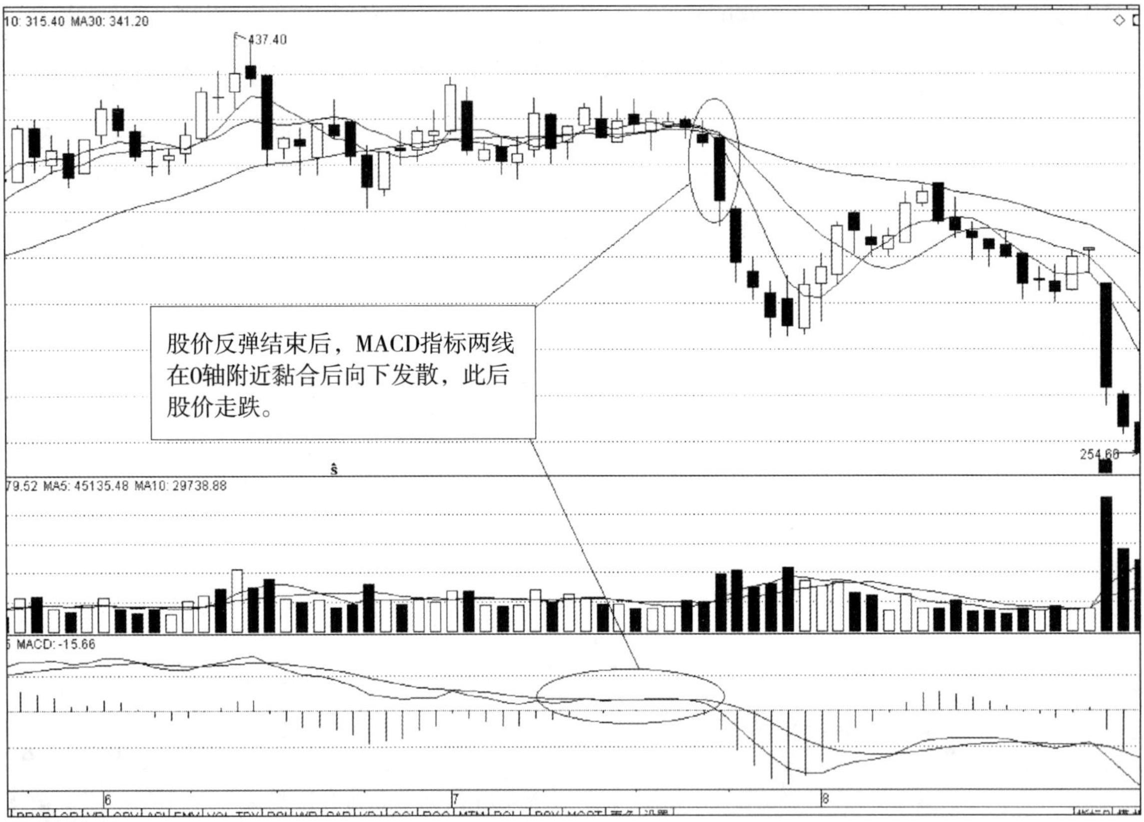

图 1–3 金山办公（688111）日 K 线图

3. 高位黏合

股价经过大幅上涨后，MACD 在高位（在 0 轴上方较远的位置更具有判断价值）发生黏合或走平。这种情况大多是经过一轮上升行情后，盘中堆积了大量的获利筹码，多方后续做多能量供应不足，股价上档压力显现，主力在高位构筑平台出货，从而使 DIF 线和 MACD 线产生黏合或走平。如果某日 DIF 线向下脱离 MACD 线，BAR 指标绿柱增长，均线系统向空头转变，这时应坚决卖出。这种信号经常出现在头部阶段或反弹行情中，多为主力出货行为所致，后市多有一定的跌幅，投资者应多加防范。

如图 1–4 所示，通策医疗（600763）的股价大幅炒高后，获利丰厚的主力不断在高位派发获利筹码，此时股价虽然向上攀高，但上升明显乏力，压力逐日显现，已经出现顶背离情形。DIF 线在相对高位走平后，与 MACD 线发生黏合。持续一段时间后，2021 年 7 月 6 日 DIF 线选择下行，MACD 线随之下降，BAR 指标绿柱增长。当天股价在高位收出一根跌停大阴线，上升趋势出现向下破位走势，卖出信号形成。5 日均线向下死叉 10 日均线后，继续向下死叉 30 日均线，随后 10 日均线向下死叉 30 日均线，均线系统向空头发散。回抽确认突破有效后，股价出现持续下跌行情。实盘中遇到这种信号时应坚决离场，“割肉止损也是赚钱”，大家应细细领悟其中的内涵。

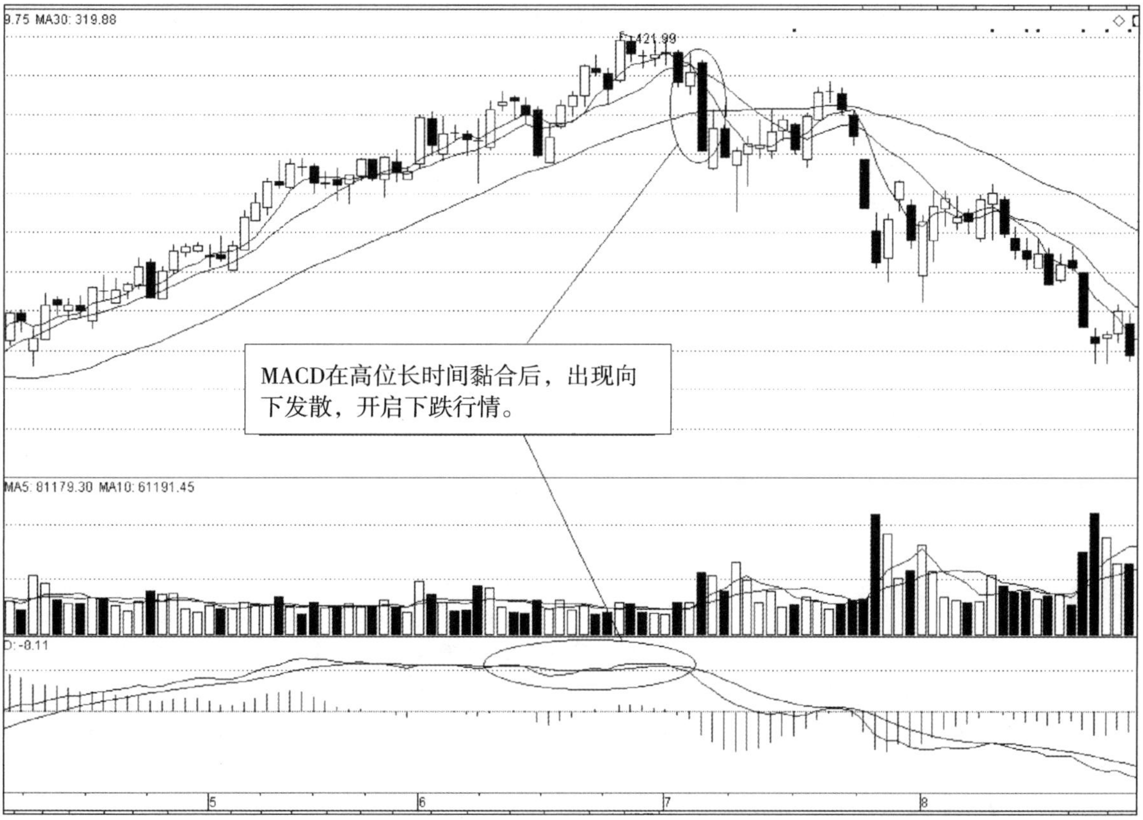

图 1–4　通策医疗（600763）日 K 线图

（二）交叉信号

MACD 指标曲线是围绕 0 轴作周期性运行的，因此必然会发生 DIF 线和 MACD 线交叉。交叉可分为金叉和死叉，重点要掌握低位金叉和高位死叉。

1. 金叉信号

行情经过一轮下跌调整后，空方力量渐渐耗尽，多方开始占据市场优势，于是 DIF 线在低位与 MACD 线发生金叉，BAR 指标红柱出现并逐日增长，这时可以逢低买入。MACD 指标在以下 3 个区域出现金叉时，具有重要的实盘操作意义。

（1）在 0 轴以下区域出现金叉，为一般金叉（这种金叉往往较弱，后续需要二次金叉才能进一步加强盘面气势）。DIF 线和 MACD 线在远离 0 轴以下区域并同时向下运行一段时间后，当 DIF 线开始进行横向运行或慢慢调头向上靠近 MACD 线时，如果 DIF 线接近并向上突破 MACD 线，这是 MACD 指标的第一种金叉。这种金叉表明股价经过很长一段时间的下跌，在低位企稳整理后，股价将开始反弹向上，这是短线买入信号。这种交叉，只预示着反弹行情可能出现，并不表示该股的下跌趋势已经结束，还有可能出现反弹行情很快结束，股价再度下跌的情况，因此投资者应谨慎对待，轻仓参与为宜。但从辩证方面讲，MACD 线离 0 轴越远，越有回归 0 轴的要求。市场本身是一个轮回交替运行的过程，强势会转变为弱势，弱势也有转变为强势的时候。因此从这方面讲，MACD 离 0 轴越远越具有投资潜力。

如图 1–5 所示，洲际油气（600759）的股价见顶后一路阴跌向下，套牢者纷纷割肉出逃，

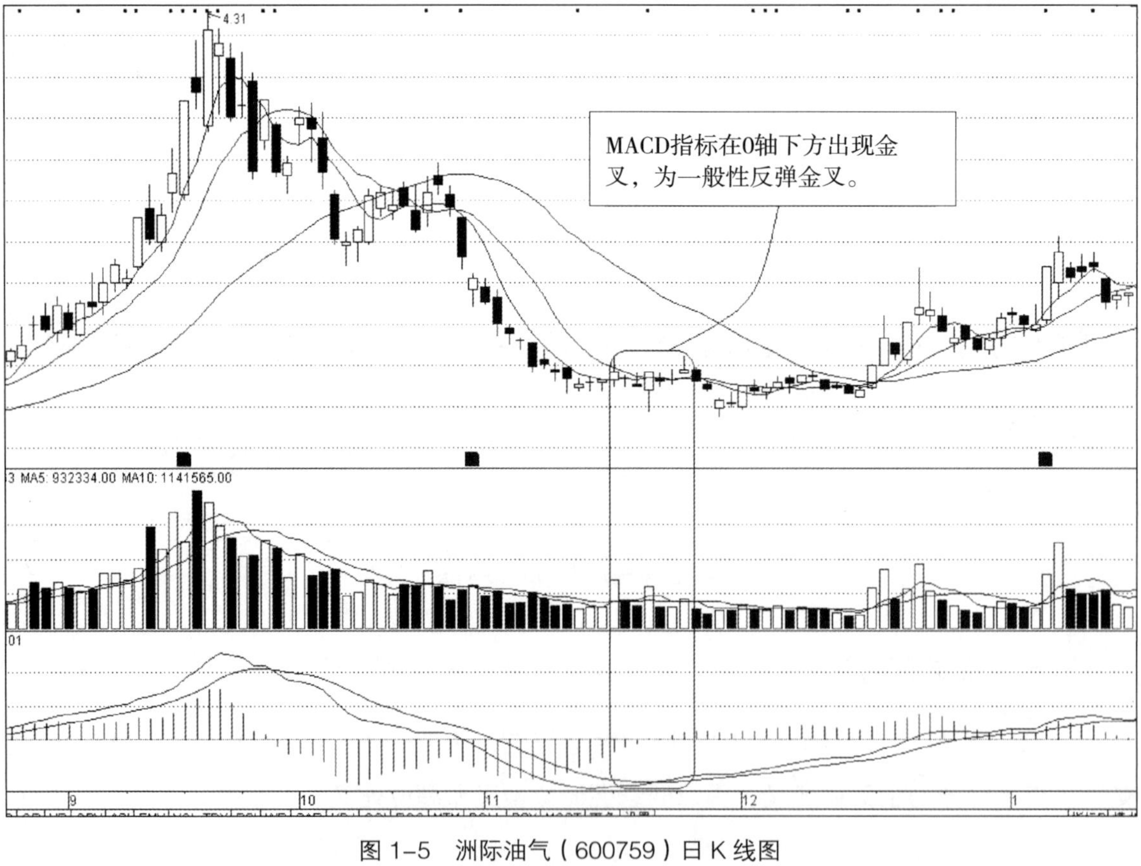

图 1–5　洲际油气（600759）日 K 线图

MACD 指标一直向下滑落，并且远离 0 轴。这时空方能量大大释放，股价渐渐企稳整理。2021 年 11 月 22 日开始，DIF 线向上穿过 MACD 线形成低位金叉，BAR 指标产生红柱。可以看出，指标金叉后，虽然 DIF 线一直在 MACD 线上方运行，但力度并不大，成交量也没有放大，均线系统有待进一步修复。这时 MACD 指标出现的金叉为一般性金叉，需要其他同向信号产生后才能加强其上涨力度。

（2）在 0 轴附近区域出现金叉，为强势金叉。DIF 线和 MACD 线运行在 0 轴附近时，如果DIF线处在MACD线下方，并且向上突破MACD线，这是MACD指标的第二种金叉。这表明经过一段时间的涨势并在高位或低位整理后，股价将开始新一轮比较大的上涨行情，这是中短线买入信号，短线可以波段操作。

这种交叉要注意：当股价在底部小幅上升，并经过了一段时间的横盘整理，然后股价放量向上突破，MACD 指标出现交叉。或者，当股价从底部启动，已经出现一轮涨幅比较大的上升行情，并上涨途中出现较长时间的中位回档整理，然后股价再次调头向上回升，这时 MACD 指标出现交叉。

如图 1–6 所示，风范股份（601700）的股价长时间在底部出现振荡走势，主力吸纳了大量的低价筹码。2021 年 11 月 17 日，股价放量涨停，次日冲高到前期盘区附近，然

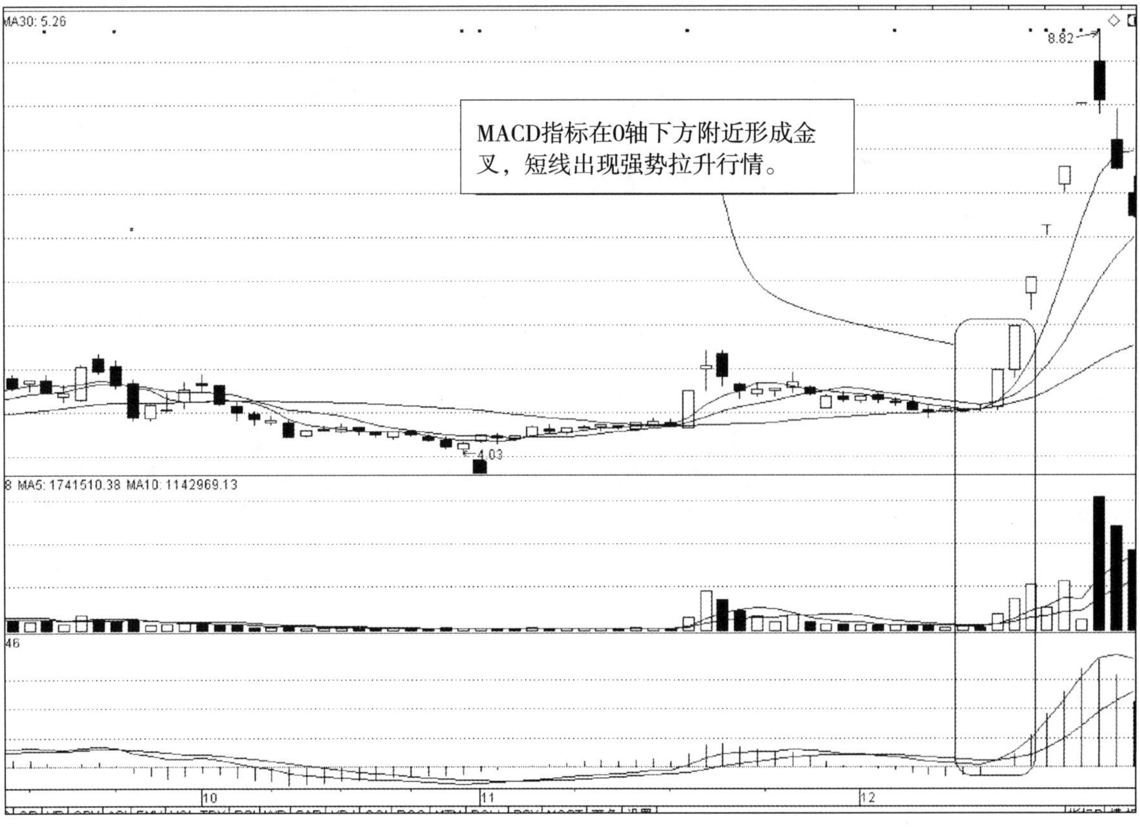

图 1–6　风范股份（601700）日 K 线图

后进入修复性整理。整理结束后，12 月 13 日股价放量涨停，次日连板，MACD 指标在 0 轴附近形成金叉，产生非常好的短线买入信号。之后股价产生 6 连板，及时介入的话，短线收益丰厚。

（3）在 0 轴以上区域出现金叉，为最后金叉（通常是主力最后的拉升行为导致）。DIF 线和 MACD 线运行在 0 轴以上区域时，如果 DIF 线在 MACD 线下方调头，并且向上突破 MACD 线，这是 MACD 指标的第三种金叉。这表明股价经过一段时间的高位回档整理后，新的一轮涨势行情开始，但往往是最后一波拉升行情。这时短线技术高手可以加仓介入，稳健的投资者可以持股待涨。

如图 1–7 所示，承德露露（000848）的股价见底后逐波走高，MACD 指标先后两次在 0 轴上方出现金叉。但金叉后股价涨幅都不太理想，证实了最后金叉的性质。2021 年 6 月 22 日，MACD 指标出现第一次金叉后，股价只是小幅上涨。7 月 14 日第二次金叉时，其实只是 MACD 指标“滞后”特性产生的结果，金叉后股价没有任何上涨。因此，投资者遇到这种金叉信号时，以短线快进快出为主，尽量不要持仓久留。

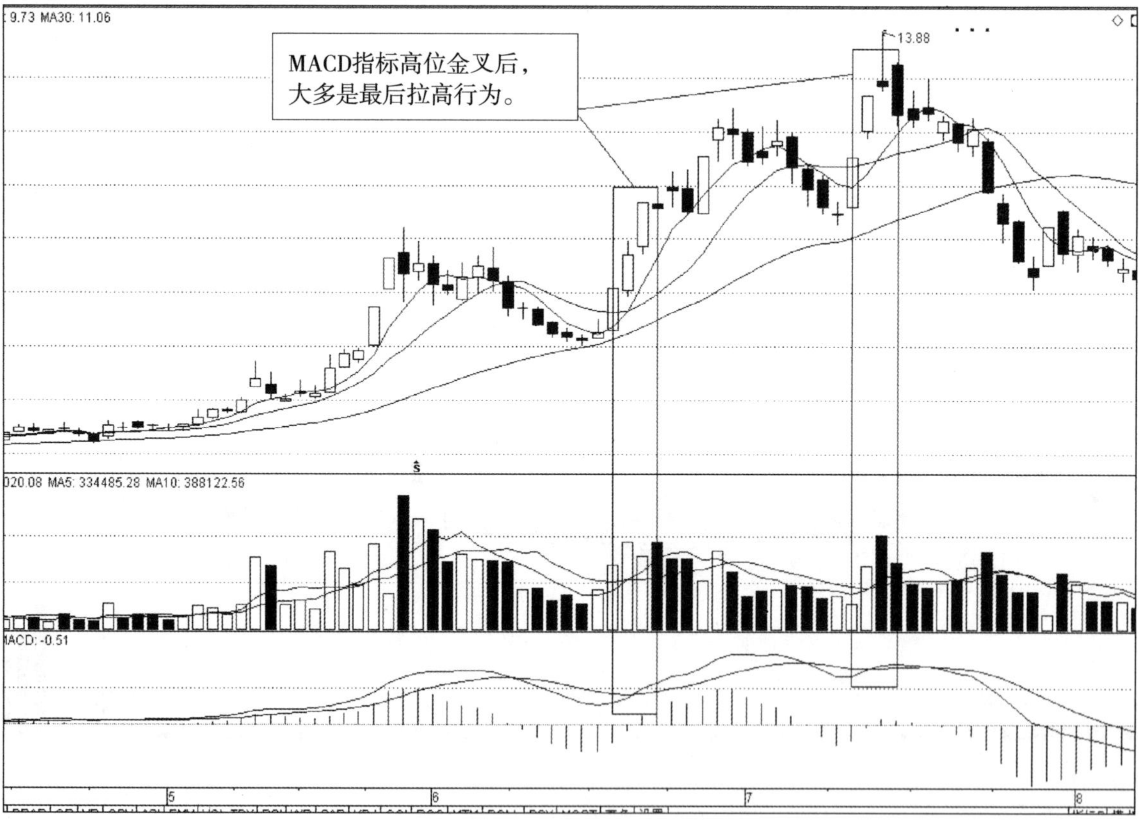

图 1–7　承德露露（000848）日 K 线图

2. 死叉信号

经过一轮持续大幅上涨后，多方力量耗尽，股价无法继续上行，主力不断向外派发获利筹码，此时空方占据市场优势，股价会持续回落。这时，DIF 线在高位与 MACD 线发生死叉走势，MACD 线随之下行，BAR 指标绿柱出现并逐日增长，意味着下跌行情已经展开，遇到此信号时，投资者应及时卖出。

这种信号出现在以下两个区域时，具有重要的实盘操作意义。

（1）在 0 轴以上区域出现死叉，为强势死叉。DIF 线和 MACD 线在远离 0 轴以上区域，并同时向上运行一段时间后，当 DIF 线开始进行横向运行或慢慢调头后向下靠近 MACD 线时，如果 DIF 线向下突破 MACD 线，这是 MACD 指标的第一种死叉。这表明股价经过很长一段时间的上涨行情后，主力在高位振荡出货，形成盘头走势，预示一轮较大的跌势行情即将产生。出现这种死叉，预示着股价的中长期上升行情已经结束，下跌行情可能开始，因此投资者要特别小心这种死叉，应及时逢高减仓或退出。特别是对那些前期涨幅较大的个股，更要加强风险防范意识。

如图 1–8 所示，跃岭股份（002725）的股价在长时间的底部振荡过程中，主力吸纳了大量的低价筹码。2021 年 12 月 6 日，该股放量涨停，股价脱离底部盘区，开启一波 7

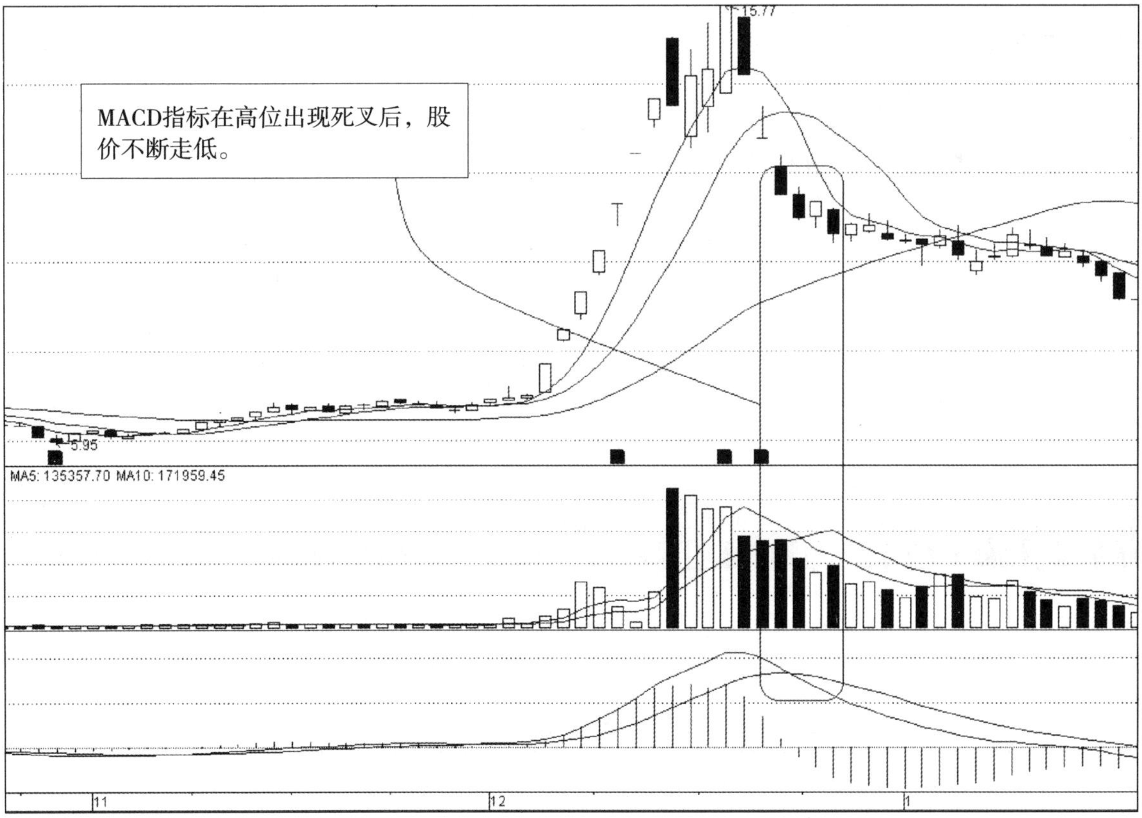

图 1–8　跃岭股份（002725）日 K 线图

连板飙升行情，主力短线获利非常丰厚。股价在高位振荡数日后，主力派发了大量的获利筹码，然后股价快速向下脱离头部区域。12 月 24 日，DIF 线与 MACD 线形成死叉，表明上升行情彻底结束，此后股价不断向下走弱。

（2）在 0 轴以下区域出现死叉，为弱势死叉（通常为最后下跌走势）。DIF 线和 MACD 线远离 0 轴以下区域运行较长一段时间后，由于 DIF 线的走势先于 MACD 线转向，因此当 DIF 线再次开始慢慢调头向下靠近 MACD 线时，如果 DIF 线接着向下突破 MACD 线，这是 MACD 指标的另一种死叉。这表明股价在长期下跌途中或经过一段时间的反弹整理后，新一轮下跌走势又要出现，这是短线卖出信号。这种死叉信号，意味着下跌途中的短线反弹结束，股价的短期趋势依然较淡。但是，实盘中这往往是最后一波下跌行情，但这里不建议投资者此时盲目买入。

如图 1–9 所示，宜安科技（300328）的股价见顶后振荡走低，然后出现小幅反弹行情，由于后续做多能量不足，股价上行乏力，反弹行情很快夭折。2021 年 1 月 29 日，DIF 线在 0 轴下方再次死叉 MACD 线，MACD 线随之向下拐头，BAR 指标出现绿柱并逐日增长，构成典型的卖出信号。此时 5 日均线向下死叉 10 日均线，30 日均线保持下行状态，均线

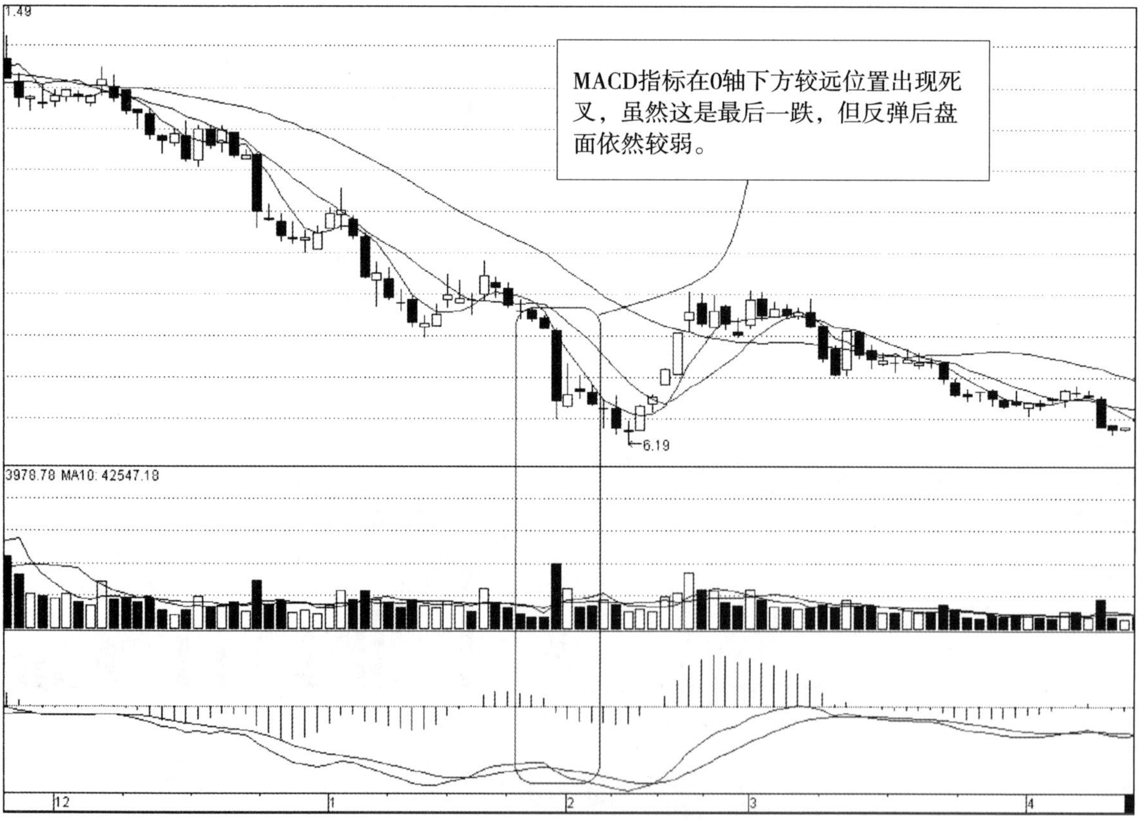

图 1–9　宜安科技（300328）日 K 线图

系统呈空头排列，说明股价仍有探底要求。但这时往往是股价的最后一跌，下跌空间不大。当然，尽管是最后的杀跌动作，但股价也很难出现快速回升走势，反弹结束后依然需要进一步筑底。

（三）临界交叉

1. 两线拒绝死叉

当 DIF 线由上升调头向下即将与 MACD 线发生死叉时，但两线拒绝死叉，DIF 线很快就腾空而起，MACD 线继续上行。BAR 指标红柱缩短后再度增长，或者绿柱缩短并消失，红柱出现并增长。这表明主力洗盘结束，股价将要进行拉升，是短线买入时机。

如图 1–10 所示，湘油泵（603319）的股价在长时间的调整过程中，主力顺利地吸纳了大量的低价筹码，然后股价逐渐向上攀高。经过小幅上涨后，主力开始洗盘整理，以获取更多的低价筹码，并期待今后更好地拉升和派发，这时 DIF 线回落，即将与 MACD 线发生死叉。2021 年 11 月 22 日股价放量涨停，DIF 线腾空而起，MACD 线保持上行状态，两条指标线拒绝死叉，同时股价向上突破整理盘区，均线系统向多头发散，从而构成买入信号。

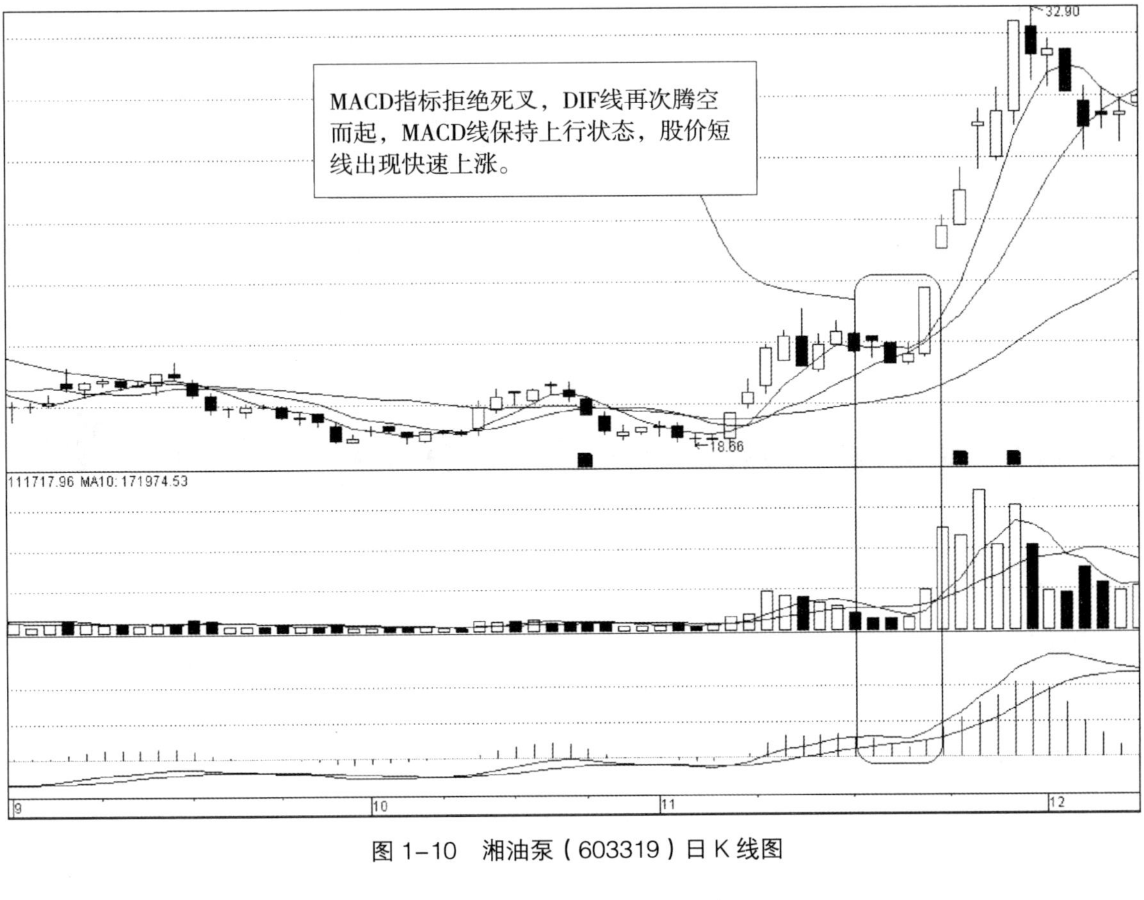

图 1–10　湘油泵（603319）日 K 线图

2. 死叉后快速金叉

股价成功见底后出现一轮小幅上涨，这时主力为了很好地洗盘或继续吸货，刻意打压股价，导致股价出现回落调整，但股价下跌幅度不大，很快重新拉起。这时的DIF线和MACD线形成死叉，但很快又发生金叉，此时的MACD线基本维持上行状态。同时，BAR指标红柱缩短后又再度迅速增长。这表明主力洗盘整理结束，行情进入新一轮拉升，属于较好的买入时机。

如图1-11所示，华新水泥（600801）的股价结束整理后快速回升，然后主力进行洗盘换手，股价出现小幅回落。2021年8月30日，MACD指标出现死叉形态，似乎涨势已经竭尽，但死叉后DIF线在MACD线之下运行时间很短，只有一个交易日。9月1日，随着股价涨停，DIF线与MACD线快速形成金叉，此时MACD线仍然保持上行状态，BAR红柱缩短后又再度迅速增长，表明股价整理结束，构成短线买入信号。此时，30日均线坚挺上行，随后该股走出一轮振荡上扬行情，短线涨幅较大。

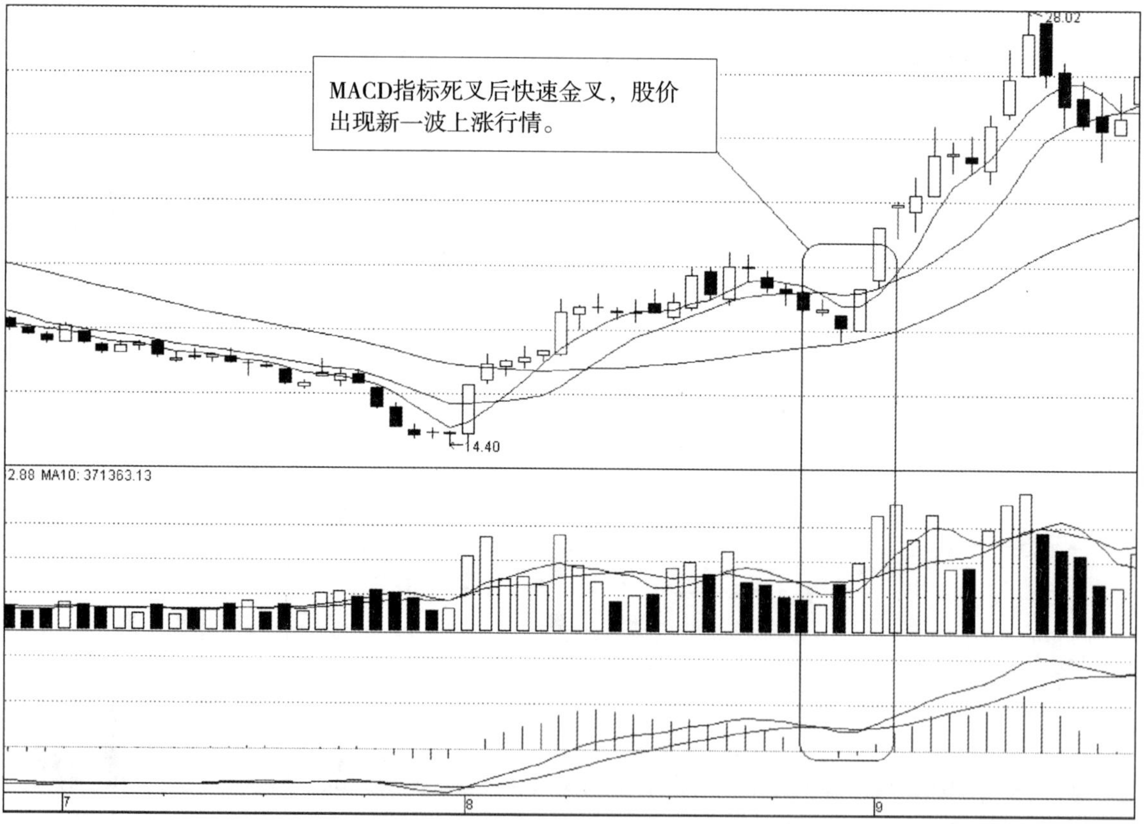

图1-11　华新水泥（600801）日K线图

3. 两线拒绝金叉

当DIF线由下降拐头向上即将与MACD线发生金叉时，但两线拒绝金叉，DIF线很快就悬空而下，MACD 线继续下行。BAR 绿柱缩短后再度增长，或者红柱缩短并消失，绿柱出现并增长。这表明反弹行情结束，股价将再次出现下跌走势，构成卖出信号。

如图 1–12 所示，良信股份（002706）的股价反弹结束后再次回落，由于主力没有成功派发获利筹码，于是就发动反弹行情，以便高位继续出货。2021 年 12 月 15 日股价冲高回落，随后出现振荡调整。这时 DIF 线碰触 MACD 线后即将形成金叉，但两线拒绝金叉，DIF 再次调头向下，MACD 线保持下行状态。BAR 逐渐缩小后的绿柱又开始加长，盘面弱势特征十分明显，说明反弹行情结束，股价将出现新一轮跌势，因此是一个强烈的卖出信号。

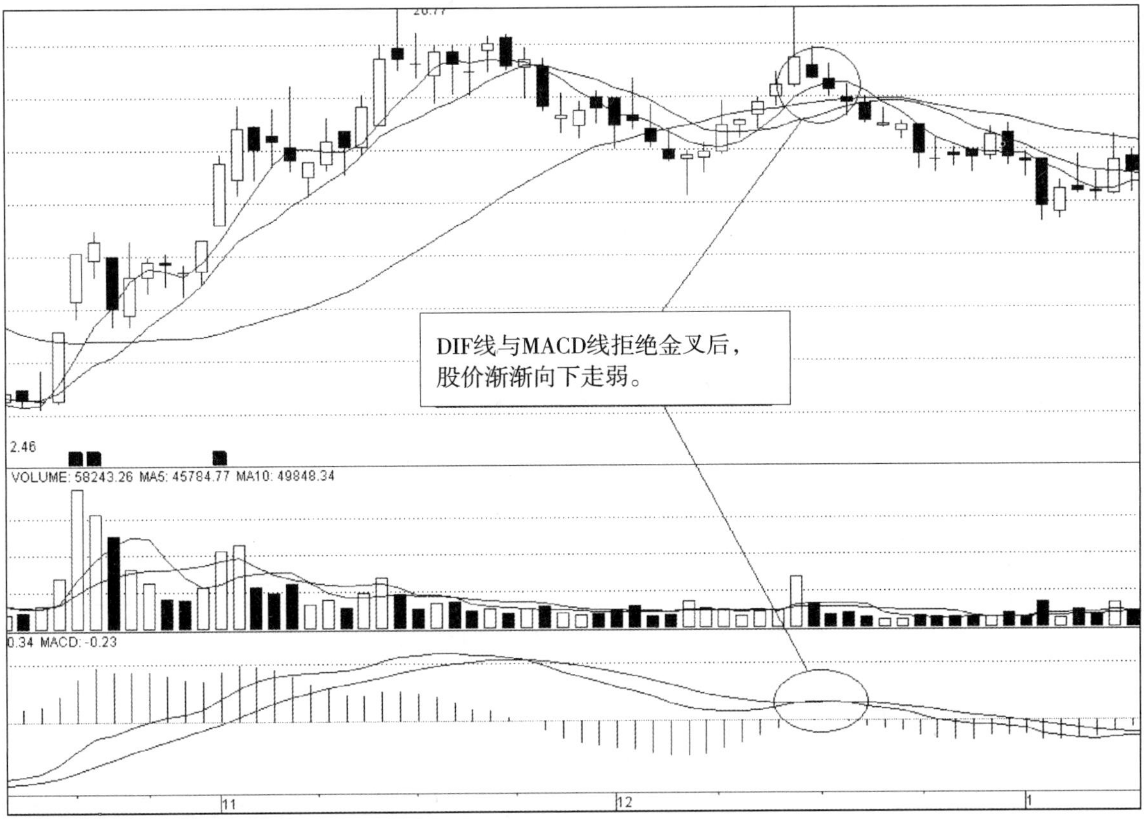

图 1–12　良信股份（002706）日 K 线图

4. 金叉后快速死叉

股价出现小幅回落后，由于主力没有完全撤退，再次发动拉升行情。DIF 线和 MACD 线形成金叉，但很快又发生死叉，此时的 MACD 线基本保持下行状态。同时，BAR 指标绿柱缩短后又再度迅速增长。这表明主力发动的反弹或自救行情结束，行情将陷入新一轮跌势，这是较好的卖出时机。

如图 1–13 所示，英派斯（002899）的股价反弹结束后回落形成横盘走势，MACD

指标向下运行，说明盘面运行趋势较弱。由于主力没有拉升意愿，股价小幅反弹后再次下跌，2021 年 10 月 18 日，DIF 线与 MACD 线形成金叉，可是金叉后仅仅 4 个交易日，DIF 线再次向下死叉 MACD 线，MACD 线继续下行。这预示一波弱势反弹行情告一段落，短线仍有下跌要求，此时应逢高退出观望。

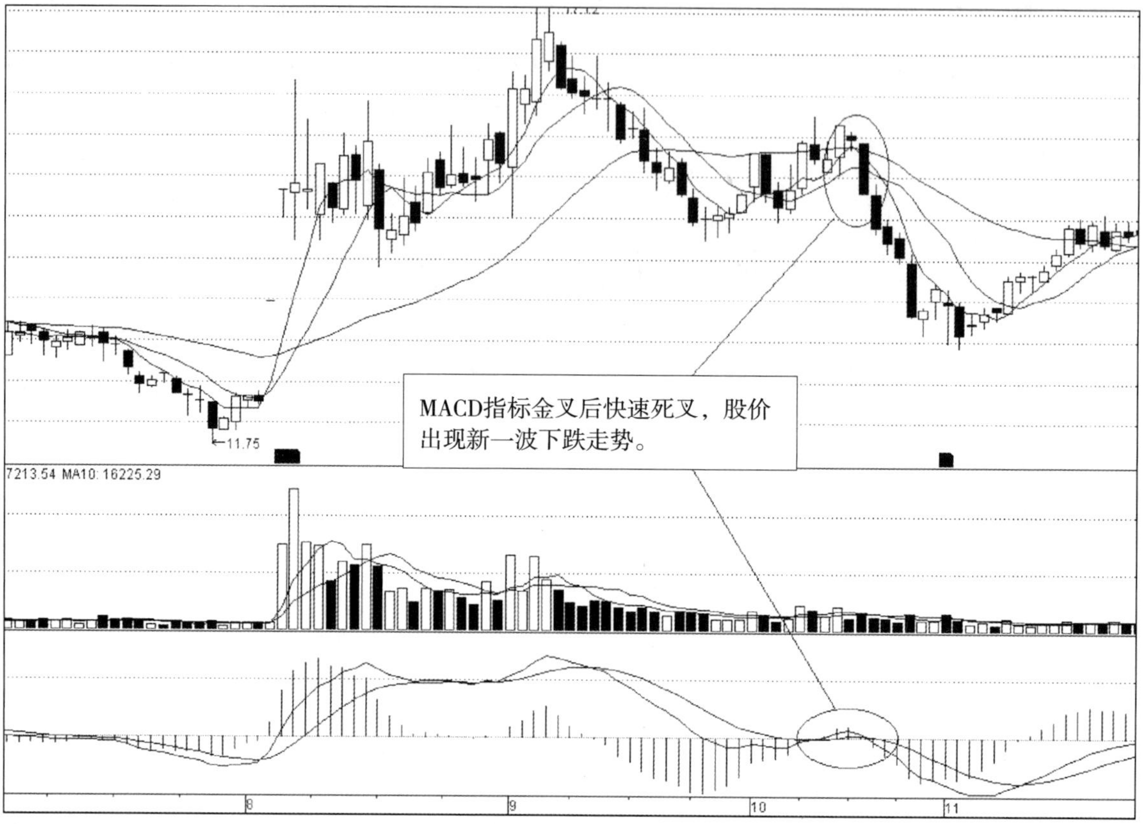

图 1-13　英派斯（002899）日 K 线图

（四）突破信号

在一轮趋势行情中，DIF 线和 MACD 线上穿或下穿 0 轴时，既是行情强弱的重要标志，也是重要的买卖时机。这种突破可分为向上突破和向下突破。

1. 向上突破

股价经过下跌调整后，若 DIF 线由下向上穿过 0 轴，则表明一轮多头行情即将悄然形成，市场性质从空头转向多头，这是中短线第一个买点，此时应逢低吸纳。此后，若 MACD 线也由下向上穿过 0 轴，则表明市场的多头行情正在进一步加强，多空转换获得成功，这是中短线第二个买点，此时应坚决吸纳，必要时不惜追涨买进。

如图 1-14 所示，菱电电控（688667）的股价完成筑底后向上推高，2021 年 10 月

26 日 DIF 线上穿 0 轴，说明行情开始趋强，成交量温和放大，此时可以买进做多。3 个交易日后，MACD 线也成功向上穿越 0 轴，强势特征进一步加强，形成第二个买点。此时介入可以捕获一波短线获利机会，此后股价强势攀高。

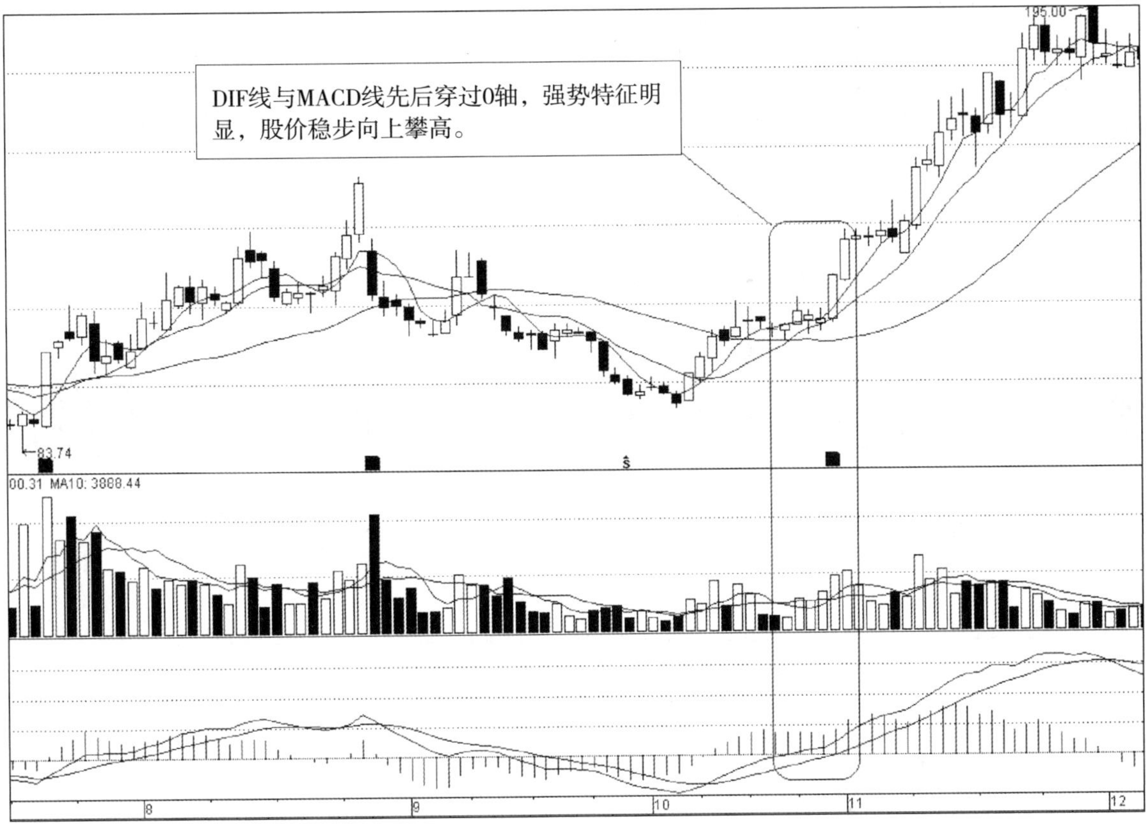

图 1–14　菱电电控（688667）日 K 线图

2. 向下突破

股价完成一轮上涨行情或反弹自救行情后，主力派发了大量的筹码。这时主力手中的筹码已经所剩无几，若 DIF 线向下穿过 0 轴，则表明一轮空头下跌行情即将产生，市场将从多头转向空头，这是中短线第一个卖点，此时应逢高出货。此后，若 MACD 线也向下穿过 0 轴，则表明市场的空头行情正在进一步加剧，多空转换获得确认，这是中短线第二个卖点，此时应坚决杀跌止损出局，否则损失更大。

如图 1–15 所示，斯达半导（603290）的股价经过大幅拉高后，主力成功在高位派发大量获利筹码，然后股价向下破位，MACD 指标产生下滑走势。2021 年 12 月 9 日，DIF 线向下穿过 0 轴，BAR 指标绿柱加长，说明盘面较弱，构成第一个卖点。4 个交易日后，MACD 线也尾随其后下穿 0 轴，表明主力出货十分坚决，这是未出局者的最后逃命机会。此后，股价出现明显的下跌走势。

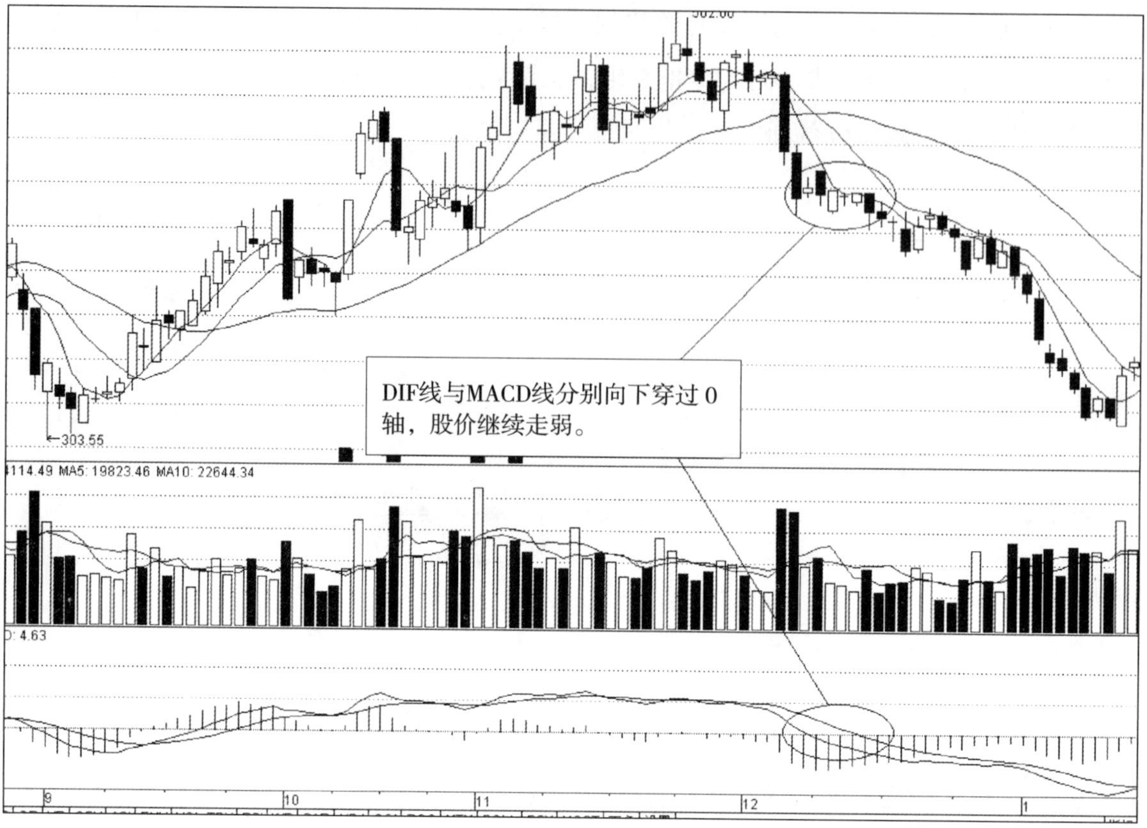

图 1-15 斯达半导（603290）日 K 线图

（五）背离信号

1. 顶背离信号

运用 MACD 指标时，经常会遇到股价走势与技术指标走势背离的现象。如果股价的高点比前一次的高点高，而指标的高点比前一次的高点低，换言之，如果指标处于高位并形成一峰比一峰低的两个或两个以上峰点，而股价对应的是一峰比一峰高，那么就形成顶背离现象，表示 MACD 指标怀疑股价的上涨是外强中干，暗示股价很快就会反转下跌。

顶背离信号是股价在高位即将反转下跌的信号，表明股价短期内即将下跌，是比较强烈的卖出信号。顶背离所处的位置越高，形成的时间越往后，其信号越可靠。如果出现在股价大幅上涨后的高位区域，那么其信号的准确性较高。在实盘操作过程中，顶背离信号比底背离信号的可靠性要高，通常在高位出现一次顶背离信号，即可以成为确认信号。而低位出现的底背离信号，往往需要几次确认才算可靠。

如图 1-16 所示，迈瑞医疗（300760）在 2021 年 1 月—2 月的走势中，股价一波一波地强势走高，不断创出近期新的高点。但是，同期的 MACD 指标未能随着创出新高点，反而一个高点比一个高点向下走低，两者形成顶背离走势。这表明股价的上涨属于主力刻意拉抬诱多，是一种虚张声势的走势现象，也反映出这是股价的最后一轮上涨，行情已经到了死亡前的垂死挣扎阶段，市场头部特征显现。很快股价即向下跌落，迅速脱离顶部区域，短期出现大幅下跌走势。

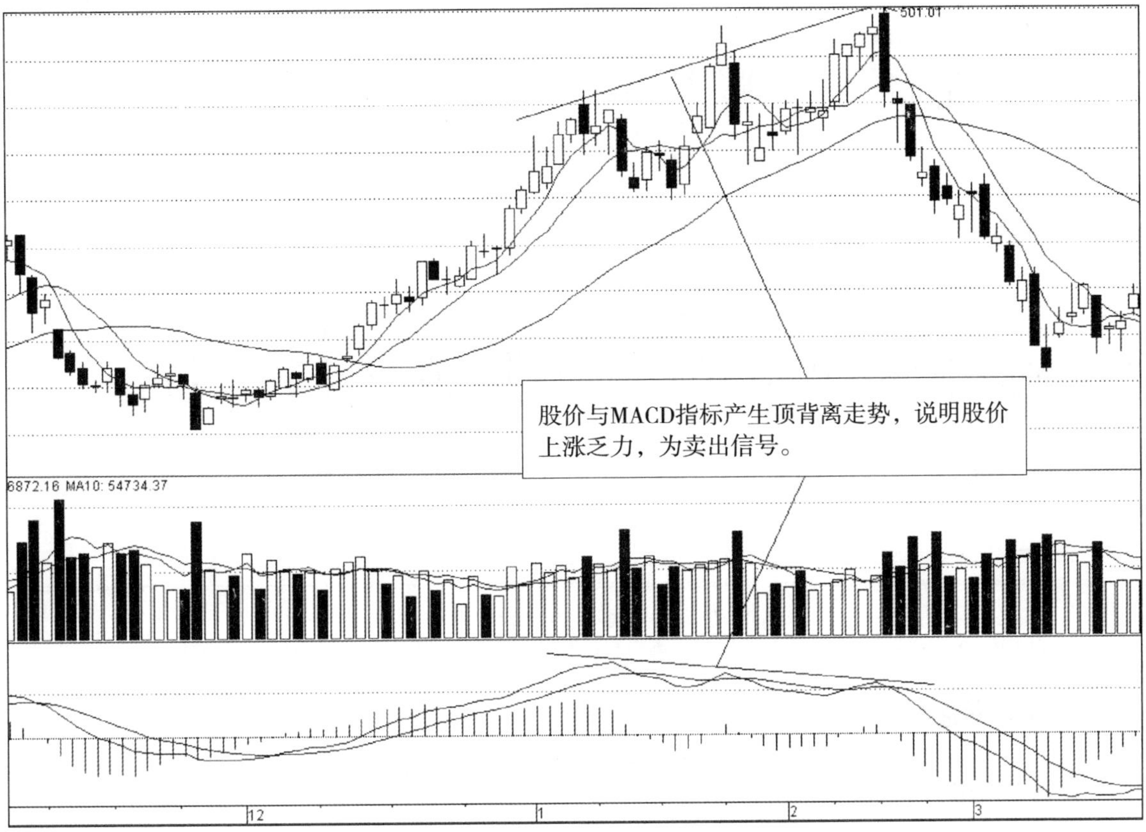

图 1-16　迈瑞医疗（300760）日 K 线图

2. 底背离信号

底背离一般出现在股价的底部位置，如果股价的低点比前一次的低点低，而指标的低点比前一次的低点高，也就是说，MACD 指标认为股价下跌有非理性成分，不会再持续地大幅下跌，这就形成底背离走势，暗示股价即将反转上涨，这是底部买入信号。底背离所处的位置越低，形成的时间越往后，其信号可靠性越高。如果出现在股价大幅下跌后的低位区域，那么其信号的准确性较高。

如图 1-17 所示，吉比特（603444）在 2020 年 11 月—2021 年 1 月的走势中，股价创出近期新的低点，市场显得极度疲软。但是，同期的 MACD 指标未能随着股价相应地创出新低点，反而呈现上升走势。MACD 指标与股价形成底背离走势，暗示股价离底部已经不远了，可以入市建仓。此后股价见底企稳回升，从而证实了底背离信号的可靠性。

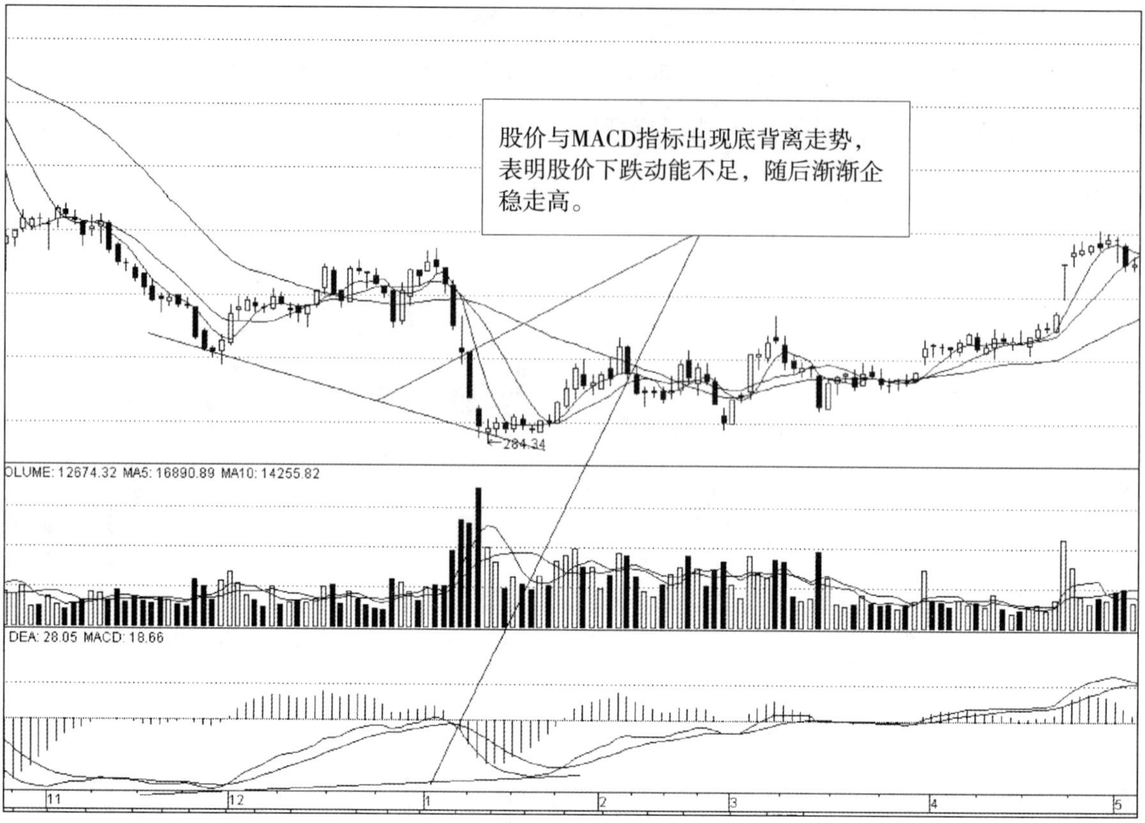

图 1–17　吉比特（603444）日 K 线图

（六）形态信号

1. W 底形态

股价经过持续调整后，下跌到了低位区域。在低位，有人认为股票已具有投资价值，于是出手大量买进，股价初步止跌回升。经过小幅反弹走势后，DIF 线向上金叉或即将金叉 MACD 线，BAR 指标绿柱消失，红柱加长。这时，部分低位买入者只抱着短线投机心理，急于获利了结。还有原先高位套牢者，此时看到股价涨上来了，也有部分人改变主意，抱着少输为赢的想法趁高卖出。在这两种卖压打击之下，股价又被压了下去。此时 DIF 线再次出现回落，BAR 指标红柱消失，绿柱加长。当股价回到前次低点附近时，不但原先出手承接的人继续加码，还有更多的人产生兴趣，转而买入股票，造成第二次的涨升走势，并且股价超越前次反弹高点，展开另一波多头攻势。此时，DIF 线向上金叉 MACD 线，BAR 指标绿柱消失，红柱加长。这样就构成"W 底 + 金叉"的双重看涨形态，这是一个可靠的中短期买入信号。

如图 1–18 所示，明志科技（688355）的股价反弹结束后持续下跌，在前期盘区附近获得初步支撑，并出现小幅回升态势，DIF 线向上即将金叉 MACD 线，BAR 指标绿柱消失。但股价没有上涨多少又很快下跌，当股价跌破前期低点时，MACD 并未创出新低，两者出现底背离走势，之后股价再次止跌回升。2021 年 11 月 4 日，DIF 线金叉 MACD 线，BAR 指标出现红柱，形成“W 底 + 金叉”形态，此后股价出现盘升行情。

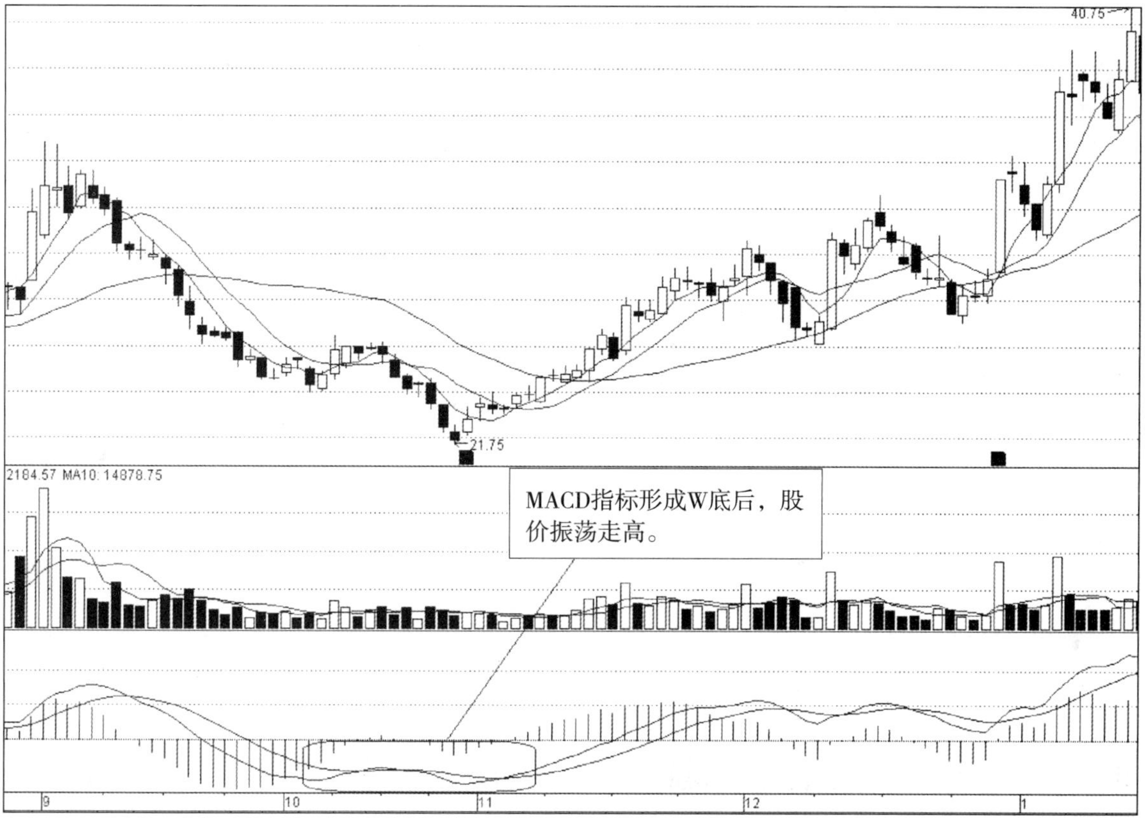

图 1–18　明志科技（688355）日 K 线图

2. M 头形态

M 头形态，通常出现在多头行情结束时的头部阶段，有时也出现在上升趋势或下跌趋势中间盘整阶段。一般来说，若两峰顶出现时间相距一个月左右，则反转的可能性较大。反之，若相距较近，则属于中段盘整的可能性较大，盘整完成后，趋势仍将朝着原方向继续运行，很难改变原来的趋势。出现左峰之前，股价距离起涨点往往已经有了一段相当程度的涨幅。右峰的价位并不一定与左峰相等，但相差不多。在成交量方面，通常右峰明显比左峰少。

就庄股而言，主力持筹多，大势在此期间总体呈上升趋势，主力可能分两次较大规模出货。由于筹码很难一次性出完，并且股价太低出货划不来，又由于大势向上，前一次出货被散户看成是调整，因此第二次用少量资金拉高股价时，就有散户愿意追高。主力在第二次拉抬时，基本上就将手中的筹码派发出去了，故到后期股价跌破颈线，M 头就成功构筑完成。通常来说，M 头一旦形成，其杀伤较大，后市一般会出现一轮较大幅度的下跌行情。

如图 1–19 所示，宜宾纸业（600793）的股价经过大幅炒作后，主力获利丰厚，不断在高位派发获利筹码，DIF 线随之向下交叉 MACD 线，BAR 指标红柱消失。但很快股价止跌回升，DIF 线重新向上交叉 MACD 线。股价突破前次高点时，MACD 指标并未创出新高，两者出现顶背离走势。这时抛盘加大，股价滞涨下跌，不久 DIF 线再次死叉 MACD 线，BAR 指标绿柱出现并加长，从而形成 M 头形态。此后股价出现向下调整走势。

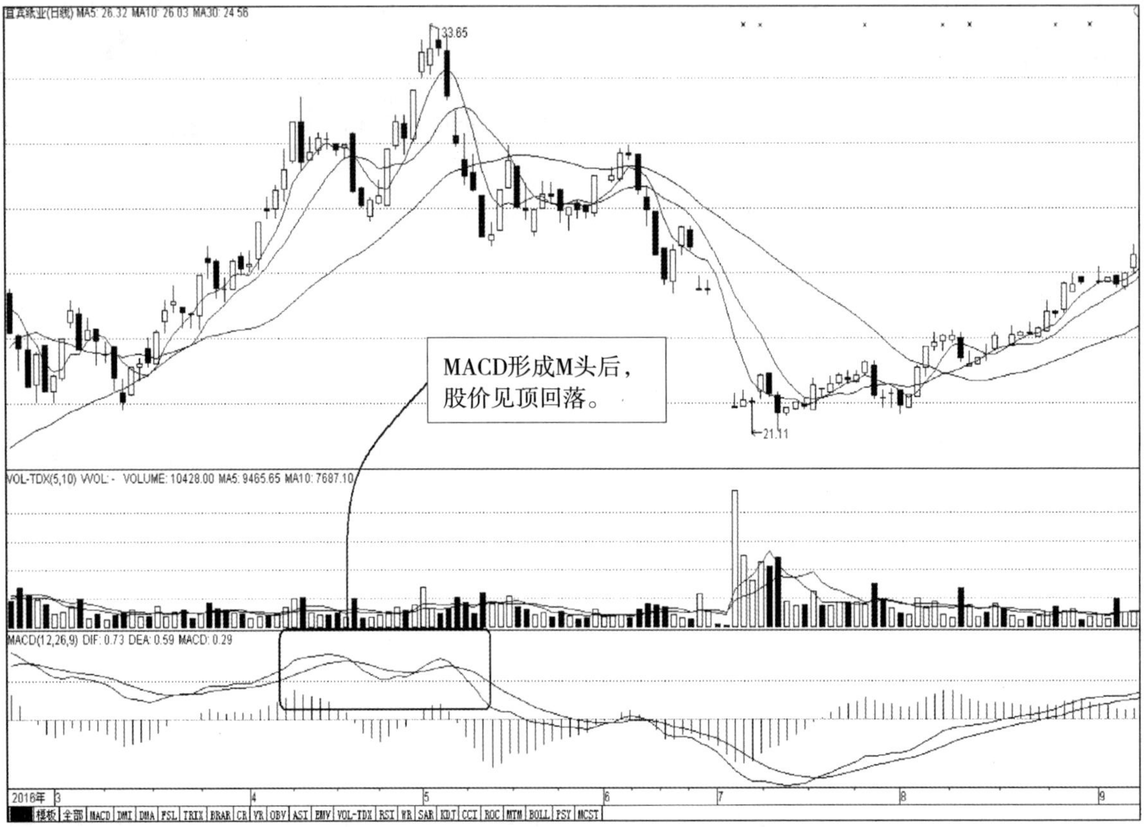

图 1–19　宜宾纸业（600793）日 K 线图

四、MACD 常见陷阱

MACD 指标可以提供清楚的短期或中期趋势形成或完结的信号，其买卖信号通常比股价的高低点落后约 4～6 天，但有时候比相同天数移动平均线的买卖信号提前 1～2 天。该指标在研判中短期走势方面具有显著的实盘效果。正因为有如此功能，实盘中主力经常在该指标中制造技术骗线，不少投资者又缺乏辨别能力，以致造成操作失误，蒙受经济损失。常见的陷阱有位置陷阱、交叉陷阱、背离陷阱、突破陷阱和牛熊陷阱等。

（一）多空陷阱

在 MACD 指标中，当 DIF 和 MACD 的值均为正值时，即两条曲线均在 0 轴上方正值区域运行时，属于多头市场，可以持股或买入做多。若 DIF 线向上突破 MACD 线，则为买入信号。若 DIF 线向下突破 MACD 线，则为回档信号。

当 DIF 和 MACD 的值均为负值时，即两条曲线均在 0 轴下方负值区域运行时，属于空头市场，可以出局或持币观望。若 DIF 线向下突破 MACD 线，则为卖出信号。若 DIF 线向上突破 MACD，则为反弹信号。

但是，这一指标特征经常出现虚假信号，容易造成操作失误。MACD 指标的 0 轴虽是多空强弱分界线，但并不是股价涨跌分界线。有时在 0 轴下方也会出现一波有力度的涨升行情，在 0 轴上方也有可能出现深幅下跌走势。也就是说，MACD 指标在正值区域不代表市场一定会上涨，在负值区域也不代表市场一定会下跌，因此容易出现虚假的多头或空头信号。

1. 虚假多头

（1）当 DIF 线和 MACD 线向上突破 0 轴，由负值变为正值时，按指标的一般应用方法则为买入时机。但实盘中 DIF 线和 MACD 线向上突破 0 轴时，往往意味着一波涨势或反弹行情即将结束，后市可能出现跌势，买入者介入即遭受套牢。

如图 1–20 所示，塞力医疗（603716）的股价见顶后一路下跌，累积跌幅很大。在下跌过程中多次出现反弹走势，反弹结束后股价不断创出调整新低。2021 年 6 月 4 日，股价放量涨停，带动 MACD 指标随之由负值区进入正值区，DIF 线向上突破 0 轴进入正值区，接着 MACD 线也向上突破 0 轴进入正值区。按照 MACD 指标的一般特征，此时属于多头市场的开始，可以作为买入信号处理。可是，当 DIF 线和 MACD 线突破 0 轴由负值变为正值时，正是一波反弹行情的高点。股价经过短暂的整理后，很快出现回落走势，一波反弹行情宣告结束。这种现象在主力反弹出货过程中经常出现，投资者还需小心。

技术解盘：该股反弹开始后，经过多个交易日的回升，股价短期有了一定的涨幅，但此时 MACD 指标的 DIF 线才刚刚穿过 0 轴进入正值区。几天后，MACD 线才穿越 0 轴进入正值区，此时一波反弹行情已经全部结束。买入点应在 MACD 指标远离 0 轴的时候，而不是穿越 0 轴的时候，此时两线的乖离度也偏大。同时，30 日均线仍然处于下降状态，股价上涨属于典型的反弹性质。另外，股票涨停之后，第二天的成交量急剧放大，属于典型的主力对敲出货。MACD 穿越 0 轴时，成交量反而萎缩，说明做多力量不足，因此不足以推动股价上涨。

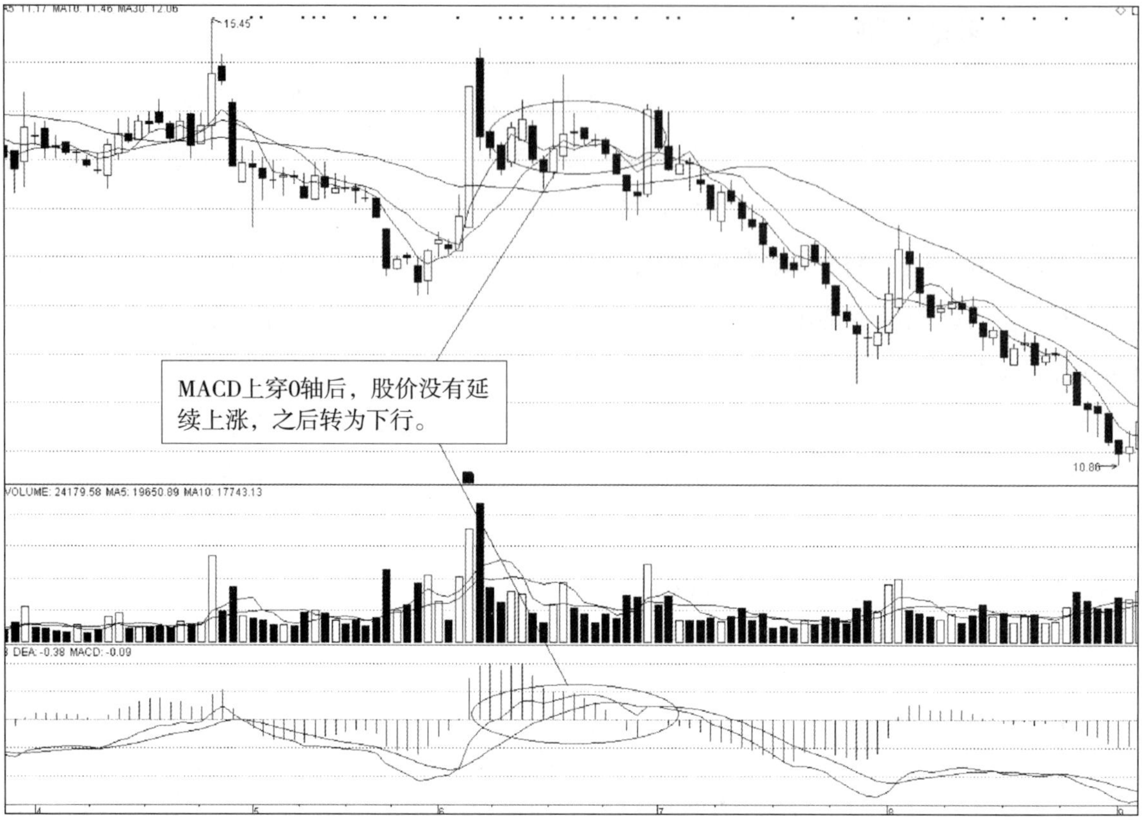

图 1–20 塞力医疗（603716）日 K 线图

（2）在 0 轴上方较远的位置，当 DIF 线向上突破 MACD 线形成金叉时，表明市场处于强势之中，后市可看高一线，但实盘中往往是“最后的晚餐”，据此买入容易被套在高位。

如图 1–21 所示，主力吸纳了大量的低价筹码后，三星医疗（601567）的股价出现了一波强势拉升行情。经过短暂的回调后，2021 年 6 月 17 日开始，股价再次展开新的拉升行情。同期 MACD 指标在 0 轴上方持续走高，不久因股价回调而回落。随着股价重新上涨，MACD 指标在 0 轴上方较远位置再次出现金叉，显示多头势力非常强大。此时，如果按照 MACD 指标“DIF 线向上突破 MACD 线时买入”的买卖法则而入场的话，那么无异于虎口拔牙。这时的金叉是上涨行情中最后的晚餐和美丽的陷阱，如果没有飞快的逃跑功夫，肯定会被猛虎吞食。其后，股价稍作冲高后即见顶回落，很快出现下跌走势，从而使这个金叉成为多头虚假信号。

技术解盘：为什么该股 MACD 指标二次金叉会演变为美丽的陷阱？其原因在于：一

是股价累积涨幅较大，主力兑现获利筹码是不可置疑的；二是 MACD 指标在距离 0 轴较远的位置腾空而起，看似属于很强势的“空中加油”状态，实则是强弩之末，属于主力最后的冲高出货动作；三是股价与 MACD 指标出现顶背离形态。

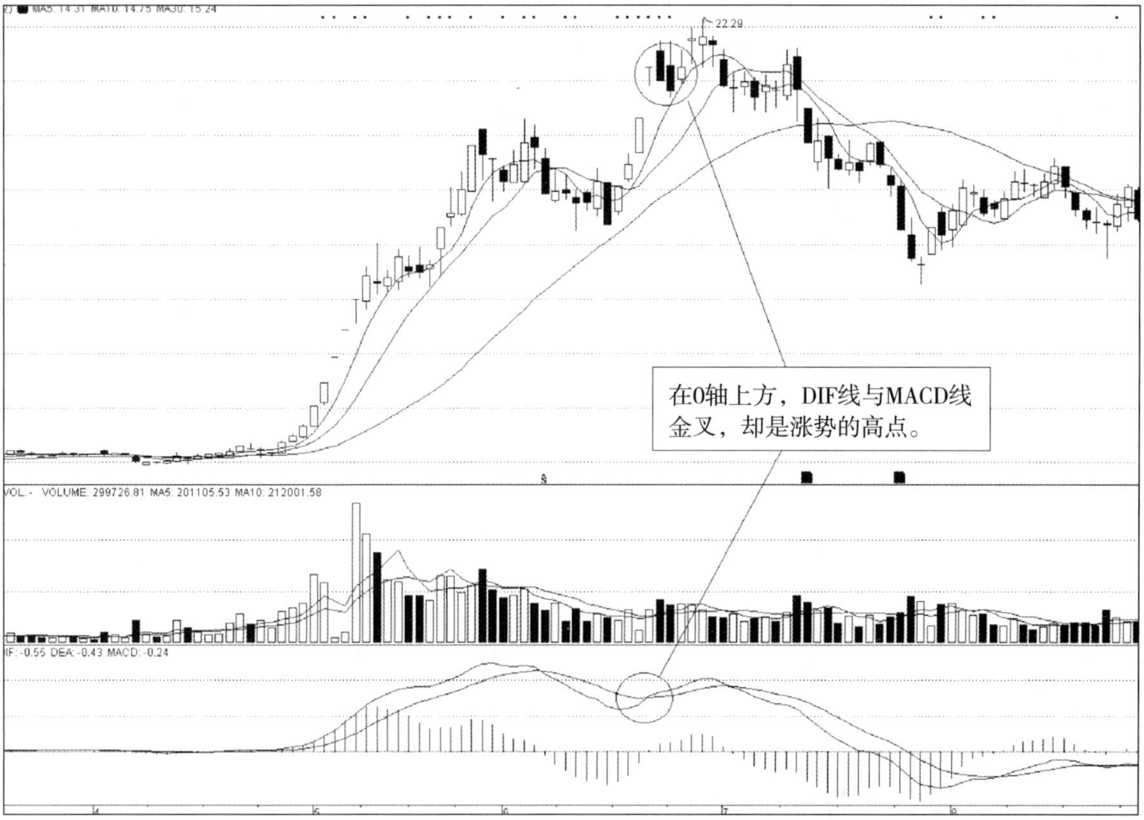

图 1-21　三星医疗（601567）日 K 线图

通过上述实例分析，MACD 指标中的 0 轴虽是多空强弱的分界线，但并不是股价涨跌的标志线，有时在 0 轴下方也会出现一波有力度的涨升行情，在 0 轴上方也有可能出现深幅下跌走势，因此容易出现虚假的多头信号。

2. 虚假空头

（1）当 DIF 线和 MACD 线由上向下突破 0 轴，由正值变为负值时，按指标的一般应用法则应为卖出时机。但实盘中可能是一波跌势或调整行情即将结束，后市可能出现升势，卖出容易踏空。

如图 1-22 所示，深圳新星（603978）的股价在低位经过长时间的振荡筑底过程中，主力吸纳了大量的低价筹码。当股价进入拉升之前，主力刻意向下打压股价。2021 年 7 月 28 日股价跌停，技术形态出现破位走势。之后几日，MACD 指标的两条曲线先后向下穿过 0 轴，进入负值区域。按照 MACD 指标的一般应用法则，此时该股已经进入空头市场，应当卖出离场。可是，这正是一波调整行情的低点和结束点，股价很快便展开一轮强势的盘升行情。因此，DIF 线和 MACD 线下穿 0 轴就成为一个虚假的空头信号。

技术解盘：股价处于长期调整的低位，经过一波反弹后，当 DIF 线和 MACD 线向下穿过 0 轴进入负值区域时，往往是股价的最低点，随后股价有向上运行的要求。另外，在股价回落过程中，成交量明显萎缩，表明没有出现恐慌盘，盘中筹码锁定良好，主力没有出货的动作。股价在 BOLL 的下轨线得到较强的支撑，股价虽然一度击穿 30 日均线的支撑，但下跌幅度不深，因此可以做多或入场博反弹。可见，当股价向下穿越 0 轴时，很多时候并不是一个卖出点，恰恰相反，可能只是调整走势的最后一跌，是一次逢低吸纳的机会。

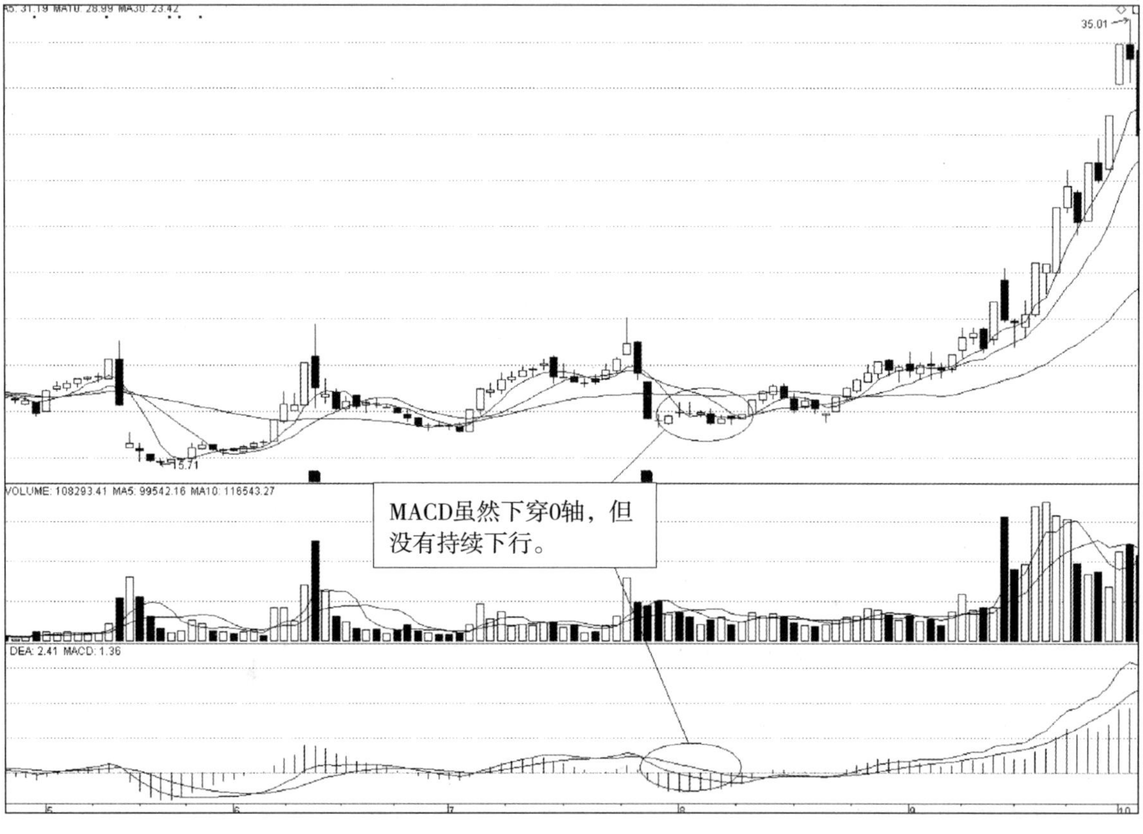

图 1-22　深圳新星（603978）日 K 线图

（2）在 0 轴下方较远的位置，当 DIF 线向下突破 MACD 线形成死叉时，表明市场处于弱势之中，后市可能再次出现下跌，但实盘中往往可能是下跌趋势的最后一跌，此时卖出可能卖在地板价上。

如图 1-23 所示，中欣氟材（002915）的股价经过长时间的调整后渐渐企稳盘整，主力吸纳了大量的低价筹码。主力在股价起涨前故意向下打压股价，股价随后再次创出调整新低，造成技术破位之势，预示股价将继续下跌。2021 年 1 月 11 日，在 0 轴下方较远位置，DIF 线与 MACD 线形成死叉，通常此时已属于空头市场，死叉信号更具有杀伤力，应离场观望。但是此后股价并没有持续下跌，而是很快企稳并转跌为升。

技术解盘：MACD 指标形成死叉后，已经远离 0 轴，有向 0 轴返回的要求。成交量明显萎缩，显示主动性抛盘较小，杀跌动能不足，这时主力出货的可能性不大。股价已经到达前期低点附近，主力有故意打压行为。股价触及 BOLL 的下轨线，将受到一定的支撑，因此不宜盲目做空后市。当股价重返 30 日均线之上时，可以积极做多。

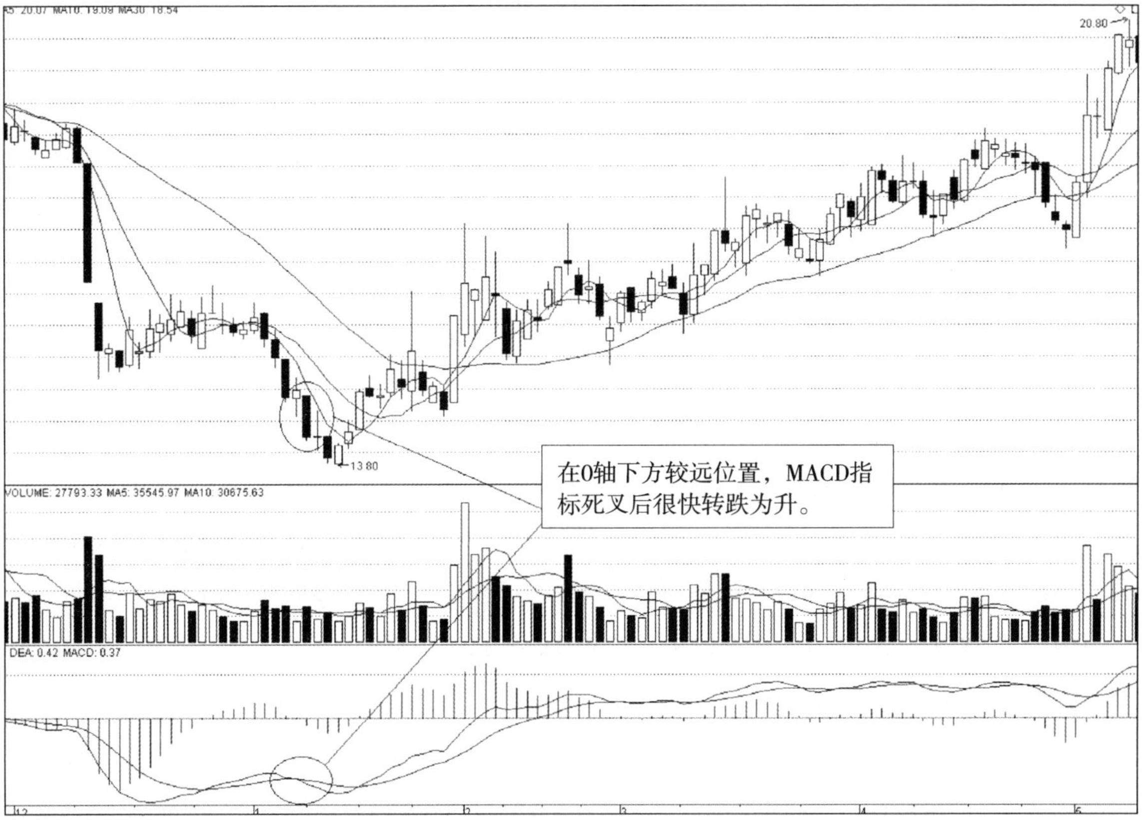

图 1-23　中欣氟材（002915）日 K 线图

通过上述实例分析，MACD 指标中的正值区域不代表一定会上涨，负值区域也不代表一定会下跌。即使股价在负值区域运行，有时也会出现强势上涨行情，因此容易出现虚假的空头信号。

3. 技术纠正方法

MACD 指标有正值和负值两个区域，正值区域为多头市场，负值区域为空头市场。但在实际操作中，多头市场里买入股票后，股价不但没有上涨，反而下跌，因此被套；空头市场里卖出股票后，股价不但没有下跌，反而上涨，因此踏空。那么，如何避免这种失误呢？

（1）看MACD指标所处的位置。任何以0轴为中轴的技术指标，0轴都对它有牵引力。如果指标远离0轴，无论是0轴上方还是下方，都有回归0轴的要求。MACD指标围绕0轴作无规则的波谱式运动，0轴是中心。当MACD指标离开0轴很远时，无论是在0轴上方还是下方运行，都会有向0轴靠近的要求，投资者应在MACD指标离0轴很远时，提早做出买卖行动。有人不禁要问，到底MACD指标离0轴多远才算远呢？这要因个股不同而异，因势道不同而别，MACD指标正区和负区的值没有限制。这里不妨教给大家一个操作技巧：首先“压缩”K线走势图，然后以MACD指标历史达到的最大值作为参考值，当指标接近或超过参考值时，可以作为指标回归0轴的大概位置和买卖参考价。

（2）还可以辅助参考MACD的另一个指标，即红绿相间的柱状线BAR指标。它是用来表明DIF线和MACD线两者之间距离大小和力度强弱的指标，是重要的短期参考依据。红色柱状线为做多信号，当红柱增多拉长时，说明多方气势旺盛，多头行情仍将继续。当红柱减少缩短时，说明多方气势在衰减，股价随时可能会下跌。绿色柱状线为做空信号，当绿柱增多拉长时，说明空方气势旺盛，空头行情仍将继续。当绿柱减少缩短时，说明空方气势在衰减，股价随时会止跌或见底回升。当DIF线和MACD线的距离很大时，DIF线有向MACD线靠近的要求，技术高手可用于波段操作。那么，两者的距离多大才算大呢？没有一个固定的参考数值，要根据当时行情的强弱灵活操盘，也可依据经验买卖。在一段真正持续的趋势行情中（在暴涨暴跌行情中更为突出），DIF线和MACD线之间的距离必将愈拉愈大，随后渐渐趋于缓慢，两者之间的距离也必然缩小，最后互相交叉并趋向0轴，这时趋势行情基本告一段落。

（3）看股价运行趋势。在持续连贯的行情中，MACD指标可能会出现失真状况，投资者应注重当时的势道，注重公司价值判断，而不应被短期指标超买超卖所误导，以致低价抛出或高价买入。在上升通道中，股价上涨有气势的，突破后能持续上涨的，MACD指标无论在什么位置，每一次回落和每一个金叉都是理想的买入或加仓时机。在下降通道中，股价走势疲软，每一次死叉形成后都会出现大跌，每一次金叉后不久都是反弹结束的位置，MACD指标在接近0轴附近时，都是减仓或出局的时机。

（4）看成交量变化。在股价上涨时，成交量应持续有效温和地放大，如果成交量过低，上涨肯定没有力度。但如果成交量特别巨大，股价位置又高，需要提防主力以假突破的方式出货。有时，在底部区域，主力为了造势的需要，特意走出放量下跌的情形，给散户造成主力出货的错觉。这种现象一般跌幅在10%～20%之间，然后股价就会被重新拉起。

（5）看BOLL指标变化。在底部DIF线金叉MACD线时，或DIF线和MACD线分别上穿0轴时，或两条黏合在一起的DIF线和MACD线向上发散时，可以观察BOLL的变化情况。收敛变窄后的BOLL通道口向两边扩张，股价上穿中轨线或上轨线，则表明行情已经产生了向上突破，可在回调时介入；或者，股价已经位于中轨线之上，此时行情已经处于强势，在回调到中轨线附近时介入。相反，当在顶部DIF线死叉MACD线时，或DIF线和MACD线分别下穿0轴时，或DIF线和MACD线黏合后向下发散时，此时如果收敛变窄后的BOLL通道口向两边扩张，股价下穿中轨线或下轨线，则表明行情已经转弱，可在反弹时卖出；或者，股价已经位于中轨线之下，此时行情已经处于弱势，在股价反弹到中轨线附近时卖出。此外，股价形成趋势通道后，在通道内，MACD线也常出现虚假信号，此时同样可以参考BOLL指标，以中轨线作为短期强弱参考依据。在上升通道内，DIF线死叉MACD线后，股价回落到BOLL中轨线或下轨线附近时会得到较强的支撑，可以作为买入位置；在下降通道内，DIF线金叉MACD线后，股价上升到BOLL中轨线或上轨线附近时，会受到较强的压力，可以作为卖出位置。

（6）看TRIX指标变化。MACD指标在高位或低位出现买卖信号后，TRIX指标在高处或低处两条下行的“平行”线失衡后走平，进而在高位或底部形成黏合，最后出现死叉或金叉，表明行情中长线已经转势，可以按转势后的方向灵活操作。

（7）看移动平均线走势。盘整行情中，移动平均线频繁交叉，无判别意义。移动平均线呈多头排列时，DIF线死叉MACD线后，股价回调到30日均线附近，一般会得到较强的支撑，此时可以买入；移动平均线呈空头排列时，DIF线金叉MACD线后，股价反弹到30日均线附近，一般会得到较大的压力，此时可以卖出。将MACD指标与移动平均线的这一特征结合起来灵活研判，会有神奇的使用效果。

（二）交叉陷阱

MACD指标的运行是周期性的，必然会出现DIF线和MACD线交叉的时候。交叉信号是MACD指标的主要特征之一，是中短期较为准确的买卖信号。在理论上，DIF线由下向上穿过MACD线时，称为MACD金叉，为买进信号；DIF线由上向下穿过MACD线时，称为MACD死叉，为卖出信号。虽然MACD指标主要用于中长线操作，也简单直观好用，但交叉陷阱一样很多，仍然需要多加留意。

1. 虚假金叉

当DIF线由下向上金叉MACD线时，显示市场逐步转强或回档结束，表明多方占有一定的优势，为买进信号。但在实盘操作中，当MACD指标发出金叉信号后，股价并没有出现大幅上涨，而是小幅反弹后即告下跌，从而形成虚假金叉信号。

如图 1–24 所示，三美股份（603379）的股价快速下跌后出现向上反弹，2021 年 2 月 19 日，DIF 线向上金叉 MACD 线，预示股价见底回升，构成买入信号。可是，MACD 指标金叉后，股价只是短暂冲高，经过一段时间的横盘整理后，股价即缓缓下行，从而成为虚假的金叉信号。

技术解盘：在 DIF 线向上金叉 MACD 线时，MACD 线虽然已经走平，但股价的上升力度不强，突破气势不够，上涨底气不足。此时虽然股价穿过 30 日均线，看起来好像突破了 30 日均线的压力，但 30 日均线还处于下行状态，此后虽然转为横向运行，但对股价仍然没有助涨作用。同时，成交量没有明显放大，显然没有新增资金介入。可见，此时 MACD 指标出现的金叉属于筑底信号，而不是上涨信号，不宜盲目跟风。

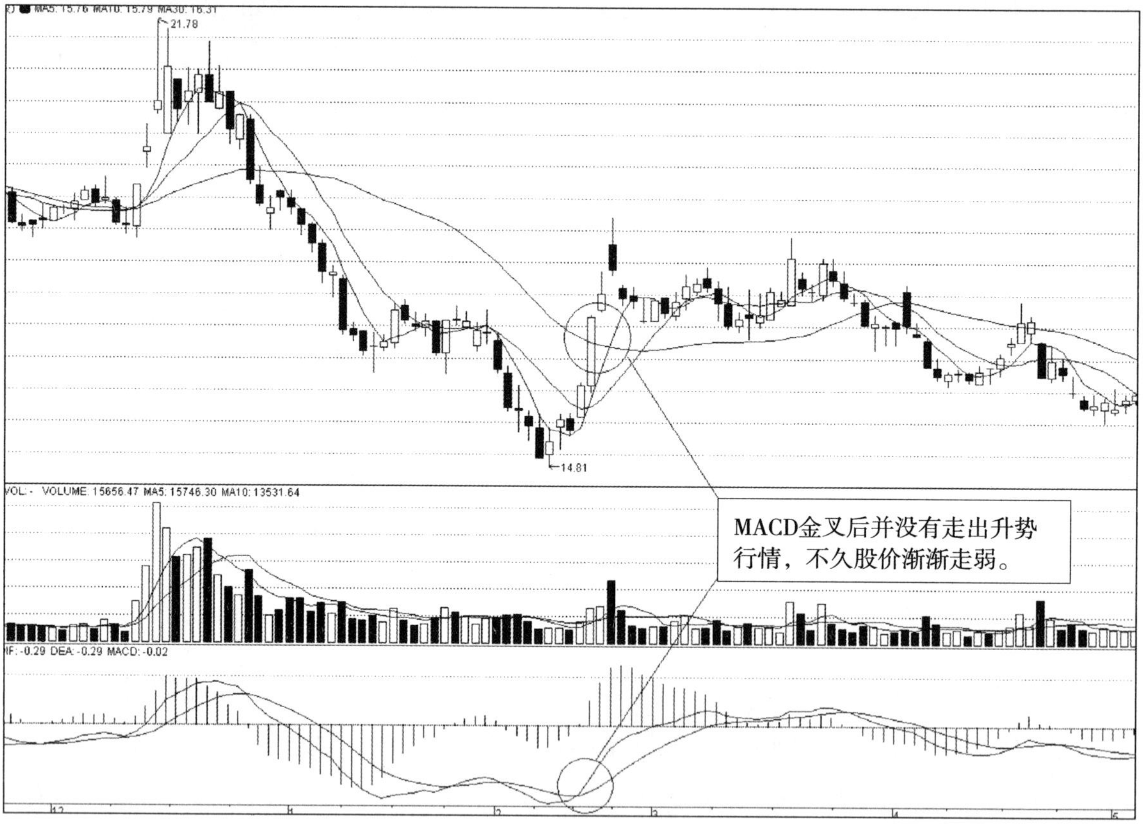

图 1–24　三美股份（603379）日 K 线图

2. 虚假死叉

当 DIF 线由上向下死叉 MACD 线时，显示市场逐步转弱或反弹结束，表明空方占有一定的优势，为卖出信号。但是死叉形成后，股价并没有出现大幅下跌，仅以短暂的横盘完成整理或小幅下探后，股价即梅开二度，再拾升势，从而形成虚假的死叉信号。

如图 1–25 所示，主力完成建仓任务后，正川股份（603976）的股价成功脱离底部，开始上升。经过一波上扬行情后，为了有利于日后顺利拉升股价，这时主力主动展开调整，对盘中的筹码进行洗盘换手，以减轻上涨的阻力。同期的 MACD 指标在负值区金叉，向上到达正值区。不久，随着股价的调整，DIF 线由上向下死叉 MACD 线，形成一个标准的卖出信号。然而，MACD 指标死叉形成后，股价并没有出现大幅下跌，在相对高位进行短暂的整理后，股价即再拾升势，成功向上突破前期高点，股价随后步入快速拉升行情，短期涨幅很大。

技术解盘：在 DIF 线向下死叉 MACD 线时，下行角度并不陡峭，DIF 线和 MACD 线之间的距离很近，显示空头力量不够强大，这种形态一般是回档调整所为。此时，30 日均线继续保持多头上行趋势，当股价下探到 30 日均线附近时，就遇到强大的支撑而回升，说明这是主力主动回调进行洗盘换手行为。另外，股价下跌时成交量出现萎缩，表明场内筹码没有松动迹象，资金没有明显抽离市场，盘中筹码已被主力成功锁定。俗话说，“能涨的股票不会跌，能跌的股票不会涨”，就是这个道理。因此，DIF 线与 MACD 线死叉是一个虚假的空头信号，当股价在 30 日均线附近遇到支撑再度放量走强时，投资者可以积极入场。

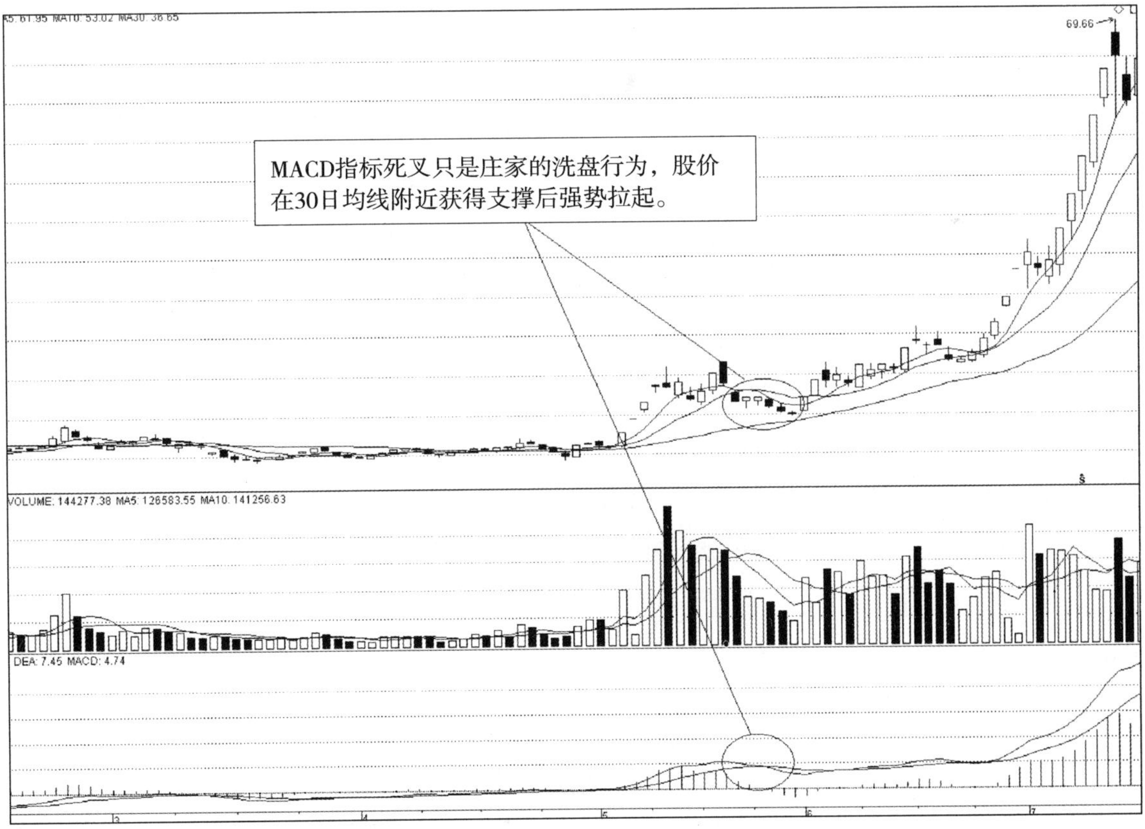

图 1–25　正川股份（603976）日 K 线图

3. 技术纠正方法

MACD 指标经常出现虚假交叉信号，以致造成操作和判断失误。那么，如何避免这种失误呢？

（1）当 MACD 指标形成交叉时，可以观察 MACD 线的方向是下降、走平还是上升，因为 MACD 线具有助涨助跌效果。DIF 线金叉 MACD 线时，若 MACD 线是下降的，股价的上升力度可能较弱，大多是反弹行情；若 MACD 线是平行的，股价的上升力度较强，大多出现在突破行情之中；若 MACD 线是上升的，交叉后上升力度更强，大多发生在主升行情之中。

DIF 线死叉 MACD 线时，若 MACD 线是上升的，那么股价的下跌力度可能较弱，大多是回档调整；若 MACD 线是平行的，股价的下跌力度较强，大多出现在突破行情中；若 MACD 线是下降的，交叉后的下降力度更强，大多发生在暴跌行情之中。

（2）当 DIF 线交叉 MACD 线时，分析移动平均线的排列情况。如果移动平均线呈多头排列，DIF 线金叉 MACD 线，表明股价转跌为涨或回调结束，此时可以持股或加仓买进；DIF 线死叉 MACD 线，表明主力主动回调进行洗盘换手，投资者不必为一时的下跌而惊慌，后市将会再拾升势。

如果移动平均线呈空头排列，DIF 线死叉 MACD 线，表明股价涨势即将完结，行情进入空头市场，此时应逢高及时离场；DIF 线金叉 MACD 线，表明市场出现反弹行情或主力发动自救行情，此时投资者不宜过于乐观，后市将会再创新低。

（3）当 DIF 线交叉 MACD 线时，分析成交量配合情况。当 DIF 线金叉 MACD 线时，如果成交量同步放大，表明有外围增量资金介入，可以看多做多；如果成交量没有放大，表明场外资金没有进入，此为虚张声势，主力有拉高出货的嫌疑，可看多不做多。

当 DIF 线死叉 MACD 线时，如果成交量同步放大，表明有场内资金撤离市场，应当看空做空；如果成交量没有放大，表明场内筹码锁定性好，主力操盘手法稳健，此为回调换手洗盘，后市有向上反攻的可能。但需要注意的是，有时主力为了隐蔽坐庄，会故意形成量价失衡的走势，造成投资者判断失误。

（4）MACD 指标发出买卖信号时，应综合其他技术指标进行具体分析，如 TRIX、DMA、EXPMA、SAR、BOLL 等技术指标，如相互验证统一，则信号准确性高，否则为疑似信号。综合研判可以避免单项技术指标的某些缺憾，提高判断的准确度。

（5）当 DIF 线交叉 MACD 线时，可以观察股价走势的技术形态特征。当 DIF 线金叉 MACD 线时，是否有底部形态出现，如 V 形、双底、头肩底及上升三角形、下降楔形、上升旗形等技术形态。当 DIF 线死叉 MACD 线时，是否有顶部形态出现，如倒 V 形、双顶、头肩顶及下降三角形、上升楔形、下降旗形等技术形态。

（三）双叉陷阱

MACD 指标第一次交叉后，不久又出现第二次相同意义的交叉，称为二次交叉信号，一般预示着行情将向纵深发展，是股民研判行情演变性质及后市强弱的重要图表信号，可以提供较为准确的买卖依据，其可靠性远较一次交叉信号要高。但是，股市千变万化，主力手法多多，常常出现虚假信号，投资者要多加警惕。

1. 二次虚假金叉

MACD 指标在低位出现第一次金叉后，股价小幅上涨后回落洗盘整理，不久再次形成金叉（二次金叉的时间长短及位置没有固定标准。据多年的实盘经验总结，时间跨度 1～2 个月为佳，若时间过短，起不到判别作用；若时间过长，两者之间失去关联效应。第二次金叉位置在第一次金叉位置附近或微向上偏较好，若位置上下差距较大，其判断意义也不大），在日 K 线上形成 W 底形态。这表明势道已经彻底转强，股价可能大涨。出现此信号时，投资者应积极买入做多。

但在实盘操作中，二次金叉信号出现后，股价可能并没有出现预期的上升行情，而是很快陷于盘局或继续下跌，构成一个低位二次金叉陷阱，经常使 W 底形态很快转变为 M 头形态。

如图 1-26 所示，置信电气（现名国网英大，600517）的股价在高位经过长时间的振荡后，终于选择了向下调整。股价经过一轮下跌后，从盘面看有企稳迹象。这时 MACD 指标中的 DIF 线在底部走平后，开始向上金叉 MACD 线，MACD 线走平，构成买入信号。可是，随后的走势并不像投资者想象的那样乐观，股价很快再次下跌，大家这时才明白，原来是主力特意打造的假金叉信号，使投资者上了一回当。不久，该指标再度在底部出现金叉。根据 MACD 指标“底部二次金叉大涨”的法则，该金叉着实吸引不少人的眼球，于是主动介入做多者众多。然而，这是主力精心编制的多头陷阱，随后股价不涨反跌，并不断创新低，让投资者大失所望。

技术解盘：在 MACD 指标出现第二次金叉时，KDJ、RSI 等技术指标虽然未出现顶背离形态，但指标的高点一个比一个低，表明股价上升乏力，没有真正见底。股价下跌时，没有遇到有效的技术支撑。同时，成交量明显偏弱，不及第一次金叉时的成交量。股价处于下降通道之中，没有形成完整的技术形态，均线系统呈空头排列，30 日均线不断下移，对股价上涨构成重大压力。因此，MACD 指标二次金叉成了短期的多头陷阱，投资者可以在均线附近逢高离场。

图 1-26　置信电气（现名国网英大，600517）日 K 线图

2. 二次虚假死叉

MACD 指标在高位出现第一次死叉，股价小幅下探后回升，第一次死叉信号失效。不久，MACD 指标再次在相近的位置形成死叉信号（其时间长短及位置与二次金叉信号的识别方法相对应），在日 K 线上形成 M 头形态，表明股价已经出现上升乏力的情况，盘面将逐步转弱。这是一个需要认真对待的信号，通常标志着股价将会大跌，此时应坚决止损离场。

但在实盘操作中，二次死叉信号出现后，股价并没有出现预期的下跌走势，从而构成二次死叉陷阱。随后股价出现上涨走势，常常使 M 头形态很快转变为 W 底形态。

如图 1-27 所示，主力成功完成建仓计划后，泛海控股（000046）的股价向上脱离底部区域。主力采用边拉升边洗盘的手法，不断将股价推高。同期的 MACD 指标从负值区进入正值区。在正值区上方出现第一次死叉后，不久，MACD 指标在第一次死叉的相近位置再次构成死叉，并在日 K 线上形成 M 头形态。根据 MACD 指标“高位二次死叉大跌”的研判法则，该股后市将会发生暴跌行情。但水无常态，股无定势，当股价回调到前期低点附近时，即获得较强的技术支撑，此后股价继续向上稳步走高，股价累计涨幅较大。

技术解盘：在 MACD 指标出现第二次死叉时，股价处于升势初期，也是主力刚刚脱离建仓成本区，该位置一般不会成为主力出货区域，这也反映出前期下跌是主力刻意打压洗盘所致，因此跌幅一般不会很大。同时，成交量出现明显萎缩，表明没有主动性抛盘出现，股价的回落是洗盘而不是下跌。股价回调到前期低点附近时，得到均线系统的有力支撑，所以 MACD 指标二次死叉成了短期的空头陷阱，投资者可以在股价回落到 30 日均线时积极介入做多。

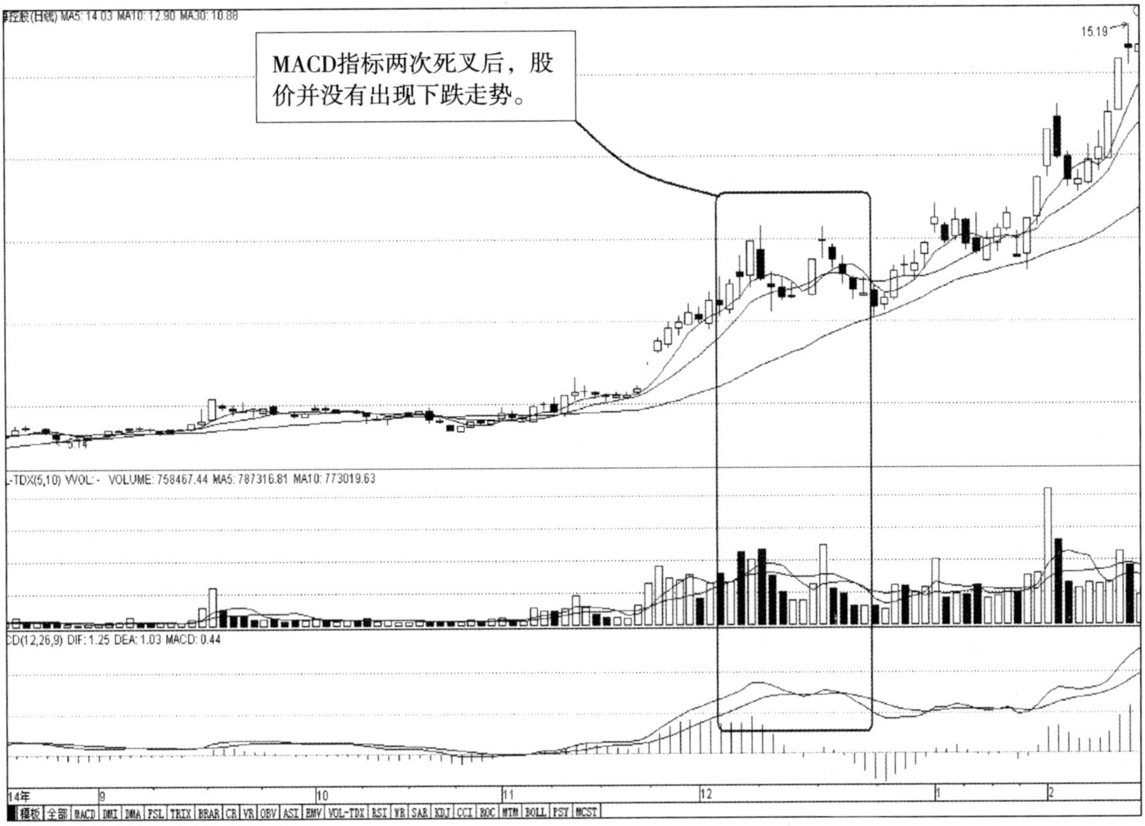

图 1–27　泛海控股（000046）日 K 线图

3. 技术纠正方法

MACD 指标中的 DIF 线与 MACD 线出现两次及两次以上的交叉信号，虽然其准确性比一次交叉信号要强得多，但虚假信号照样存在。大量险恶的陷阱出现在图表之中，主力同样骗你没商量。那么，在操作中应如何避免这些陷阱呢？除了用一次交叉陷阱的破解方法外，还可以通过以下方法进行分析。

（1）二次交叉时，看 KDJ 指标的背离情况。MACD 指标第二次出现金叉后，如果股价不断地往上拉升，创出近期新高点，而同期的KDJ指标逐波走低，两者产生顶背离现象，表明股价上升接近尾声。MACD 指标第二次出现死叉后，如果股价逐波走低，创出近期新低点，而同期的 KDJ 指标不断地上升，形成底背离走势，则意味着股价跌势接近结束。

（2）二次交叉时，看 RSI 指标的背离情况。如果 MACD 指标第二次金叉后，RSI 指标呈顶背离走势，那就表明股价上升乏力，上涨势头不足，可伺机卖出股票。MACD 指标第二次死叉后，如果 RSI 指标呈底背离走势，那就表明股价蓄势待涨，会有喷薄而出的上涨势头，可伺机买入股票。

（3）二次交叉时，看关键位置的力度大小。在 MACD 指标出现第二次金叉后，股价在向上突破压力线、前期高点、成交密集区、黄金分割位时，如果涨势一气呵成，势如破竹，那么后市可以看高一线；如果涨势拖泥带水，有气无力，那么后市的升幅就存在疑问，应逢高了结。MACD 指标出现第二次死叉后，股价在向下击穿支撑线、前期低点、成交密集区、黄金分割位时，若是毫无抵挡，不堪一击，则后市会再下一个台阶；若是主力刻意打压，制造混乱，则后市跌幅不会很大，应逢低介入。

（4）二次交叉时，看技术形态特征。MACD 指标出现第二次金叉时，看日 K 线是否构成完整的底部技术形态，如 W 底、头肩底及上升三角形、下降楔形、上升旗形等技术形态。MACD 指标出现第二次死叉时，看日 K 线是否构成完整的顶部技术形态，如 M 头、头肩顶及下降三角形、上升楔形、下降旗形等技术形态。

（5）二次交叉时，看成交量大小。在 MACD 指标出现第二次金叉时，成交量必须大于第一次金叉时的成交量，这样才能有上攻的潜力，否则就是虚张声势。在 MACD 指标出现第二次死叉时，如果成交量较大，那就表明主力出货坚决；如果成交量没有明显变化，那就表明空方力量没有完全释放，股价可能继续下跌；如果成交量较小，那就表明主力筹码控制程度好，下跌是为了回调洗盘。

（四）背离陷阱

MACD 指标的趋向与股价的走势不一致时，两者就产生背离状态。技术指标与股价发生背离时，以技术指标的方向作为参考依据。MACD 指标产生背离时，一般为中期可能见顶或见底的转势信号，底背离为买入信号，顶背离为卖出信号。但在实盘中，背离陷阱时常发生，大家容易上当受骗。

1. 虚假底背离

在一轮持续的跌势中，股价逐步向下走低，低点一个比一个低，而同期的 MACD 指标不但没有相应创出新低，反而向上越走越高，即低点一个比一个高，股价与指标两者形成底背离状态，这种形态一般为中期见底买入信号。但实盘中底背离出现后，有时股价并没有上升多少就转为下跌，形成底背离虚假信号。

如图 1–28 所示，双象股份（002395）。2021 年 1 月开始，MACD 指标在底部徘徊一段时间后，出现明显的上升走势。DIF 线长时间站稳于 MACD 线之上，指标方向信号指示明确。而同期的股价阴跌不止，再创近期新低。两者的高低点形成底背离形态，通常这是典型的买入信号。谁知后面股价并未出现上涨走势，只是出现了一次小幅反弹之后，很快回落并连创新低。在这里，如果介入较早又未能及时止损，那么就会损失很大。

技术解盘：在 MACD 指标出现底背离时，盘面弱势特征非常明显，30 日均线呈空头下行状态，对股价上涨构成很大的压力。一般而言，均线系统之下的任何多头信号，往往都是一个疑似多头信号，不能成为确定信号。另外，变化不大的成交量暗示跌势未尽，场内空头资金还在悄悄离场，这是下跌时的“量价配合”，表明空方力量依然强大，股价仍有调整要求，因此底背离信号不可靠。

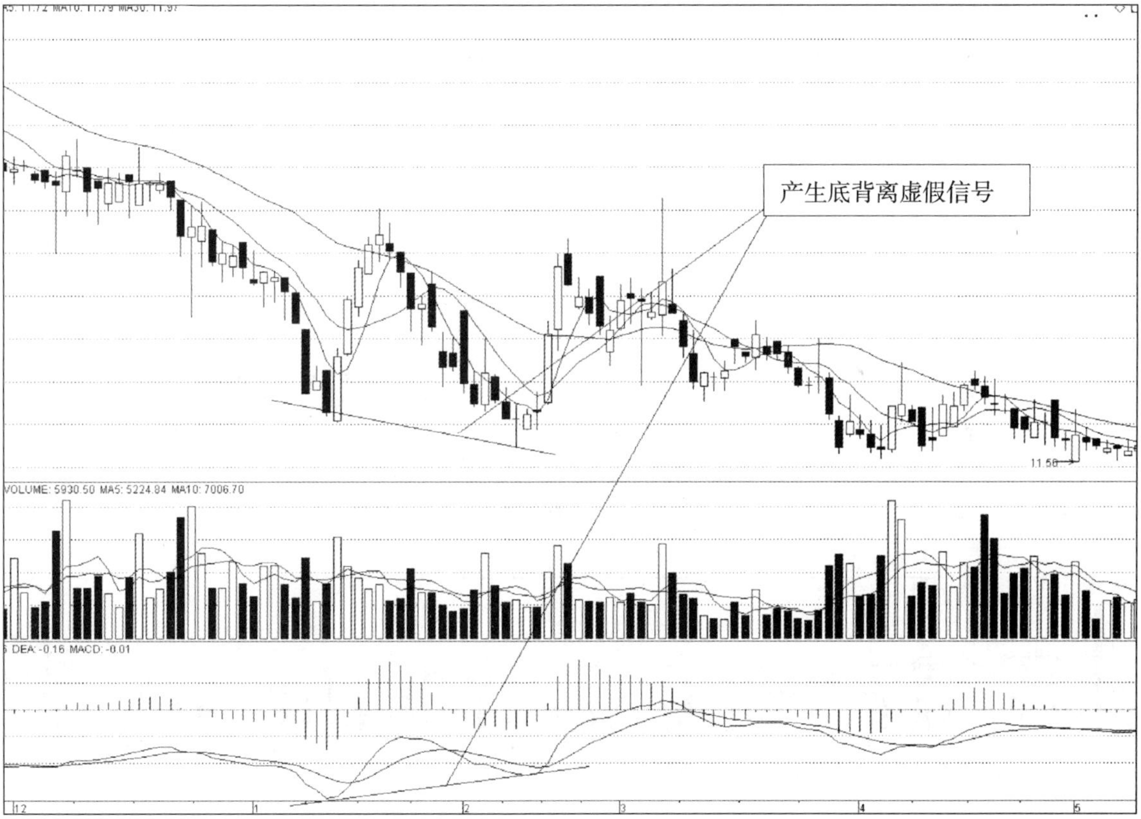

图 1–28　双象股份（002395）日 K 线图

2. 虚假顶背离

在一轮持续的上涨行情中，股价逐步走高，屡创近期新高，而同期的 MACD 指标未能随之向上，反而连连走低，股价与指标两者形成顶背离状态，这种现象一般视为中期见顶卖出信号。但在实盘中，顶背离信号出现后，有时股价并没有下跌多少就重拾升势，形成顶背离虚假信号。

如图 1–29 所示，鄂尔多斯（600295）的股价见底后逐波向上，盘面后浪推前浪，一浪高过一浪，屡创近期新高。可是同期的 MACD 指标并不配合，不但没有同步上升，反而向下走低，两者形成顶背离状态。通常来说，这是一个中期见顶卖出信号，于是不少散户相继抛售股票，落袋为安。谁知这是一个虚假的空头信号，之后股价并没有出现大幅下跌走势，股价在 30 日均线附近企稳后，即展开一轮主升段行情。

技术解盘：在 MACD 指标出现顶背离时，盘面强势特征非常明显，30 日均线呈多头上行状态。当股价击穿 30 日均线后，也没有出现明显下跌，说明做空力量不强。股价在 30 日均线处获得支撑后，出现强劲拉升，上攻坚挺有气势，下档接盘能力强，投资者不必为之顾虑重重。一般而言，在均线系统之上的任何空头信号，往往都是一个疑似空头信号，不能成为确定信号。另外，成交量呈稳定状态，量价配合理想，尚未出现异常情况，表明主力操作手法稳健，筹码锁定性好，做多意愿强烈。

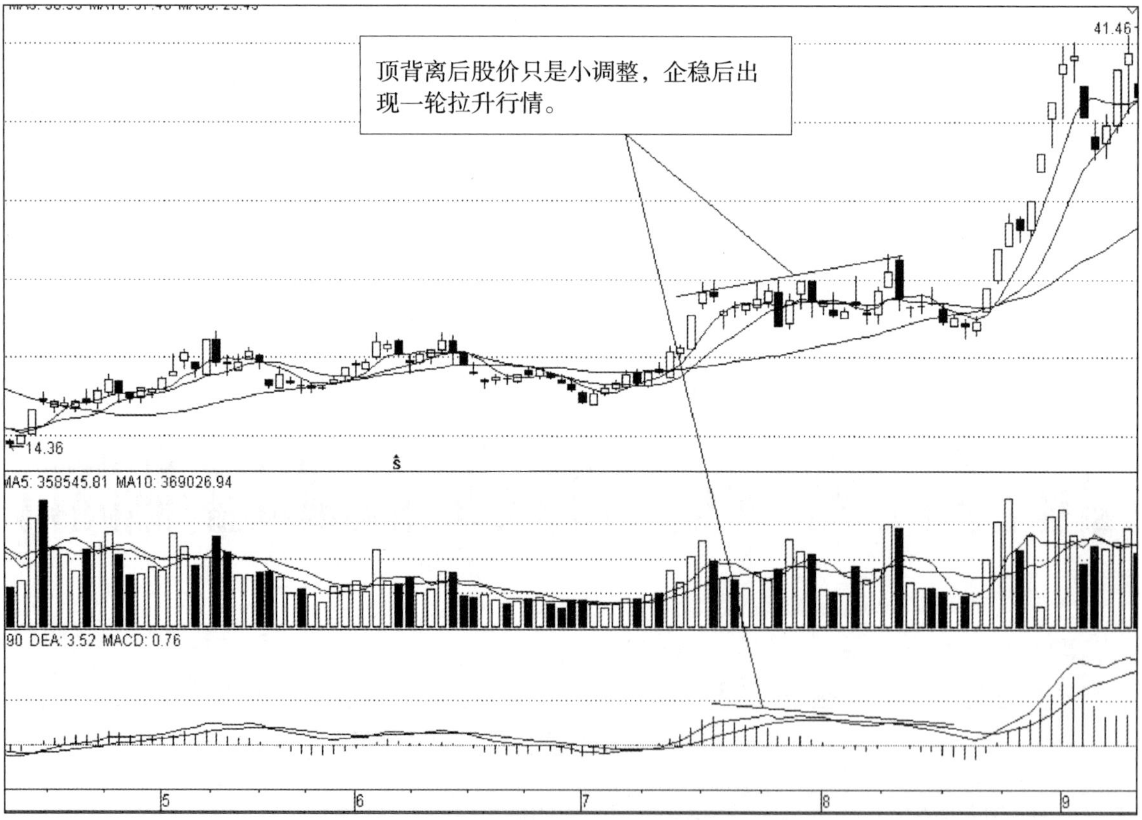

图 1–29 鄂尔多斯（600295）日 K 线图

3. 技术辨别方法

MACD 指标有背离功能，通常其买卖信号的准确性较高，这是技术高手常用的赚钱利器之一。正因为其买卖信号准确性较高，所以经常被主力用来制造技术陷阱。因此，投资者应尽量熟悉并避免虚假背离信号，这样才能与主力进行博弈。

（1）分析移动平均线的支撑和压力程度。出现顶背离时，如果均线对股价的回调有较强的支撑作用，那就表明下档接盘能力强，可以不理会指标的背离情况；如果股价轻松击穿均线的支撑，那就表明主力出货态度坚决，股价即将见顶，应逢高离场为宜。出现底背离时，如果均线对股价的上攻有较强的压力作用，那就表明股价上升乏力，应逢高了结为宜；如果股价向上突破均线的压力，那就表明股价即将见底转势，可以逢低吸纳。

（2）观察成交量变化情况。出现顶背离时，如果成交量保持稳定状态，那就表明主力在增加持仓量，有场外资金介入；如果是缩量上涨的，那就表明跟风盘减少，有主力刻意拉抬嫌疑，预示股价即将见顶；如果是放巨量上涨的，那就表明有资金抽离市场的嫌疑，应提早落袋为安。出现底背离时，如果成交量保持稳定状态，那就表明空方力量仍然没有释放殆尽，场内资金还在悄悄离场，应止损离场；如果是缩量下跌的，那就表明抛盘减少，跌势即将接近尾声；如果是放巨量下跌的，那就表明后市看空意识较浓或有恐慌盘涌出，后市仍有下跌空间，此时不要认为是底部放量。

（3）结合其他技术指标进行综合分析，如用 EXPMA、TRIX、SAR、BOLL 等中长线技术指标进行相互验证，这样可以减少失误，提高准确率。

（4）在连续下跌的趋势行情中，MACD 指标可能会出现底背离状况，投资者应根据当时的跌势分析下跌原因，注重公司价值判断，而不应被短期指标超卖迷惑，盲目抢反弹。

（5）结合波浪形态分析，顶背离形态出现在升势的 1 浪、3 浪里可靠性差，出现在上升 5 浪、B 浪、延长浪里可靠性较高；底背离形态出现在调整 2 浪、4 浪或 C 浪后期，则可靠性较高，出现在 A 浪、C 浪初期，则可靠性差。

（五）突破陷阱

突破是指股价维持在某个区域（位置）或某个趋势（通道）里运行较长一段时间后，出现向上或向下发展并产生一定幅度的市场现象。通常来说，股价突破后会脱离原来的运行轨迹，改变原来的运行方向（原来下跌的转为上升或原来上升的转为下跌），或加速脱离原通道后的运行速度（脱离原通道而加速下跌或上涨）。

但是，突破有真假之别，存在陷阱。在 MACD 指标中，当股价在一个狭窄的区域里较长时间胶着运行，DIF 线和 MACD 线接近或黏合在一起，其差值几乎接近于 0，BAR

指标的红绿柱状线缩短于 0 轴附近。不久，股价突然打破这种平衡格局，DIF 线脱离 MACD 线，出现快速的向上或向下分离，表明一轮上涨或跌势行情在即。但在实际操作中，这种现象也经常出现不少陷阱。

1. 虚假向上突破

股价在一个狭窄的区域里运行较长时间，DIF 线和 MACD 线接近或黏合在一起，其差值几乎接近于 0，BAR 指标的红绿柱状线缩短于 0 轴附近（接近于消失）。不久，股价突然向上突破，DIF 线脱离 MACD 线，出现快速的向上分离，BAR 指标红柱逐日增长，表明一轮涨升行情即将展开，这是中短线买入机会。可是，技术指标向上突破后，股价并没有出现持续的大幅上涨行情，仅小幅上涨即出现下跌走势，使之成为虚假的向上突破信号。

如图 1–30 所示，银都股份（603277）的股价见顶后渐渐回落，重心不断下移。此时的 DIF 线和 MACD 线在 0 轴下方长时间黏合在一起，BAR 指标的红绿柱状线缩短，接近于消失。2021 年 8 月 23 日，股价放量涨停，冲破 30 日均线，同期 DIF 线脱离 MACD 线出现快速向上分离，这种迹象表明一轮涨升行情在即，构成一个较好的买入信号。

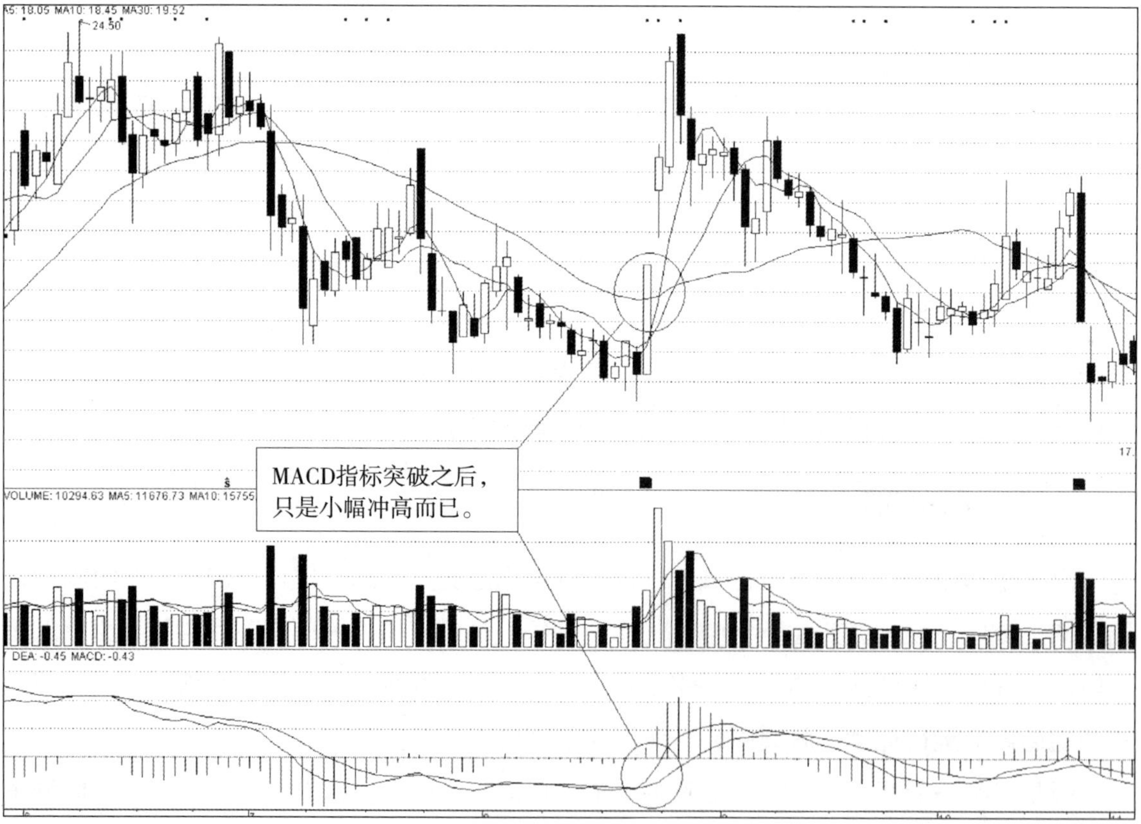

图 1–30　银都股份（603277）日 K 线图

然而，股价冲高两天后，很快反转回落，不久又回落到 30 日均线之下，从此股价渐行渐弱。

技术解盘：该股为何没有走出预期的上涨行情？其原因有以下几个方面：一是股价上涨面临前期高点压力；二是前期股价涨幅较大，再次回升高度有限；三是在股价突破时，30 日均线还处于下行状态，之后虽然渐渐上移，但支撑力度不强；四是成交量只是短期几个交易日放大，没有持续放量，说明入场资金不积极。因此，MACD 指标向上发散信号失效，投资者应逢高及时离场。

2. 虚假向下突破

在同样的前提下，股价突然向下突破，DIF 线脱离 MACD 线出现快速向下分离，预示跌势即将开始。然而，技术指标向下突破后，股价并没有出现持续的大跌，仅小幅下跌后立即止跌回升，这是虚假的向下突破信号。

如图 1–31 所示，宝通科技（300031）的股价经过一波反弹后缓缓回落，持续整理时间较长，此时的 MACD 指标在 0 轴下方黏合在一起。2021 年 7 月 23 日开始，股价连续收出 3 根下跌阴线，打破短期整理平台，有加速下跌之势。同期的 DIF 线脱离 MACD 线

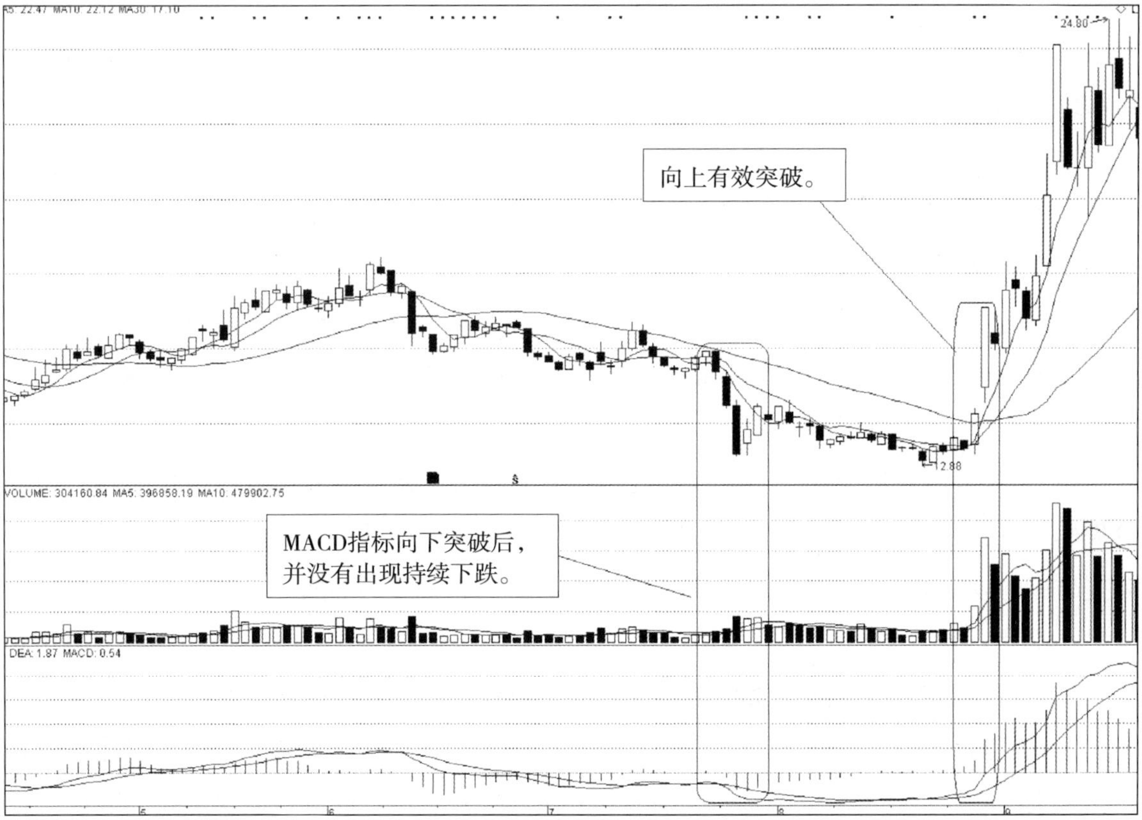

图 1–31 宝通科技（300031）日 K 线图

出现快速向下分离，预示后市股价难有起色。可是股价并没有下跌多少，随即重新构筑新的整理盘区，MACD 指标出现黏合状态。8 月 27 日 MACD 指标线再此向上分离，此后股价突破 30 日均线的压制，开启一轮拉升行情。

技术解盘：从该股走势图中可以看出，股价向下突破时，市场本身处于长期下跌后的低位，在低位横盘振荡时蓄势整理充分。主力通过试盘的方式（向下试探底部），继续吸纳低价筹码。当主力顺利地接走散户的恐慌盘后，股价开始向上突破。向下突破时，成交量没有明显放大，表明出逃的是散户而不是主力自己。如果股价继续下跌，那么套牢的将是主力自己而不是散户。因此，这是一个虚假的空头信号。

3. 技术辨别方法

在实盘操作中，经常发现黏合在一起的 DIF 线和 MACD 线突破后，股价并没有朝突破方向持续发展，而是经过一次惯性的运行后，股价反转朝另一方向运行，原先的突破被彻底否定。这种现象大多是主力人为设置的陷阱，因此对 MACD 指标的突破仍需提高辨别能力。

（1）分析股价所处的位置高低。如果股价处在低位，MACD 指标发生黏合后向上突破，其可靠性较大；向下突破，则欺骗性较大。如果股价在高位，MACD 指标发生黏合后向下突破，其可靠性较大；向上突破，则欺骗性较大。当然，知道股价的高位和低位，判断就不难了，难的是不知道股价是高位还是低位，这就要结合其他分析方法，同时凭借对市场的灵性和感悟了。

（2）看股价所处的阶段。通常一轮完整的坐庄流程是：建仓、试盘、调整、初升、洗盘、拉升、出货、反弹、砸盘等。深入分析主力坐庄的整个过程，辨识当前股价处在坐庄流程中的哪个阶段，可以帮助我们区分突破的真假。如果处于底部吸货区域、中途整理区域、主力成本区域附近，向上突破为真突破的概率较大，向下突破为假突破的概率较大。如果处于拉升的末期、高位派发区域、股价远离主力成本区域，向上突破为假突破的概率较大，向下突破为真突破的概率较大。

（3）观察成交量变化。通常股价真正向上突破时，会得到成交量的积极配合。若量价失衡（成交量巨大突破后回落、突破后放量不涨或突破时成交量过小），则可信度差，需提防主力以假突破的方式出货。而股价向下突破时，则不需要成交量的放大。根据多年实盘经验，无量下跌多数是空头陷阱所为，后市将会反转向上。

（4）有效突破一般都建立在充分蓄势整理的基础上。充分蓄势整理的形式有两类：一类是我们常知的各类形态整理，如三角形整理、楔形整理、旗形整理、箱体整理等；另一类是主力吸完货以后，以拖延较长时间作为洗盘手段，或者因等待题材或拉升时机，股价走出了比形态整理时间更长、范围更大的整理。股价一旦突破此种整理，则往往是有效突破。由于这种整理超出了形态整理的范围，因而有时候是难以察觉和辨别的。

（5）对主力选择突破时机需要仔细研究。势道较好，价位又不高的时候，没有疑问。如果势道不好，就需要结合主力成本、股价位置、主力类型及其控盘特点进行分析。在大势较好的时候前期走势不逆势的，在势道不好的时候突然逆势突破，要提防主力出货。

（6）突破要成功跨越或脱离某个有意义的位置，比如一个整数点位、一个整理形态、一条趋势线、一个成交密集区域或某一个时间之窗等，否则判断意义不大。

（六）牛熊陷阱

1. 双牛陷阱

当差离柱状线 BAR 绿柱逐渐缩短，并由负数变为正数（即突破 0 轴），红柱逐渐增长，表明 BAR 指标出现“牛”信号。如果同期 MACD 指标已处于 0 轴以上区域，此时 DIF 线也向上交叉了 MACD 线，那就说明出现了“双牛”利好信号。如果 BAR 指标出现“牛”信号时，同期的 MACD 指标还处在 0 轴以下区域，此时 DIF 线向上交叉 MACD 线，这样的“牛熊”也是买入信号。可见，“双牛”买入信号较“牛熊”买入信号更强烈。但在实盘操作中，无论是“双牛”信号还是“牛熊”信号，也经常出现不少的技术陷阱，股价可能不涨反跌。

如图 1–32 所示，在 2021 年 11 月—2022 年 2 月的行情中，继峰股份（603997）先后出现 3 次“双牛”信号，但股价都没有走出持续上涨行情。每一次股价上拉创出新高时，差离柱状线 BAR 绿柱都逐渐缩短，而红柱逐渐增长，BAR 指标出现“牛”信号。此时，MACD 指标在 0 轴以上，DIF 线与 MACD 线形成金叉，这样 BAR 与 MACD 就出现了“双牛”利好信号，预示后市股价将继续上涨。可是“双牛”信号产生后，股价只是略作上冲，很快就转为下跌走势，在“双牛”信号形成时买入的投资者被套牢在高位。

技术解盘：从该股图表中发现，股价上涨幅度较大，从底部启动后涨幅已经翻倍，此时市场风险开始增大。成交量出现持续萎缩，很明显量能已经跟不上涨势。另外，股价走势与 MACD 指标呈顶背离形态，表明股价有见顶征兆。因此，该股中的“双牛”信号是主力最后的拉高行为，不宜盲目追高做多。

2. 双熊陷阱

当差离柱状线 BAR 红柱逐渐缩短，并由正数变为负数（即突破 0 轴），绿柱逐渐增长，表明 BAR 指标出现“熊”信号。如果同期 MACD 指标处在 0 轴以下区域，此时 DIF 线也向下交叉 MACD 线，那就说明出现了“双熊”利空信号。如果 BAR 指标出现“熊”信号时，同期 MACD 指标还处在 0 轴以上区域，此时 DIF 线向下交叉 MACD 线，称为“牛

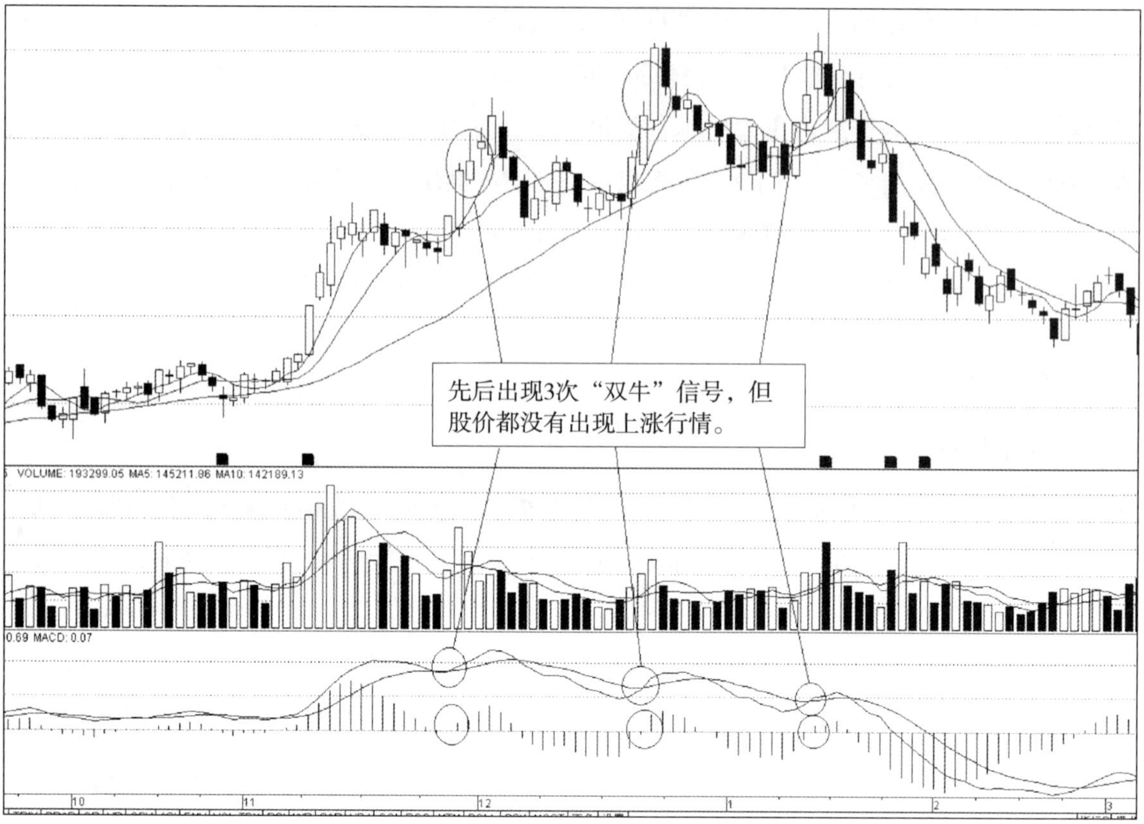

图 1-32　继峰股份（603997）日 K 线图

熊”卖出信号。可见，“双熊”卖出信号较“牛熊”卖出信号更强烈。但在实盘操作中，无论是“双熊”信号还是“牛熊”信号，也经常出现不少的技术陷阱，股价随后可能不跌反涨。

如图 1-33 所示，南都电源（300068）上市后逐波走低，股价从最高 48.29 元一路下滑到 11 元附近，但仍不减下跌势头。主力为了加快建仓速度，继续砸低股价，制造恐慌盘面，导致股价出现破位下跌，最终股价跌破 10 元。这时差离柱状线 BAR 红柱逐渐缩短，绿柱逐渐增长，BAR 指标出现“熊”信号。此时 MACD 指标处于 0 轴以下区域，DIF 线也向下死叉 MACD 线，BAR 与 MACD 出现“双熊”利空信号，预示后市股价将继续下跌。可是“双熊”信号产生后，股价略作下探即得到买盘的支撑，而后企稳回升，随后出现一波上涨行情，“牛熊”信号成为一个空头陷阱。

技术解盘：从该股图表中可以看出，股价下跌幅度较大，轻松跌破 33 元的发行价，几乎已到了跌无可跌的价位，此时主力的先期筹码已经被套。在股价快速下跌过程中，成交量呈现低迷状态，表明主动性抛盘不大，仅是一些散户所为，主力筹码稳固不动。BOLL 指标已经到了下轨线，RSI 指标也处于超卖区，对股价均起到一定的支撑作用。另外，该股属于上市不久的次新股，在我国股市中，次新股历来受到市场的青睐，因此后市具有一定的炒作潜力。对于未经炒作过的次新股，战略性投资者可以中长期进行布局。

图 1-33 南都电源（300068）日 K 线图

3. 技术纠正方法

（1）看股价所处的位置高低。当“双牛”或“牛熊”信号产生时，若股价上涨幅度不高，则可以大胆买入；若股价处于高位，其信号就不可靠了，很可能就是主力设置的美丽陷阱。要记住：在高位，无论多么漂亮的指标信号都要谨慎对待。同样，当“双熊”或“牛熊”信号产生时，若股价上涨幅度已高，则坚决离场观望；若股价处于低位，则其信号就不可靠了，很可能就是主力设置的空头陷阱。要记住：在低位，无论多么难看的指标信号，股价也不会下跌很深。

（2）“双牛”信号产生后，必须有成交量放大相配合，理想的成交量是保持恒等状态。若在高位放出天量，则要小心对待，谨防出现“天量天价”。“双熊”信号并不强调成交量的重要性。

（3）在“双牛”信号产生时，观察日 K 线图有没有形成顶背离状况。若股价不但没有创出新高，反而与“双牛”信号呈背离形态，则不宜看多。同样，在“双熊”信号产生时，观察日 K 线图有没有形成底背离状况，若两者有背离现象，则不宜过分看空。

（4）分析均线系统排列情况。若均线系统呈多头排列，则可以增强“双牛”信号的看多意义，否则为疑似信号。同样，若均线系统呈空头排列，则可以增强“双熊”信号的看空意义，否则为疑似信号。

（5）综合其他技术指标进行具体分析，如TRIX、DMA、EXPMA、SAR、BOLL等技术指标。如相互验证统一，则信号准确性高，否则为疑似信号。这样可以避免单项技术指标的某些缺憾，提高判断的准确度。

（6）当“双牛”信号产生时，若出现V形底、W底、头肩底及上升三角形、下降楔形、上升旗形等技术形态，可以增强“双牛”信号的看多意义，否则为疑似信号。当“双熊”信号产生时，若出现倒V形顶、M顶、头肩顶及下降三角形、上升楔形、下降旗形等技术形态，可以增强“双熊”信号的看空意义，否则为疑似信号。

（七）柱状线陷阱

差离柱状线BAR是根据DIF线与MACD线的差值绘制的，在正数时做多较有利，在负数时做空较适宜，其买卖点与交叉原则的买卖点完全相同。绘制柱状线图的目的之一，是让MACD指标图形更容易观察目前市场是属于多头行情还是空头行情。

在股价大涨之后，DIF线和MACD线的数值会提前减小，呈现与股价背离的现象。此时在柱状图上能更加明显地显示，目前虽然属于多头行情，股价还在继续上涨，但柱状线已经一根比一根短小了（向0轴的中间值接近），预示股价离顶部已经不远了，此时应该注意伺机卖出。

相反，在股价大跌后，DIF线和MACD线的数值也会提前减少，呈现与股价背离的现象。此时在柱状图上更加明显地显示，目前虽然属于空头行情，股价还在继续下跌，但柱状线已经一根比一根短小了（向0轴的中间值接近），预示股价离底部已经很近了，此时应该注意伺机进场。但是这种买卖信号，在实战中也经常出现虚假信号，投资者应多加注意。

1. 牛差离陷阱

股价经过长期的下跌调整后，在低位股价出现一浪低于一浪的走势，但差离柱状线（BAR）绿柱线未见同步增长，反而渐渐缩短，并向0轴中间值接近，表明下跌动能逐步竭尽，这称为“牛差离”信号，此为利好买入时机。但是这种信号产生后，有时未见股价上涨，反而继续走低，将入场者套牢。

如图1–34所示，中海油服（601808）的股价见顶后回落，长时间处于盘底走势，不久出现一波放量反弹行情。当股价反弹到前期高点附近时遇阻回落，股价在30日均线附近振荡。此时，差离柱状线（BAR）绿柱线一根比一根缩短，渐渐向0轴靠近，从而形成“牛差离”信号，说明股价渐渐转为强势，预示股价离底部很近了。通常这是上涨过程中的洗盘行为，当股价重新返回到30日均线之上时，说明洗盘调整结束，预示股价有新的上涨行情产生，因而可以买入做多。可是买入后不久股价反而下跌，被套住了。

技术解盘：从该股图表中可以看出，股价上涨到前期高点附近时，低位获利盘和前期套牢盘涌出，对股价上涨构成重大压力。股价从高点回落到30日均线下方，此时30日均线已经从上行状态转为走平状态，对股价失去“助涨”作用，并反压股价上涨。同时，MACD指标出现“牛差离”信号后，成交量没有放大，说明入场资金不积极，不能推动股价持续上涨。当股价再次返回到均线上方时，也不见成交量放大，最终导致股价上攻失败，并成功构筑一个双重顶形态。因此，该股中的“牛差离”信号并不可靠，投资者应结合市场其他因素进行综合分析。

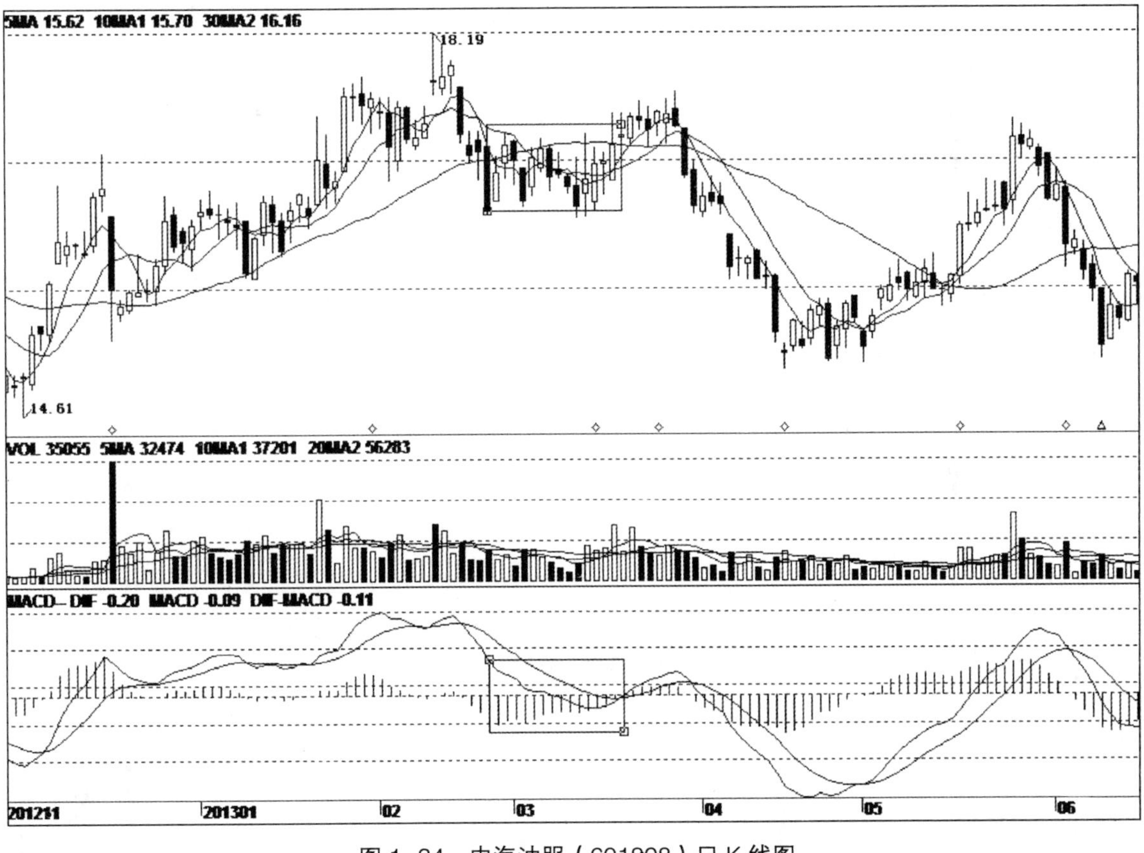

图 1-34　中海油服（601808）日 K 线图

2. 熊差离陷阱

股价经过一段升势行情后，在高位出现一浪高于一浪的走势，但差离柱状线（BAR）红柱线未见同步增长，反而缩短，并向0轴接近，表明上涨动能逐步竭尽，这称为“熊差离”信号，此为利淡卖出信号。可是卖出股票后，有时未见股价下跌，反而继续呈强势上涨走势，从而成为空头陷阱。

如图 1–35 所示，昊华能源（601101）从 2021 年 2 月成功探明底部后，慢慢脱离底部区域，成交量开始温和放大。主力边拉边洗，股价缓缓向上盘升。在振荡过程中，MACD 指标的差离柱状线（BAR）红柱线一根比一根缩短，渐渐向 0 轴靠近，从而形成“熊差离”信号，说明股价即将见顶回落，因此是一个卖出信号。可是卖出股票后，股价并没有出现大幅下跌走势，很快企稳后继续向上盘升，从而形成“熊差离”卖出陷阱。

技术解盘：从该股图表中发现，主力介入程度较深，上市后就有实力强大的主力入驻其中，在底部振荡过程中吸纳了大量的低价筹码。进入上涨通道后，盘面走势十分稳健，主力坐庄手法老到，股价张弛有序，一幅大牛股风范。均线系统呈现多头排列，对股价上涨起到推波助澜的作用。当股价回落到 30 日均线附近时，即有承接盘介入，股价得到 30 日均线支撑后再度走强，说明主力洗盘恰到好处。另外，量价配合理想，在股价回调时成交量明显萎缩，说明主动性抛盘有限；当股价企稳回升时成交量开始放大，说明市场跟风积极。这种“跟涨不跟跌”的盘面现象，势必会进一步推动股价上涨。因此，MACD 指标出现的“熊差离”信号是主力设置的空头陷阱，目的是为了清洗浮动筹码，顺利拉高出货。

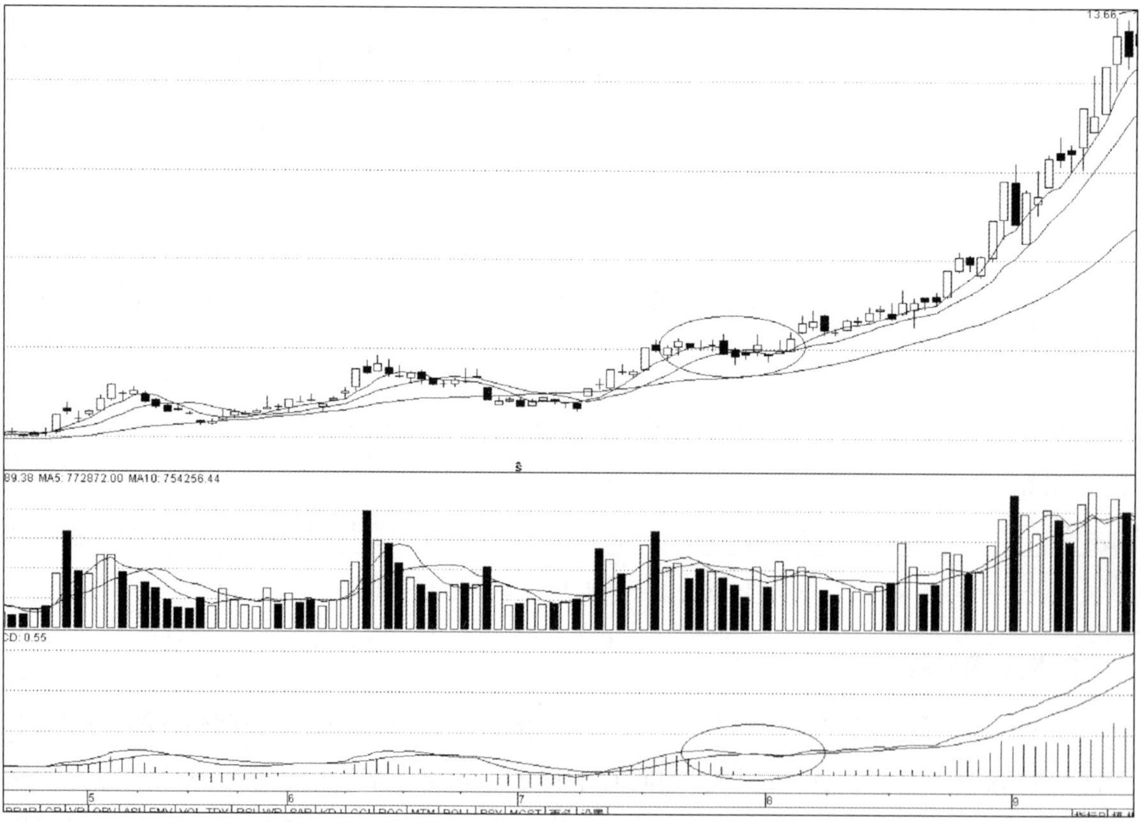

图 1–35　昊华能源（601101）日 K 线图

3. 技术纠正方法

（1）观察 MACD 线的方向是下降、走平还是上升，因为 MACD 线具有助涨助跌效果。若 MACD 线呈下降方向，BAR 指标的“牛差离”信号较弱，大多是反弹行情；若 MACD 线是平行的，其信号较强，大多会出现一段升势行情；若 MACD 线是上升的，其信号更强，可能出现较大的涨升行情。若 MACD 线呈上升方向，BAR 指标的“熊差离”信号较弱，大多是回档调整；若 MACD 线是平行的，其信号较强，大多出现在突破行情之中；若 MACD 线是下降的，其信号更强，大多发生在暴跌行情之中。

（2）如果均线系统呈多头排列，“牛差离”信号可靠性较高，“熊差离”信号可靠性较低。如果均线系统呈空头排列，“熊差离”信号可靠性较高，“牛差离”信号可靠性较低。

（3）分析成交量配合情况。出现“牛差离”时，成交量应同步放大，表明有外围增量资金介入，可以看多做多，否则为虚张声势，有主力出货嫌疑。出现“熊差离”时，对成交量变化并无太高要求。

（4）应综合其他技术指标进行具体分析，如 TRIX、DMA、EXPMA、SAR、BOLL 等技术指标。如相互验证统一，则信号准确性高，否则为疑似信号。这样可以避免单项技术指标的某些缺憾，提高判断的准确度。

（5）观察股价走势的技术形态特征、股价运行趋势、K 线图形组合等，并进行综合分析。

第二章

相对强弱指标（RSI）

一、RSI 指标精髓

相对强弱指标（Relative Strength Index，简称RSI），是从供需平衡原理发展出来的，通过比较一段时间内收盘价的涨跌变化情况，来分析测量多空双方买卖力量的强弱程度，从而判断未来市场运行走势。RSI 的最大优点就是提前提示买卖双方力量对比，因而其变化往往先于行情变化。RSI 能够相对测量股价本质的强与弱，根据“择强汰弱”的原则，为投资者过滤弱势股，选择强势股。RSI 也可显示市场是买方占优势还是卖方占优势，以减少投资者定性判断市场走势的主观性，因此作为进出市场的依据，具有重要的参考价值。

股市的力量永远来自多空两个方面。多强、空弱，股价必涨无疑；空强、多弱，股价必跌无疑。这种格局的形成取决于买卖双方的意愿程度，在某一瞬间，买方愿意以此价或更高的价位买入，卖方愿意以此价或更低的价位卖出，于是该交易价便在这一瞬间产生。

通常而言，散户的买入意愿和卖出意愿是不均衡的。若卖出意愿强于买入意愿，此时要想卖出股票，就必须降低价位才能成交，从而造成股价下跌。相反，若买入意愿强于卖出意愿，此时要想买入股票，就必须提高价位才能成交，从而使股价上涨。

RSI 指标值反映的是 N 天内股价上涨日累计涨幅同 N 天内上涨日累计涨幅与下跌日累计跌幅之和的比值。在计算时采用平滑移动平均的计算方法，这样就在一定程度上克服了 RSI 指标值的随意性。

RSI 指标值的分布规律：RSI 在 0～100 之间波动，常态分布在 30～70，其中大多时间波动于 40～60 之间，超过 80 或者低于 20 的机会很少。其数据区域划分与 KDJ 具有相当的一致性，也以每 20 作为一个间隔将这些数值划为 5 个区间：超强势区（80～100）、强势区（60～80）、整理区（40～60）、弱势区（20～40）、超弱势区（0～20）。

应当注意的是，超买或超卖本身并不构成出入市的信号。有时行情变化过于迅速，RSI 会很快地超出正常范围，这时 RSI 的超买或超卖指标往往就失去了作为出入市警告信号的作用。比如，在牛市初期，RSI 往往会很快进入 80 以上的区域，并在此区域停留相当长的一段时间，但这并不表示上升行情将要结束，恰恰相反，它是一种强势的表现。只有在牛市末期或熊市当中，超买才是比较可靠的市场信号。基于这个原因，一般不宜在 RSI 进入非常区域就采取买卖行动，最好等 RSI 进入超买超卖区，然后又回到正常区域时，在价格方面的确认下，才能采取实际的行动。

二、RSI 指标特性

目前，在股市技术指标应用方面使用最普遍的，除了移动平均线外，可能就属于RSI了。RSI 有以下特性。

（1）强弱分界明显。RSI 波动范围在 0～100 之间，这使投资者能准确地知道 RSI 在什么时候是顶部，什么时候是底部，从而推测股价的顶部和底部。50 是它的强弱分界线，上方是强势区，表明市场处于多头状态；下方是弱势区，表明市场处于空头状态。一般认为，当 RSI 值大于 80 时，表示市场处于超买；小于 20 时，表示市场处于超卖。

（2）具有先期预知性。由于它能提前揭示买卖双方的力量对比，因而其变化往往先于行情变化。它的精巧之处在于尽管股价仍在上涨，但由于上涨速度慢，股价虽未回落，RSI 指标已开始回落，所以它是先期指标，具有良好的预测作用。

同样，在股市下跌的过程中，由于市场下跌速度过慢，股价虽然仍在下跌，但是 RSI 已开始转强，并发出买入信号。因此，RSI 的图形变化早于其他指标，RSI 变化速度快于股价变动速度。比如，股价尚在整理阶段，RSI 已完成整理，并且呈反转形态，股价将随之突破整理区。

（3）RSI 指标的支撑和阻力作用较为明显。在图形中，曾经出现过的最高点具有较强的反压作用，曾经出现过的最低点具有较强的支撑作用。当股价上涨或下跌时，遇到支撑线或阻力线后，大多会产生反弹或回落。

（4）RSI 具有单一性。当 RSI 处在极高或极低位时，可以不考虑其他因素而单方面采取行动，这一点在众多的技术指标中是不多见的。比如，若指数或股价的 RSI 值达到 95 以上，则应考虑出货；若 RSI 值低于 5，则应坚持分批建仓。

（5）多头市场中，如果价格回档，多头的第一道防线为 50 线，第二道防线为 40 线，第三道防线为 30 线。具体有如下 3 条细则。

第一，股价回档，RSI 未能突破第一道防线 50 线，说明多头力量强劲，股价再度向上时会超越原先的高价，RSI 也极容易创出新高。

第二，若行情回档，RSI 值突破多头第二道防线 40 线，待股价再度上升时，除非股价急速上涨，并且超越先前的最高价，否则 RSI 不会同时配合股价再创新高，表明多头力量已不如以前那样强大。

第三，若行情回档，RSI 值连续突破多头第一道、第二道防线，回落至多头的第三道防线 30 线左右才止跌企稳，待股价再度上涨时，由于 RSI 起点太低，即使股价再创新高，RSI 值也可能穿越不了常态分布区域的上界线 70 线，或是勉强穿越，但距先前 RSI 最高值仍有相当差距，表明多头力量后劲不足，是大势反转下跌的前兆。

空头市场中，如果股价反弹，空头的第一道防线是 50 线，第二道防线是 60 线，第三道防线是 70 线，具体也有 3 条细则。这与多头市场中的价格回档产生的情形相反，可参阅上述内容，不再赘述。

另外，多头市场里，RSI 值每次因股价回档而下跌盘整形成的低点密集区域，也是多头的一道防线；空头市场里，股价处于反弹盘整阶段 RSI 值出现的高点密集区域，也是空头的一道防线。

（6）从图形形态看，RSI 值的图形比 K 线图上的形态更为清晰，其头肩顶、头肩底、三角形、双底等形态较容易判断买进与卖出点。如果 RSI 在 80 线附近呈现头肩顶或 M 头形态，那么必须卖出股票；如果 RSI 在 20 线附近呈现头肩底或 W 底形态，那么应买进股票。

（7）RSI 与股价经常出现背离现象。当股价创新高而 RSI 不能创新高时，称为顶背离；当股价创新低而 RSI 不能创新低时，则称为底背离。背离现象是良好的买卖时机，顶背离是卖出信号，底背离是买入信号。

（8）在转势过程中，RSI 的变化非常明显。多头市场上升初期，RSI 比股价升得快，斜率陡峭，很快就进入强势区。达到 70 线以上后，股价仍大幅上升，而 RSI 上升较慢，甚至出现顶背离。空头市场开始的初期，RSI 比股价下跌得快，下降峻直，很快就进入弱势区。达到 30 以下后，股价仍大幅下跌，但 RSI 下降缓慢，甚至出现底背离。

（9）在多头市场里，RSI 超过 70 线以后，股价回档，RSI 很难低于 30 线（至多跌至 30 线附近）。一旦回到 30 线以下，即使股价再创新高，RSI 一般也很难再创新高。在空头市场里，RSI 低于 30 线是常见的情况，一般很难达到 70 线以上，如果反弹至 70 线附近，则会见顶回落。

（10）在多头市场里，RSI 回落幅度越大，说明第二轮涨幅越大；在空头市场里，RSI 反弹的幅度越大，说明下一轮跌幅越大。

三、RSI 实盘经典

根据 RSI 指标的技术特性，在实盘操作过程中，应重点把握以下 4 个方面。

（1）关注 RSI 趋势线的突破（向上或向下）情况。

（2）注意 RSI 和移动平均线的突破（向上或向下）情况。

（3）把握 RSI 某些技术形态的形成与完成。

（4）了解 RSI 一个完整信号的产生与终结。

（一）趋势信号

1. 支撑信号

在一轮持续涨升的多头行情中，RSI 指标的回档低点一般呈一底高于一底的走势，连接两个或两个以上相邻的低点并向右上方延伸，便会形成一条下档支撑线。如果下档支撑线角度不是太陡峭，那么其支撑作用将十分有力，空头的反击一般难以突破这条支撑线，因此支撑线附近是一个较好的短线买入点。如果这条支撑线一旦被有效跌破，那就表明市场即将转为弱势行情，这时应及时卖出做空。

如图 2-1 所示，在 2020 年 2 月—9 月的行情中，安井食品（603345）的股价稳步向上盘升，RSI 指标的低点一个比一个高，几个低点连成一条向上的趋势线，中途整理时切换成另一条新的支撑线。这两条趋势线角度不陡，其支撑作用十分明显，股价几次回调到支撑线附近时，均获得强大的支撑而回升，因此每个低点都是买入的时机。若能波段操作，收益更丰。直到股价真正见顶后，这条支撑线才被强大的空方突破，股价形成阶段性头部，此时先前买入的投资者可以卖出观望。

2. 压力信号

在一轮持续下跌的空头市场中，RSI 指标的两个或两个以上高点形成一条向右下方延伸的反压趋势线。当 RSI 接近该反压线时，多头的反攻一般难以突破此压力线而反转向下，

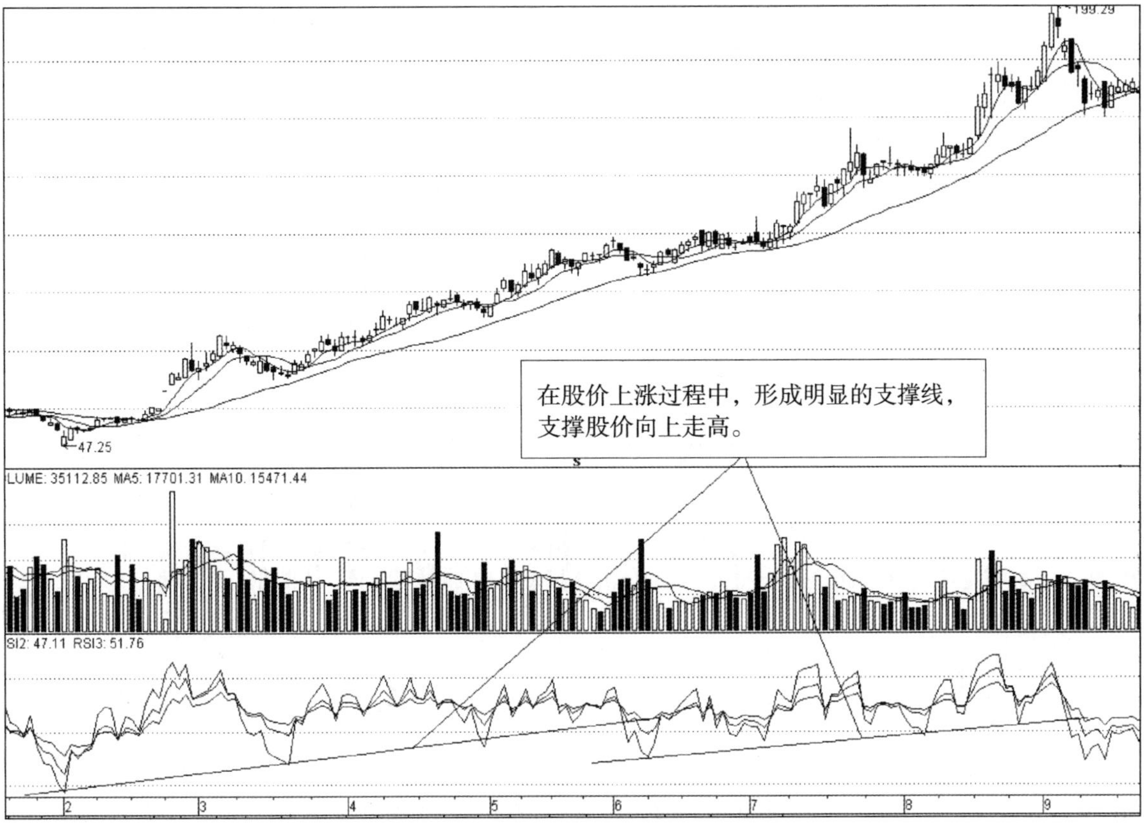

图 2-1　安井食品（603345）日 K 线图

此时股价虽然还在上涨，RSI 却冲关无力而回落，暗示股价有可能出现新一波跌势，因此压力线附近是一个较好的卖出点。如果股价发力向上，有效突破反压趋势线，预示跌势即告结束，市场将转为强势行情，此时可以介入做多。

如图 2-2 所示，通策医疗（600763）的股价见顶后一路向下振荡走低，RSI 线产生多个高点，并且高点一个比一个低。将这些高点连接在一起，形成一条明显向右下方延伸的反压趋势线。这条趋势线的角度并不陡峭，每次 RSI 线上升到该反压线附近时，均遇到强大的压力，因做多能量有限，指标无力冲破反压线，屡遭反压回落，因此每一个高点（反压线附近）都成为卖出点。

（二）突破信号

1. 向上突破

在股价较近的一段运行时间中，RSI 指标的两个或两个以上高点（RSI 值接近）形成一条压力线，股价上涨触及压力线时，通常遇到较强的压力而回落。某日，一旦 RSI 指标发力向上成功突破压力线，后市上涨机会增大。如果成交量持续放大，均线系统支持多头

图 2-2 通策医疗（600763）日 K 线图

信号，这时可以大胆买入，一般能够成功地做一把中短线行情。

如图 2-3 所示，獐子岛（002069）的股价在底部振荡过程中，RSI 指标形成多个小高点。将这几个小高点连成一条直线，就构成一条向下倾斜的压力线。RSI 指标每次触及该压力线时，都会出现短线回落走势。2021 年 12 月 10 日，RSI 指标成功向上穿过压力线，从而打开了上涨空间。此时，股价成功站在均线系统之上，黏合后的均线系统向上发散。此后出现一波上涨行情，短期股价涨幅较大。

当 RSI 指标向上突破 50 强弱分界线时，表明盘面由弱势市场转为强势市场，后市股价上涨的概率较大，因此是一个较好的短线买入机会。

如图 2-4 所示，浙文互联（600986）回落蓄势整理后，主力开始向上发力拉升。2021 年 12 月 10 日，RSI 指标向上突破 50 强弱分界线，表明洗盘整理结束，后市股价有走强要求，这时可积极入场做多。此后股价拉了两波，短线获利较大。

2. 向下突破

在股价较近一段运行时间中，RSI 指标的两个或两个以上低点（RSI 值相近）形成一条支撑线，股价回落到该支撑线附近时，通常会遇到支撑而企稳反弹。某日，一旦 RSI 指标向下有效跌破这条支撑线，后市下跌机会增大，因此是一个卖出信号。

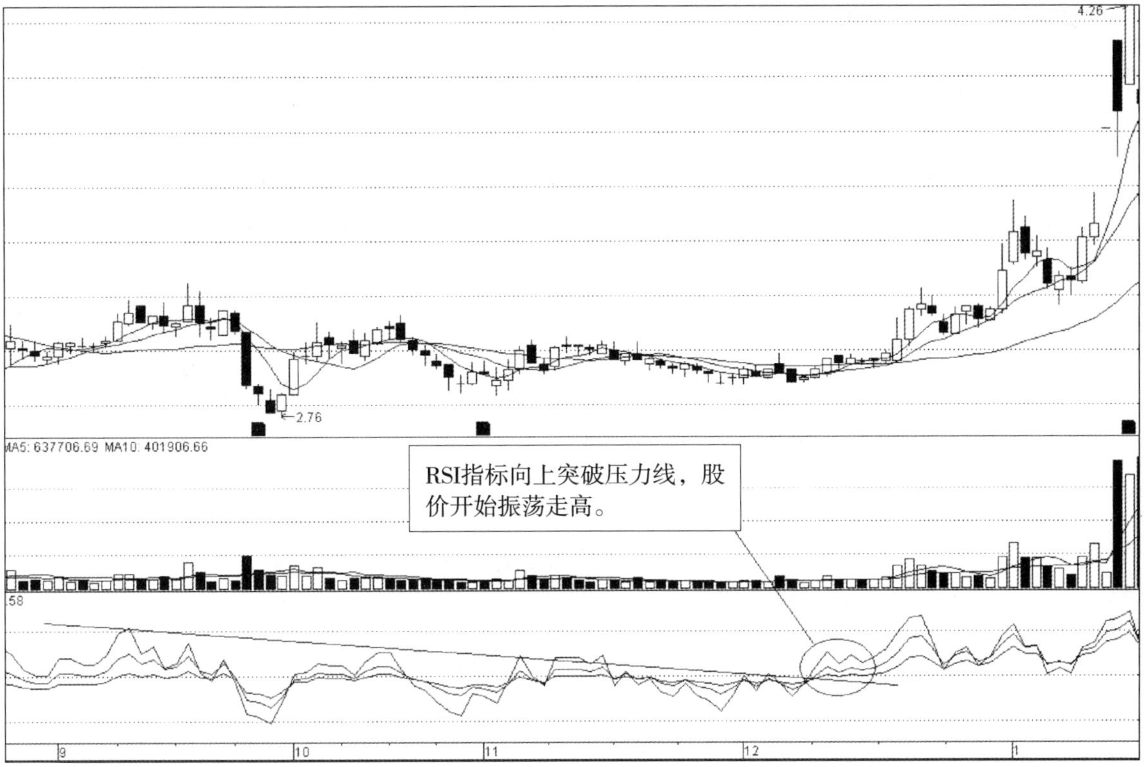

图 2-3　獐子岛（002069）日 K 线图

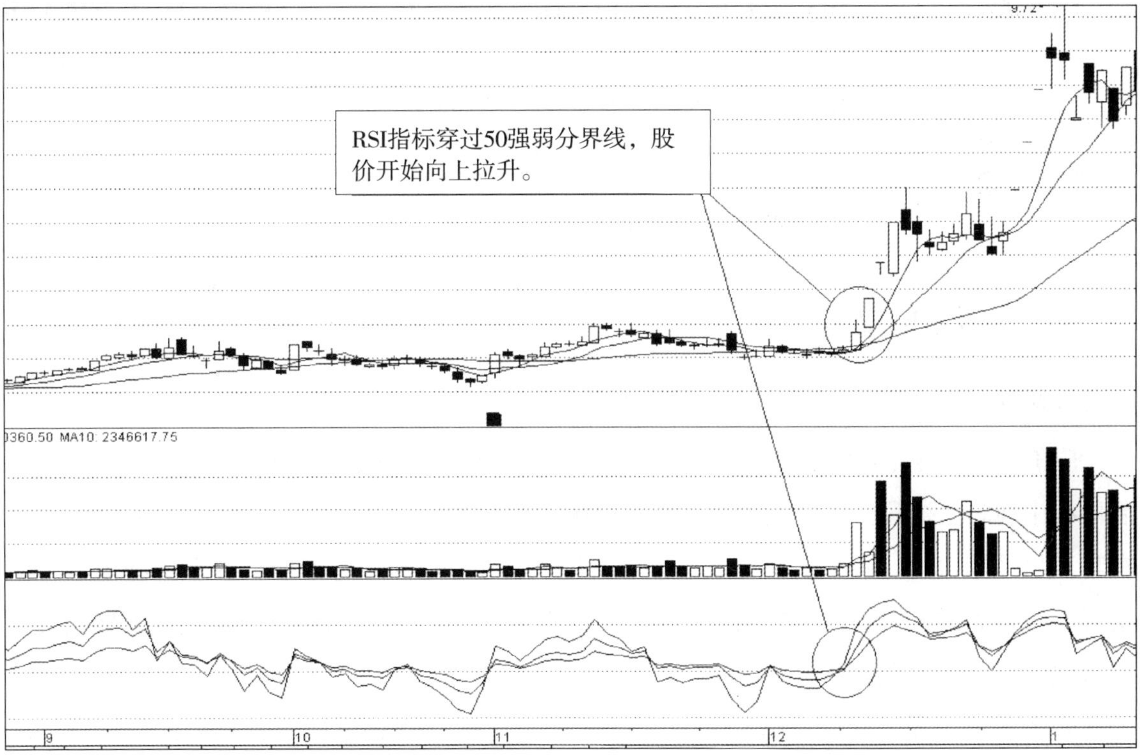

图 2-4　浙文互联（600986）日 K 线图

如图 2–5 所示，捷成股份（300182）企稳向上振荡走高过程中，RSI 指标的多个低点之间的指标值十分接近。将几个低点连接成一条直线，就形成一条明显的支撑线，股价每次回探到低点附近时，都出现一定幅度的上升走势。2021 年 7 月 20 日，这条支撑线终于被强大的空方击破，次日出现回抽，第三天继续大跌。此后 5 日均线死叉 10 日均线后，继续下行死叉 30 日均线，说明股价反弹已经告一段落，此时构成卖出信号。

图 2–5　捷成股份（300182）日 K 线图

（三）形态信号

1. M 头形态

股价经过一轮上涨后，主力在高位出现派发动作，造成股价振荡走势。股价小幅下跌后再次出现向上拉升行情，但到达前期高点附近受阻回落，头部构筑成功。如果 RSI 指标在超买区也形成 M 头形态，那就表明行情由强势市场转为弱势市场，这是卖出信号。M 头形态所处的位置越高，形成的时间越往后，其效果越可靠。如果出现在大幅上涨后的高位区域，那么其顶部形态更加可靠。

如图 2–6 所示，丰元股份（002805）先后出现两个小型的 M 头形态。股价洗盘结束后出现一波快速拉升行情，在相对高位出现大幅振荡走势。2021 年 11 月 4 日，该股股价涨停，次日没有延续强势上涨走势，股价受阻回落，RSI 指标出现一个完整的 M 头形态，此后股价出现短期调整。不久，股价产生一波新的拉升行情，连拉两个涨停后，在高位振荡过程中，RSI 指标出现同样的 M 头形态，此后股价大幅回落。

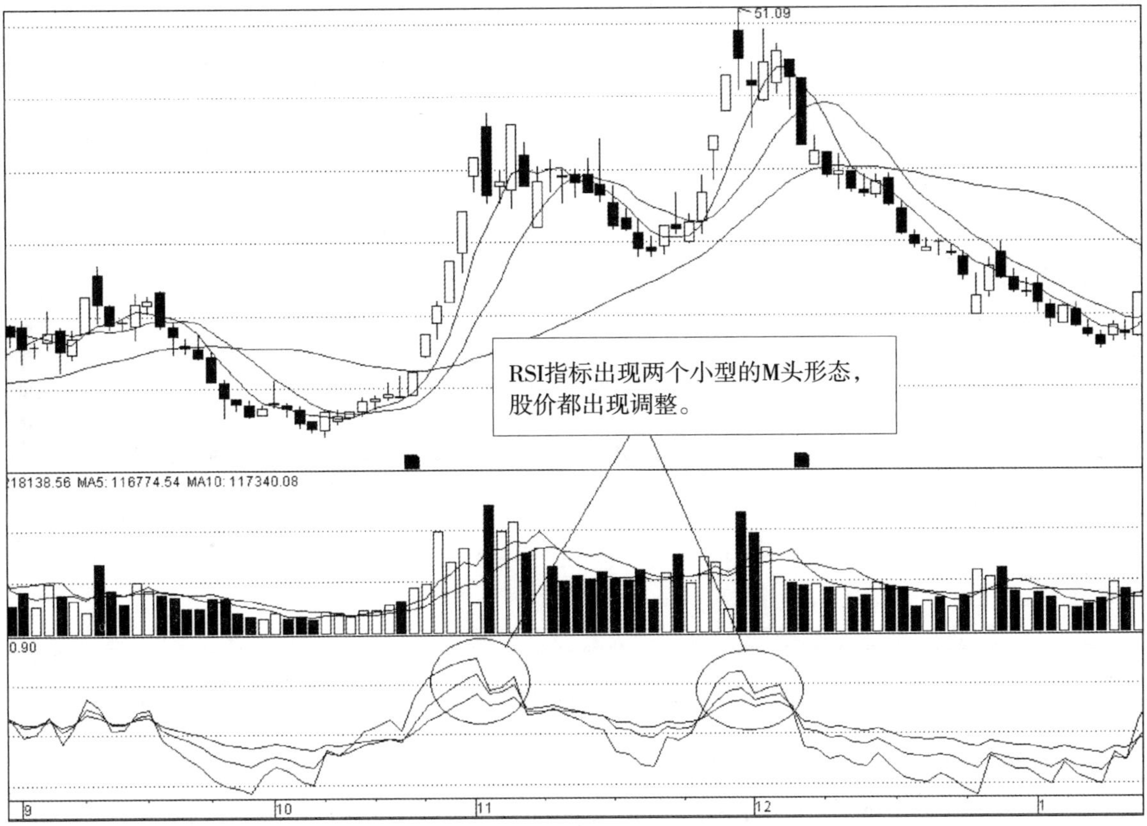

图 2-6　丰元股份（002805）日 K 线图

2. W 底形态

股价经过一轮下跌调整后，在底部企稳反弹，RSI 线随之上升。由于主力洗盘换手，RSI 回落到前期低点附近，然后再度反转向上，在底部形成 W 底形态。此时可能预示着行情由弱势市场转为强势市场，这是买入信号。W 底形态所处的位置越低，形成的时间越往后，其效果越可靠。如果出现在大幅下跌后的低位区域，那么其底部形态更加可靠。在出现形态信号时，其上涨幅度可以用形态理论进行分析研判。

如图 2-7 所示，金时科技（002951）的股价出现大幅下跌走势，主力逢低入场建仓，吸纳了大量的低价筹码，股价在底部出现长时间的振荡整理。2021 年 12 月 30 日，股价放量涨停，突破整理盘区，RSI 指标在底部构成一个标准的 W 形态，这是一个理想的买入信号。股价连拉 3 板后，回落洗盘和确认突破有效，2022 年 1 月 12 日再次涨停，接着产生 5 连板行情。

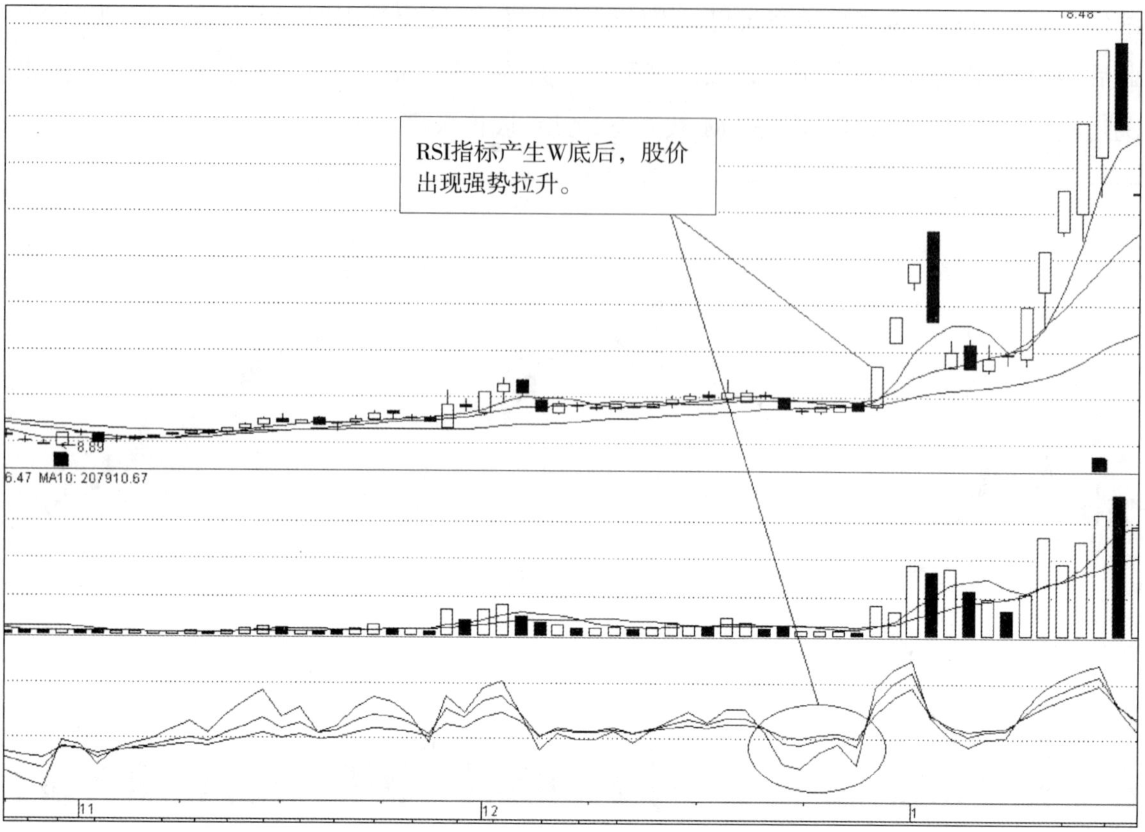

图 2-7 金时科技（002951）日 K 线图

3. 特殊形态

（1）三角形形态。如果 RSI 指标的两个或两个以上高点（RSI 值接近）形成一条直线，与此时段内的两个或两个以上低点（RSI 值接近）形成的一条直线，形成一个上升三角形，当 RSI 指标向上突破这个三角形形态时，就表明多头力量十分强大，行情将出现新的运行格局。此时如果成交量持续放大，移动平均线支持多头信号，那么就是买入的较好时机。

（2）楔形形态。当 RSI 指标运行到任何一个楔形（上升楔形或下降楔形）或三角形的末端（或接近末端）时，应密切关注之后的股价走势，一般来说股价很快就会产生突破走势。但此时不要急于做出买卖行动，因为出现上下突破均有可能，待突破方向明确时再行决策不迟。若股价向上突破，成交量持续放大，移动平均线支持多头信号，则应及时买进；若向下突破，在关键位置成交量放大，移动平均线支持空头信号，则应尽快卖出。

如图 2-8 所示，明德生物（002932）在 2021 年 11 月—2022 年 1 月的运行过程中，RSI 指标形成一个下降楔形形态。2021 年 12 月 30 日，RSI 指标向上突破，然后蓄势整理 4 个交易日，2022 年 1 月 7 日开启快速拉升行情。

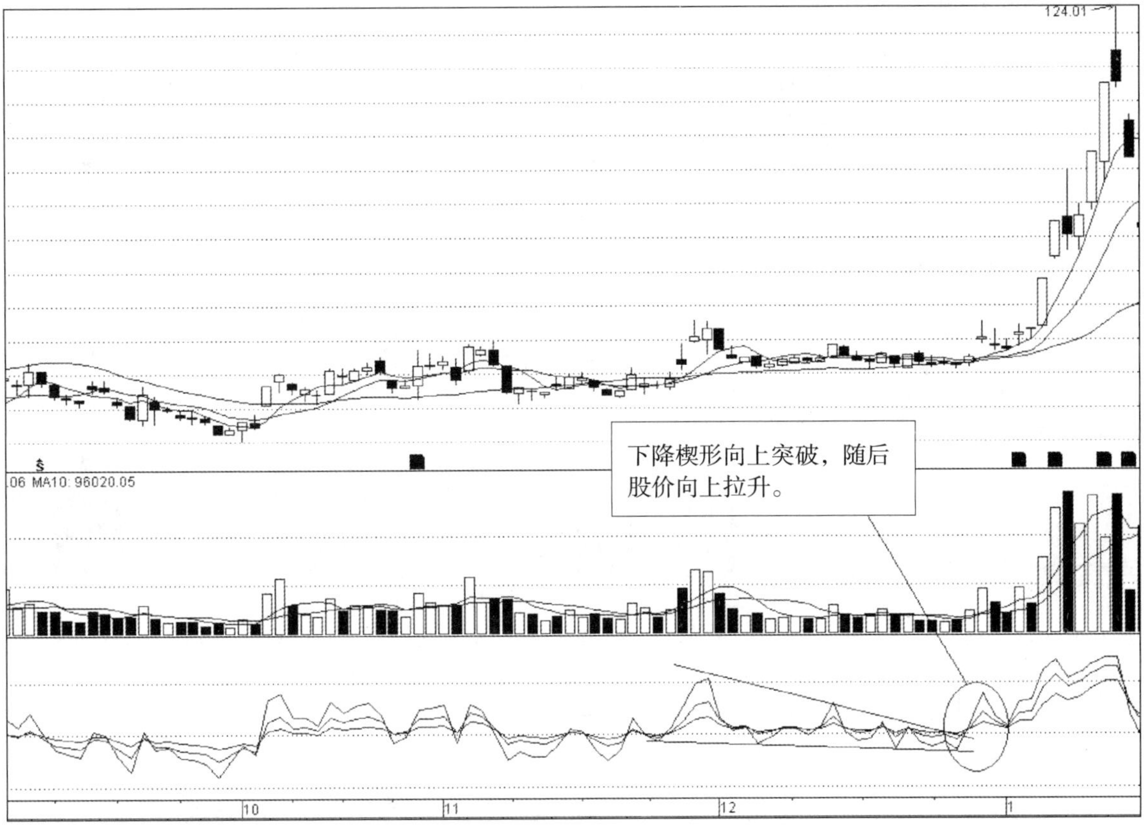

图 2-8 明德生物（002932）日 K 线图

（四）交叉信号

1. 金叉信号

股价经过一段时间的下跌走势后，在底部区域，6 日 RSI 线与 12 日 RSI 线形成金叉，表明空方能量减弱，多方能量逐步增强。如果量价齐升，配合理想，均线系统支持多头信号，应立即介入。这与 KDJ 指标的功能是完全相同的。在应用中，既然是短线行为，就不必拘泥 RSI 短线与 RSI 长线金叉所处的绝对空间位置（高位、中位和低位均可）。

如图 2-9 所示，柘中股份（002346）的股价反弹结束后回落洗盘整理，经过一段时间的洗盘整理后，6 日 RSI 线向上金叉 12 日 RSI 线，12 日 RSI 线也随之上行，并且 RSI 指标穿过 50 强弱分界线，说明股价回调整理结束，而且 RSI 指标呈现 W 底形态，这是一个理想的买入信号。第二天股价以涨停报收，并收于 30 日均线上方，强势信号进一步确立。

2. 死叉信号

股价经过一段时间的上涨走势后，在高位区域 6 日 RSI 线与 12 日 RSI 线形成死叉，

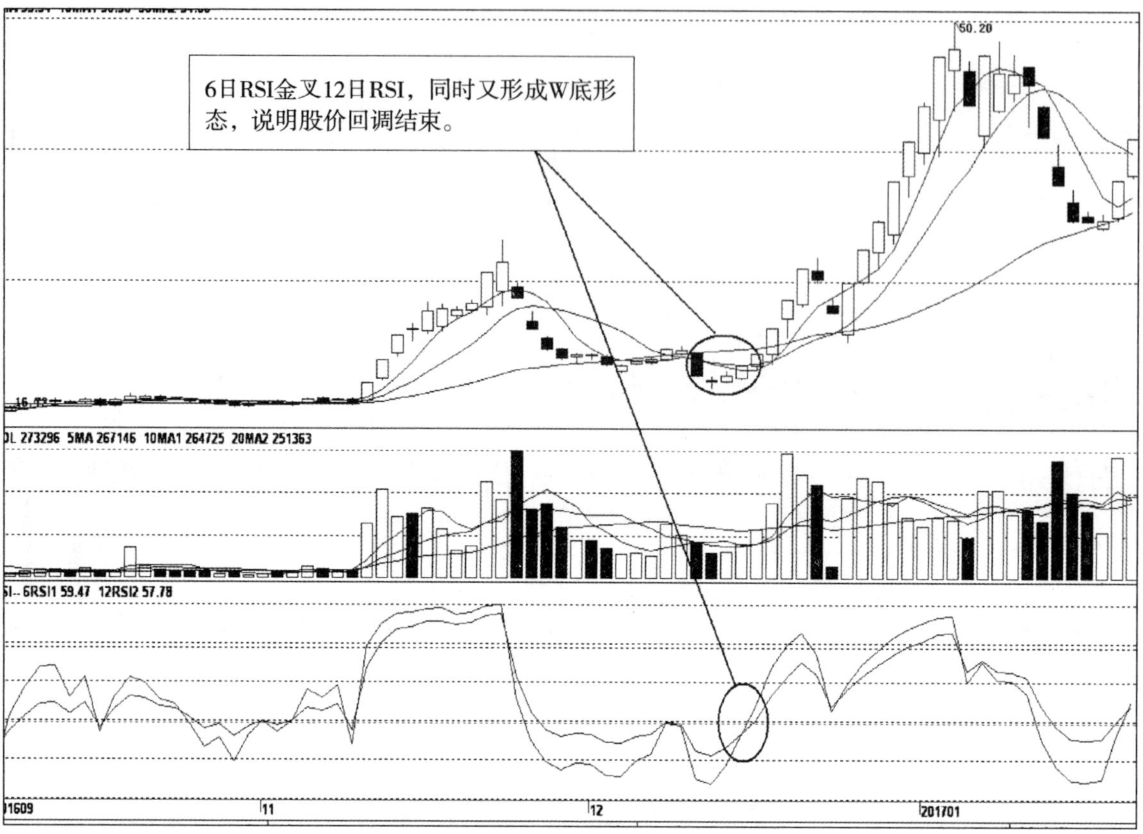

图 2-9 柘中股份（002346）日 K 线图

其死叉信号也不受绝对空间位置影响（在 80 上方形成的死叉，其可靠性更高），表明多方能量减弱，空方能量逐步增强。行情涨势接近尾声，无论成交量放大与否，均构成卖出信号。如果移动平均线支持空头信号，则卖出信号更加可靠。

图 2-10 所示的柘中股份（002346）同样可以参考上一个实例。RSI 指标与股价同步上行到强势区域，指标数值在 80 线上方形成死叉，随后股价出现较大幅度的回落调整，因此高位（包括股价高位和指标数值高位两个方面）死叉是一个卖出信号。

（五）拒绝交叉信号

1. 拒绝死叉

当股价上涨一段时间后进入调整阶段，股价随后出现小幅回落，RSI 指标也随之下行，6 日 RSI 线下滑到 50 线左右企稳并向上，或者碰触到 12 日 RSI 线（或两线交叉）后快速拉起，两线拒绝有效死叉，随后 6 日 RSI 线反转向上，12 日 RSI 线继续向上，表明市场仍然处于强势之中，这是中短线买入机会。

如图 2-11 所示，罗曼股份（605289）在股价长时间的底部振荡过程中，主力在低位

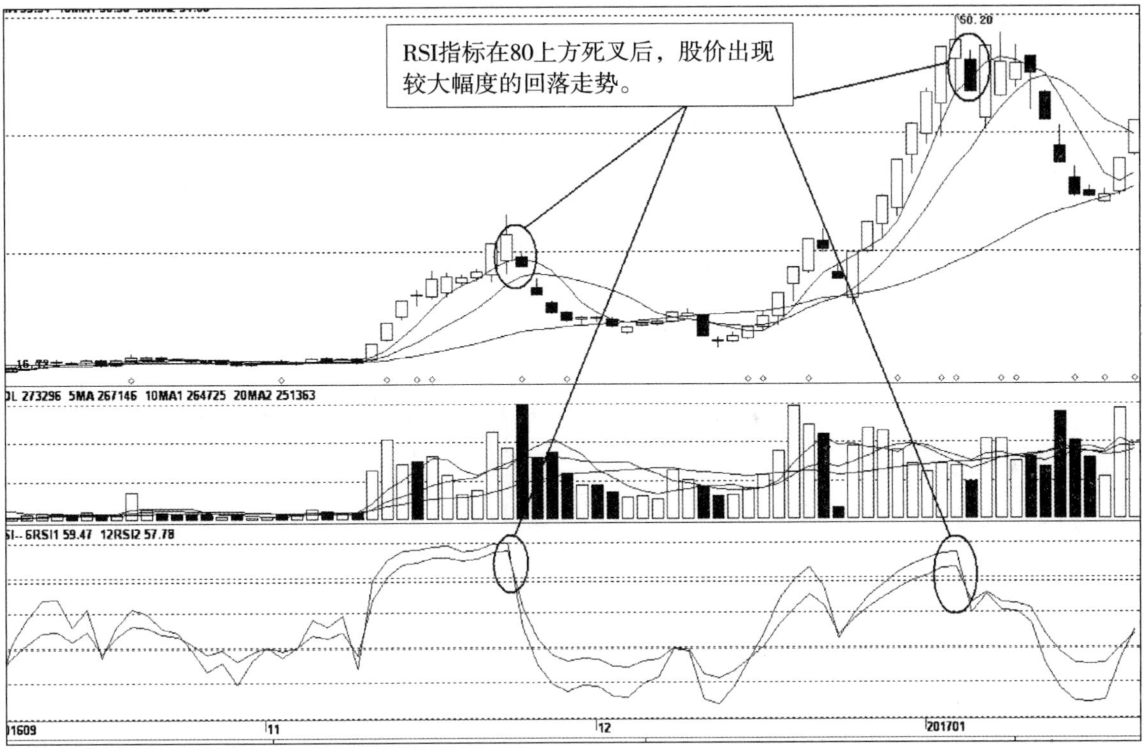

图 2-10　柘中股份（002346）日 K 线图

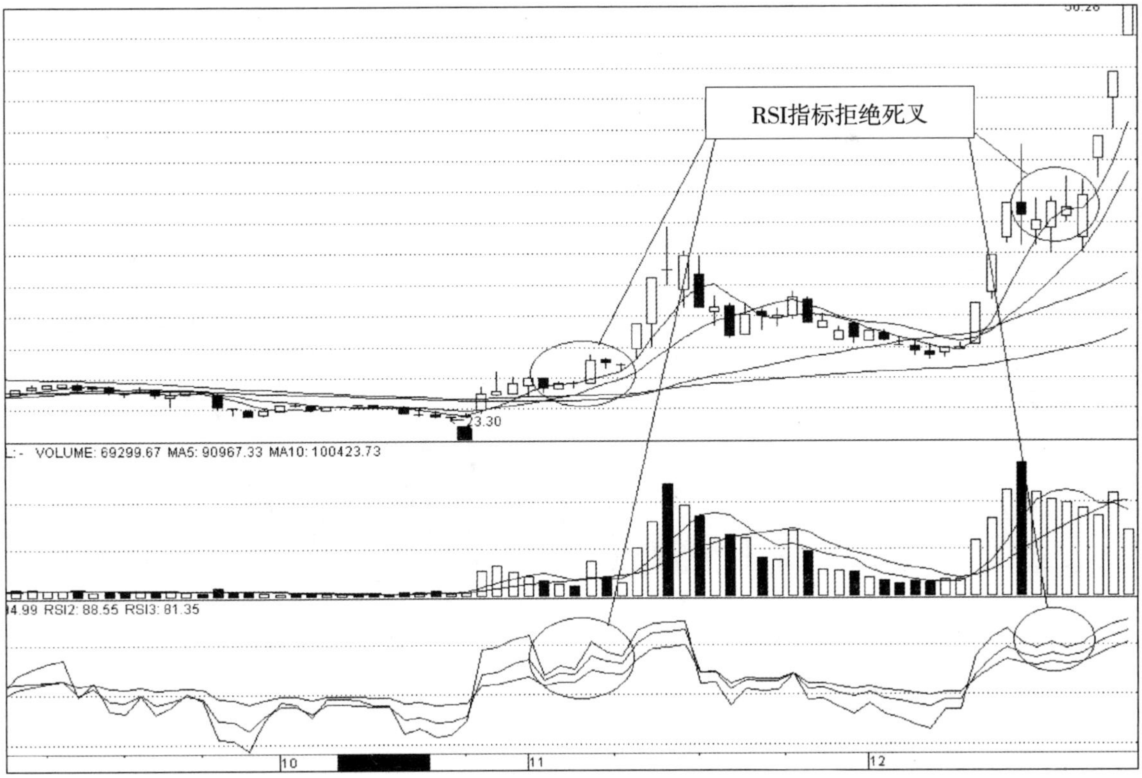

图 2-11　罗曼股份（605289）日 K 线图

吸纳了大量的低价筹码，然后渐渐向上盘升。2021年10月27日，RSI指标从低位金叉上行，并穿过50线强弱分界线。随后几日，股价出现振荡调整，6日RSI线回落，即将交叉12日RSI线时，6日RSI线快速拉起，拒绝与12日RSI线死叉，接着股价放量向上突破。之后，主力展开洗盘整理，12月10日开始，股价连拉3个涨停。在此后的振荡中，RSI指标出现同样的拒绝死叉信号，最后股价向上突破，继续强劲上行。可见，RSI指标拒绝死叉是强势信号的延续，短线可以积极做多。

2. 拒绝金叉

股价见顶后下跌，当股价下跌一段时间后，出现反弹受阻回落，RSI指标也随之上行，6日RSI线向上到达50线左右受阻回落，或者碰触到12日RSI线（或两线交叉）后快速下行，两线拒绝有效金叉，6日RSI线随即反转向下，12日RSI线继续向下，表明市场仍然处于弱势之中，从而构成卖出信号。

如图2–12所示，启明信息（002232）的股价经过大幅炒作后，主力获利十分丰厚，不断在高位派发获利筹码，股价从高位振荡走低，RSI指标在高位死叉后向下运行。2021年12月29日，股价再次发力拉出涨停，但第二天股价未能延续涨势，最终以跌停报收。

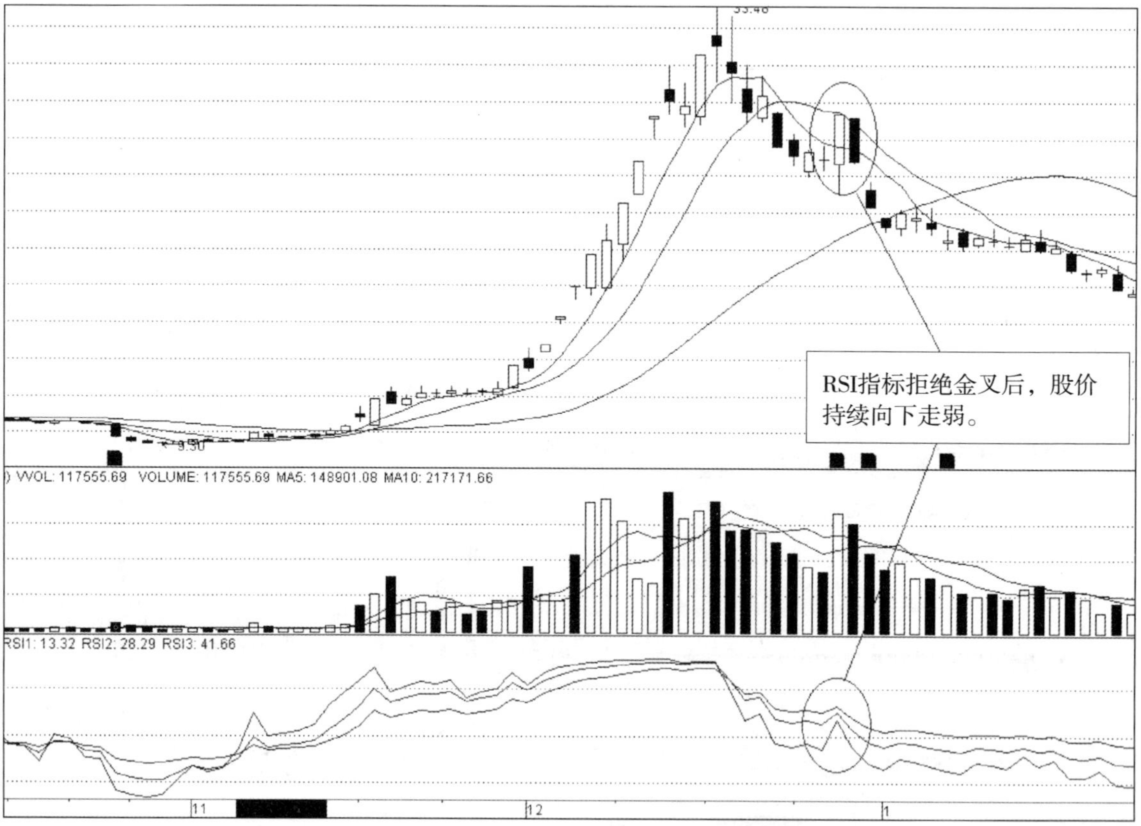

图2–12 启明信息（002232）日K线图

同期的 RSI 指标出现一个明显的拒绝金叉信号，表明主力并无做多意愿，这时是一个较好的离场时机。随后股价出现持续下跌走势。

（六）背离信号

1. 底背离信号

当股价下跌一定幅度后，不断创出近期新的低点，而 6 日 RSI 不但没有创出新低，反而一浪比一浪高，RSI 指标与股价形成底背离走势，表明股价的下跌为非理性所致或主力刻意打压所为，因此可以逢低买入。当 6 日 RSI 向上金叉 12 日 RSI 时，为最佳买入点。若连续两次出现底背离，形成 W 底或多重底形态，则应大胆介入，短线成功率较高。底背离所处的位置越低，形成的时间越往后，其效果越可靠。如果底背离信号出现在股价大幅下跌后的低位区域，那么其信号的准确性较高。

如图 2–13 所示，兴瑞科技（002937）反弹结束的下跌调整过程中，股价不断地创出近期新低点，而同期的 RSI 指标形成一浪比一浪高的走势，指标与股价形成底背离走势。2021 年 10 月 29 日，股价出现向上盘升走势，RSI 线继续向上运行，并在底部构成三重

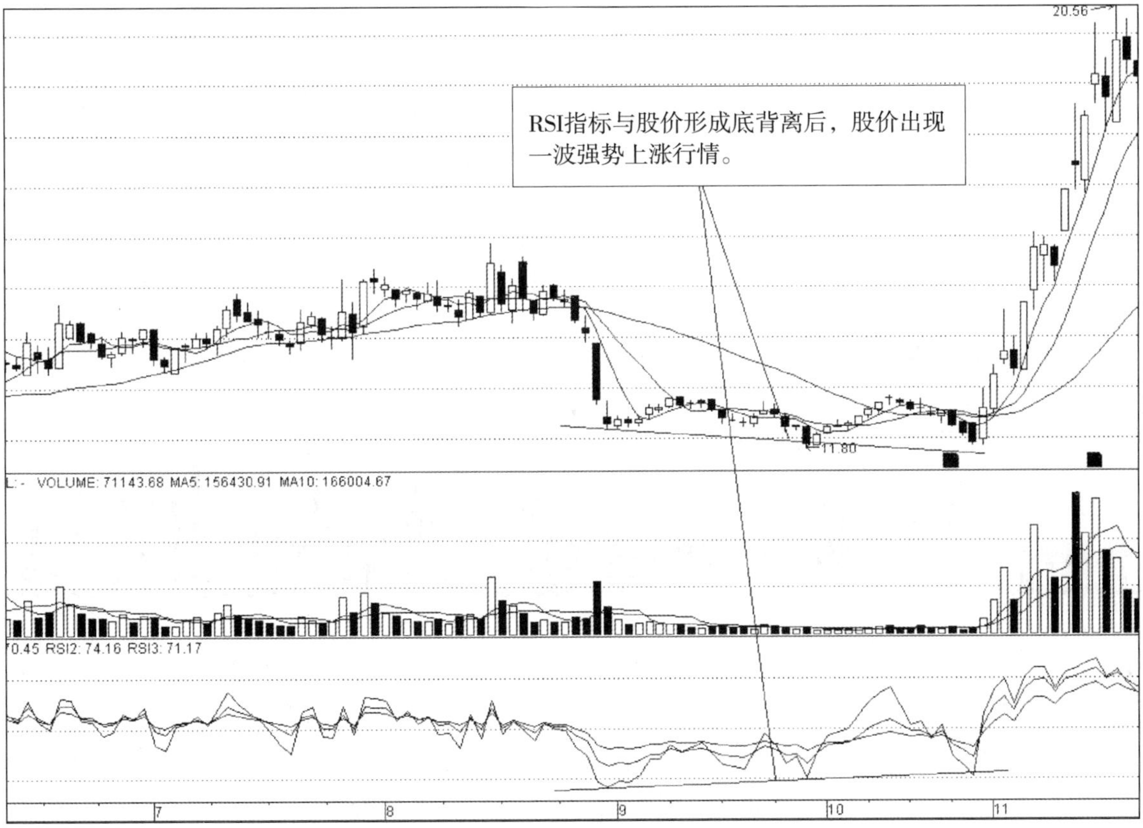

图 2–13　兴瑞科技（002937）日 K 线图

底形态，产生较好的买入点。此时成交量持续温和放大，股价一举突破均线系统的压制，其买入信号进一步明确。

2. 顶背离信号

当股价上涨一定幅度后，股价再创新高，而 6 日 RSI 已经跟不上，不但没有创出新高，反而不如前期高点数值大，RSI 指标与股价形成顶背离，表明股价上涨为虚张声势，通常是主力刻意拉抬出货，为中短线卖出信号。当 6 日 RSI 向下死叉 12 日 RSI 时，为第二次卖出时机。若连续两次出现顶背离，形成 M 顶或多重顶形态，则应坚决做空，这是最后的卖出机会。顶背离所处的位置越高，形成的时间越往后，其效果越可靠。如果顶背离信号出现在股价大幅上涨后的高位区域，那么其信号的准确性更高。

如图 2–14 所示，迈为股份（300751）的股价成功见底后，出现强劲的盘升行情，形态一浪比一浪高，不断创出新的上涨高点。而同期的 RSI 指标未能同步上升，反而出现一波比一波低的走势，两者形成顶背离现象，表明股价续涨极为困难，从而构成一个卖出信号。2021 年 9 月 1 日，股价终于选择向下运行，从而形成顶部形态。

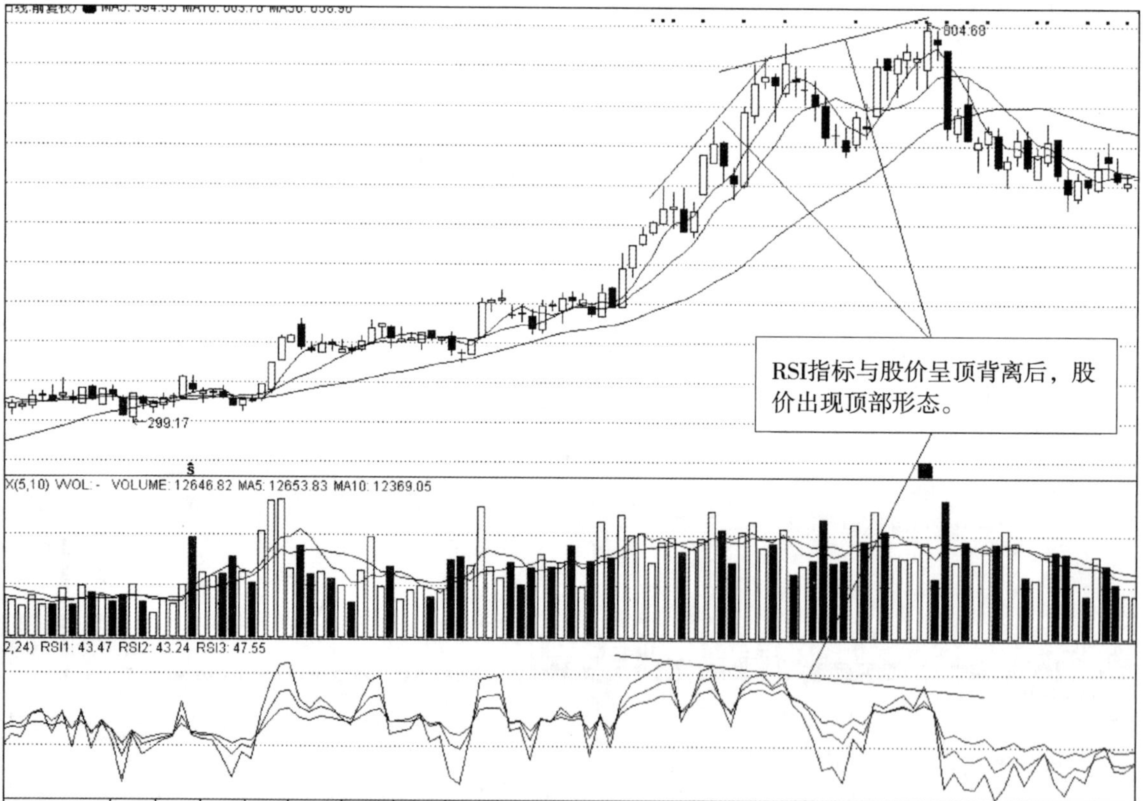

图 2–14 迈为股份（300751）日 K 线图

四、RSI 常见陷阱

股市技术分析并无完美的预测工具，RSI 指标也是如此，有其自身的缺憾。RSI 指标常见的技术陷阱有交叉陷阱、形态陷阱、背离陷阱、强弱陷阱、钝化陷阱、突破陷阱等。

（一）交叉陷阱

短期 RSI 线与长期 RSI 线交叉，是短期较为准确的买卖信号。在低位，当短期 RSI 线由下向上交叉长期 RSI 线时，为金叉信号，此时可以买入；在高位，当短期 RSI 线由上向下交叉长期 RSI 线时，为死叉信号，此时可以卖出。但在实际操盘中，RSI 指标交叉比较频繁，尤其是在牛皮盘整行情中，其交叉信号更为常见，给投资者操作带来许多难度。主力也经常利用技术指标的这一特性，频频制造技术陷阱。

1. 虚假金叉

股价经过一段时间的下跌走势后，在底部，6 日 RSI 线在 20 线以下由下向上与 12 日 RSI 线形成金叉，表明空方力量逐渐减弱，多方力量开始掌控盘面，为买入信号。但在实盘操作中并非如此简单，按照这种信号买入后，股价有可能反而下跌，因此被套。

如图 2-15 所示，长鸿高科（605008）经过长时间的高位箱体整理后出现向下回落，从 2021 年 7 月开始形成一条清晰的下降通道。在下降过程中，先后 3 次 6 日 RSI 线下行到了 20 线以下，表明股价已经严重超跌。此后 6 日 RSI 线在 20 线以下由下向上与 12 日 RSI 线形成金叉，均构成短线买入信号。可是买入之后，股价并没有出现预期的上涨走势，经过一段时间的振荡整理后，股价再次破位下跌，RSI 指标的金叉信号成为一个美丽的陷阱。

技术解盘：从该股走势图中可以看出，RSI 指标不具备一个强势信号的生成条件，即 RSI 指标没有成功突破 50 强弱分界线，更没有到达强势区域，表明市场还处于弱势格局之中。虽然其后一度穿过 50 强弱分界线，但未能成功站稳。另外，成交量没有形成放大态势，多头入场资金十分谨慎，说明主动性买盘不强。同时，下降趋势已经形成，并且 30 日均线不断下行，对股价上涨构成强大的压力，因此容易演变为虚假金叉信号。

2. 虚假死叉

股价经过一段时间的上涨行情后，在高位，6 日 RSI 线在 80 线上方由上向下与 12 日 RSI 线形成死叉，表明多方能量逐渐减弱，空方能量开始增强，行情涨势接近尾声。此时

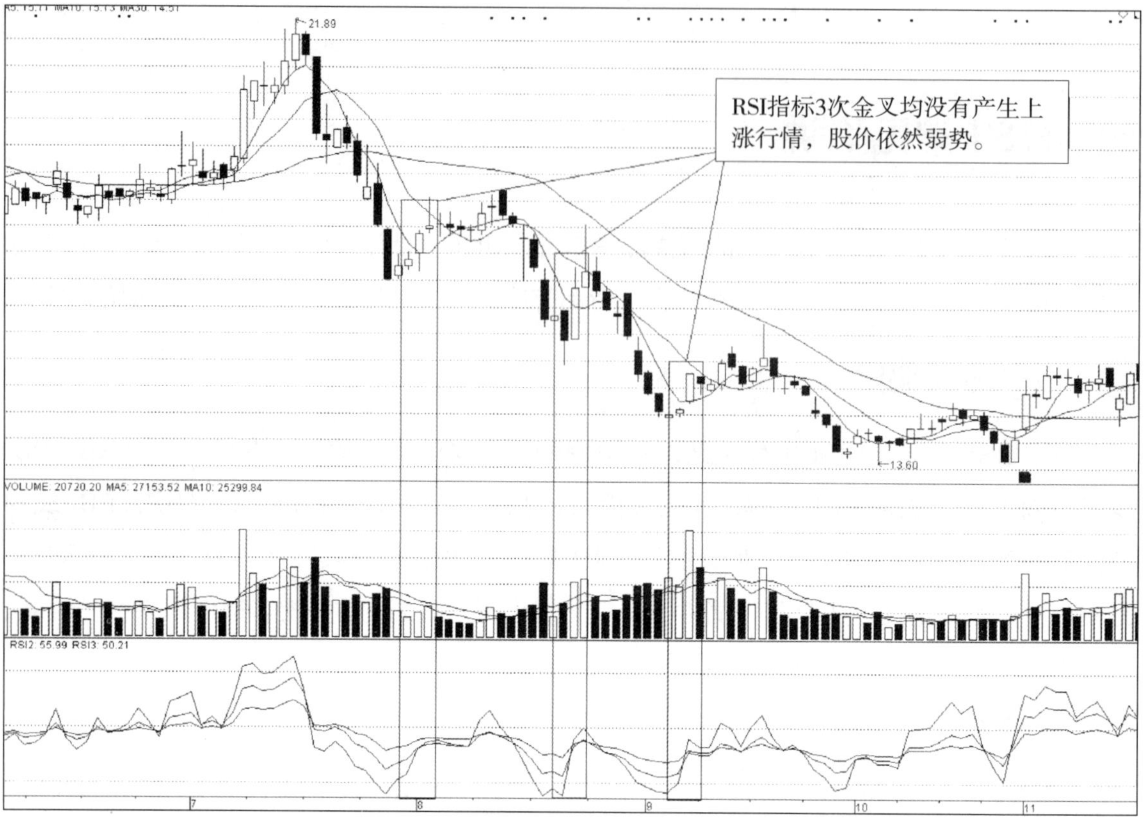

图 2–15　长鸿高科（605008）日 K 线图

无论成交量放大与否，均构成卖出信号。但卖出之后，股价反而继续上涨，死叉信号成为一个空头陷阱。

如图 2–16 所示，川恒股份（002895）在底部长时间的横盘振荡过程中，主力吸纳了大量的低价筹码。2021 年 6 月 8 日，股价向上拉起，次日放量涨停。但随后主力展开洗盘整理，6 日 RSI 线在 80 线上方由上向下与 12 日 RSI 线形成死叉，预示股价涨势结束，将出现一轮下跌行情，为普遍看淡的卖出信号。可是卖出之后，股价只是小幅下跌，股价回落到 30 日均线附近时，即获得强大的技术支撑而回升。此后，股价出现快速的大幅飙升行情，RSI 指标的死叉信号成为一个空头陷阱。

技术解盘：从该股走势图中可以看出，RSI 指标并不具备一个强势信号的终结条件，即强势信号还在持续之中。RSI 指标未能有效向下击穿 50 强弱分界线，更没有到达弱势区域，表明市场仍然处于强势之中。另外，均线系统支持多方发展趋势，30 日均线保持上行状态，股价回调到 30 日均线附近时，获得了有力的技术支撑。盘中股价运行张弛有序，量价配合得当，因此死叉信号是一个空头陷阱。

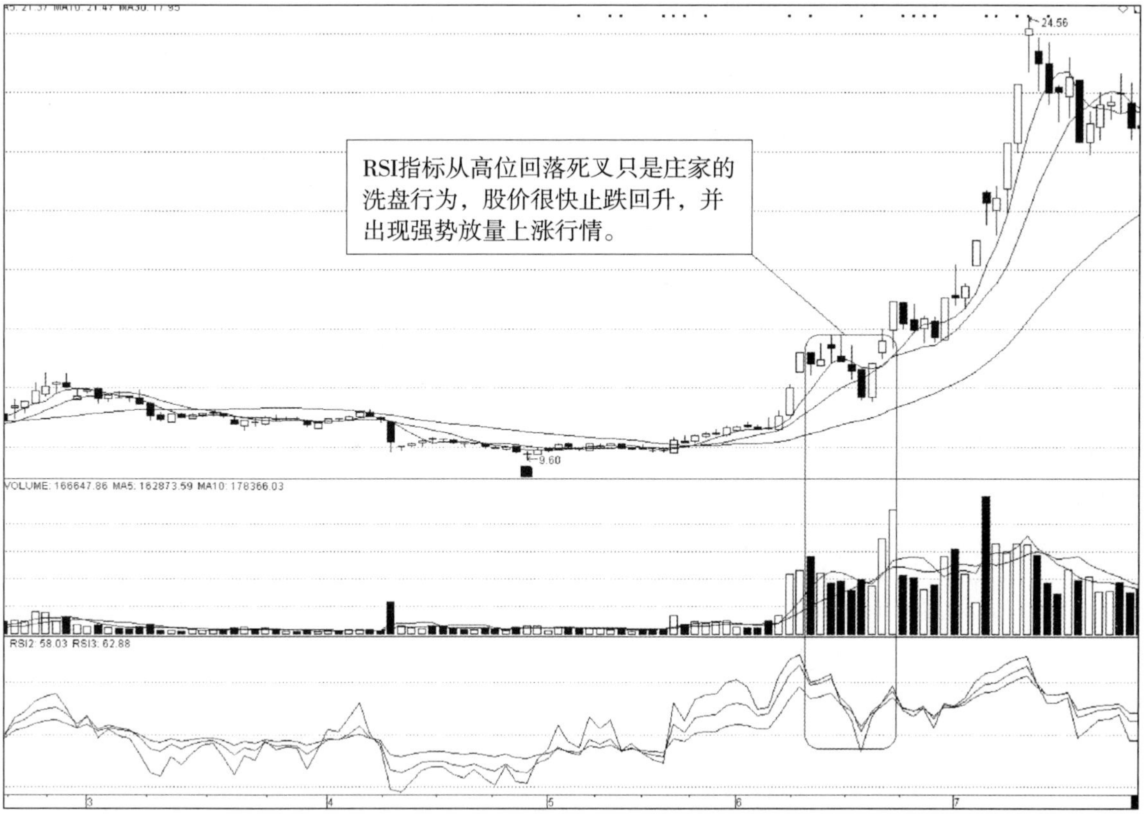

图 2-16　川恒股份（002895）日 K 线图

3. 技术纠正方法

RSI 指标的两条曲线相交频繁，有时很难辨认，常常导致判断失误。导致失误的一个重要原因，就是对交叉信号的产生和终结不甚了解。不少投资者只知道短期 RSI 线由下向上相交长期 RSI 线是金叉，短期 RSI 线由上向下相交长期 RSI 线是死叉，而对交叉信号的产生和终结，以及交叉信号是否有效就不那么了解了。这里以强势信号的产生和终结为例，进行一些简要的分析。

（1）交叉信号的产生和终结。RSI 指标一个完整的强势信号的产生，应当从弱势区金叉后，向上运行到强势区，为一个强势信号的形成，即一轮行情产生。信号在强势区域持续一段时间（此时股价不断上涨），从强势区死叉后，向下运行到弱势区，为一个强势信号的终结，即一轮上涨行情结束，同时又产生一个弱势信号。RSI 指标的图形特征为：6 日 RSI 线从 20 线以下向上金叉 12 日 RSI 线后，分别有效穿过 50 强弱分界线。在强势区域运行一段时间，6 日 RSI 线从 80 以上向下死叉 12 日 RSI 线后，分别有效击穿 50 强弱分界线。信号如此生生灭灭，周而复始地循环；股市如此涨涨跌跌，日日月月地运作。

一个信号从产生到终结的持续时间长短不一。有的持续几天就结束，如反弹行情、主力自救行情、受消息影响产生的振荡行情等；有的持续几周甚至几个月，如大牛股、长庄股、强庄股等。在信号持续期间，里面有许许多多疑似买卖信号的图形，但其间的图形信号对判断行情没有实质性指导意义，投资者可以不必去理会（许多失误发生于此）。只有在行情生成和终结时出现的图形信号，才具有实质性指导意义。因此，把握住信号的生成和终结，就能够掌握市场买点和卖点。如果是短线技术高手，可以在信号持续期间，根据顺势操作的原则进行一些短线操作，收益会更加丰厚。

在一轮行情中，可能只出现一个完整的强势信号，也可能出现多个完整的强势信号。如在洗盘过程中，可以先将强势信号终结，也可以将强势信号持续到最后。一个信号终结之后，不一定立即产生一个相反意义的信号，可能出现无意义的信号，比如盘整行情。同时，一个信号的产生也可能来自无意义的行情之中。

（2）交叉信号的确认方法。在实盘操作中，如何确认 RSI 指标交叉信号是否有效以及信号是否在持续之中，是一大技术难题。

经典的确认方法如下。

在信号生成时，6 日 RSI 线在低位（20 线以下）与 12 日 RSI 线金叉后上行（其金叉点在 20 线左右更佳），并成功突破 50 强弱分界线（经确认有效），到达强势区域（6 日 RSI 线在 80 线以上为佳）。RSI 线金叉后在 50 线下方盘旋不行，没有突破 50 线或突破后很快返回 50 线之下也不行，尤其是 12 日 RSI 线必须突破 50 线，6 日 RSI 线到达 80 线以上才可靠。

在信号持续时，12 日 RSI 线在强势区有效盘稳。6 日 RSI 线回调时不能有效跌破 50 线，即使跌破也要很快拉起。6 日 RSI 线回调时拒绝死叉 12 日 RSI 线，则市场更加强劲。

在信号终结时，6 日 RSI 线在高位（80 线以上）与 12 日 RSI 线死叉后向下（其死叉点在 80 线左右更佳），并成功穿过 50 强弱分界线（经确认有效），到达弱势区域（6 日 RSI 线在 30 以下为佳）。如果 RSI 线触及 50 线后返回上行，并在强势区盘旋，无论位置高低，都说明强势信号没有结束。或者，RSI 线没有成功下穿 50 线或下穿 50 线后很快拉起，也表明行情仍然处于强势之中，投资者可以一路持股，直到信号终结。

（3）破解 RSI 指标的交叉陷阱时，还要结合移动平均线、成交量、涨跌气势、股价位置和主力意图等因素综合考虑，并参考其他技术指标一起研判，效果更好。

（二）形态陷阱

实盘中，RSI 指标会产生各种各样的形态，可以用形态进行分析判断，并且具有意想不到的效果。比如，在底部形成头肩底、W 底、V 形底和多重底等，预示市场即将见底，可以买入做多。一旦指标向上脱离这些形态，可以加仓买入。

同样，在高位出现头肩顶、M 顶、倒 V 形顶和多重顶等，预示市场即将见顶，构成卖出形态。一旦指标向下脱离这些形态，可以清仓出局。

1. 虚假顶部形态

从图表形态看，RSI 指标的形态比 K 线图上的形态更为清晰，更容易判断买卖点。当 RSI 指标在高位盘整时，出现的各种顶部形态也是判断行情和决定买卖行动的一种分析方法。当 6 日 RSI 曲线在高位（80 线左右）形成头肩顶、双重顶或三重顶等高位反转形态时，意味着股价的上升动能已经衰竭，股价有可能出现中线下跌行情，投资者应及时卖出股票。可是卖出后，股价有可能只是小幅回调后就很快反转向上，从而成为虚假顶部形态。

如图 2-17 所示，飞龙股份（002536）在下跌过程中，主力吸纳了大量的低价筹码。2021 年 4 月 7 日，该股跳空涨停，股价脱离底部，此后一段时间股价在涨停价上方振荡。这时，RSI 指标也从弱势区向上穿过 50 强弱分界线到达强势区。在强势区运行一段时间后，6 日 RSI 线从 80 线上方向下死叉 12 日 RSI 线，在图形上构成一个双重顶形态，预示股

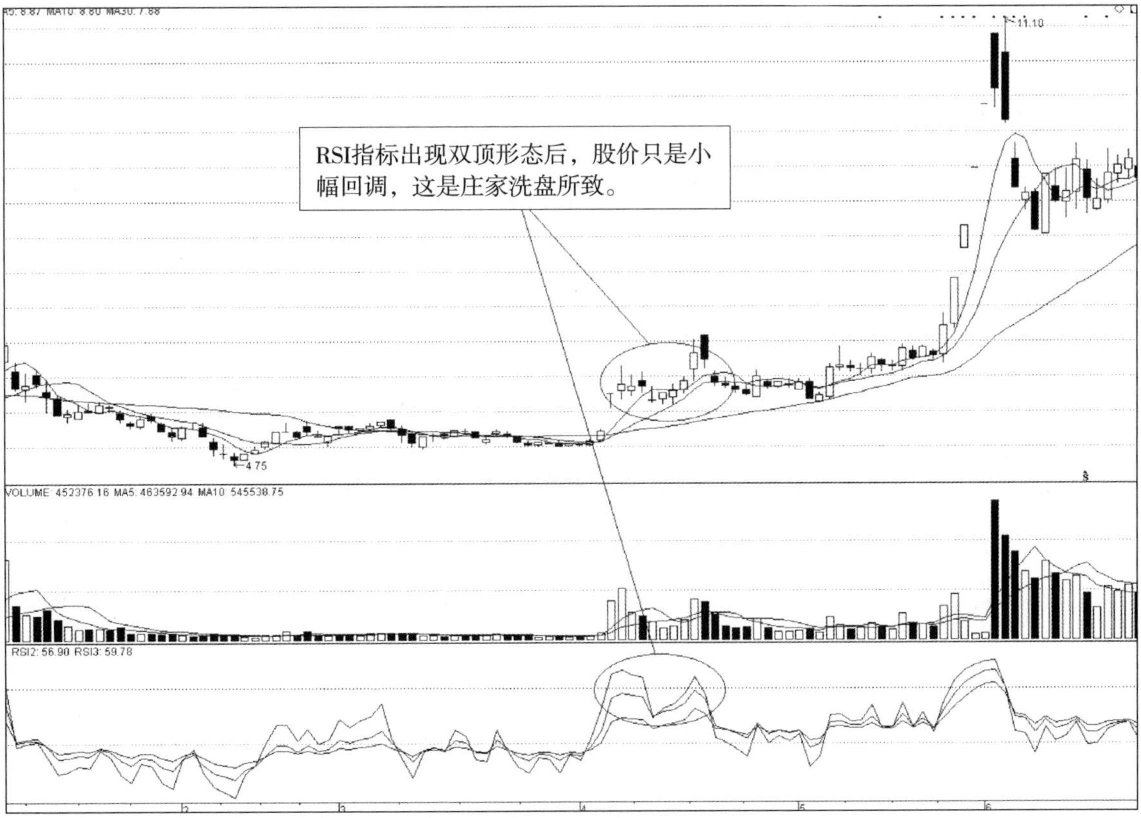

图 2-17　飞龙股份（002536）日 K 线图

价将出现下跌调整走势，通常这是一个卖出信号。可是卖出之后，股价只是小幅下调，即在 30 日均线附近得到强大的技术支撑而回升，RSI 线也在 50 中轴线上方盘稳，几个交易日后股价出现快速拉升走势。

技术解盘：一是 6 日 RSI 线死叉 12 日 RSI 线形成双重顶形态后，RSI 指标并没有有效跌破 50 强弱分界线，并且受 50 强弱分界线支撑后反转向上，在强势区运行，表明主力在洗盘而非出货。二是股价脱离底部后，在回抽确认时得到 30 日均线的强大支撑。三是在 RSI 线出现死叉后，成交量出现萎缩状态，企稳后再度放量上涨，量价配合比较理想。因此，行情不会就此结束，在向上拉起时可以积极跟进。

2. 底部形态陷阱

当 RSI 指标在低位盘整时，出现的各种底部形态也是判断行情和决定买卖行动的一种分析方法。6 日 RSI 曲线在低位（20 线左右）形成头肩底、W 底或三重底等低位反转形态时，意味着股价的下跌动能已经衰竭，股价有可能构筑中长期底部，投资者可逢低分批建仓。有时买入后会发现这是个陷阱，股价随后只是小幅上涨，并很快反转向下，继续跌势，从而成为底部形态陷阱。

如图 2-18 所示，长江投资（600119）经过一波快速反弹之后，股价见顶回落，RSI 指标也回落到 50 线附近。随后 6 日 RSI 线向上金叉 12 日 RSI 线，构成一个标准的 W 底

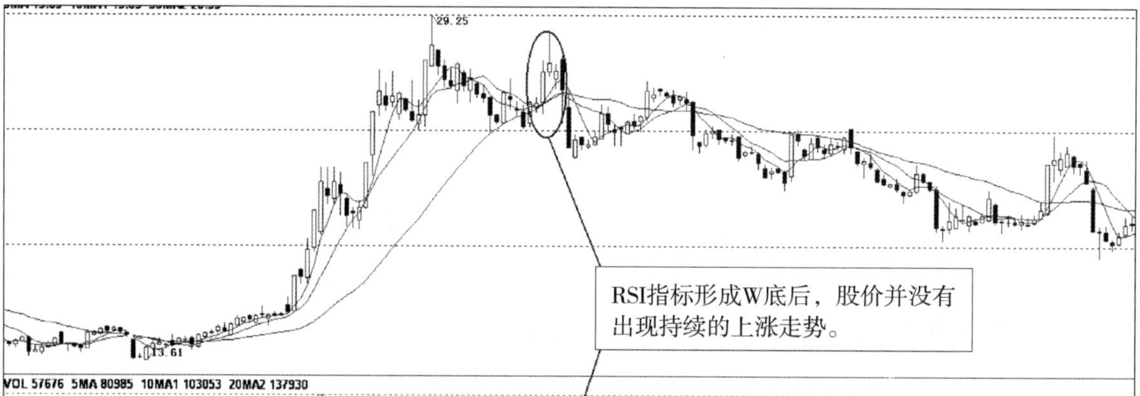

图 2-18　长江投资（600119）日 K 线图

形态。按照 RSI 指标常规理论，该形态是一个理想的买入信号。可是，该股后来的走势与此恰恰相反，股价反弹到前高附近时遇阻回落，RSI 指标形成死叉，从而成为一个虚假的 W 底形态。

技术解盘：从该股走势图中可以看出，在 RSI 指标出现 W 底形态后，股价不但没有出现持续的上涨走势，反而快速下跌击穿前期低点，弱势特征进一步显现。RSI 指标在出现 W 底形态时，成交量没有放大，股价出现冲高回落走势，不能维持强势状态。均线系统转为空头排列，30 日均线向下运行，对股价上涨构成明显压制。在弱势格局中，RSI 指标构成 W 底形态后，股价只是弱势反弹，市场总体向下趋势没有转变。因此，上涨行情不可能就此展开，W 底形态也就成为一个多头陷阱。

3. 技术纠正方法

RSI 指标经常出现形态信号，有时其买卖信号的准确性很高，有时其买卖信号一无是处，以致于是真是假，难分难辨，因此常常被主力所利用。投资者必须有破解陷阱的方法和识别疑难信号的能力，这样才能叱咤股市。

（1）关于 50 强弱分界线的运用。通常来说，当 RSI 指标向上突破 50 强弱分界线时，为强势特征；当 RSI 指标向下突破 50 强弱分界线时，为弱势特征。这一点容易辨认，技术难点在于突破后的运行趋势和有效确认。仅仅是 RSI 线越过 50 强弱分界线还不行，还必须要求持续向突破方向运行才表明行情持续有力。RSI 指标的突破角度必须有力，太平坦了没有力度，信号的可信性就差。RSI 指标突破后很快返回突破前这一边的，信号的可信性更差。在股价回调时不能越过 50 强弱分界线为佳，如果越过 50 强弱分界线，那就说明突破无效或突破无力，甚至是假突破，后市走势值得怀疑。RSI 指标突破 50 强弱分界线后，在突破的这一边运行一段时间，然后 RSI 指标返回突破前的这一边，经短暂的运行后再次到达突破的这一边，表明洗盘或反弹结束，股价将出现新一轮涨升行情或新一轮下跌走势。

（2）RSI 指标在产生形态信号时，应观察成交量变化。在 RSI 指标出现底部形态时，要有成交量放大的支持，否则为疑似多头陷阱。在 RSI 指标出现顶部形态时，虽然并不强调成交量放大，但在突破时也要考虑成交量大小，太小了也不可信。

（3）RSI 指标产生形态信号时，也要观察均线方向。在一轮趋势行情中，RSI 指标信号与均线同向的，信号可信度高；与均线逆向的，为疑似信号。股价在均线之上，30 日均线向上运行时，RSI 指标的底部形态信号准确率较高；RSI 指标的顶部形态信号，其准确率较差。股价在均线之下，30 日均线向下运行时，RSI 指标的底部形态信号准确率较差；RSI 指标的顶部形态信号，其准确率较高。30 日均线平行运行时，RSI 指标的所有信号均较差，应结合其他因素综合分析。

（4）RSI 指标的形态信号还要与股价趋势结合起来分析。股价处在上涨趋势中，RSI 指标的底部形态信号比较准确；股价在下降趋势中，RSI 指标的顶部形态信号比较准确。如果股价在高位，应当结合其他因素综合考虑，这样才能减少失误。

（5）RSI 指标出现形态信号时，如果股价走势曲线也先后出现同样的形态，那么信号更可确认。

（6）RSI 指标曲线顶部反转形态对行情判断的准确性，要高于底部反转形态的准确性。

（三）背离陷阱

背离分析是 RSI 指标最重要的一项应用法则。当指标方向与股价涨跌走势方向相反时称为背离，特别是指标与股价其中之一创出新高位或新低位，而另一个未能创出新高位或新低位时，是典型的背离。当背离信号出现时，原则上以指标的方向作为买卖依据，不依股价方向预判后市。但在实际操作中，背离信号也会遇到许多虚假图形信号，这既有市场自然原因，也有主力人为操纵方面的原因。

1. 虚假底背离

RSI 指标的底背离一般出现在 50 强弱分界以下的弱势区。当股价一路下跌，形成一波比一波低的走势，而 RSI 指标在 20 线以下低位创出一个显著的新低点后，此后的几个低点形成一底比一底高的走势，此时股价与 RSI 指标产生底背离。底背离现象一般表明下跌动能不足，预示股价短期有可能反转，是短期买入信号。在弱势中，下跌动力固然不足，但做多动力也可能不足，以致底背离后依然出现下跌走势，这时就会出现 RSI 指标底背离陷阱。

如图 2–19 所示，徕木股份（603633）在 2020 年 9 月中下旬的调整过程中，股价不断下行，而同期的 RSI 指标向上运行，股价与 RSI 指标产生底背离走势，预示股价即将止跌并反转向上。按 RSI 指标的常规买卖法则，应是买入的良好时机，而且背离时间持续较长，股价跌幅较大，后市应有较大的行情产生。但是，在应用 RSI 指标底背离功能时，常常会落入弱势反弹的陷阱中。从此，股价陷入一路阴跌走势，即使遇到大盘反弹或相同板块出现行情时，股价也只是小幅反弹而已，随后又回到无量阴跌的状态中，股价不断创出新的低点。

技术解盘：从该股走势图中可以看出，RSI 指标在 50 强弱分界线附近没有形成向上快速走势，更没有能力到达 80 线以上，表明上攻力量不强。最后 RSI 指标反而向下成功脱离底背离的趋势线，并击穿底背离中的最后一个低点，此时底背离信号失去看涨意义。在调整过程中，成交量大幅萎缩，交投十分低迷，尚无明显新增资金入场迹象，无法形成向上涨升的力量。均线系统呈空头排列，30日均线趋势不断向下，对股价上涨构成重大压力。股价处于下降趋势中，没有完全摆脱弱势格局。因此，即使RSI指标出现如此明显的底背离利多信号，股价企稳回升仍然显得力不从心。

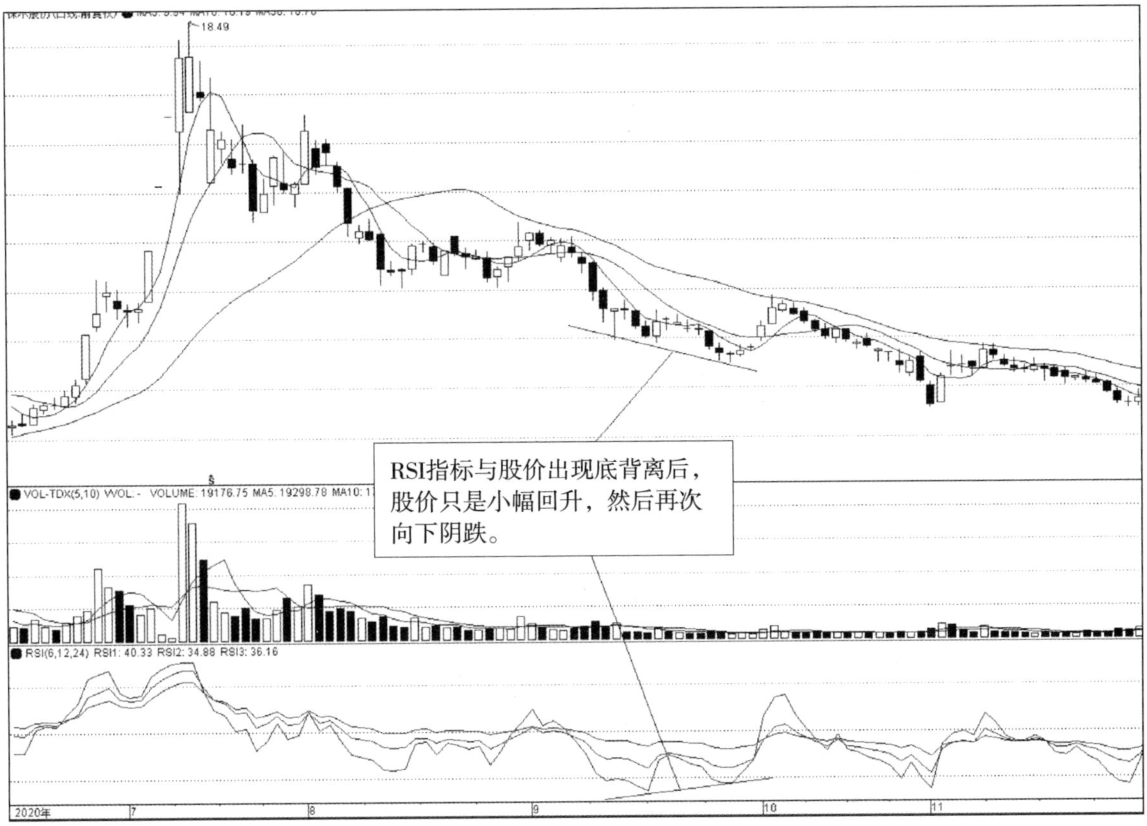

图2-19 徕木股份（603633）日K线图

2. 虚假顶背离

RSI指标出现顶背离是指在股价进入拉升过程中，股价屡创近期新的高点，RSI指标也相应在80线以上创出一个显著的新高点，之后股价出现一定幅度的回落调整，RSI指标也随着股价回调而回落。当股价再次向上并超越前期高点创出新的高点时，RSI指标随着股价上涨也反身向上，但没有冲过前期高点就开始回落，此时RSI指标在50强弱分界线以上与股价形成顶背离走势。RSI指标出现顶背离后，一般表明上涨行情接近尾声，股价见顶回落的可能性较大，是比较强烈的卖出信号。在实际操作中发现，顶背离的准确性要高于底背离的准确性。但顶背离出现后，股价有可能只是小幅回调，然后再次强势上涨，构成虚假顶背离信号。

如图2-20所示，世龙实业（002748）顶背离信号出现在股价上涨初期，股价不断向上走高，创出近期新高点，但RSI指标不能相应创新高，股价与RSI指标形成顶背离走势。

按 RSI 指标的常规买卖法则，此时应获利了结。但是，RSI 指标顶背离出现后，股价只是小幅下跌，很快企稳并经短期调整后，2021 年 9 月 7 日开始加速上涨，股价连拉 5 个涨停。这是一个典型的 RSI 指标顶背离陷阱，是主力一手做出来欺骗跟风盘的。RSI 指标出现顶背离陷阱，说明主力控盘能力极强，在后续行情中，通常都有一段快速拉升的暴涨行情。

技术解盘：从该股走势图中可以看出，RSI 指标在 50 强弱分界线附近没有形成快速向下走势，更没有到达 20 线以下，表明下跌幅度有限，随后 RSI 指标向上运行。股价在回落时，成交量依然保持活跃状态，盘内换手积极，多空交投活跃，浮动筹码成功得到换手。股价已成功脱离底部区域，30 日均线支撑力度较强。因此，即使 RSI 指标出现顶背离信号，短期也不会扭转股价总体上升趋势。

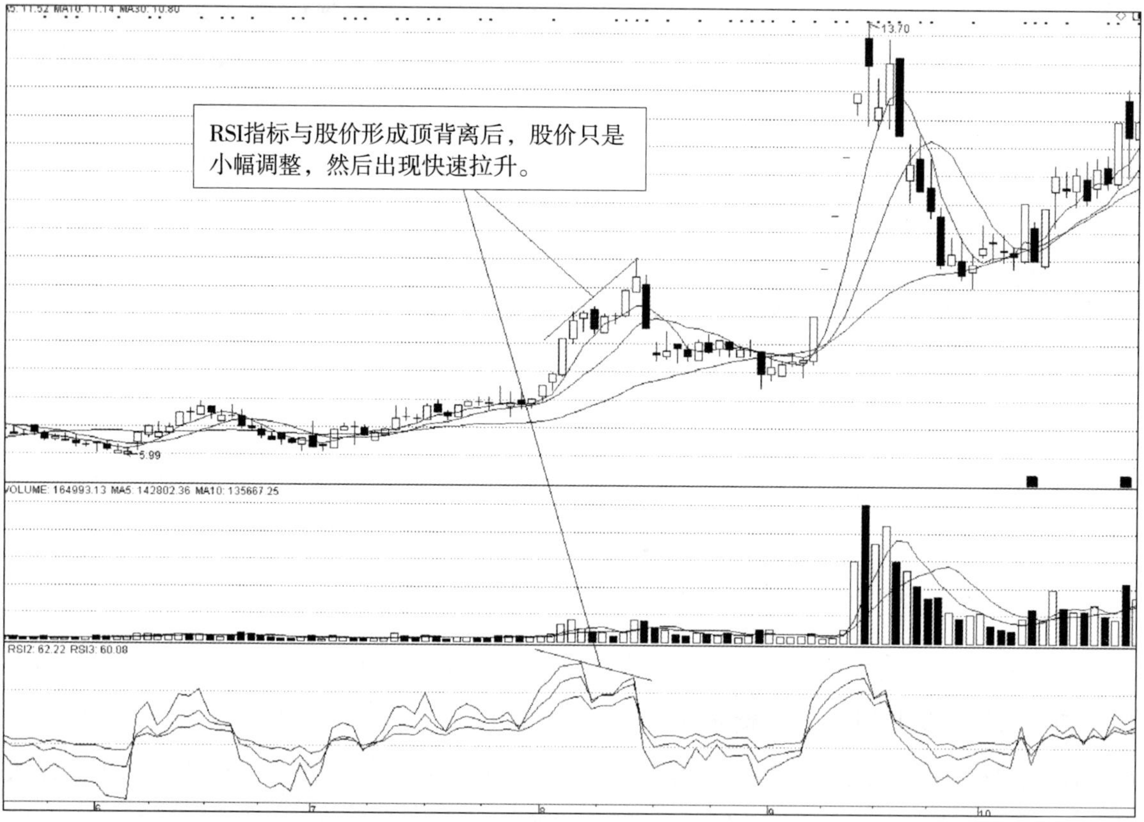

图 2-20 世龙实业（002748）日 K 线图

3. 技术纠正方法

在实盘中，RSI 指标的背离信号是测市判势的主要方法之一，投资者长期乐此不疲。但主力也常常在这个信号中刻画图形，让投资者上当受骗，因此应有一套破解陷阱的方法。

（1）背离信号形成后，要有明确的突破走势，否则为疑似信号。

具体确认方法如下。

在底背离信号的末端，通常在RSI指标的50强弱分界线附近，快速有力向上运行到80线或以上。在第一次回落时，一般不破底背离信号中的最后一个低点，然后返回50强弱分界线以上运行，这时可以确认为底背离信号有效，按RSI指标法则买入股票。如果在底背离信号末端，RSI指标向下成功脱离底背离的趋势线或击穿底背离中的最后一个低点，那么确认为假信号，可以考虑卖出。在股价回升时，RSI指标无法越过50强弱分界线，受阻于50强弱分界线之下，则信号得到进一步确认，股价可能出现新一波跌势。

顶背离信号确认方法正好与其相反，在RSI指标的50强弱分界线附近，快速有力向下运行到20线以下。在第一次回抽时，一般不会冲过顶背离信号中的最后一个高点，然后回落到50强弱分界线以下运行，这时顶背离信号确认，应尽快做空为好。如果在顶背离信号的末端，RSI向上成功突破顶背离的趋势线或顶背离中的最后一个高点，那么确认为假信号，可以考虑买入。在股价回落时，RSI指标在50强弱分界线得到支撑而回升，则信号得到进一步确认，股价可能出现新一轮升势。

（2）产生背离信号时，应观察成交量变化。出现底背离信号后，股价向上反弹时，要有成交量放大的支持，否则为疑似多头陷阱。只有在确认新资金入场后，才能促使行情反转。

（3）参考移动平均线运行方向。出现底背离后，均线很快走平或向上拐头，否则为疑似信号；出现顶背离后，均线很快走平或向下拐头，否则也为疑似信号。

（4）RSI指标的背离信号还要与股价走势结合起来。在底背离出现向上反弹时，股价应成功突破均线的压制，并且连续多日站于均线之上，这样信号才能得以确认。在顶背离向下滑落时，股价应击穿均线的支撑，并且连续多日股价收于均线之下，这样信号方可确认。否则，均成为虚假信号或疑似信号。

（5）结合波浪形态分析。顶背离形态出现在升势的1浪、3浪里可靠性差，出现在上升5浪、B浪、延长浪里可靠性较高。底背离形态出现在调整2浪、4浪或C浪后期可靠性较高，出现在A浪、C浪初期可靠性差。

（6）短线可以结合KDJ、DMI、W%R等技术指标一起分析，中长线可以结合MACD、BOLL、CCI等技术指标一起分析，可以进一步破解背离陷阱。

（四）强弱陷阱

通常来说，RSI指标在20线以下为超弱势区，20～40为弱势区，40～60为常态区，60～80为强势区，80以上为超强势区。50为RSI指标的强弱分界线，50线以上为多头强势市场，50线以下为空头弱势市场。RSI指标由下向上突破50强弱分界线时，意味行情由弱势市场转为强势市场，为买入信号；RSI 指标由上向下突破 50 强弱分界线时，意味行情由强势市场转为弱势市场，为卖出信号。但在实盘操作中，RSI 指标进入强势区时，不见得股价就能上涨。同样，RSI 指标进入弱势区时，也不见得股价就会下跌，由此出现不少令投资者困惑的指标信号。

1. 虚假强势

RSI 指标从低位弱势区由下向上穿越 50 强弱分界线到达强势区时，表明多头力量占绝对优势，股价将继续向上扬升，这是 RSI 指标比较明显的持股待涨或买入做多信号。但是，主力为了在反弹时出货或被迫低位出货时，往往会将 6 日 RSI 线调高到强势区，以取得出货的技术空间。这时就会出现 RSI 指标转强虚假信号，投资者在此处买入很容易被套。

如图 2–21 所示，设计总院（603357）在 2020 年 9 月—12 月期间，RSI 指标多次上穿 50 强弱分界线，通常这是股价开始走强的标志。但随后股价只是小幅反弹，反弹结束后股价继续出现下跌走势。这里出现的 RSI 指标上穿 50 强弱分界线的情形，都是虚假强势信号，明显是主力出货所致。RSI 指标虚假强势信号经常出现在无庄关照的弱势反弹行情中，或者出现在主力抵抗性下跌之后的反弹出货阶段。RSI 强势陷阱既可能是主力的刻意画线，又可能是市场自然形成。如果按照这个信号去操作，那么失误的概率将大增。

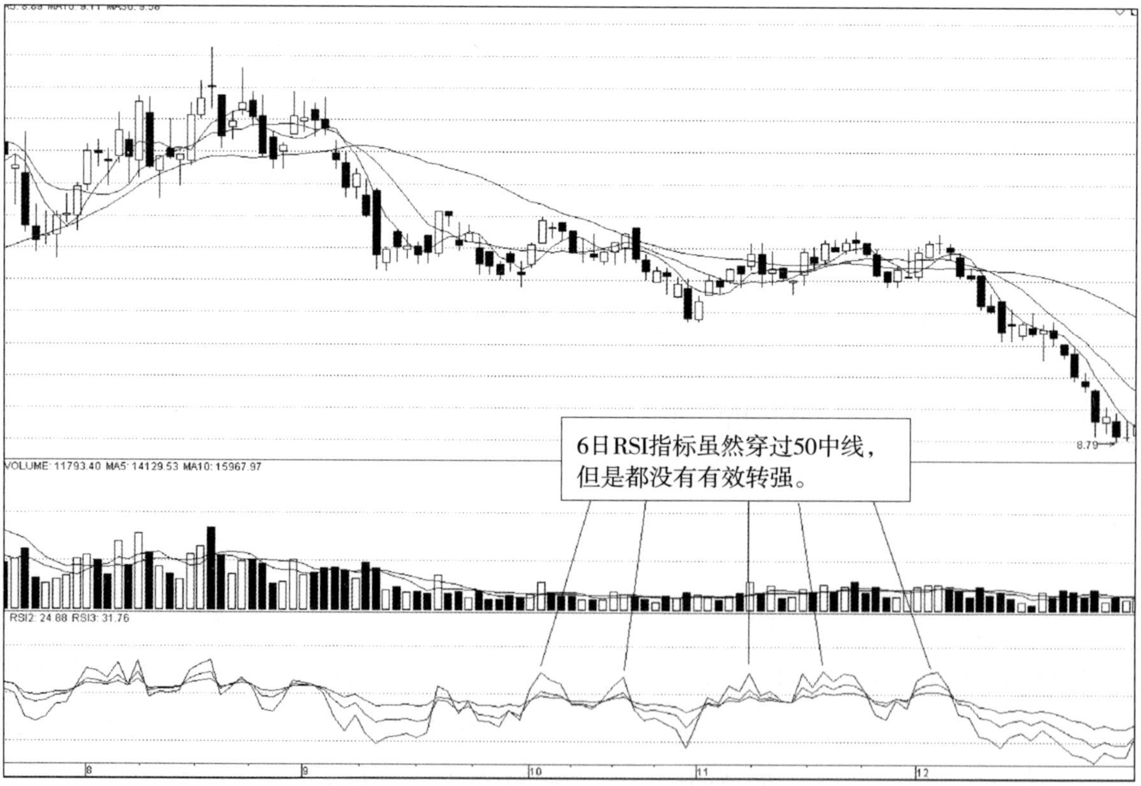

图 2–21　设计总院（603357）日 K 线图

技术解盘：从该股走势图中可以看出，RSI 指标在突破 50 强弱分界线时力度不够，12 日 RSI 线还没有进入强势区，表明上攻力度有限，通常这是弱势反弹行情。在反弹过程中，成交量没有放大，表明主力无意做多，散户跟风意愿不强。均线系统没有形成多头排列，持续走低的 30 日均线，对股价上涨构成重大压力。因此，该股的强势信号是一个多头陷阱，股价依然不改跌势。

2. 虚假弱势

RSI 指标从高位强势区由上向下穿越 50 强弱分界线到达弱势区，意味着多头力量逐渐衰竭，空头力量可能加强，股价将向下调整，这是 RSI 指标比较明显的卖出信号。特别是对于那些股价高位盘整后开始下跌的股票，这种信号更为准确。RSI 指标回落到 50 强弱分界线以下，通常意味着股价已经走弱，行情发生逆转。但在上升回档或主力快速打压股价洗盘时，出现的 RSI 指标快速回落往往是个弱势陷阱。

如图 2–22 所示，华阳股份（600348）成功探明底部后向上盘升，主力采用边拉边洗手法将股价稳步推高。在 2021 年 6 月—9 月的上涨过程中，RSI 指标多次回落到 50 强弱分界线以下。通常来说，RSI 指标回落到 50 强弱分界线之下，标志着股价走势趋向弱势，后市看跌的可能性较大。但当 RSI 指标进入弱势区时，股价完成了洗盘调整后，又重新开始上涨。RSI 指标弱势陷阱通常出现在洗盘调整即将结束时，RSI 指标重回 50 强弱分界线之上，标志洗盘调整结束，这对区分行情的性质尤为重要。一般而言，主力洗盘和出货的表现手法有明显不同，洗盘的目的是为了吓唬投资者，出货的目的是为了吸引投资者。

技术解盘：从该股走势图中可以看出，RSI 指标下穿 50 强弱分界线未能成为有效走势，12 日 RSI 线仍然处于强势之中，表明空方力量不强，这种现象通常为主力洗盘行为所致。在盘整过程中，成交量没有出现异常现象，依然保持正常活跃状态，表明盘内换手积极。均线系统保持多头排列，30 日均线坚挺有力，每次股价回落到 30 日均线附近时，股价都会遇到较强的技术支撑而回升。因此，该股的弱势信号不能成立，短线上涨势头难以改变。

3. 技术纠正方法

RSI 指标 50 线为强弱分界线，这是一条重要的技术指标线，长期被作为市场强弱的分析依据，但其真假难分难辨，投资者要有自己的辨别方法。

（1）在分析强弱信号时，要了解洗盘和出货的区别。

①洗盘一般不会下破 10 日均线，即使被利空消息打压，也会很快拉起。而出货时主力的目的是让手中的获利筹码尽快卖出，并不介意下破多少条均线。

②洗盘往往利用大盘波动和个股利空消息进行，而出货往往利用市场指数大幅上扬或个股利多消息趁机派发。

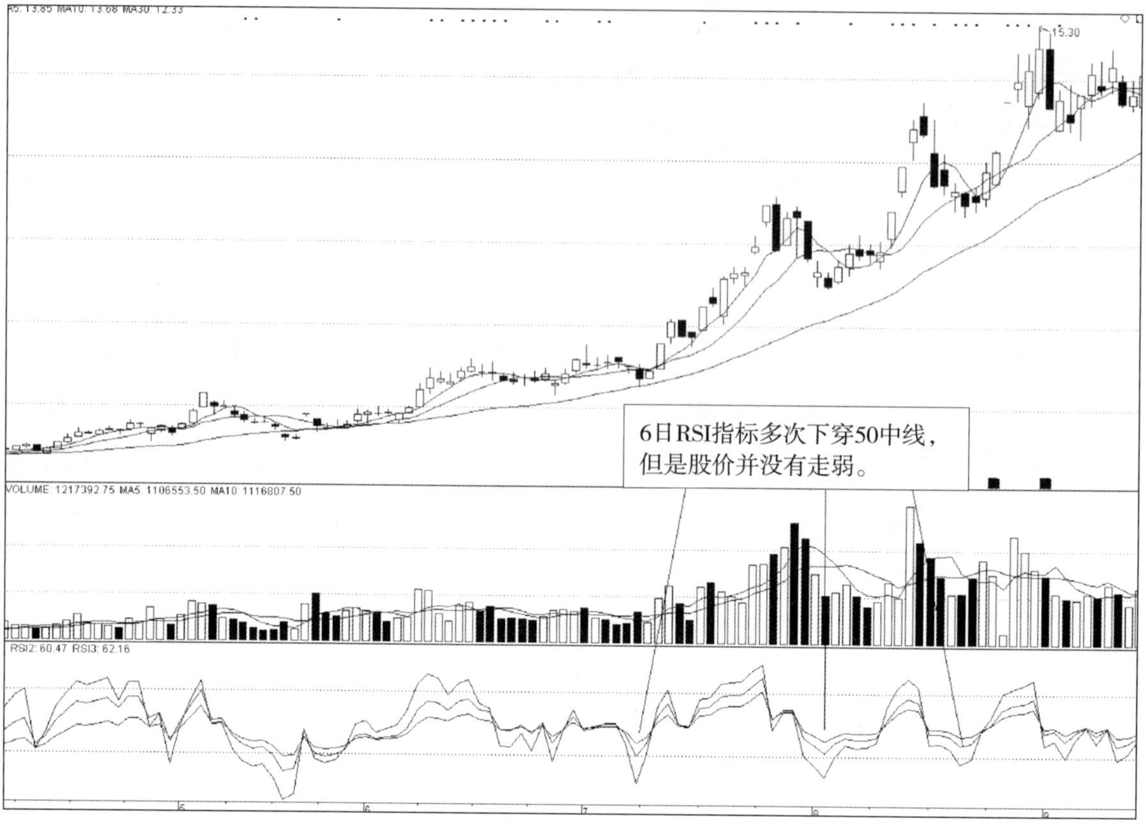

图 2–22　华阳股份（600348）日 K 线图

③洗盘的位置一般在第一上升浪之后，有时也会在较低的位置，而出货一般出现在第 5 浪上升之后的高位区。

④洗盘的目的是为了吓唬跟风盘，而出货是为了吸引跟风盘。

⑤洗盘时均线仍然呈向上多头排列，但上攻的斜率不是很陡，而出货时均线多头排列已被破坏或开始向下，股价重心开始小幅下移。

（2）如何从盘面识别洗盘和出货？

①如果主力在吸足筹码之后第一次进行洗盘，投资者不妨继续持股。如果是已经经过了几次洗盘之后再次出现回落，而且累积升幅已相当可观，则要随时警惕主力出货。

②股价形态上连续出现多个上升缺口，高位回落也伴随着缺口出现，而且短期内不予回补，说明主力派货坚决，此时应离场观望。

③洗盘时股价快速回落，往往击穿一些重要的支撑点位但又迅速拉回，不会有效击穿，说明主力并不希望股价进一步走低，而是通过营造短期的空头气氛将盘中浮筹振荡出局。

④洗盘时股价的回落呈现典型的无量空跌走势，在重要的技术支撑点位会缩量盘稳，“缩量下跌”是洗盘的主要特征之一。对于持仓巨大的主力来说，一般不会用大量筹码来

洗盘，这既没有现实意义也没有必要，只会拿部分筹码来均衡市场。当盘中浮筹越来越少，成交量呈递减趋势，最终形成突破并伴随着成交量骤然放大，表明洗盘过程已基本结束，新的一轮攻势即将展开。主力在洗盘过程中，盘面上成交量呈现明显的圆弧底特征。主力派发阶段，在见顶回落前或回落当天一般会伴随着巨量的出现，也就是筹码在大量抛出，成交量一直保持较高水平。因为主力通常采取边拉边派、高位派发为主的战术，即使股价回落后止跌盘稳，在造势过程中也不会再度大手笔买入，股价往往在顶部形成放量滞涨或无量空涨的现象，成交量比洗盘时密集得多。但出货后期成交量不一定迅速放大，而是呈阴跌状态，表明主力出货完毕，股价由散户支撑，必然会继续下跌。

⑤日 K 线是否连拉（大）阴线。出货时，一般不会连续拉大阴线，顶多拉 2～3 根中（小）阴线，但到出货后期也会出现大阴线。洗盘时，经常连拉中（大）阴线，力求使市场产生恐慌气氛。此外，从当天外盘与内盘的成交量对比看，洗盘时外盘与内盘成交手数差不多，出货时一般内盘（绿单）成交手数大于外盘（红单）成交手数，并且经常出现大卖单。

总之，面对主力各种形式的洗盘方法以及出货方式，投资者应加以区分和辨别。如果能够正确识别主力正在洗盘，那么上下打压之时，就是逢低买入与逢高卖出的时机。如果知道主力在高位出货，那么投资者的卖出时机要比主力更快。虽然投资者害怕被主力套牢，而主力更怕被广大投资者抛弃。

（3）在分析强弱信号时，还要结合其他技术因素。

① RSI 指标强弱程度：多头市场中，如果价格回档，多头的第一道防线为 50 强弱分界线，第二道防线为 40 线，第三道防线为 30 线。具体有 3 条细则：一是股价回档，RSI 指标未能突破第一道防线 50 线，说明多头力量强劲，股价再度向上时会超越原先的高价，RSI 指标也极容易创新高。二是行情回档，RSI 指标突破多头第二道防线 40 线，待股价再度上升时，除非股价急速上涨超越先前的最高价，否则 RSI 指标不会同时配合股价再创新高，表明多头力量已不如以前强大。三是行情回档，RSI 指标连续突破多头第一道、第二道防线，回落至多头的第三道防线 30 线左右才止跌企稳。待股价再度上涨时，由于 RSI 起点太低，即使股价再创新高，RSI 指标也可能穿越不了 70 线，或是勉强穿越，但距先前 RSI 指标最高值仍有相当差距，表明多头力量后劲不足，是大势反转下跌的前兆。

同样，空头市场中，如果股价反弹，空头的第一道防线是 50 强弱分界线，第二道防线是 60 线，第三道防线是 70 线，具体也有与多头市场中价格回档情形相反的 3 条细则。另外，多头市场里，RSI 指标每次因股价回档而下跌盘整形成的低点密集区域，也是多头的一道防线。空头市场里，股价处于反弹盘整阶段，RSI 指标所出现的高点密集区域，也是空头的一道防线。

②在强势市场里，RSI 指标超过 70 线以后，股价回档，RSI 指标很难再低于 30 线（至多跌至 30 线附近），一旦回到 30 线以下，股价即使再创新高，RSI 指标一般也很难再创新高。但有时在强势市场里，RSI 指标回落幅度越大，第二轮涨幅越高。在弱势市场里，RSI 指标低于 30 线是常见的情况，一般很难达到 70 线以上。如果反弹至 70 线附近，则会见顶回落。但有时在弱势市场里，RSI 指标反弹的幅度越大，下一轮跌幅越深。

③股价向上越过 50 强弱分界线以后，要有成交量放大的支持。只有在确认新资金不断入场后，才能促使行情延续发展。

④移动平均线是确认市场强弱的重要指标工具之一，应结合移动平均线买卖法则进行研判。同时，RSI 指标的强弱信号还要与股价走势结合起来，股价走势有气势的，其信号为强势，否则为弱势信号。

⑤结合 KDJ、DMI、W%R、MACD、BOLL、CCI 等技术指标进行综合研判，相互验证，效果更佳。

（五）钝化陷阱

RSI 指标的波动范围在 0～100 之间，因此经常出现钝化现象。在一轮极端强势或极端弱势市场中，股价持续向一个方向发展，而同期的 RSI 指标已经出现钝化，这时很容易出现虚假信号。

1. 高位钝化陷阱

在转势过程中，RSI 指标的变化非常明显。多头市场上升初期，RSI 指标比股价升得快，斜率陡峭，很快就进入强势区。但达到 70 线以上后，股价仍大幅上升，RSI 指标则上升得较慢，从而出现高位钝化或顶背离现象。RSI 指标的正常值大部分处于 20～80 之间，当超过 80 线时，意味着股价超买，回吐压力随时都会出现。但在大牛股中，强者恒强，RSI 指标经常出现超买再超买的现象，股价不断创新高，这时就出现了高位钝化陷阱。

如图 2-23 所示，三江购物（601116）在上涨行情中，RSI 指标从弱势区穿过 50 强弱分界线后到达超强势区。此时股价不断向上涨升，而 RSI 指标出现超买再超买现象，在高位出现严重钝化，盘中 6 日 RSI 线和 12 日 RSI 线几乎都触及 100 顶边线。这时 RSI 指标几乎失去了指标的基本功能，令投资者顿生迷茫，不少投资者在指标钝化时提早抛售，损失了一大截利润。

技术解盘：该股虽然 RSI 指标出现高位钝化，但股价并没有发出卖出信号。从走势图中可以看出，股价走势稳健，均线系统呈现多头排列。股价没有出现异常波动，成交量保持活跃状态，量价配合理想，说明一个强势信号还在持续之中，此时持股者应坚定持有，直到强势信号结束。所以，即使 RSI 指标在高位钝化，大家也不必惊慌，此时应采用其他技术分析方法进行判断。

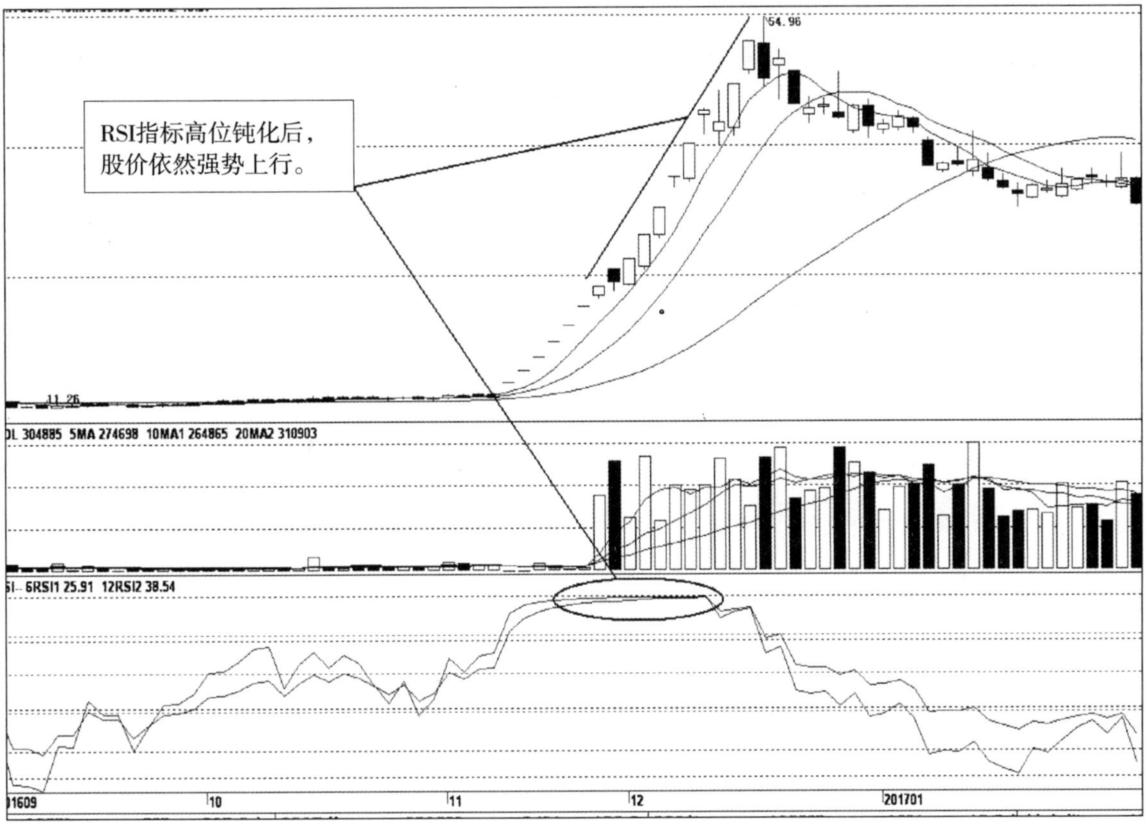

图 2-23　三江购物（601116）日 K 线图

2. 低位钝化陷阱

在空头市场开始的初期，RSI 指标的下行速度比股价要快，下降峻直，很快就进入弱势区。但达到 30 线以下后，股价仍大幅下跌，而 RSI 指标下降缓慢，从而出现低位钝化或底背离现象。通常情况下，RSI 指标落入 20 线以下，表明市场极度超卖，股价将随时出现企稳反弹或见底回升走势。但在大熊股或股价阴跌过程中，RSI 指标经常出现超卖再超卖的现象，股价不断创新低，这时就出现低位钝化陷阱。

如图 2-24 所示，浙能电力（600023）在下跌走势中，RSI 指标回落到 20 线左右。此时股价继续下跌，而 RSI 指标在超卖区盘旋。在低位出现钝化状态，通常预示着股价将止跌回升，可以逢低买入。谁知该股股价并未摆脱弱势格局，继续创出调整新低，使介入者遭受套牢之苦。

技术解盘：该股虽然 RSI 指标出现低位钝化，但股价并没有发出买入信号，即使偶尔有上冲动作，那几乎都是主力导演的骗线把戏。从走势图中可以看出，在反弹回升时，

RSI 指标没有接近 50 强弱分界线，说明股价反弹力量有限。成交量始终处于低迷状态，表明主力无意做多，散户跟风意愿不强，也说明一个弱势信号还没有终结，预示后市还有一段调整走势。均线系统呈现空头排列，30 日均线仍然向下运行，均线系统对多头十分不利，弱势市场难以从根本上扭转。RSI 指标虽然在超卖区长时间徘徊，但并不代表股价就会止跌回升。

图 2-24　浙能电力（600023）日 K 线图

3. 破解方法

在一轮较大级别的行情中，RSI 指标经常出现高位钝化或低位钝化的现象，令投资者一时迷失方向，因此要有一套识别真假信号的基本方法。

（1）在实际操作中，有时行情变化过于迅速，RSI 指标会很快超出常态范围，这时 RSI 指标的超买或超卖往往就失去了作为出入市警告信号的作用。比如，在牛市初期，RSI 往往会很快进入 80 线以上强势区域，并在此区域停留相当长一段时间，但这并不表示上升行情将要结束。恰恰相反，它是一种强势的表现。只有在牛市末期或熊市当中，超买才是比较可靠的市场信号。基于这个原因，一般不宜在 RSI 指标进入非常态区域就采取买卖行动，最好等 RSI 指标进入超买超卖区，然后又回到正常区域时，在价格方面的确认下，才能采取实际的行动。

（2）钝化是黑马或熊股的典型特征。RSI 指标在高位钝化时，很少会回落到 80 线以下，即使偶尔回落，也会很快回到 80 线之上。当 RSI 指标成功有效回落到 80 线以下时，短期股价大幅快速飙升行情也就告结束。短线可以在 RSI 指标破 80 线时卖出等待，当 RSI 指标下破 80 线后到达 50 线时，如果股价企稳再回升，预示后市还有一段升势行情；如果在 50 线得不到支撑，预示一个强势信号终结或一个弱势信号生成，市场将陷入弱势格局。

同样，RSI 指标在低位钝化时，很少会回升到 20 线以上，即使偶尔回升到 20 线之上也会很快回落。当 RSI 指标成功有效地回升到 20 线以上时，预示短期股价大跌行情即将结束。短线可以在 20 线附近买入，当 RSI 指标成功突破 50 线时，预示一个弱势信号终结或一个强势信号生成。如果 RSI 指标在 50 线受阻回落，表明反弹夭折，后市还有一段下跌行情。

（3）在大涨大跌时，RSI 指标容易产生钝化，使投资者过早买入或卖出，造成被套或少赚的风险。因此，当日线 RSI 指标产生钝化盲区时，可以通过观察分时和周线 RSI 指标曲线的走势情况。如通过 30 分钟、60 分钟 RSI 指标观察短期波动趋势，通过周线 RSI 指标研判中长线波动趋势，可以进一步化解盲区的判断，这一点与 KDJ、W%R 等技术指标的盲区钝化破解原理是一致的。

（4）RSI 指标出现钝化后，应结合 MACD、BOLL、CCI、TRIX 等中长线指标进行综合研判，相互验证。

（六）突破陷阱

股价在一个模式（一条趋势线、一个技术形态或浪形等）中运行一段时间后，多空力量将会发生改变，出现向上或向下突破并产生一定幅度的市场走势。通常来说，股价突破后会脱离原来的运行通道，改变（原来下跌的转为上升或原来上升的转为下跌）原来的运行方向或加速（脱离原通道而加速下跌或加速上涨）运行。因此，在股价突破初期，要做好买卖决策，以获得较大收益或减少市场风险。但是，在实盘操作中也经常出现不少虚假信号，投资者容易判断失误。

1. 向上突破陷阱

股价振荡整理过程中，RSI 指标有时会形成压制股价上涨的一条阻力线或一个技术形态，一旦股价向上突破这些技术位置，预示有一段涨升行情产生，因此是一个较好的买入信号。可是，股价向上突破后，并没有出现持续的大幅上涨行情，仅小幅上涨后就出现下跌走势，使之成为虚假的向上突破信号。

如图 2-25 所示，聚辰股份（688123）的股价反弹结束后一路向下走低。2020 年 8 月—11 月的走势中，RSI 指标多次向上而未能走强。将多个相近的高点连接成一条直线，RSI 指标就会形成一条水平趋势线。这条趋势线与 K 线的趋势线具有相同的技术意义，起到支撑和压力作用。当 RSI 指标向上突破这条趋势线时，预示股价将转跌为升，因而构成买入信号。可是，11 月 3 日，RSI 指标向上突破水平趋势线后，股价并未因此立即转强，经过短暂的整理后继续向下盘跌，由此 RSI 指标向上突破为虚假信号。

技术解盘：从该股走势图中可以看出，虽然 RSI 指标出现向上突破形态，但市场仍然处于弱势之中，盘面阴气沉沉。均线系统继续呈空头排列，30 日均线不断压制股价走低，成交量大幅萎缩，缺乏积极的做多气氛。RSI 指标本身也缺乏强势信号，虽然指标线穿过下降趋势线，但仍然在 50 强弱分界线之下运行，表明市场还十分脆弱，不具备做多条件。

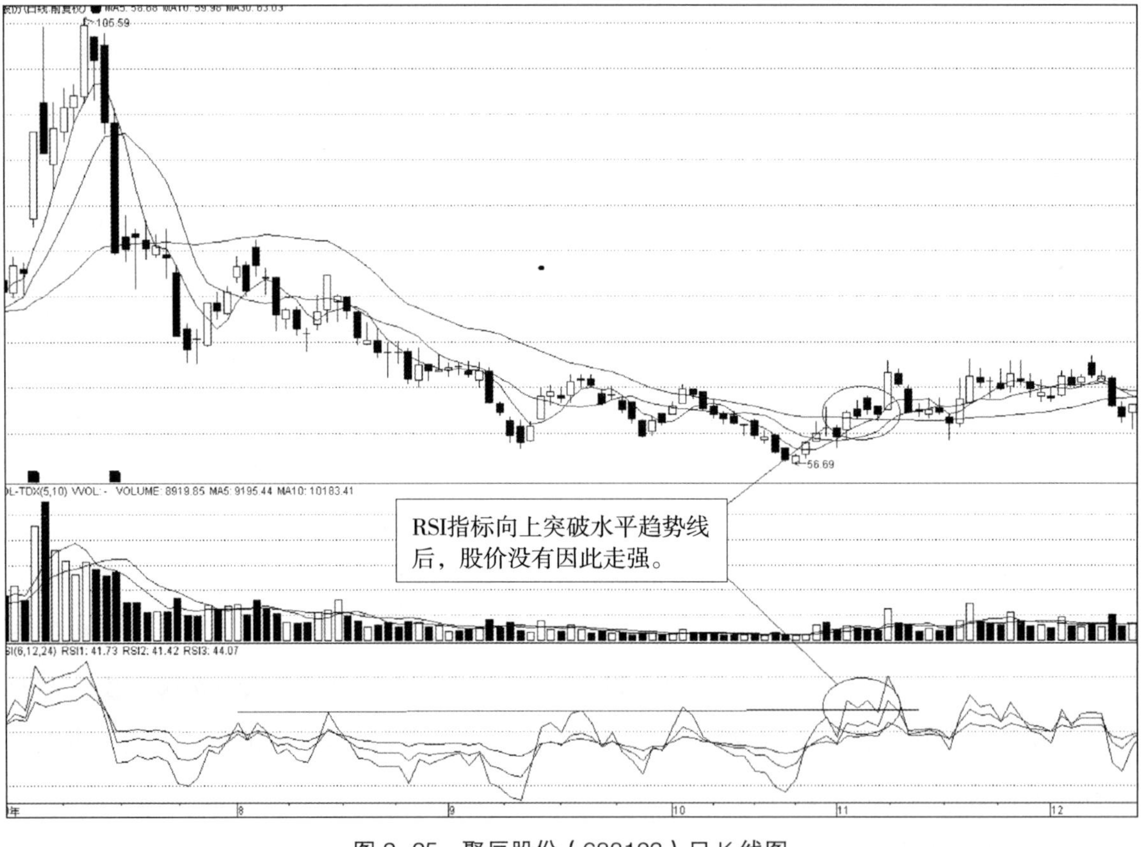

图 2-25　聚辰股份（688123）日 K 线图

2. 虚假向下突破

股价在振荡整理过程中，RSI 指标有时会形成阻止股价下跌的一条支撑线或一个技术形态，一旦股价向下突破这些技术位置，预示将有一段下跌行情产生，因此是一个较好的卖出信号。然而，股价向下突破后，并没有出现持续的大幅下跌行情，仅小幅下跌后就出现上升走势，同样成为突破陷阱。

如图 2-26 所示，华阳股份（600348）在 2021 年 2 月成功见底后，股价稳步向上走高，然后出现洗盘调整走势。同期的 RSI 指标也随着股价的企稳回升而上行，低点一个比一个高。将多个依次上移的低点连接成一条直线，RSI 指标就会形成一条上升趋势线。一般而言，当 RSI 指标向下突破这条趋势线时，预示股价涨势接近尾声，因而构成卖出信号。可是，在 2021 年 5 月中旬，RSI 指标向下击穿了这条趋势线后，股价并未因此出现大幅下跌走势，经过短暂的调整后，股价企稳并出现一波快速上涨行情，由此 RSI 指标向下突破为虚假信号。

技术解盘：从该股走势图中可以看出，虽然 RSI 指标出现向下突破形态，但市场仍然处于强势之中，30 日均线依然缓缓上行，支撑股价继续走高。在调整过程中，成交量明显萎缩，显示主动性抛盘很小，盘中筹码依然被主力掌握。从 RSI 指标位置分析，指标信号也没有完全转弱，指标线向下穿过上升趋势线后，仍然围绕 50 强弱分界线上下运行，表明市场还处于强势之中，后市仍然有上攻动力。

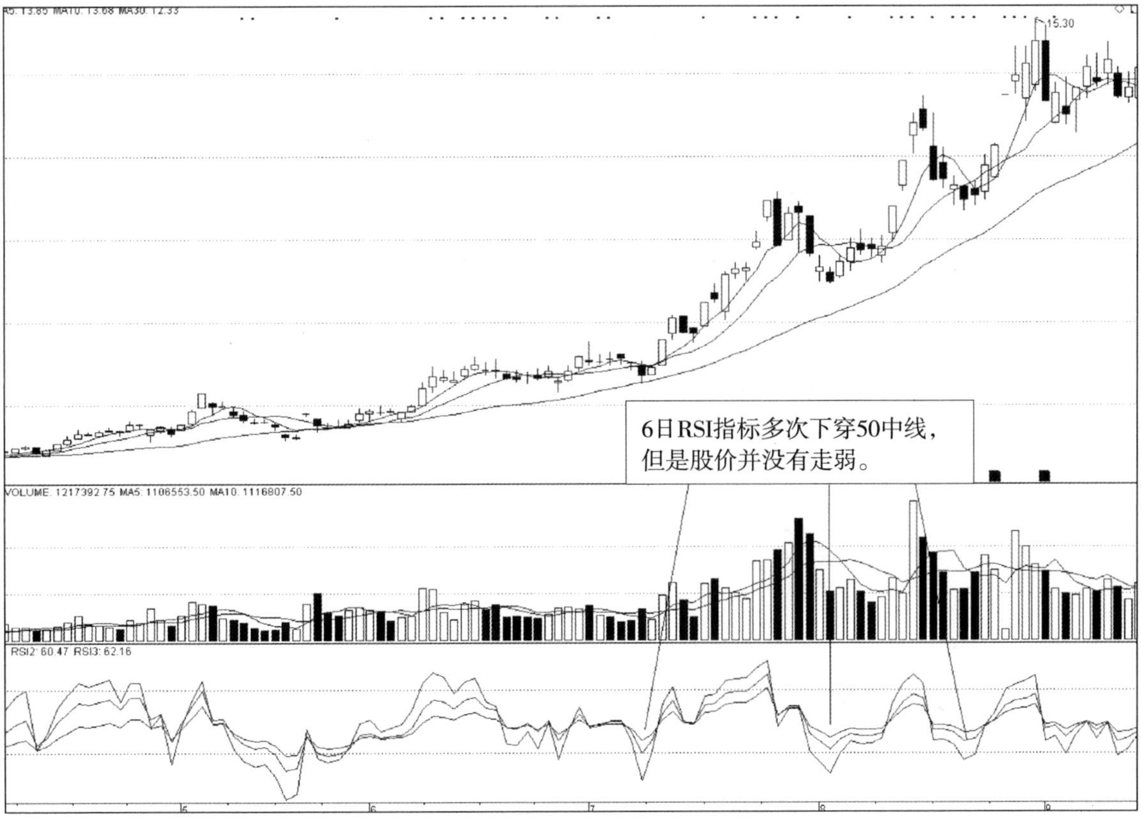

图 2-26 华阳股份（600348）日 K 线图

3. 技术辨别方法

（1）突破时股价所处的位置或阶段。如果股价处于底部吸货区域、中途整理区域、主力成本区域附近，向上突破为真突破的概率较大，向下突破为假突破的概率较大。如果处于高位派发区域、远离主力成本区域，向上突破为假突破的概率较大，向下突破为真突破的概率较大。

（2）对主力选择的突破时机需要仔细研究。市道较好、价位又不高的时候没有疑问，如果市道不好，就需要结合主力成本、股价位置、主力类型及其控盘特点进行分析，在大市较好的时候，前期走势不逆势的，在市道不好的时候突然逆势突破，要提防主力出货。

（3）观察成交量变化。通常在股价真正向上突破时，会得到成交量的积极配合。若量价失衡（成交量巨大突破后回落、突破后放量不涨或突破时成交量过小），则可信度差，需提防主力制造假突破信号。股价在向下突破时，则不需要成交量放大，但是据多年实盘经验，无量下跌多数是空头陷阱，后市将会反转向上。

（4）有效突破一般都建立在充分蓄势整理的基础上。一是常见的各类形态整理，如三角形整理、楔形整理、旗形整理、箱体整理等；二是主力吸完货以后，以拖延较长时间作为洗盘手段，或者因等待题材或拉升时机，长期任凭股价回落下跌，股价走出了比形态整理时间更长、范围更大的整理。股价一旦突破此种整理盘面，则往往是有效突破。

（5）股价突破必须有气势和力度，走势干脆利落，不拖泥带水。突破后能延续走势。既然是突破，就不应该磨磨蹭蹭。如果在突破位置附近徘徊或放量不涨，就有假信号的嫌疑。

（6）突破要成功跨越或脱离某一个有意义的位置，比如一个整数点位、一个整理形态、一条趋势线、一个成交密集区域或某一个时间之窗等，否则判断意义不大。

第三章

随机指标（KDJ）

一、KDJ 指标精要

随机指标（Stochastic Indicator，简称 KDJ），是从威廉指标中发展过来的一项短线技术指标，通过计算一定时间内价格的最高价、最低价以及收市价之间的真实波幅，反映价格走势的强弱和超买超卖动态。它的最大特点就是综合了三大技术指标的分析方法，即摄取了动量指标、相对强弱指标和移动平均线的优点，从而形成了非常有效的短线买卖信号。在实盘操作中，KDJ 应用非常广泛，尤其是可作为投资者进行短线投机操作的重要利器之一。

KDJ 的计算方法分 4 步进行：第一步计算出未成熟的随机值（RSV），第二步计算出 K 值，接下来计算出 D 值，最后计算出 J 值。其推导过程十分繁琐，我们可以将其忽略。

KDJ 指标就其变化速度而言，J 线最快，K 线次之，D 线最慢。因此，可将 K 值视作快线，将 D 值视作慢线，而将 J 值理解为乖离线更好。就其对行情判断的准确性而言，D 线最准，K 线次之，J 线最差。因此，对 J 线可以不必多加研究，仅作参考就可以了，现在有的软件中将 J 线与 KD 值合并一起标于图表之中。

KDJ 指标的数值在 0～100 之间波动，而 J 值是 K 值与 D 值之间的乖离程度，较之 K、D 两线更为敏感，可领先 K 值和 D 值而到达顶部、底部，其数值也可大于 100 或小于 0。

KDJ 指标的分布规律：因其取值介于 0～100 之间，在图形上每隔 20 划分一条界线。当 KDJ 处于 80～100 为超强势区（又称超买区，表明买气相当强盛）；60～80 为强势（整理）区；40～60 为整理区（其中 50～60 为整理偏强区，40～50 为整理偏弱区）；20～40 为弱势（整理）区；0～20 为超弱势区（又称超卖区，表明卖压相当沉重）。

KDJ 指标中的 K 值和 D 值是指标中两个相互关联的参数，在应用中不能独立作用，即不能单以 K 值的大小或以 D 值的大小来判断行情，而应参考双方所处的状态和数据分布情况来进行研判。

二、KDJ 指标特性

（1）交叉信号。K 线在低位由下向上与 D 线形成金叉时，即 K 值由小于 D 值变成大于 D 值，为买入信号。相反，K 线在高位由上向下与 D 线形成死叉时，即 K 值由大于 D 值变成小于 D 值，为卖出信号。一般而言，KDJ 在高位连续出现两次向下死叉，跌势确立；KDJ 在低位连续出现两次向上金叉，涨势确立。

（2）盘整信号。KDJ 的指标值在 40～60 之间徘徊时，交叉信号频繁出现，方向不明，无实际指导意义，可以判定为盘整行情。此时投资者以观望为主，不参与买卖行为。

（3）超卖超买。K 值在 10 以下、D 值在 20 以下、J 值处在 0 时，属于超卖状态，可以买入。K 值在 90 以上、D 值在 80 以上、J 值达到 100 时，属于超买状态，可以卖出。

（4）钝化信号。由于 KDJ 的数值永远恒定于 0～100 的区间波动，所以有可能产生一种特殊的现象：钝化。也就是说，K、D 的数值已经到顶而无法超越 100（或已经躺底而无法低于 0），而此时行情价位仍在激烈地变化着，这必然会给用随机指标来判别行情带来盲区，这也是在应用该指标时应引起重视的问题。这种现象多发生在超强势个股或超弱势个股里，投资者应谨慎操作，防止过早买入或卖出，造成不必要的损失，此时应借助其他技术指标加以研判。

（5）背离信号。钝化是背离的征兆。KDJ 的走势与股价走势不协调时，就会产生背离状态，背离分为顶背离和底背离。当股价节节拔高，屡创近期新高时，KDJ 指标不但没有创出新高，反而连连下挫，就形成了顶背离。相反，当股价步步走低，屡创近期新低时，KDJ 指标不但没有创出新低，反而越走越高，就形成了底背离。KDJ 产生背离时，一般为转势信号，表明短中期走势有可能见顶或见底。此时是相当准确的买卖信号，应做出正确的决策，底背离为买入信号，顶背离为卖出信号。

（6）当 KDJ 指标倾斜度趋于平稳时，是重要的警告信号，应提防随时可能发生的反转走势。向下倾斜的指标线，产生有效金叉为买入信号；向上倾斜的指标线，出现有效死叉为卖出信号。

三、KDJ 实盘经典

根据 KDJ 指标的技术特性，实盘操作中应重点掌握以下 3 个方面。

（1）掌握 KDJ 指标从一个交叉到另一个交叉的时间跨度，即一个完整信号的形成与终结。

（2）关注 KDJ 指标的交叉、钝化、背离、超买超卖信号。

（3）了解 KDJ 指标的特种形态或信号。

（一）交叉信号

1. 死叉信号

日线 KDJ 指标形成死叉，预示着股价短期内将出现下跌行情。行情运行产生死叉的下跌过程，与死叉时日线 KDJ 值所处的位置基本无关，因此日线 KDJ 的死叉是短线卖出的重要信号之一。通常来说，日线 KDJ 在相对高值区间（如 80～100 区域或 60～80 区域）死叉，较之在相对低值区间（如 20～40 区域或 0～20 区域）死叉，在投资者心理上更具有杀伤力，但在实盘操作中，高位死叉与低位死叉并无本质的区别。

或者，股价经过较长时间的上涨后，KDJ 指标徘徊在超买区域。当日线 J 线在高位钝化不久，然后快速死叉 K 线、D 线，而 K 线与 D 线也在高位发生死叉（80 以上死叉是投资者认可的"危险区"），表明短线有走弱迹象。此时，如果移动平均线支持做空，是较好的卖出机会。

如图 3-1 所示，跃岭股份（002725）的主力在低位吸纳了大量的低价筹码后，2021 年 12 月 6 日发力向上突破，产生 7 连板行情，短期股价涨幅巨大，盘中堆积了大量的获利筹码。在获利盘的抛压下，股价在高位出现振荡，KDJ 指标到达 80 以上后调头下行。12 月 21 日，KDJ 指标在 80 线上方形成死叉，表明上涨行情已经结束，此时为一个卖出信号。随后股价出现较长时间的下跌调整走势。

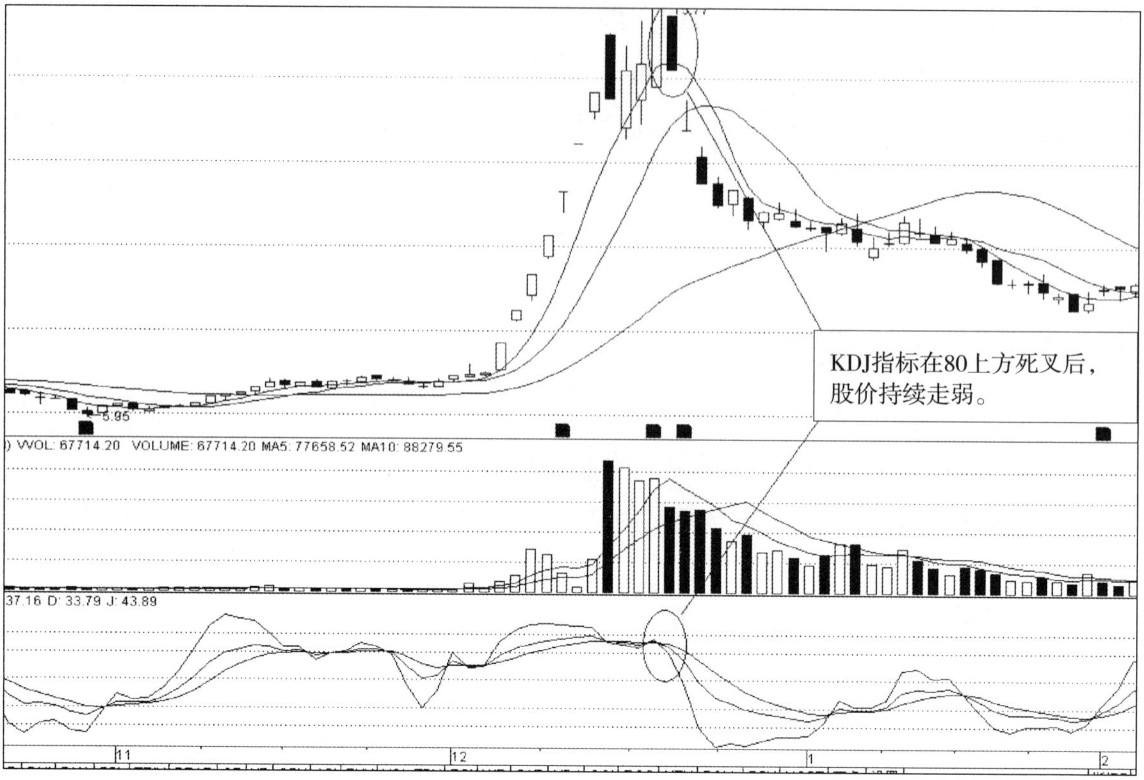

图 3-1 跃岭股份（002725）日 K 线图

2. 金叉信号

日线 KDJ 指标形成金叉，预示着短期内将有上升行情（至于上升力度大小，并不是 KDJ 值所能表明的）。行情运行产生金叉的上升过程，与金叉时日线 KDJ 值所处的位置基本无关，因此日线 KDJ 金叉是短线买入的重要信号之一。虽然通常日线 KDJ 在相对低值区间（如 0～20 区域或 20～40 区域）金叉，较之在相对高值区间（如 60～80 区域或 80～100 区域）金叉，对投资者具有更大的吸引力，但在实盘操作中的短线出击时机上，高位金叉与低位金叉并无本质的区别。

或者，股价经过较长时间的调整后，KDJ 指标徘徊在超卖区域。当日线 J 线躺底后不久，快速金叉 K 线、D 线，K 线与 D 线在低位又发生金叉（20 以下金叉是投资者认可的“安全区”），成交量持续放大，表明短线有走强迹象。此时，如果移动平均线支持做多，那就是较好的买入机会。

如图 3-2 所示，美盛文化（002699）的股价洗盘回落时，KDJ 指标下行到 20 线以下。随着洗盘整理结束，2021 年 12 月 8 日，KDJ 指标在 20 线以下向上金叉，同日股价突破 30 日均线压制，表明短线股价已经见底，将呈现走强迹象，这是一个较好的中短线买入信号。果然，该股随后展开一波有力的拉升行情，9 天 7 个涨停，短线涨幅很大。

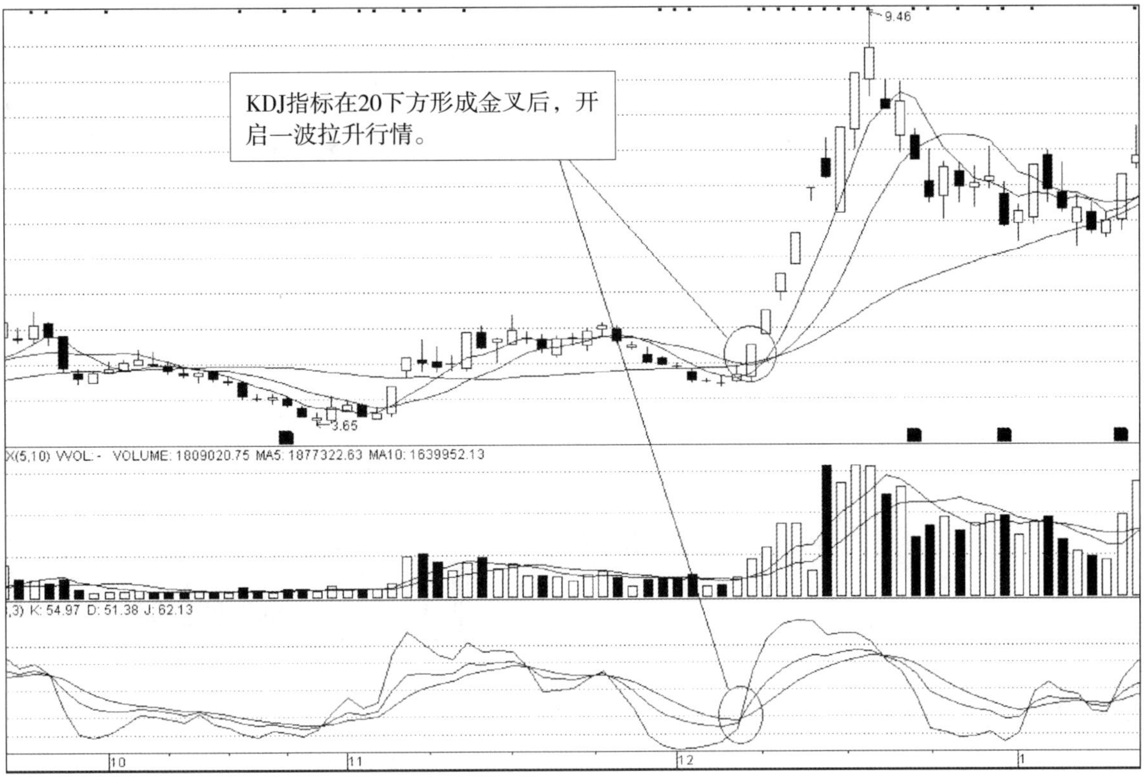

图 3-2 美盛文化（002699）日 K 线图

（二）拒绝交叉信号

1. 拒绝金叉

KDJ 从顶部死叉向下，股价下跌幅度不大，J 线和 K 线很快下行并进入超卖区。由于主力继续维持高位振荡出货，又将股价拉起，K 线、J 线回升至 D 线附近，即将与 D 线形成金叉时却拒绝金叉，或者金叉后快速下行，K 线、J 线反转向下，此为卖出信号。在一轮跌势行情中，这种现象会多次出现（尤其是在盘跌行情中更为明显），每次出现该信号时，都是减仓的时机。

如图 3-3 所示，陕西金叶（000812）经过一轮快速拉高后，股价见顶回落，KDJ 指标从强势区快速下滑到弱势区，说明盘面已经进入弱势调整。2022 年 1 月 6 日，股价放量涨停，此时 J 线、K 线拐头上行，即将与 D 线形成金叉，可是股价并没有延续上涨势头，第二天低开低走跌停，K 线形成孕育阴线，KDJ 指标拒绝金叉，预示股价还将以调整为主，因此是一个卖出信号。

2. 拒绝死叉

KDJ 指标从底部金叉向上，股价呈小幅上涨，J 线和 K 线很快上冲并进入超买区。由

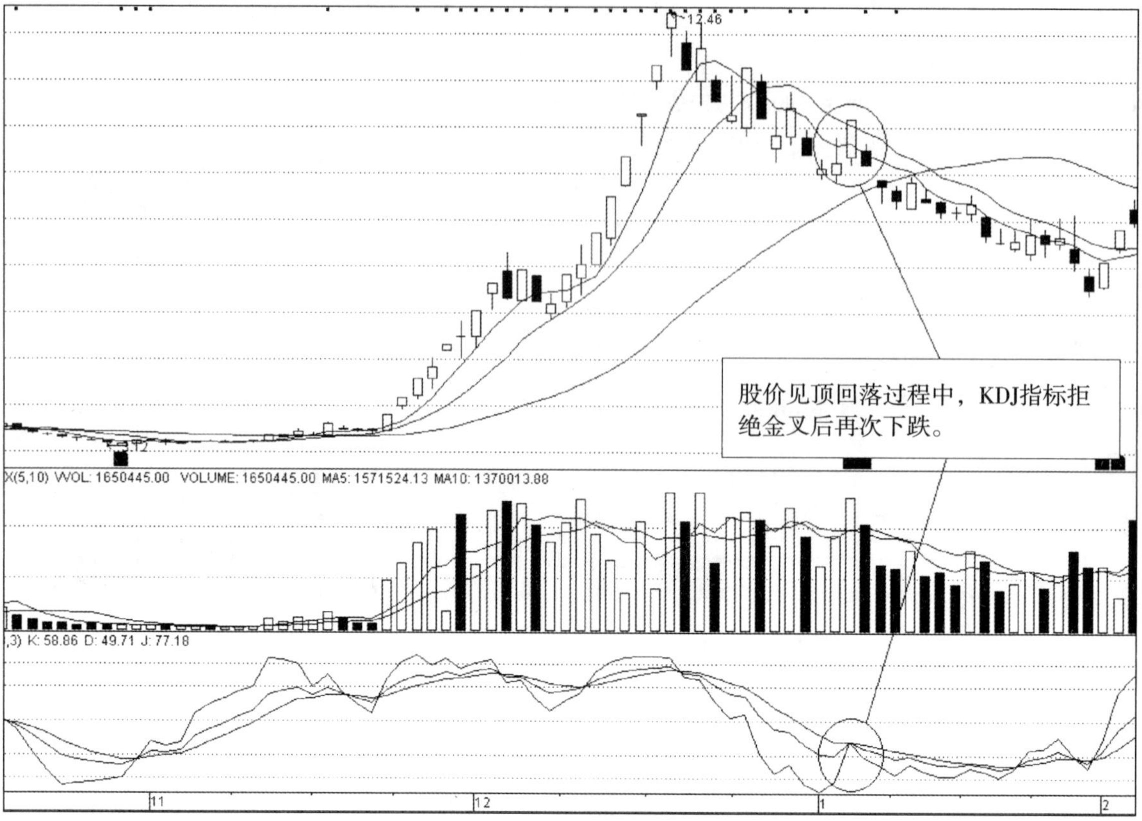

图 3-3 陕西金叶（000812）日 K 线图

于主力打压洗盘，K 线、J 线回调至 D 线附近（D 线基本维持原来的向上趋势更佳），即将与 D 线形成死叉时却拒绝死叉，或者死叉后快速拉起，K 线、J 线反转向上（这种现象发生与所处的位置基本无关），此为买入信号。在一轮牛市行情中，这种现象会多次发生（尤其是在盘升行情中更为明显），每次发生都是较好的短线买入时机。

如图 3-4 所示，罗曼股份（605289）的股价见底后出现快速拉升行情，然后回落洗盘整理。洗盘结束后在 2021 年 12 月 10 日再次拉起，此时 KDJ 指标在 20 线附近形成金叉。股价连拉 3 个涨停后，主力再次展开洗盘整理，此时 J 线、K 线回落到 D 线附近即将构成死叉时，J 线、K 线反转向上，D 线始终保持上升趋势，KDJ 指标拒绝死叉，这是一个极好的进场机会，短线股价再拉 3 个涨停。

（三）回抽信号

1. 洗盘信号

股价从低位启动，出现小幅上涨，KDJ 指标从底部金叉向上，快速进入强势区。由于主力开始洗盘整理，J 线、K 线快速回调跌破 D 线，形成死叉，D 线仍然基本维持原来的

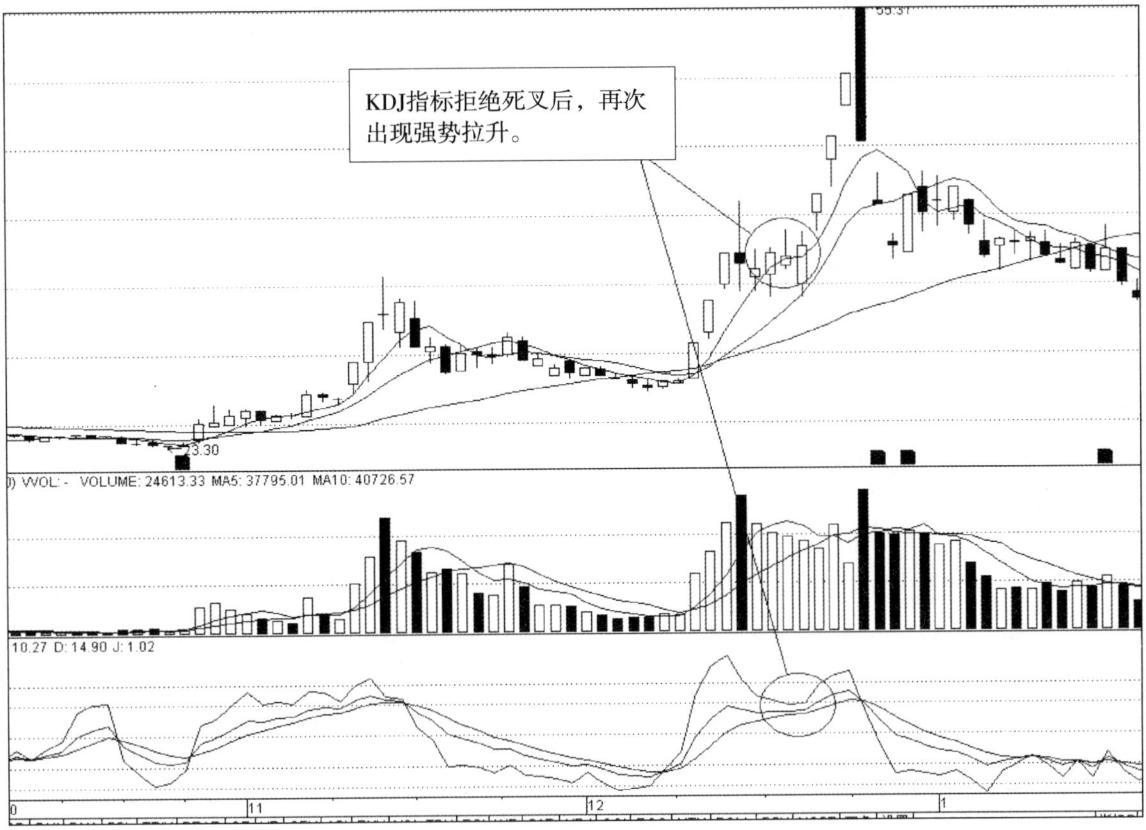

图 3-4 罗曼股份（605289）日 K 线图

向上趋势或平走。但在 3～5 个交易日内，J 线、K 线再次快速金叉 D 线（第二次金叉），D 线持续上行，在图形上形成一个“黄金坑”，这也是很好的买入点。在实盘操作中，第二次金叉介入的意义比第一次金叉更大，更具有上涨空间。通常来说，牛股在启动之前，大多会出现这种图形，投资者可在实盘中加以验证。

如图 3-5 所示，龙洲股份（002682）在行情启动之前，KDJ 指标先后两次出现洗盘“黄金坑”形态，都是较好的短线买点。股价成功见底后向上运行，均线系统呈现多头排列，KDJ 指标快速到达强势区，随后主力展开洗盘换手。虽然此时股价波动幅度不大，但 KDJ 指标已快速形成死叉。J 线、K 线在 D 线之下短暂停留后，再次快速金叉 D 线，形成“黄金坑”形态，构成良好的买入点。此后，该股在 2021 年 12 月 13 日向上突破，10 天拉出 9 个涨停。

2. 反弹信号

股价见顶后出现小幅下跌，KDJ 指标在高位向下死叉后，快速进入弱势区。由于主力没有顺利出货，再次发动反弹行情，此时 J 线、K 线快速回升穿越 D 线，形成金叉，D 线仍然维持原来的向下趋势或平走。但在 3～5 个交易日内，J 线、K 线再次快速死叉 D 线（第

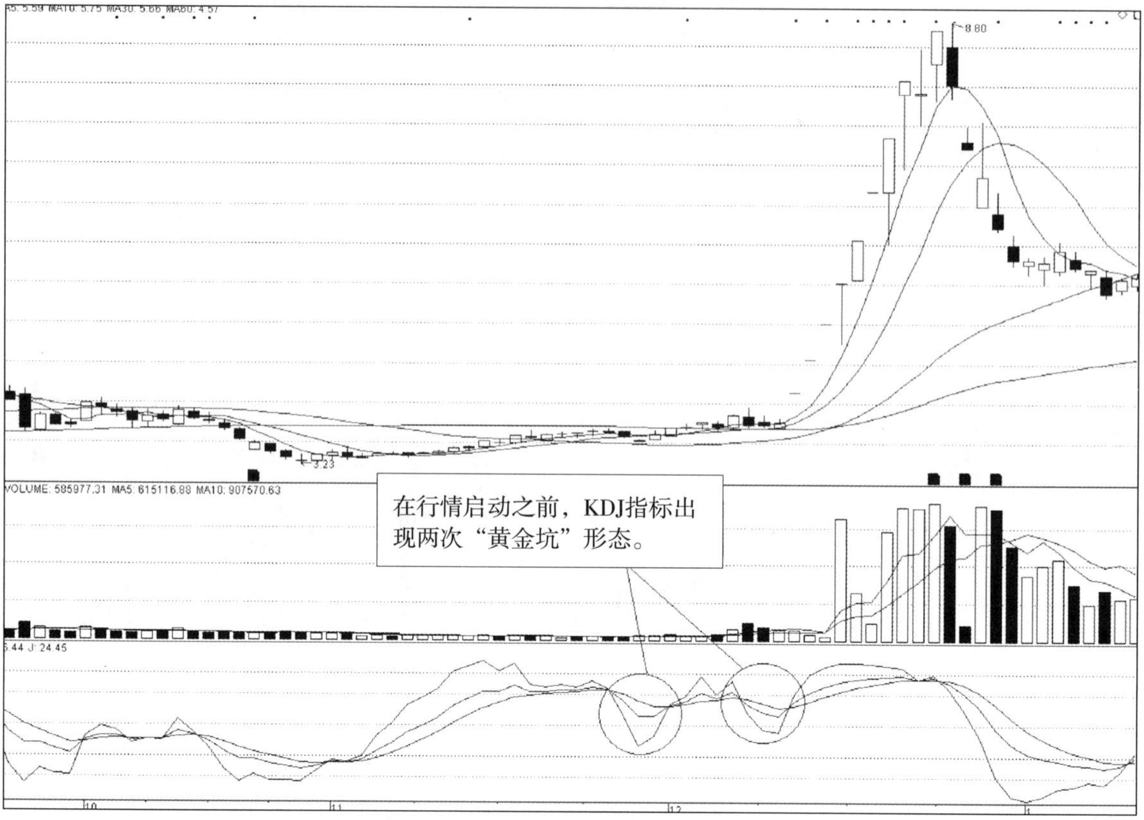

图 3–5　龙洲股份（002682）日 K 线图

二次死叉），D 线持续下行，在图形上形成一个与“黄金坑”相反的形态，这是一个很好的卖出点。在实盘操作中，第二次死叉卖出的意义比第一次死叉更大，更具有杀伤性。通常来说，在持续阴跌的个股走势中，大多会有这种图形。

如图 3–6 所示，蓝科高新（601798）的股价见顶后呈倒 V 形下行，短期均线系统空头排列，同期的 KDJ 指标下降到弱势区徘徊。2022 年 1 月 5 日，股价放量涨停，次日冲高振荡，J 线、K 线与 D 线形成金叉。但此后股价并没有出现持续上升走势，第三天 KDJ 指标形成死叉形态，表明短期超跌反弹结束，股价仍将进一步调整，因此是一个卖出信号。

（四）形态信号

股价经过一轮小幅上涨后，出现洗盘调整，KDJ 指标死叉向下（J 线、K 线在 D 线之下）。而后股价在相对底部企稳，J 线、K 线上冲 D 线但未过回落（未过次数越多，后市机会越大），或冲过 D 线后快速回落。经过短暂的整理后，J 线、K 线再次上冲 D 线，成功突破后形成金叉信号。此时 J 线或 K 线形成 W 底形态，成交量持续放大，从而构成买入信号。这种现象表明多方在底部积累了大量的上攻能量，一旦多方占据盘面优势，便会产生一波较大的上涨行情。

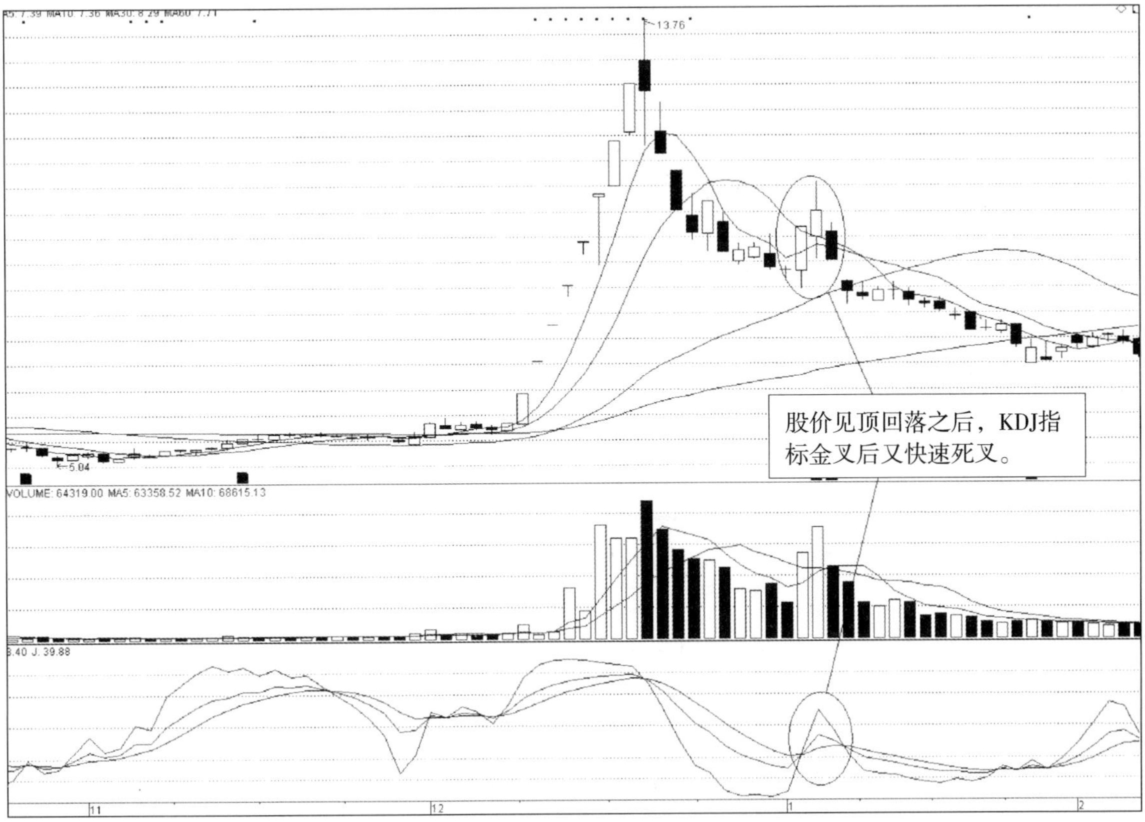

图 3-6　蓝科高新（601798）日 K 线图

如图 3-7 所示，太阳电缆（002300）的股价经过长期下跌后在底部企稳回升，因主力压箱顶洗盘调整，导致 KDJ 指标死叉向下。当 J 线、K 线到了 20 线左右时，股价调整初步到位，并向上冲过 D 线后快速回落。经过短暂的调整后，J 线、K 线再次向上冲过 D 线，从而形成金叉信号，同时构成 W 底形态，这是一个短线买入信号。

（五）背离信号

1. 底背离信号

股价不断向下运行，连连创出近期新的低点，而同期 KDJ 指标不但没有出现同步下行走势，反而呈逐波走高态势，KDJ 指标与股价产生底背离现象（这种信号应以 D 线作为主要研判依据），表明股价的下跌具有非理性因素或主力刻意打压所为，短期即将产生反弹行情，为买入信号。底背离所处的位置越低，形成的时间越往后，其信号越可靠。如果出现在股价大幅下跌后的低位区域，那么其信号的准确性较高。

如图 3-8 所示，春兰股份（600854）在 2021 年 9 月—11 月的走势中，股价反弹结束后持续阴跌，不断创出调整新低，而同期的 KDJ 指标出现逐波走高的态势，股价

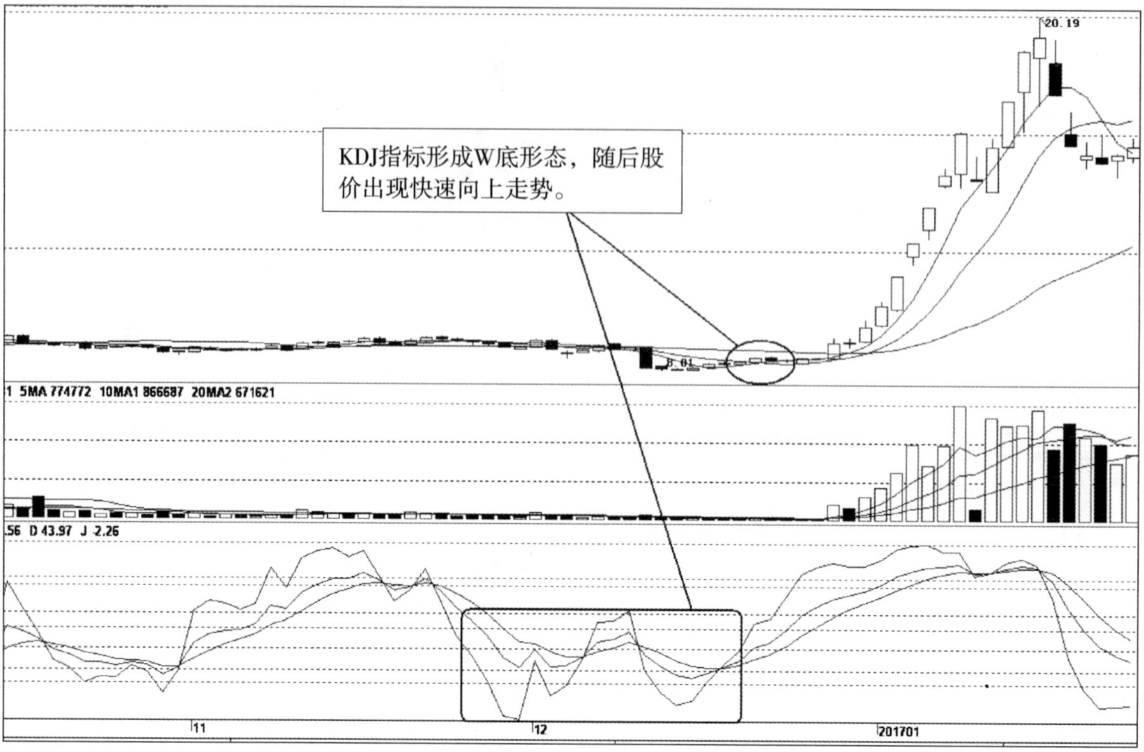

图 3-7 太阳电缆（002300）日 K 线图

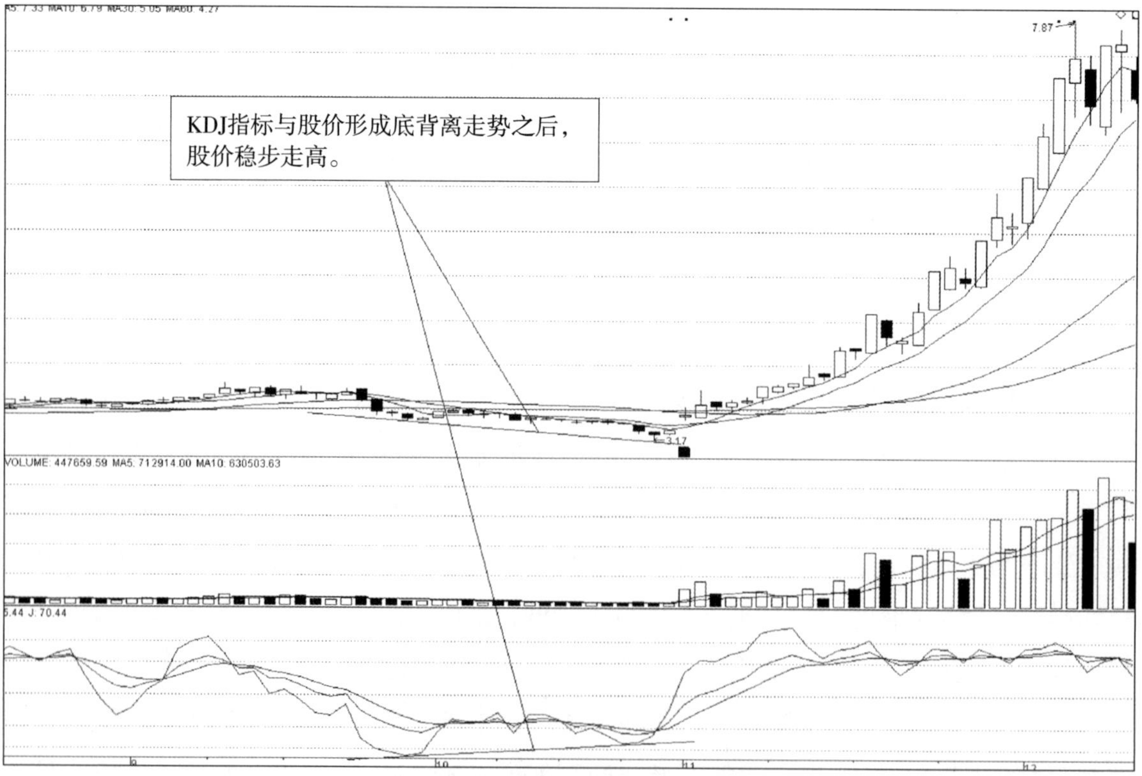

图 3-8 春兰股份（600854）日 K 线图

与 KDJ 指标形成底背离走势，说明股价短期出现超卖，有反弹要求，因此是一个较好的买入时机。之后股价企稳，展开一波强势上涨行情。

2. 顶背离信号

股价不断地向上走高，屡屡创出近期新的高点，而同期 KDJ 指标不但没有出现同步上行走势，反而呈逐波走低态势，KDJ 指标与股价产生顶背离现象（以 D 线作为主要研判依据更好），表明股价的上涨为虚张声势，或者是主力刻意拉抬出货所为，股价中短期即将见顶下跌，是比较强烈的卖出信号。顶背离所处的位置越高，形成的时间越往后，其信号越可靠。如果出现在股价大幅上涨后的高位区域，那么其信号的准确性更高。在实盘操作过程中，顶背离信号比底背离信号的可靠性要高，通常在高位出现一次顶背离信号，即可以成为确认信号，低位出现的底背离信号往往需要几次确认才算可靠。

如图 3–9 所示，御银股份（002177）在 2021 年 3 月—5 月的走势中，股价逐波走高，不断创出近期新的高点，而同期的 KDJ 线（以 D 线为依据）逐波回落，两者产生顶背离形态。顶背离信号所处的位置越高，形成的时间越往后，其信号越可靠。一旦股价向下突破，就构成明显的卖出信号，此后股价见顶后一路下行，调整时间较长。

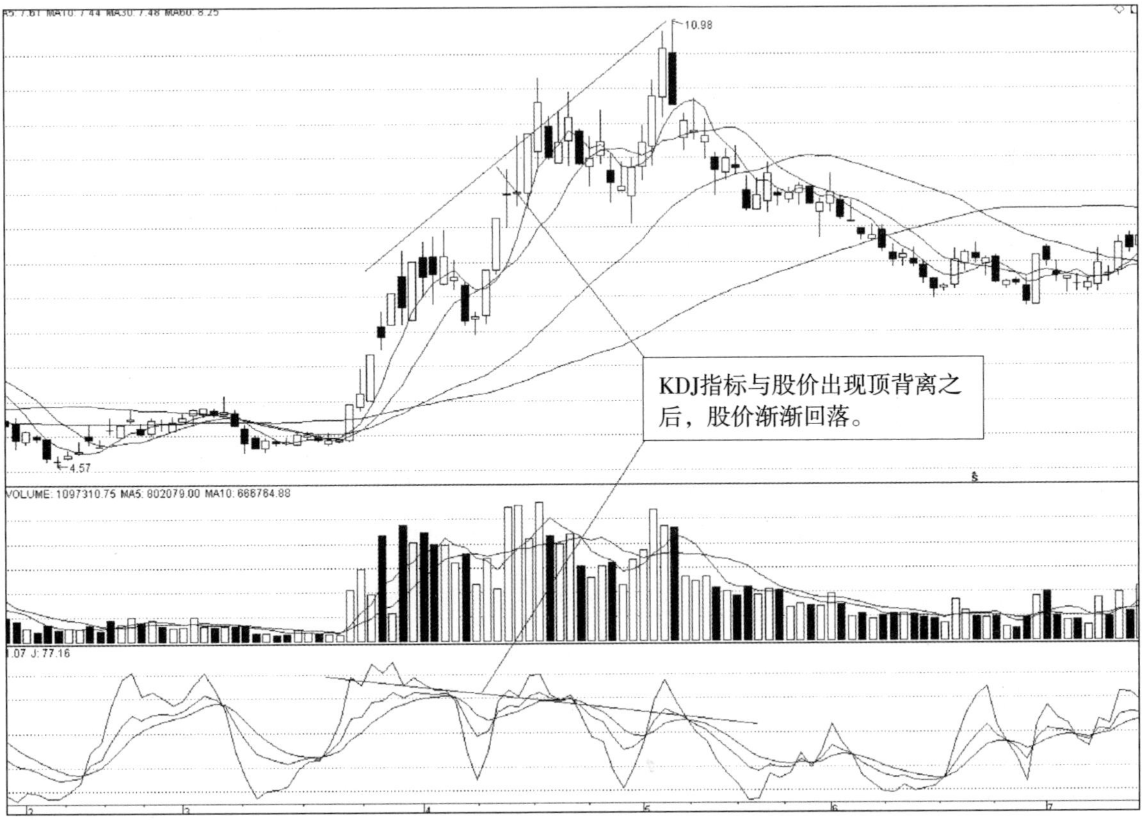

图 3–9　御银股份（002177）日 K 线图

四、KDJ 常见陷阱

KDJ 指标是从威廉指标中发展过来的，是反映价格走势强弱和超买超卖动态的一种技术指标，也是短线投机操作的重要利器之一。但是，正因为 KDJ 是短线技术指标，反应比较灵敏，所以买卖信号频繁出现，虚假信号时常发生。常见的陷阱有交叉陷阱、位置陷阱、钝化陷阱、背离陷阱、形态陷阱等。如何克服这些缺陷，是每个投资者都关注的。

（一）交叉陷阱

在 KDJ 指标中，J 线变化最快，K 线次之，D 线最慢。就其判断行情效果而言，D 线最准，K 线次之，J 线最差，因此有时可以对 J 线忽略不计。J 线、K 线在低位由下向上与 D 线形成金叉，为买入信号；J 线、K 线在高位由上向下与 D 线形成死叉，为卖出信号。或者，KDJ 指标在低位连续出现两次金叉，涨势确立；KDJ 指标在高位连续出现两次死叉，跌势确立。但在实盘操作中，KDJ 指标的虚假信号层出不穷，即股价金叉后不涨反跌，股价死叉后不跌反涨。大量的虚假信号是市场自然形成的，关键原因与 KDJ 指标的缺陷有关，部分虚假信号是主力设置的陷阱。

1. 金叉陷阱

按照 KDJ 指标的一般特征，当 J 线、K 线在低位由下向上与 D 线形成金叉时（通常来说，日线 KDJ 指标在相对的低值区间 0～20 区域或 20～40 区域金叉，较之在相对的高值区间 80～100 区域或 60～80 区域金叉，在投资者心理安全度上有更大的吸引力），即 J 值、K 值由小于 D 值变成大于 D 值，为买入信号。如果 KDJ 指标在低位连续出现两次金叉，那么涨势确立。但在实盘中，这种信号的虚假现象时常出现，这就是人们常说的“买入股票就跌”的现象。因此，投资者必须具有识别这种信号真假的能力，盲目抄底并不可取。

如图 3–10 所示，赛伍技术（603212）经过一段时间的盘升行情后见顶回落，KDJ 指标滑落到低位。2021 年 1 月 22 日，J 线、K 线向上与 D 线形成金叉，之后再次回落，股价再创新低。不久，股价再度上攻，KDJ 指标又一次在 20 线左右形成金叉。通常 KDJ 指标在低位连续出现两次金叉，则涨势确立。然而，该股股价并没有走出持续性上涨行情，稍微上冲后就转为阴跌走势，之后股价渐行渐弱，从而成为虚假金叉信号。

技术解盘：从该股走势图中可以看出，KDJ 指标在底部金叉后，DIF 线和 MACD 线均在负值区域运行，并且没有出现交叉、即将交叉或走平转强迹象，股价的上涨属于反弹性质，不可盲目追高。股价上涨过程中，成交量没有明显放量，表明场外跟风盘稀少，虚张声势的可能性较大。这时均线系统呈空头排列，30 日均线不断下压，不能形成有效突破。另外，股价反弹时受盘区严重压制，无法形成突破走势。

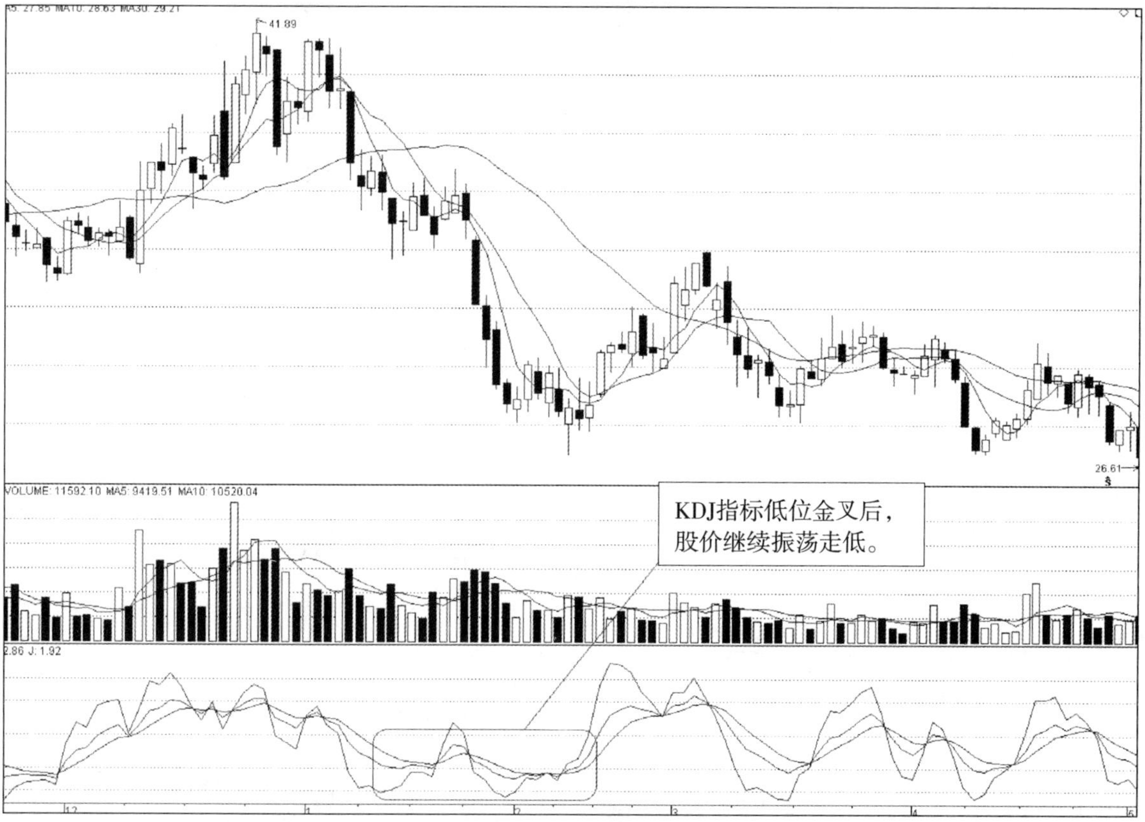

图 3-10　赛伍技术（603212）日 K 线图

2. 死叉陷阱

KDJ 指标在高位，J 线、K 线由上向下与 D 线形成死叉时（通常来说，日线 KDJ 指标在相对高值区间 80～100 区域或 60～80 区域死叉，较之要在相对低值区间 0～20 区域或 20～40 区域死叉，在投资者可信度上更高），即 J 值、K 值由大于 D 值变成小于 D 值，意味着股价将要下跌，为卖出信号。如果 KDJ 指标在高位连续出现两次死叉，那么跌势确立。但在实盘中，这种信号的虚假现象时常出现，这就是人们常说的“卖出股票就涨”的现象。因此，投资者必须具有识别这种信号真假的能力，不然就会落入主力设置的陷阱之中。

如图 3-11 所示，永福股份（300712）股价见底后渐渐向上推高，KDJ 指标从底部金叉后到达超买区。2021 年 4 月 23 日，随着股价振荡调整，KDJ 指标很快在 80 线上方形成死叉。此时通常应有一定幅度的下跌，可是股价次日却出现回升走势。5 月 7 日，

KDJ 指标又在 80 线以上再次形成死叉图形，但仅仅引发了股价的小幅整理，并没有出现大幅下跌走势，股价稍微调整后再拾升势，随后振荡走高。

技术解盘：该股 KDJ 指标在 80 线上方第一次形成死叉时，MACD 指标中的 DIF 线已经成功穿越 0 轴，MACD 线也即将上穿 0 轴，指标曲线趋势保持良好，BAR 红柱逐日增长，表明短期股价即使下跌，其下跌空间也不会很大。这时均线系统呈多头排列，30 日均线向上运行，支撑有力。成交量方面出现温和放大，表明有做多资金逐步入场，因此短期股价不会下跌，回调时可以逢低做多。

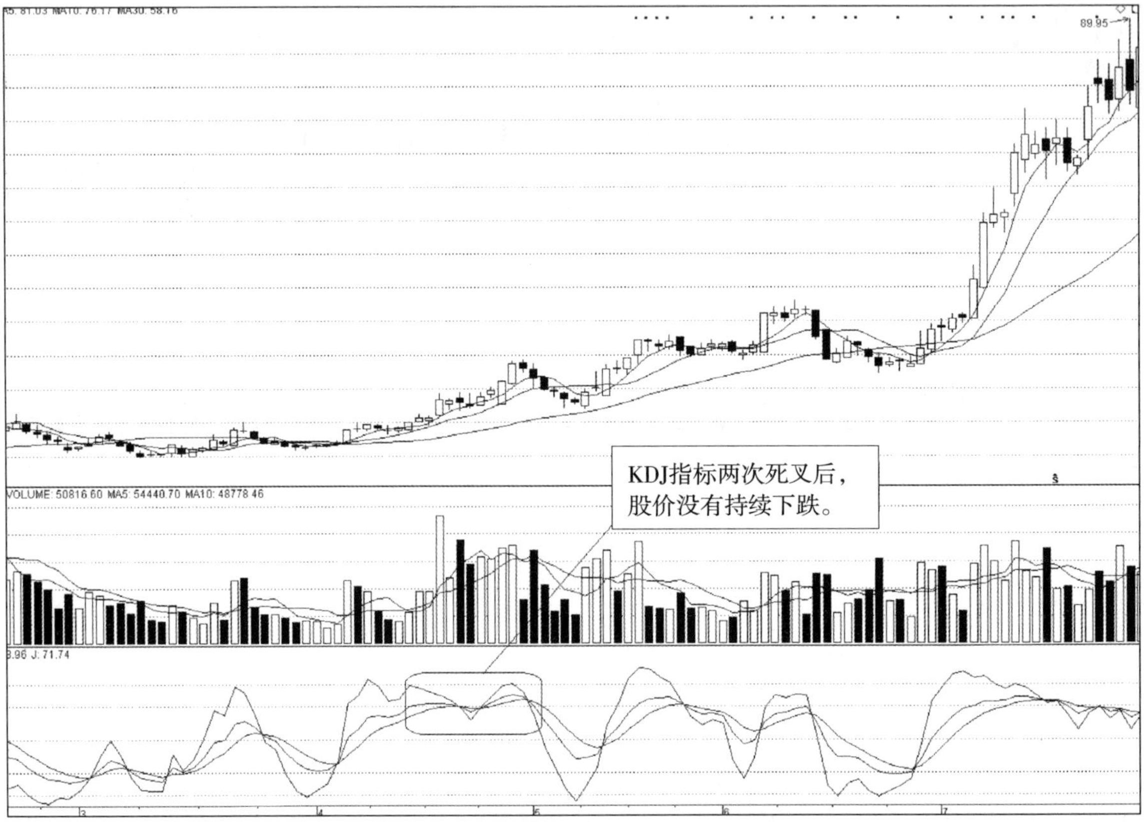

图 3-11　永福股份（300712）日 K 线图

3. 技术纠正方法

（1）看 MACD 指标的走势。该指标是一项中线指标，可以过滤掉一些细小的波动。如果 MACD 指标运行在正值区域，表明市场仍处于强势之中。或者当 DIF 线交叉 MACD 线后，DIF 线没有形成快速下滑（斜线较为平坦）的势头，表明股价是主动回档而不是下跌，经过短期调整后会重拾升势。如果 MACD 指标运行在负值区域，表明股价处于弱势之中，或者当 DIF 线交叉 MACD 线后，DIF 线没有形成快速上行的势头，大多属于反弹行情，经过短期反弹后会再度下跌。

（2）看成交量变化。股价是靠成交量推动才能上涨的。如果 KDJ 指标在底部金叉后，股价放量上涨，多半是增量资金介入，可以看多做多；如果缩量上涨，一般是虚张声势，可以看多但不做多。相反，如果 KDJ 指标在高位死叉后，股价放量下跌，多数是主力出货，可以看空做空；如果无量下跌，一般为空头陷阱，可以看空但不做空。

（3）结合移动平均线进行分析。当 KDJ 指标出现金叉后，不要过分乐观，如果此时均线系统呈多头排列，可以看多做多；如果均线刚刚勾头向上或走平，可以看多但不做多；如果均线系统呈空头排列，股价反弹时无力向上突破，可以看空做空，反弹逢高离场。当 KDJ 指标出现死叉后也不必惊慌，如果此时均线系统呈空头排列，可以看空做空；如果均线刚刚勾头向下或走平，可以看空但不做空；如果均线系统呈多头排列，股价回调时得到有力支撑，可以看多做多，回调逢低介入。

（4）KDJ 指标金叉信号在弱势股、问题股中不可靠，在反弹行情、散户行情、主力自救行情中准确性也很难保证，在强庄股、强势股中比较可靠。死叉信号应用在反弹行情、散户行情、主力自救行情中准确性很高，在强庄股、调整行情中出现虚假信号较多。

（5）将 KDJ 指标的日线改为周线，可以过滤一些细小的波动。如果 KDJ 指标在低位金叉时，周线 KDJ 指标也在低位出现向上拐头，那么可以做多；如果 KDJ 指标在高位死叉时，周线 KDJ 指标也在高位出现向下拐头，那么应当做空。

（二）位置陷阱

KDJ 指标大部分时间在 40～60 之间徘徊，这时交叉信号频繁出现，方向不明，无实际指导意义，可以判定为盘整行情，投资者以观望为主，不参与买卖行动。如果到达超卖超买区域，一般 K 值在 10 线以下、D 值在 20 线以下、J 值处在 0 线时，属于超卖状态，可以买入；反之，K 值在 90 线以上、D 值在 80 线以上、J 值处在 100 线时，属于超买状态，可以卖出。但在实际操作中，这个区域内经常会出现虚假信号，即超买后还有超买，超卖后还有超卖，这正是“强者恒强，弱者恒弱”的表现。

1. 超买陷阱

通常来说，KDJ 指标处在 60～80 为强势区，80～100 为超强势区（即超买入区，表明买气相当强盛，超过了一般供求关系，达到了极限，大多会出现相反走势）。一般研判法则是：K 值在 90 以上、D 值在 80 以上、J 值处在 100 时，属于超买状态，可以卖出。但在实际操作中，这个区域内经常会出现虚假信号，股价稍微调整后立即上升，KDJ 指标超买再超买，常常使人做出误判。

如图 3–12 所示，2021 年 8 月 2 日，康隆达（603665）的股价收出一字跌停板，造成技术向下破位，之后股价渐渐企稳。9 月 13 日股价向上突破底部盘区，随着股价企稳回升，KDJ 指标很快到达超买区域。J 线早已达到 100 线，K 线、D 线的值均在 80 以上。按照 KDJ 指标“80 以上卖出”的一般研判法则，这时应当减仓或抛出。但是，即使 KDJ 指标在 80 线上方位置，股价仍然没有明显回落迹象，而是出现继续强劲上攻行情。

技术解盘：该股 KDJ 指标到达超买区后，K 值和 D 值仍然保持向上势头，并没有出现向下调头迹象，而且当 J 线和 K 线回落到 D 线附近时，再次拐头或金叉向上。股价已多个交易日成功站稳于 30 日均线之上，牛市特征初现，短期应当看多做多，即使有回档幅度也不会很大。成交量明显放大，显示有场外增量资金介入。另外，股价在 30 日均线“卡口”位置向上突破，可靠性比较高。

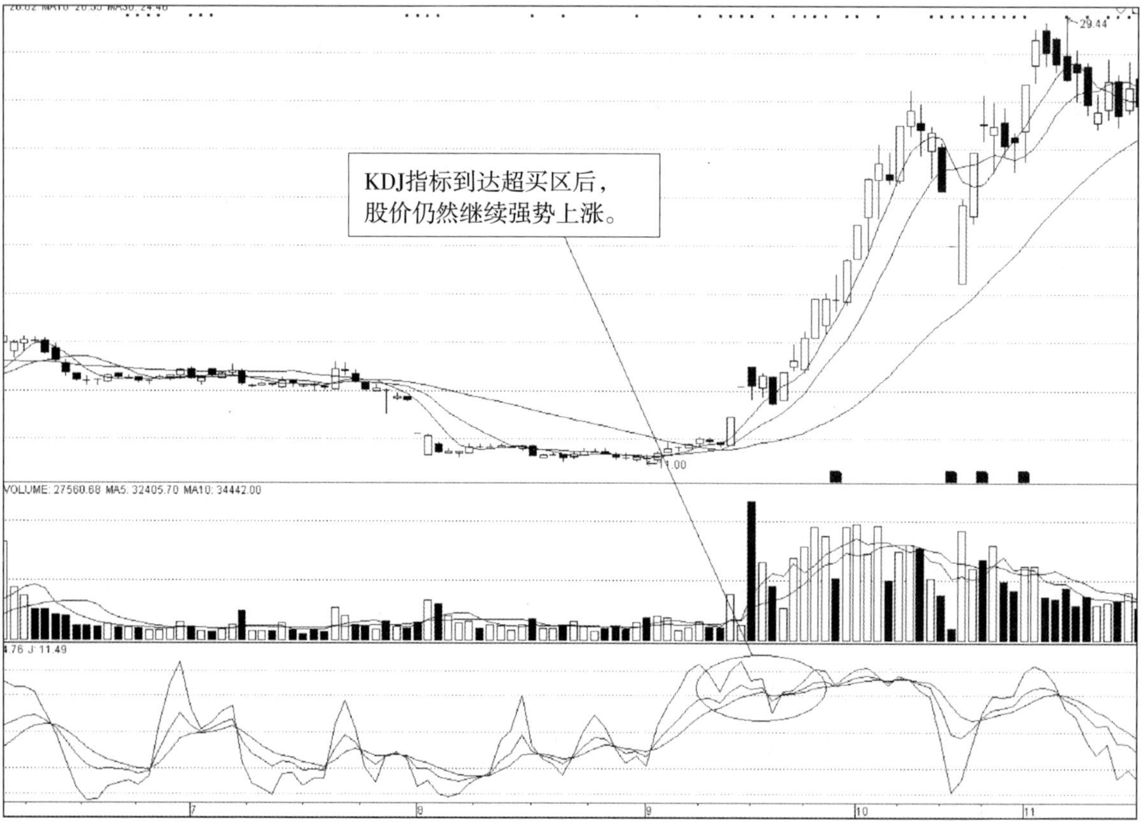

图 3-12　康隆达（603665）日 K 线图

2. 超卖陷阱

通常来说，KDJ 指标处在 20～40 为弱势区，0～20 为超弱势区（又称超卖出区，表明卖压相当沉重，超过了一般供求关系，达到了极限，大多会出现相反走势）。一般研判法则是：K 值在 10 以下、D 值在 20 以下、J 值处于 0 时，属于超卖状态，可以买入。但在实盘操作中，这个法则并不十分奏效，经常会出现虚假信号，股价稍微反弹后立即下跌，

KDJ 指标超卖再超卖，常常使人掉进陷阱之中。

如图 3–13 所示，龙软科技（688078）上市初期，股价略微上冲后就一路振荡下跌，中间也没有像样的反弹行情。2020 年 12 月 7 日，股价出现加速下跌走势。同期 KDJ 指标随股价回落而到达超卖区，J 线已经躺底， K 线、D 线的值均在 20 以下。此时，按照 KDJ 指标“20 以下买入”的一般研判法则，是可以加仓或买入做多的。但是，即使 KDJ 指标在 20 线下方位置，股价仍然没有止跌迹象，而是继续呈阴跌走势。不久股价再创新低，使买入抢反弹者个个套牢其中。

技术解盘：该股 KDJ 指标到达超卖区后，K 值和 D 值仍然趋于下降势头，尚无明显向上调头迹象，而且 J 线在每次攻击 K 线和 D 线时均遇挫回落。均线系统处于空头排列，“熊”相毕露，做空信号非常明显，尚未到抢反弹时机。多项中长线技术指标已经发出卖出信号，股价阴跌不休，显示做多时机尚不成熟。由此可见，即使 KDJ 指标处在 20 线以下，也不能贸然做多。

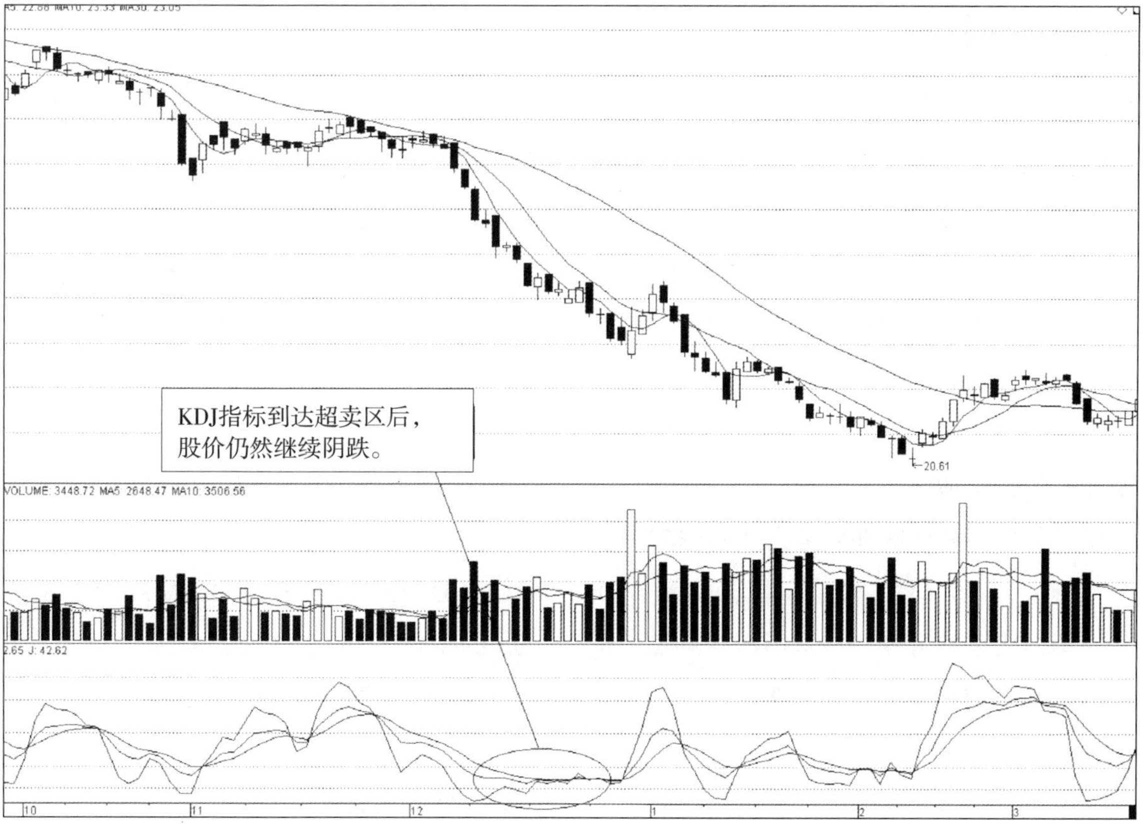

图 3–13　龙软科技（688078）日 K 线图

3. 技术纠正方法

（1）观察 K 值与 D 值的相对位置，看是仍然保持多头排列，还是已经呈现空头排列；

看K值与D值在高位仍有金叉出现，还是在低位仍有死叉出现。根据KDJ指标应用功能，无论日线KDJ指标位置如何，金叉总是短线买入信号，因此高位KDJ指标金叉，即使不敢追涨买入，至少也应继续持仓等待，这时固守理论上超买区会随时产生回档的观念而贸然放空，是断然要不得的；反之亦然，低位KDJ指标再行死叉，则表明行情仍有下探的空间，如果此时固守理论上在超卖区会随时产生反弹的观念而买入，可能仍要吃套牢之苦。所以，在低位KDJ指标死叉，即使不敢放空杀跌，至少也应持币等待一下做多信号出现。

（2）看股价走势。股价脱离盘整后即转入趋势运行，这时的KDJ指标也离开40～60常态区。由于KDJ指标是一项短线指标，变化极其灵敏，很快会到达超买超卖区域。这时可以放弃KDJ指标的参照作用，以股价势道强弱作为后市研判的重要依据。在股市里，要永远记住“强者恒强，弱者恒弱”。在牛市里用“牛眼看市”，超买再超买是牛市的特征，不要理会短期的回调；在熊市里要“熊市思维”，超卖再超卖是熊市的本性，不要有过高的期望。

（3）移动平均线是判断股市强弱的重要指标。在多头市场中，通常30日均线具有较强的支撑，一般不会被有效击穿，30日均线附近是介入或加仓的重要位置。如果这个位置失守，表明涨升行情已经结束，应当及时逢高离场。在空头市场里，通常30日均线具有较大的压力，一般难以有效突破，30日均线附近是出局或减仓的重要位置。如果这个位置被有效突破，表明行情已经开始转跌为涨，应当及时逢低吸纳。

（4）看成交量变化。KDJ指标在高位超买区域时，成交量保持温和状态，没有出现异常变化，表明股价运行稳健，可以持股做多。如果在高位股价放量不涨，表明资金有抽离的嫌疑，此时应高度警惕，一有风吹草动，就应迅速撤退。相反，KDJ指标在低位超卖区域时，成交量呈等量状态，股价阴跌不休，表明做空力量依然强大，不可盲目抄底。如果在低位股价放量不涨，表明仍有资金抽离，此处仍然不是真正的底部，股价可能要再下一个台阶，不要被底部放量会涨所诱骗。

（5）参照其他中长线指标，如MACD、TRIX、BOLL、DMA、EXPMA、SAR技术指标，可以参考这些技术指标中的买卖信号。如果指标相互验证一致，准确性就高，可以根据指标信号采取做多或做空。如果指标相互之间矛盾较多，则准确性较差，应及时采取行动。

（6）将KDJ指标由日线改为周线，可以过滤一些细小的波动。

（三）钝化陷阱

KDJ指标的钝化与其超买超卖现象相似，但理论上先有超买超卖后有钝化出现，超买超卖是钝化的前提和基础，钝化是超买超卖的延续或进化。钝化是股市行情向极端行情发展的一种特有现象，往往导致技术指标进入盲区，造成判断失效。KDJ 指标是所有技术指标中钝化现象出现最频繁和持续钝化时间最长的一项指标，在实战中必须引起重视，要想办法加以克服。

1. 高位钝化陷阱

根据 KDJ 指标的一般研判法则，当指标值到达超强势区时，应卖出股票。但 KDJ 指标进入超强势区后，可能长时间在那里徘徊，指标因到了极限值而无法继续上升，此时股价却不理会指标处于高位，依然节节升高，涨得让人不敢相信。在股价拉升过程中，指标高位钝化时很少有像样的调整，收盘价往往维持在近期最高价附近，才会使 KDJ 指标一直保持在高位出现钝化。当 KDJ 指标（包括其他类似的振荡指标）出现钝化时，若股价继续上涨，不要为指标钝化所影响，这种走势说明主力志在高远，涨升空间还大着呢；若股价涨幅不大（因股而异，通常以 50% 为参考标准），则说明上涨势头未尽，后市继续看涨。

如图 3-14 所示，中国中免（601888）在 2020 年 6 月—7 月的上涨过程中，KDJ 指标在高位出现钝化，持续时间之长十分罕见，说明主力完全控盘，并且志在高远。主力在

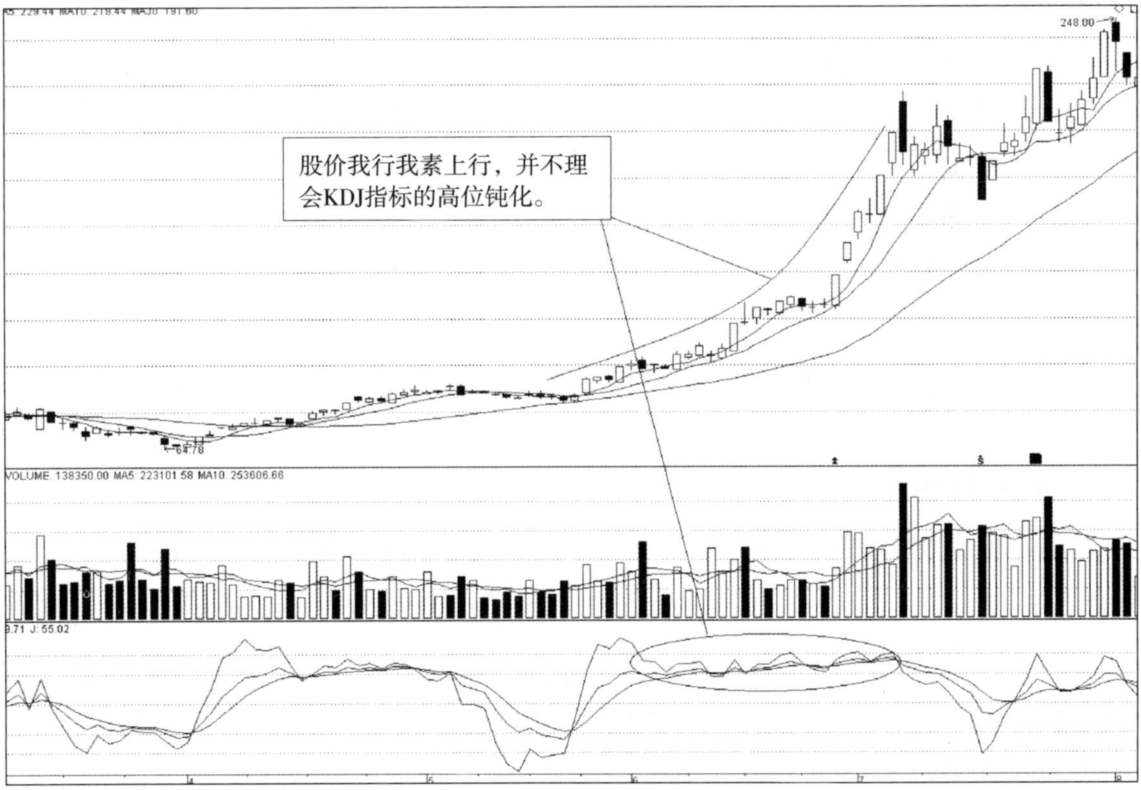

图 3-14　中国中免（601888）日 K 线图

底部吸纳了大量的低价筹码，经过拉升前的预演和充分的洗盘调整后，股价进入主升浪阶段，上涨势头非常强劲，KDJ 指标迅速到达强势超买区域。J 线钝化后不久，K 线和 D 线也随之钝化。按照 KDJ 指标的一般应用法则，此时是卖出时机。然而，股价不理会 KDJ 指标的高位钝化，超强上攻，短期涨幅非常大。之后，该股在 2020 年 12 月—2021 年 1 月出现同样的盘面现象。

技术解盘：该股 KDJ 指标在高位出现钝化后，从 60 分钟、30 分钟以及 15 分钟的 KDJ 指标走势图中发现，KDJ 指标仍然有规律、有节奏地往上攀升，周线 KDJ 指标上升趋势更为明显。均线系统保持强势上涨势头，30 日均线支撑有力。K 线大阳小阴，节奏分明，说明主力控盘程度良好。

2. 低位钝化陷阱

KDJ 指标到达超弱势区时，有反弹行情出现应买入股票。但在实际操作中，常常看到 KDJ 指标进入超弱势区后，指标线长时间卧底不动，指标无法继续下降而到了极限值，此时股价却不断地创出新低点，跌得让深信技术指标的人不敢接受。KDJ 指标低位钝化通常出现在弱势股中，股价一跌再跌，每日跌幅不大，收盘价始终维持在近期最低价附近，通常这种股票不是问题股就是恶炒的后遗症。碰到这样的股票，投资者应有壮士断腕的勇气，离开它越早越好。

如图 3–15 所示，电魂网络（603258）的股价见顶后逐波振荡走低。2020 年 11 月，KDJ 指标很快从强超买区域回落到强超卖区域，J 线趴底不动，K 线和 D 线也严重钝化，在弱势中出现底背离形态。按照 KDJ 指标的一般应用法则，此时应以买入对待。可是，股价依然振荡下跌，跌得着实让投资者难以忍受。

技术解盘：该股 KDJ 指标在低位出现钝化后，60 分钟、30 分钟、15 分钟的 KDJ 指标每一次死叉后，股价都创出新低，周线 KDJ 指标下降趋势更为明显，显示股价仍有一定的下跌空间。成交量持续萎缩，人气冷淡，盘面无人问津。均线系统空头排列，30 日均线压制股价上涨，因此短期难以走强。

3. 技术辨别方法

由于 KDJ 指标的数值永远在 0～100 区间波动，就有可能产生一种特殊的现象：钝化。也就是说，KDJ 指标的数值已经到顶而无法超越 100 或已经躺底而无法低于 0，而此时行情价位同样在激烈地变化着，这必然会给随机指标判别行情带来盲区，这也是在应用该指标时应引起重视的问题。这种现象多发生在超强势个股或超弱势个股里，投资者应谨慎操作，防止过早买入或过早卖出，造成不必要的损失。

图 3-15　电魂网络（603258）日 K 线图

（1）当日线 KDJ 指标出现高位（或低位）钝化时，应观察 K 值与 D 值的相对位置，看是保持多头排列还是已经呈现空头排列；看 K 值与 D 值在高位钝化后仍有金叉出现，还是在低位钝化后仍有死叉出现。如果是多头排列，在高位钝化后仍有金叉出现，那么多头行情仍将延续。如果是空头排列，在低位钝化后仍有死叉出现，那么空头行情仍将延续。钝化是背离的前奏，观察日线 KDJ 指标从钝化到背离的过程，也有助于走出钝化的盲区。

（2）KDJ 指标钝化后，可以将日线改为分时走势图。如果难以从日线 KDJ 指标钝化后的相互位置关系来进行分析，此时不妨细细品味 60 分钟和 30 分钟走势图，根据分时指标的特点来把握最佳进出场点，因为毕竟分时的变化频率要比日线的变化快得多。要使 30 分钟、60 分钟 KDJ 值产生钝化并非易事。况且，即使它们也一路钝化下去，还有频率更快的 15 分钟值和 5 分钟值，总有一点是可以找出突破口的。此外，还可以通过周线 KDJ 指标研判中长线波动趋势，来进一步化解盲区的判断，这一点与 RSI、W%R 等技术指标的盲区钝化破解原理是一致的。

（3）看成交量变化。在 KDJ 指标出现钝化后，如果成交量没有异常变化，量价配合保持得很好，表明股价仍运行于原来的势道之中。如果在高位股价出现放量不涨，表明资金有抽离的嫌疑，此时应高度警惕，一有风吹草动就应迅速撤退。相反，KDJ 指标在低位超卖区域钝化后，如果股价放量下跌，表明有场内资金出逃；如果成交量保持稳定，股价阴跌不休，表明做空力量依然没有释放完毕，不可盲目抄底；如果在低位股价放量上涨，表明有新资金介入，可以逢低吸纳；如果在低位股价放量不涨，表明仍有资金抽离，此处仍然不是真正的底部，股价可能要再下一个台阶，不要被底部放量会涨这种说法诱骗。

（4）改用其他中长线技术指标，如 MACD、TRIX、BOLL、DMA、EXPMA、SAR 等技术指标，可以参考这些指标中的买卖信号。如果相互验证一致，准确性就高，可以根据指标信号采取做多或做空操作；如果指标相互之间矛盾较多，则准确性较差，应及时采取行动。

（四）背离陷阱

钝化是背离的征兆，KDJ 指标的走势与股价走势不协调时，就会产生背离状态（以 K 值与 D 值交叉时的相对位置作为观察依据，效果更佳）。当股价节节拔高，屡创近期新高时，KDJ 指标不但没有创出新高，反而连连下挫，就形成了顶背离；相反，当股价步步走低，屡创近期新低时，KDJ 指标不但没有创出新低，反而越走越高，就形成了底背离。KDJ 指标产生背离时，一般为转势信号，表明短中期走势有可能见顶或见底，底背离为买入信号，顶背离为卖出信号。但在实盘中，陷阱时常发生，底背离后不涨反跌，顶背离后不跌反涨。

1. 顶背离陷阱

在一轮持续涨升的行情中，股价步步走高，高点一个比一个高，屡创近期新高，而同期 KDJ 指标没能随之而上，反而连连下挫，形成顶背离状态，应视为短中期见顶信号，这时应卖出股票。发生顶背离时，应以指标的方向作为参考依据，通常意味着股价上涨动力不足，即将见顶。但在实盘中，KDJ 指标出现顶背离后，股价常以横向盘整完成调整，或略微回落后立即反转继续上攻，就会在技术上形成一个多头陷阱。

如图 3-16 所示，永福股份（300712）的股价成功见底后，随后缓缓走高。在 2021 年 4 月—6 月期间，股价不断创出上涨新高，但同期 KDJ 指标的高点却一个比一个低，股价与指标形成典型的顶背离状态。此时，暗示股价已经出现短期见顶信号，不少投资者见此背离状态而纷纷离场观望。然而，顶背离信号虽然引发了市场的短期调整，但并没有扭转上升趋势，股价仅仅进行小幅调整后，便出现加速上涨行情。

技术解盘：该股在 KDJ 指标出现顶背离信号时，均线系统呈现多头排列，股价回调时得到 30 日均线的有力支撑，下档接盘能力强，投资者不必为之顾虑重重。成交量保持稳定，多空双方交投活跃，盘内换手积极充分，尚未出现异常情况，表明主力操作手法稳健，筹码锁定性好。当股价回调到 30 日均线附近再次向上拉起时，就是一个很好的入场机会。

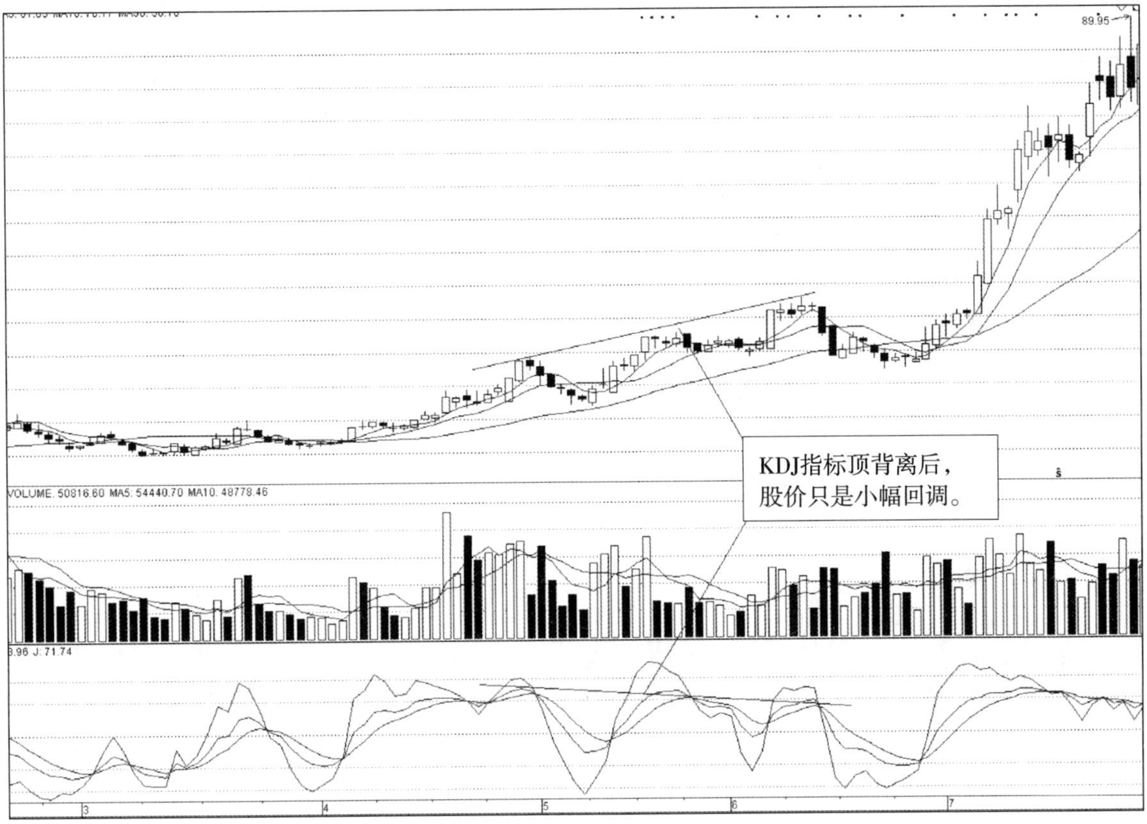

图 3-16　永福股份（300712）日 K 线图

2. 底背离陷阱

在一轮持续跌势的行情中，股价步步走低，低点一个比一个低，屡创近期新低，而同期 KDJ 指标不但没有创出新低，反而越走越高，形成底背离状态。这种现象意味着卖压减弱，行情有止跌回升的可能，因此可以作为短中期见底信号，这时应买入股票。但在实盘中，股价在 KDJ 指标出现底背离后可能并没有见底反转，反而一跌再跌，不断创出新低，形成底背离陷阱。

如图 3-17 所示，天茂集团（000627）在 2021 年 2 月—4 月的走势中，股价见顶后逐波回落，一浪比一浪低，不断创出调整新低点。同期的 KDJ 指标向上抬高，股价与 KDJ 指标形成明显的底背离走势。这种现象一般暗示股价下跌幅度不大，可以看作买入信号。可是，该股股价只是出现了小幅反弹，随后股价再次回落，创出新低，成为虚假的背离信号。

技术解盘：从该股走势图中可以看出，在 KDJ 指标出现底背离时，均线系统呈现空头排列，30 日均线对股价的上攻构成很大的压力，股价上升乏力，每一次反弹时无力攻克其压力而受阻回落，因此应逢高了结为宜。加之前期已经有了几波上涨行情，股价累积涨幅也不小，本身有调整的需求，所以这个底背离形态出现在高位，其可靠性就不高了。

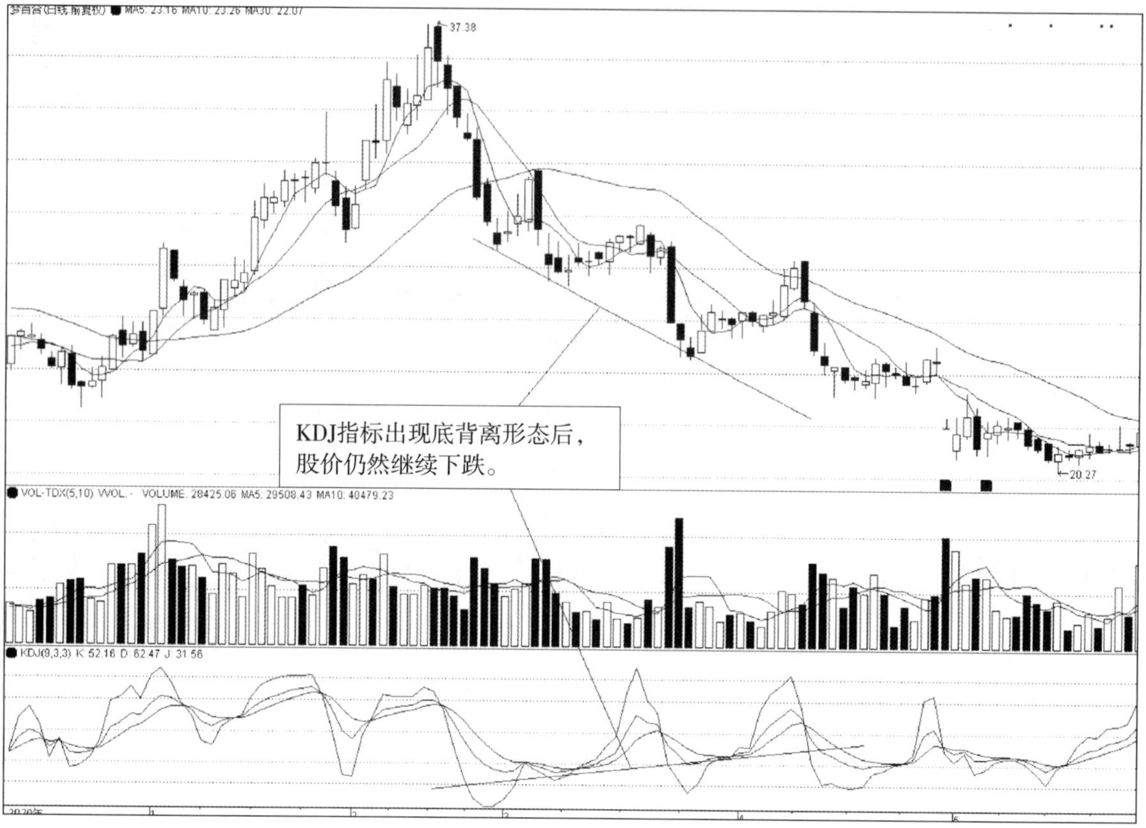

图 3-17　天茂集团（000627）日 K 线图

3. 技术纠正方法

KDJ 指标背离现象出现得较为频繁，虽然它可以提供较为准确的买卖信号，但是虚假信号屡见不鲜，致使不少散户深受其害。那么，如何避开这些技术陷阱呢？

（1）看移动平均线的支撑和压力程度。出现顶背离时，如果均线对股价的回调有较强的支撑作用，那就表明下档接盘能力强，可以继续持股看多；如果股价轻松击穿均线的支撑，那就表明股价已经见顶，应尽快逢高离场。出现底背离时，如果均线对股价的上攻有较强的压力作用，那就表明股价上升乏力，应逢高了结为宜；如果股价向上突破均线的压力，那就表明股价即将见底转势，可以逢低吸纳。

（2）看成交量变化情况。出现顶背离时，如果成交量保持稳定，那就表明主力在增加持仓量，场外资金在不断介入；如果是缩量上涨，那就表明跟风盘减少，有主力刻意拉抬嫌疑，预示股价即将见顶；如果是放巨量上涨，那就表明有资金抽离市场的嫌疑，应提早落袋为安。在出现底背离时，如果成交量保持稳定，那就表明空方力量仍然没有释放殆尽，场内资金还在悄悄离场；如果是缩量下跌，那就表明抛盘减少，跌势即将接近尾声；如果是放巨量下跌，那就表明后市看空意识较浓或有恐慌盘涌出，后市仍有下跌空间，此时不要认为是底部放量。

（3）顶背离陷阱通常出现在强庄股中，是主力控盘能力极强的标志。顶背离陷阱是强庄股的一个重要参考指标，强庄股走势不讲章法，因此分清主力类型，掌握坐庄阶段，摸清主力的脾气，可以坚定与庄共舞到底。底背离陷阱出现是弱势股的重要标志，常常出现在问题股、弃庄股中，这种股票通常没有主力照看，套牢盘每一次反弹都应当出货，走得越快越好。

（4）结合波浪形态分析，顶背离形态出现在升势的 1 浪、3 浪里可靠性差，出现在上升 5 浪、B 浪、延长浪里可靠性较高；底背离形态出现在调整 2 浪、4 浪或 C 浪后期可靠性较高，出现在 A 浪、C 浪初期可靠性较差。

（五）形态陷阱

实战中，KDJ 指标会产生各种各样的形态，用形态进行测市判势，具有意想不到的效果。比如在底部形成头肩底、W 底、V 形底和多重底等，预示市场即将见底，可以买入做多，一旦指标脱离这些形态，可以加仓买入。同样，在高位出现头肩顶、M 顶、倒 V 形顶和多重顶等，预示市场即将见顶，构成卖出形态，一旦指标脱离这些形态，可以清仓出局。

1. 顶部形态陷阱

从指标形态看，KDJ 指标的形态比 K 线图上的形态更为清晰，容易判断买卖点。当 KDJ 指标在高位盘整时，出现的各种顶部形态也是判断行情和决定买卖行动的一种分析方法。当 KDJ 指标在高位（80 线以上）形成头肩顶、双重顶或三重顶等高位反转形态时，意味着股价的上升动能已经衰竭，有可能出现中长期反转行情，投资者应及时卖出股票。可是卖出后，股价只是小幅回调并很快反转向上，从而成为顶部形态陷阱。

如图 3–18 所示，银座股份（600858）在 2020 年 5 月—7 月的走势中，股价出现一波有力的盘升行情。当股价上涨到前期高点附近时，遭到低位获利盘和前期套牢盘的抛压而出现振荡走势。6 月 23 日，KDJ 指标在强势区构成死叉，出现双重顶形态，通常这是一个卖点。可是卖出之后，股价只是小调整，仍然走势坚挺，经过短暂的整理后，股价出现加速上涨。

技术解盘：虽然 KDJ 指标出现双重顶形态，但股价并没有发出空头信号。从该股走势图中可以看出，市场已经渐渐转强，均线系统形成多头排列形态，支持股价进一步走高。

成交量开始温和放大，并且在回调时出现缩量态势，说明量价配合比较理想。KDJ 指标之所以形成双重顶形态，是因为股价上行遇到前期成交密集区域，对股价上涨构成一定的压力，于是主力就主动进行洗盘，以消化上方压力。当上方阻力消除后，主力便适时将股价拉上一个台阶，这样就形成了虚假的双重顶形态。

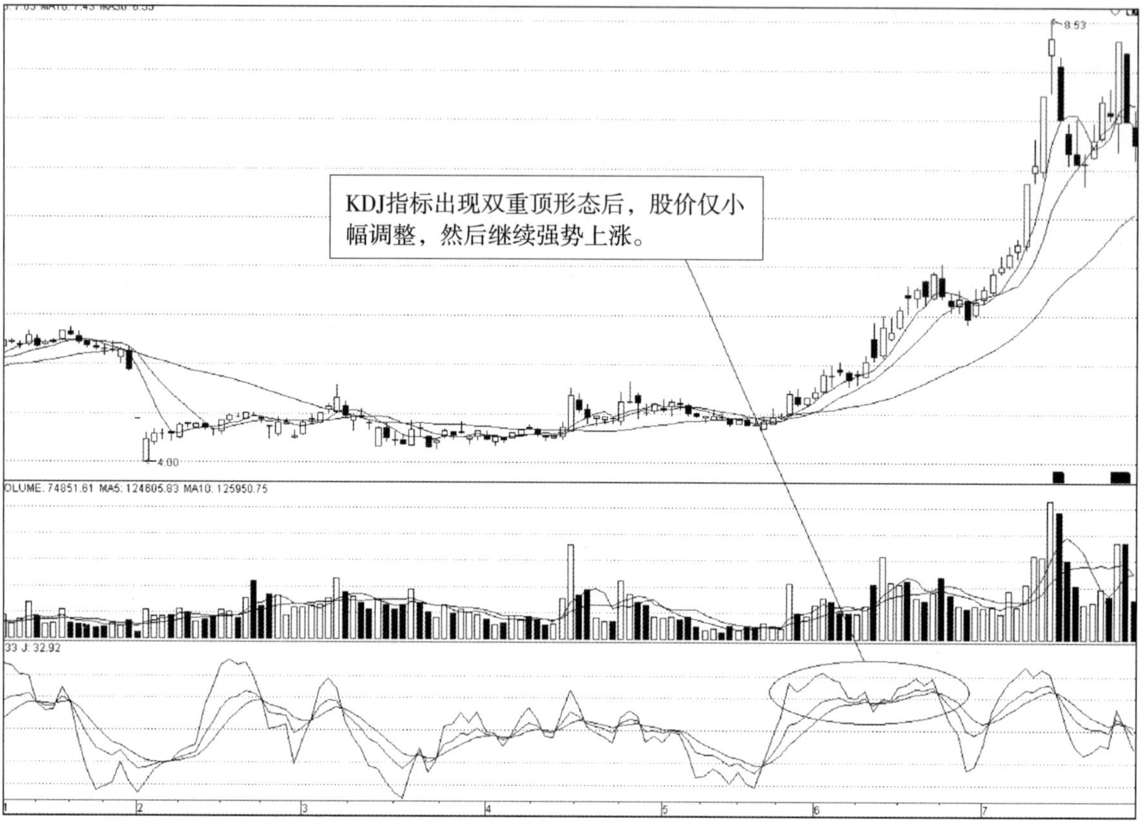

图 3–18　银座股份（600858）日 K 线图

2. 虚假底部形态

当 KDJ 指标在低位盘整时，出现的各种底部形态也是判断行情和决定买卖行动的一种分析方法。当 KDJ 指标在低位（20 线以下）形成头肩底、W 底或三重底等低位反转形态时，意味着股价的下跌动能已经衰竭，股价有可能构筑中长期底部，投资者可逢低分批建仓。但买入后也可能落入陷阱，股价只是小幅上涨，并很快反转向下继续跌落，从而成为虚假底部形态。

如图 3–19 所示，江化微（603078）完成一波反弹行情后向下回落，股价逐波振荡下跌。2021 年 8 月，KDJ 指标在超卖区构成一个双重底形态，通常这是一个理想的买入信号，后市股价应当企稳回升。可是该股后来的走势与此恰恰相反，股价不涨反跌，买入即被套，成为一个虚假的双重底形态。

技术解盘：虽然 KDJ 指标出现双重底形态，但股价并没有发出多头信号。从该股走势图中可以看出，股价见顶后形成一个头部盘区。8 月 17 日，股价向下突破这个盘区，之后股价反弹，明显受到该盘区的压制。此时，股价也向下击穿了 30 日均线的支撑，而后的反弹只是对 30 日均线的一次回抽确认过程。另外，在形成双重底形态时，也得不到成交量的配合，持续萎缩的成交量难以扭转股价下跌势头。因此，当 KDJ 指标出现多头信号时，应结合其他技术因素进行综合分析。

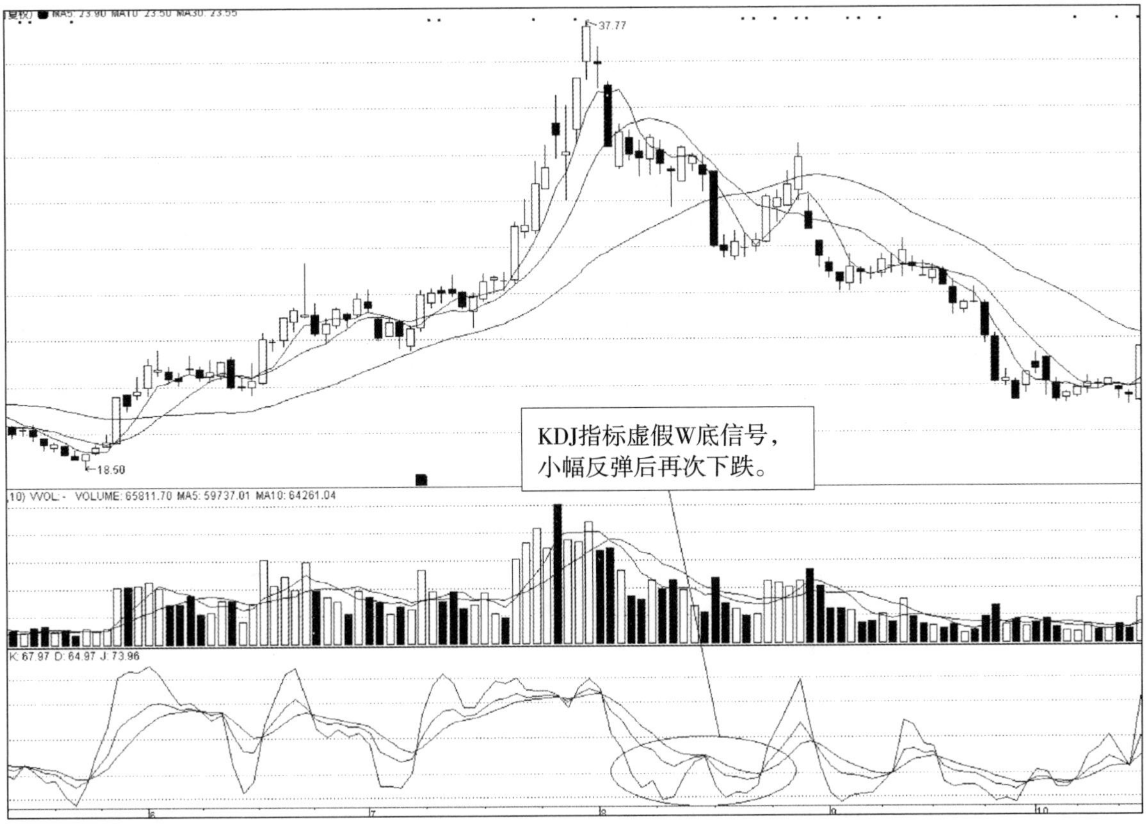

图 3–19　江化微（603078）日 K 线图

3. 技术纠正方法

KDJ 指标经常出现形态信号，有时其买卖信号的准确性很高，有时其买卖信号一无是处，以致于是真是假，难分难辨，因此常常被主力所利用。那么，如何克服这样的虚假信号呢？

（1）KDJ 指标产生形态信号时，应观察成交量变化。在出现底部形态信号时，要有成交量放大的支持，否则为疑似多头陷阱。在出现顶部形态时，虽然并不强调成交量的放大，但在突破时如果成交量放大，那么形态的可靠性就大增。

（2）KDJ 指标产生形态信号时，也要观察均线的运行方向。在一轮趋势行情中，

KDJ指标信号与均线同向的，信号可信度高；与均线逆向的，为疑似信号。股价在均线之上，30日均线向上运行时，KDJ指标的底部形态信号准确率较高，这时的顶部形态信号准确率较差。股价在均线之下，30日均线向下运行时，KDJ指标的底部形态信号准确率较差，这时的顶部形态信号准确率较高。30日均线平行运行时，KDJ指标的所有信号均较差，应结合其他技术因素综合分析。

（3）KDJ指标的形态信号还要与股价趋势结合起来分析。股价在上涨趋势中，KDJ指标的底部形态信号比较准确；股价在下降趋势中，KDJ指标的顶部形态信号比较准确。如果股价在高位，应当结合其他技术因素综合考虑，这样才能减少失误。

（4）KDJ指标出现形态信号时，如果股价走势曲线也先后出现同样的技术形态，那么信号的可靠性就高。

（5）KDJ指标曲线顶部反转形态对行情判断的准确性，要高于底部反转形态的准确性。

（6）结合其他技术指标进行分析，如用EXPMA、TRIX、SAR、BOLL等中长线技术指标，进行相互验证，可以减少失误，提高准确率。

第四章

威廉指标（W%R）

一、W%R 指标精要

威廉指标（Williams %R，简称 W%R），是通过一定时期内市场最高价、最低价和收盘价的变化关系，来反映市场强弱和超买超卖现象，从而显示出有效的买卖信号，是用来分析市场短期行情走势的技术指标。其理论基础是基于摆动原理，利用摆动点来度量股市的超买超卖现象，同时利用价格变动的相对位置，预测循环期内的高点与低点，研判市场人气的强弱特征，从而分析预测股价的变动趋势，并发出有效的买卖信号。

W%R 指标和 KDJ 指标、RSI 指标一样，都属于超买超卖类型的指标，但同时又具有强弱性质。W%R 指标计算过程比较简单，就是周期天数内最高价与最后一日收盘价的差，同周期天数内最高价与周期天数内最低价的差的比值。

W%R 指标随行情变化运行在 0～100 之间，上有一条天线（80 线），下有一条地线（20 线）。W%R 指标分布规律，理论上可将 W%R 的取值 0～100 划分为 5 个不同区间：超强势区（0～20）、强势区（20～40）、盘整区（40～60）、弱势区（60～80）、超弱势区（80～100）。

目前，电脑应用软件中有两种制作方法：一种方法是 0 值在上方，100 值在下方，W%R 的值越小，表明市场买气越强；反之，其值越大，表明市场卖气越浓。另一种方法是 100 值在上方，0 值在下方，W%R 的值越小，卖气越强；反之，其值越大，市场买气越浓。

但无论用哪种方法来分析，50 中轴线（强弱分界线）的位置是一样的，分析结果也是相同的，这一点读者了解即可。

二、W%R 指标特性

（1）它有一条“买入线”和一条“卖出线”。一般认为，当 W%R 值高于 80 时，属于超卖，表明行情即将见底，80 这条线被称为“买入线”；相反，当 W%R 值低于 20 时，属于超买，表明行情即将见顶，20 这条线被称为“卖出线”。

（2）行情进入超买后还会继续超买，进入超卖后还会继续超卖。因此，当 W%R 进入超买区后，行情并非立即下跌，在超买区的波动，只是表明行情仍处于原来的市道中；当 W%R 进入超卖区，行情并非立即上升，在超卖区的波动，只是表明行情仍处于原来的市道中。只有当 W%R 冲破超买或超卖区后，才能完成一个完整的信号。

（3）以 50 为中轴线将其分为上下两个区域，上方为强势区，下方为弱势区。一般而言，当 W%R 向下击穿 50 分界线时，表明市场由强转弱，是卖出信号；相反，当 W%R 向上突破 50 分界线后，可以确认市场由弱转强，是买入信号。

（4）W%R 是一项辅助性指标。通常来说，当 KDJ、RSI、MACD 尚未完全钝化失真的前提下，W%R 仅作为对上述指标可信度再行确认的一种辅助手段，而且只有当 KDJ、RSI 的短线作用基本丧失（日线、分时都呈现高位或低位钝化之势却又未出现顶底背离——产生这种情况只有一种可能，即连续的涨停板或跌停板），而 MACD 又显示单一行情（多或空）将持续很长一段时间，成交量指标暂时也由于量能的极度连续缩减而无法辨别方向的趋势（停板制度下，成交量大幅度缩减是天经地义的，连续出现涨停板时，市场惜售而成交量减小，跌停时无人应接，成交量也在减小）……如此等等，亦即当前几项重要的技术分析工具都无法对行情趋势做出较为明显的判断时，W%R 的作用才得以提升。此时其快速多变的特征正好发挥出敏捷的优势，在市场走势扑朔迷离之际仍能给投资者指点迷津。

（5）由于 W%R 的敏捷性较强，因此它是一项短期技术指标，一旦发出买卖信号，应速战速决。

（6）当 W%R 向上碰顶（0 线）4 次，第四次碰顶是一个相当好的卖点；反之，当 W%R 向下触底（100 线）4 次，第四次触底是一个相当好的买点。

（7）W%R 具有背离功能，其运用法则与其他指标的背离一样。如果同时指标在顶部或底部多次冲顶或触底，形成局部的多重顶或多重底，那么就是潜在的转势信号，短线应提高警惕。

三、W%R 实盘经典

根据 W%R 指标的技术特性，实盘操作中应重点掌握以下 3 点。

（1）关注 W%R 指标形态的形成和突破。

（2）把握 W%R 指标碰顶或沉底后的时间和次数（一般为 4 次）。

（3）了解和掌握特种信号或形态的构成。

（一）突破信号

1. 向上突破信号

股价经过一轮下跌走势后，W%R 指标在底部超卖区域出现钝化或呈锯齿状走势，一旦向上脱离钝化区域，成交量持续放大，5 日均线金叉（已经或即将金叉）10 日均线，10 日均线上行，30 日均线上行或走平，是最佳的买入时机。

如图 4-1 所示，豫光金铅（600531）的股价反弹结束后向下调整，W%R 指标处于超卖状态，在底部呈锯齿状走势。不久，W%R 指标脱离锯齿状走势，股价开始向上发力（此时 6 日 RSI 线也金叉 12 日 RSI 线），成交量温和放大，5 日均线即将金叉 10 日均线，10 日均线走平，发出买入信号。这说明股价已经见底，这是一个较好的买入时机，此后该股出现一波快速上涨行情。

2. 向下突破信号

股价经过一轮上涨走势后，W%R 指标在顶部超买区域出现钝化或呈锯齿状走势，一旦向下脱离钝化区域，无论成交量是否放大，5 日均线死叉（已经或即将死叉）10 日均线，10 日均线下行，30 日均线下行或走平，构成卖出信号。

如图 4-2 所示，武昌鱼（600275）随着股价的大幅炒高，W%R 指标在高位形成锯齿状走势，不久 W%R 指标向下突破。随后几日，股价小幅反弹后冲高回落，5 日均线与 10 日均线形成死叉，W%R 向下穿越 50 中轴线，此时应离场观望。

3. 穿越中轴信号

股价经过一轮上涨走势后，主力开始洗盘，股价出现向下回调，W%R 指标在底部（90

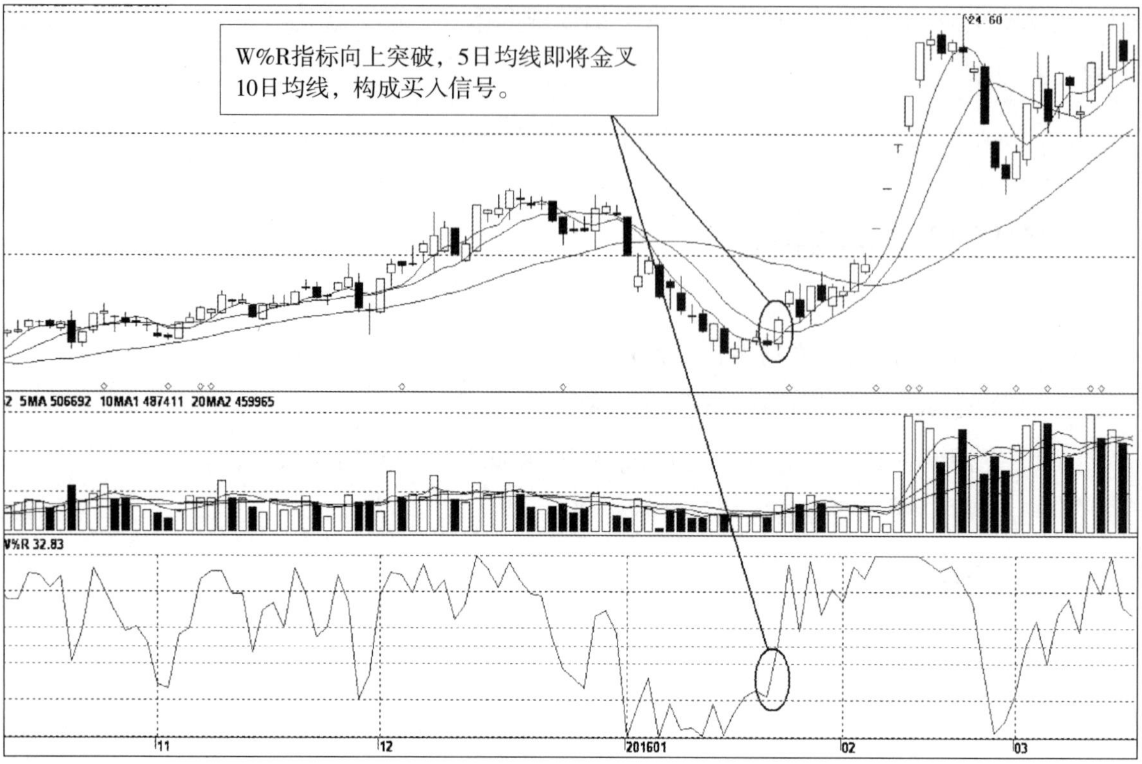

图 4-1 豫光金铅（600531）日 K 线图

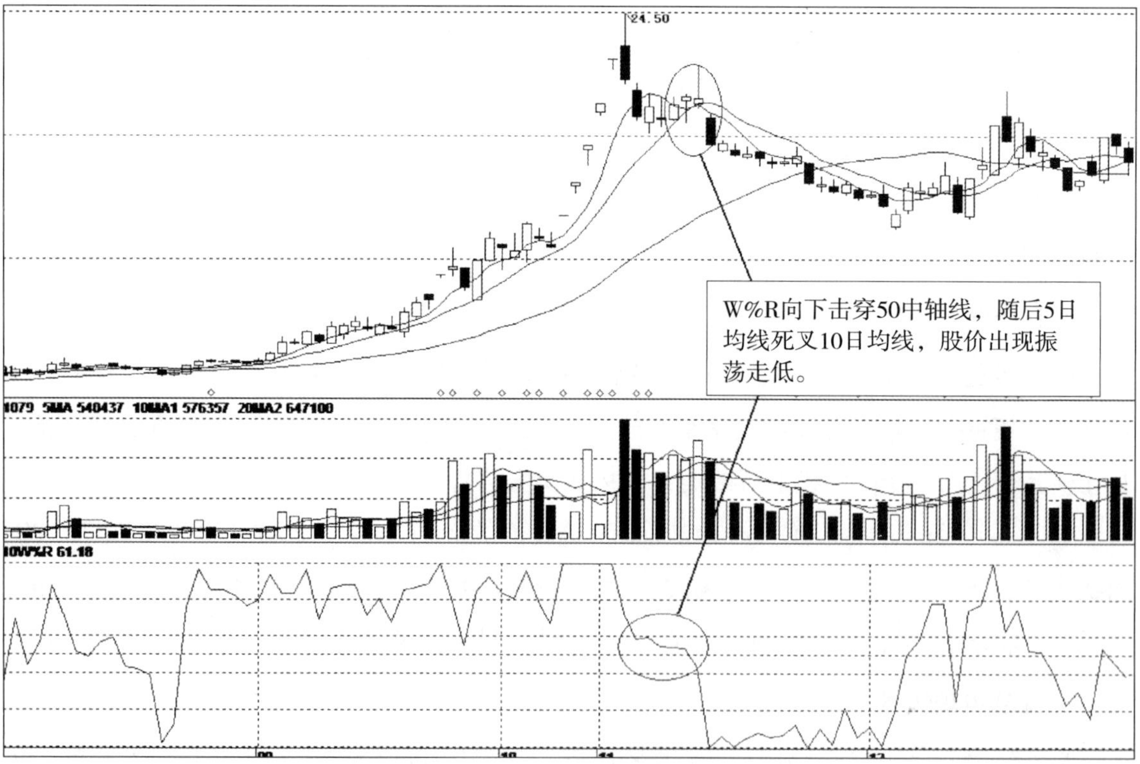

图 4-2 武昌鱼（600275）日 K 线图

线左右）走平或呈锯齿状走势。不久，股价发力向上，W%R 线穿过 50 中轴线。这时如果移动平均线和 RSI 指标同时发出买入信号，成交量持续放大，就应立即介入。这种信号多为新一轮行情的展开或主力发动自救行情。反之，为卖出信号。

如图 4–3 所示，南京港（002040）的股价经过一波反弹行情后回落整理，W%R 指标持续在底部钝化。整理结束后股价放量涨停，并站于平走的 30 日均线之上，5 日均线即将与 10 日均线形成金叉，W%R 指标成功穿过 50 中轴线，而且同期 RSI 指标的 6 日 RSI 线金叉 12 日 RSI 线，成交量持续放大，成为难得的中短线买入机会。

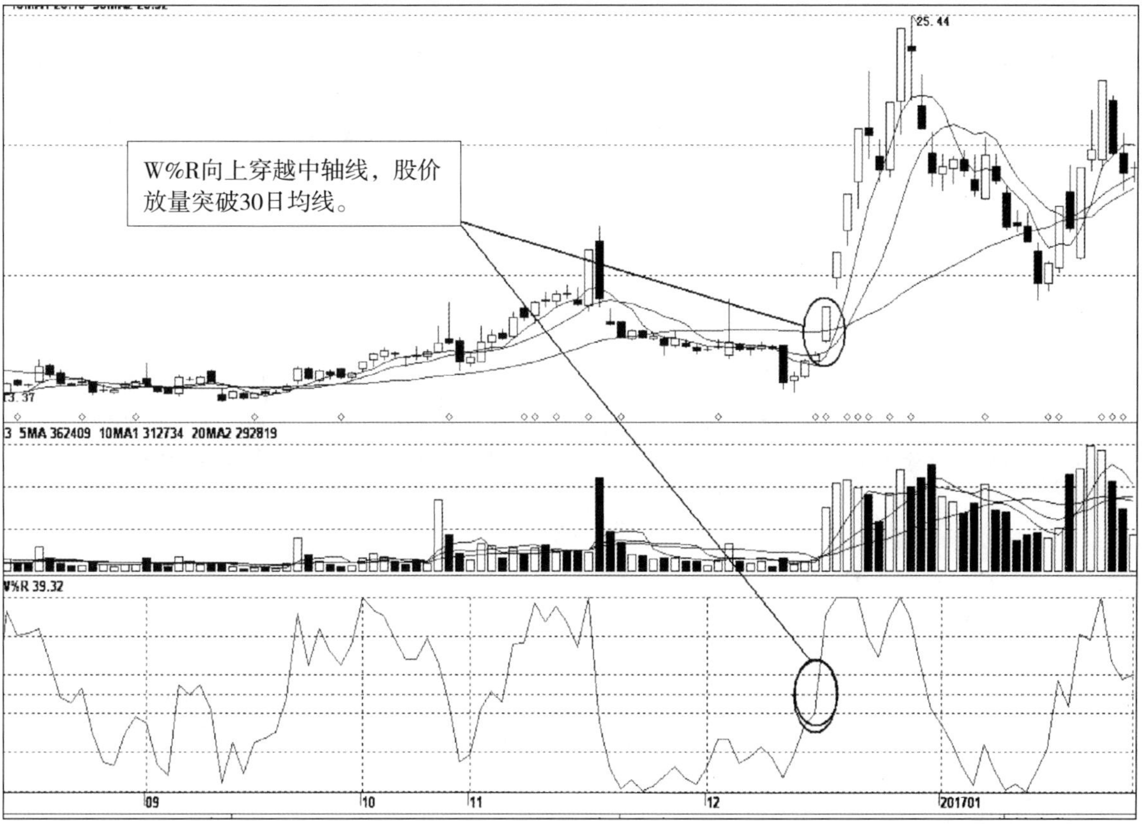

图 4–3　南京港（002040）日 K 线图

（二）确认信号

1. 回抽确认

股价在底部启动后向上小幅反弹，这时主力开始洗盘，股价出现回调走势。W%R 线回落至中轴线附近时，再度发力上攻。此时 5 日均线金叉（或已经金叉）10 日均线，30 日均线上行，应及时买入（在低位每次发生，均是买入时机）。这种现象多为主力试拉升或主升浪开始的前奏。

如图 4–4 所示，福建金森（002679）上涨过程中，先后出现 3 次回抽确认，此后股价均出现不同程度的上涨走势。主力成功完成建仓计划后，股价向上振荡走高，W%R 指标也脱离 50 中轴线向上走高而进入强势区。主力为了进一步夯实底部基础，股价出现小幅回落，W%R 线回落到 50 中轴线附近时再度反身向上，均线系统呈现多头排列，成交量进一步放大，此时构成买入信号。

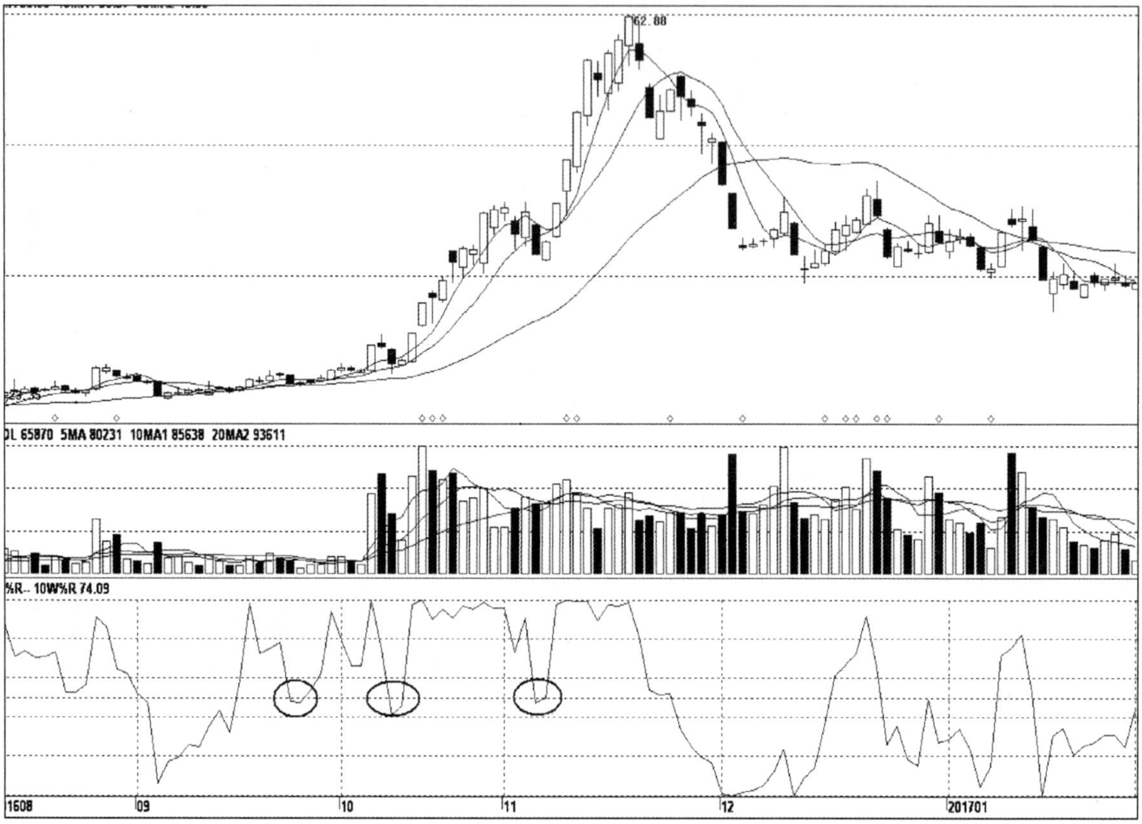

图 4–4　福建金森（002679）日 K 线图

2. 反弹确认

股价见顶后稍有回落，这时由于主力没有全面完成出货任务，股价重新回升，W%R 线上升至前期高点附近时遇阻返回，5 日均线死叉（或已经死叉）10 日均线，应及时卖出，这种现象意味着下跌行情即将出现。

如图 4–5 所示，九洲药业（603456）下跌过程中，先后出现两次反弹确认，此后股价均出现不同程度的下跌走势。股价反弹结束后向下突破，形成一条通道，均线系统呈现空头排列，W%R 指标也回落到 50 中轴线之下，并到达弱势区。在随后出现的反弹走势中，W%R 指标穿过 50 中轴线后，第二天就反转下行，说明反弹力度有限，主力做多意愿不强，成交量持续萎缩，因此是一个卖出信号。

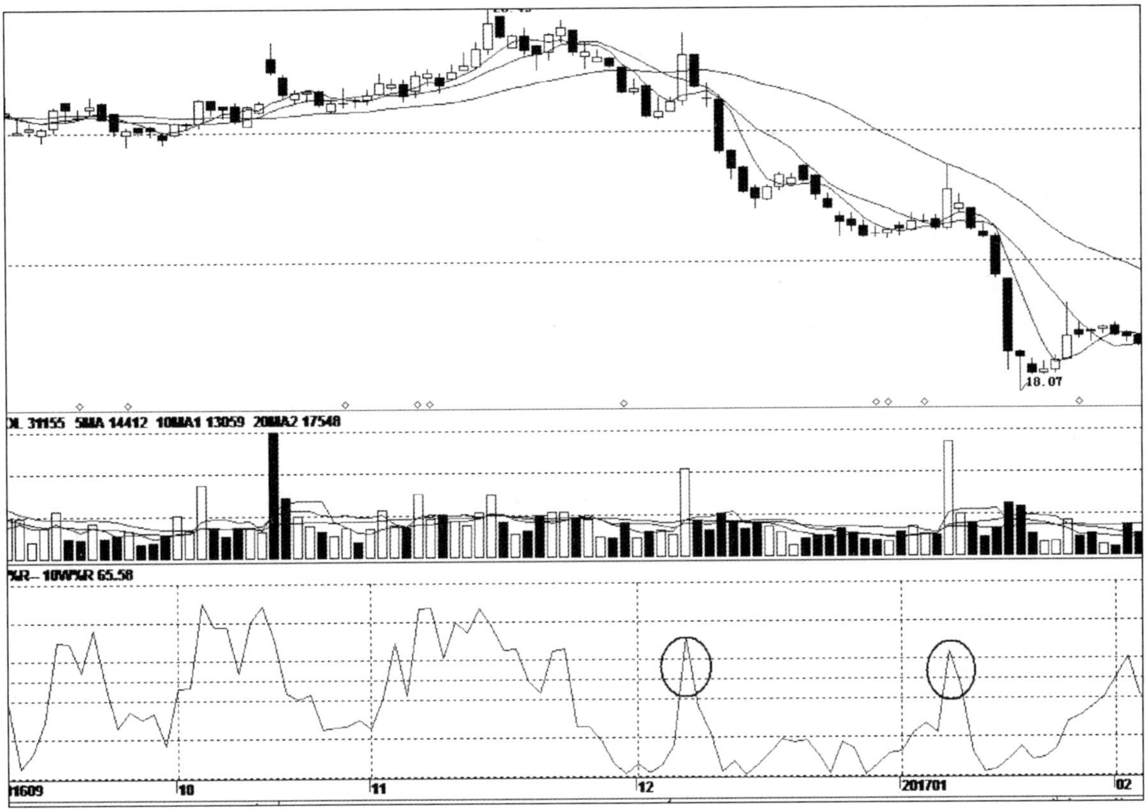

图 4-5　九洲药业（603456）日 K 线图

（三）碰撞信号

碰撞次数分析是指 W%R 线从低位上升到指标超买区后，经过一段时间的运行，曲线连续几次碰撞顶部 0 线，从而形成短线卖出点。当曲线几次碰撞后出现下降，并有效突破 50 中轴线时，预示股价短线可能下跌。

或者，W%R 线从高位下降到指标超卖区后，经过一段时间的运行，曲线连续几次碰撞底部 100 线，从而形成短线买入点。当曲线几次碰撞后，出现上升并有效突破 50 中轴线时，预示股价短线可能上涨。

W%R 指标碰撞的周期分析如下。

（1）短期分析。W%R 短期分析通常是指标在 10 以下的技术参数，如 3 日、6 日、9 日等（参数越小，碰撞的次数越多；参数越大，碰撞的次数越少），适用 4 次碰撞为基本分析法。如果股价累计有一定的涨幅，当 W%R 线向下突破 50 中轴线时，为短线卖出信号。

（2）中期分析。W%R 中期分析通常是指标在 20 及以下的技术参数，如 12 日、14 日、20 日等，适用两次或 3 次碰撞为基本分析法。如果股价累计有一定的涨幅，当 W%R

线向下突破 50 中轴线时，为中线卖出信号。

（3）周线分析。W%R 指标周参数通常在 10 以下，因为周线本身时间（5 个交易日）较长，若采用较大的技术参数，则会导致信号过于迟钝，影响研判效果。周线通常适用一次碰撞为基本分析法。

需要注意的是，对于短线急涨或急跌的股票，如果 W%R 在一次碰撞后就向下或向上突破，就不能局限于 W%R 的“次数分析法”，只要指标出现有效突破即成买卖信号。

如图 4-6 所示，步森股份（002569）的股价反弹结束后回落，W%R 指标从强势区到达弱势区盘整，多次出现撞底走势，说明股价短期有超卖迹象，随时有见底反弹的可能。当 W%R 指标穿过 50 中轴线时，就是一个较好的买入信号。

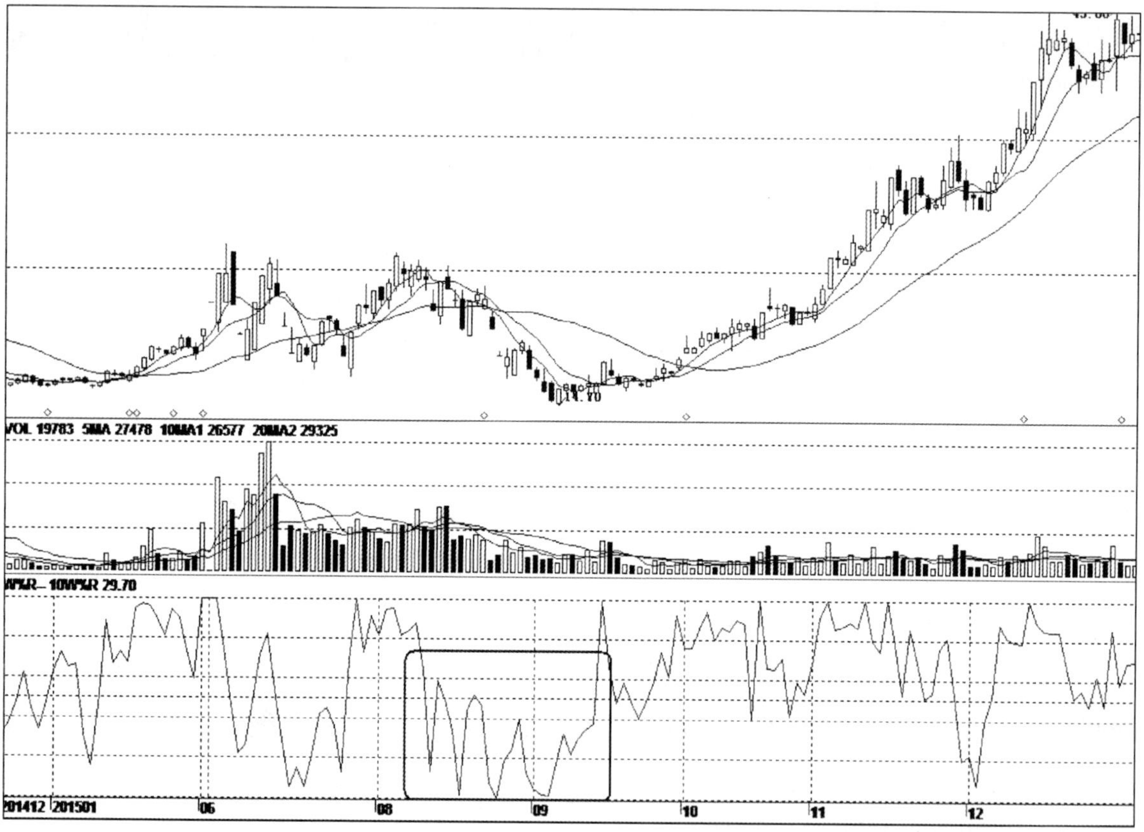

图 4-6　步森股份（002569）日 K 线图

如图 4-7 所示，廊坊发展（600149）的股价大幅上涨后，W%R 指标到达强势区钝化，随后股价见顶回落。几个交易日后，W%R 指标向下有效突破 50 中轴线，此时形成卖出信号。然后，股价经过反弹，W%R 指标再次向下有效突破 50 中轴线，同样是一次卖出机会。

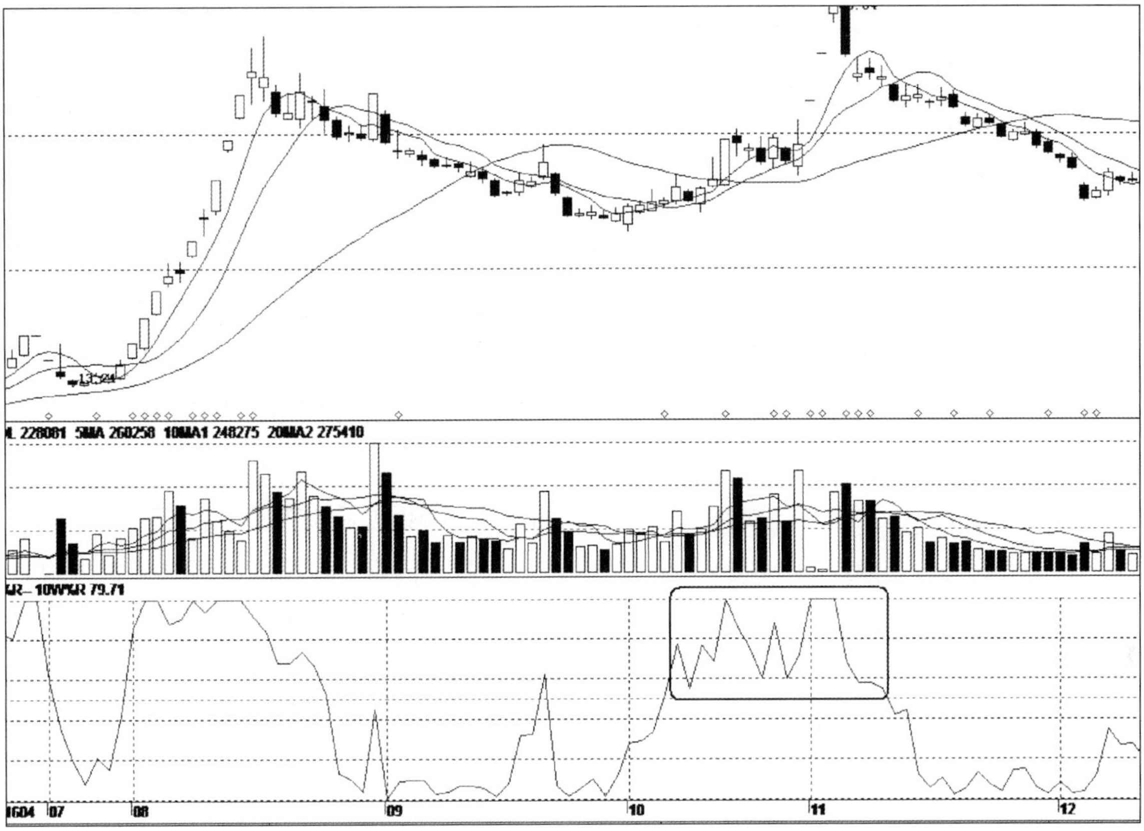

图 4-7　廊坊发展（600149）日 K 线图

四、W%R 常见陷阱

在使用 W%R 指标时注意，电脑应用软件中有两种制作方法：一种方法是 0 值在上方，表示超卖；100 值在下方，表示超买。另一种方法是 100 值在上方，表示超买；0 值在下方，表示超卖。而大智慧软件又有所区别，100 值在上方，表示超卖；0 值在下方，表示超买。但无论用哪种方法来分析，50 中轴线（强弱分界线）的位置是一样的，分析结果也是相同的。但在研究背离信号时有所不同：指标信号与股价反向的是顺势信号，指标信号与股价同向的是背离信号，因此使用大智慧软件的朋友要特别注意。

（一）强弱陷阱

W%R 指标以 50 线为中轴线将其分为上下两个区域，多数软件以上方为强势区，下方为弱势区。一旦向下穿越 50 中轴线，表示行情已经转弱，应卖出观望；一旦向上穿越

50 中轴线，表示行情已经转强，应加码买进。但在实盘操作中，W%R 指标会频繁穿越 50 中轴线，如果简单地按这个法则操作，恐怕失败大于成功，因此应正确区别 W%R 指标强弱信号的真假。

1. 强势陷阱

一般而言，当 W%R 指标向上击穿 50 中轴线时，可以认为市场由弱转强，表明空头力量撤退，多头力量占据盘面优势，股价即将出现上升走势，这是 W%R 指标比较明显的持股待涨或买入做多信号。但是，主力在做盘面和技术骗线时，往往会将 W%R 线拉升到强势区，形成强势多头信号。这时就会出现 W%R 指标转强虚假信号，大家在此位置买入很容易被套。

如图 4-8 所示，中信国安（000839）下跌过程中，股价见顶后向下回落，在下跌过程中，W%R 指标多次向上穿过 50 中轴线，通常这是一个买入信号。可是买入后，股价仅仅是弱势小幅反弹而已，然后再次步入阴跌走势，W%R 指标也很快返回中轴线下方运行，弱势特征进一步显现。这些虚假信号可能是主力故意设置的骗线，也可能是市场自然波动而成，因此投资者必须有所掌握。

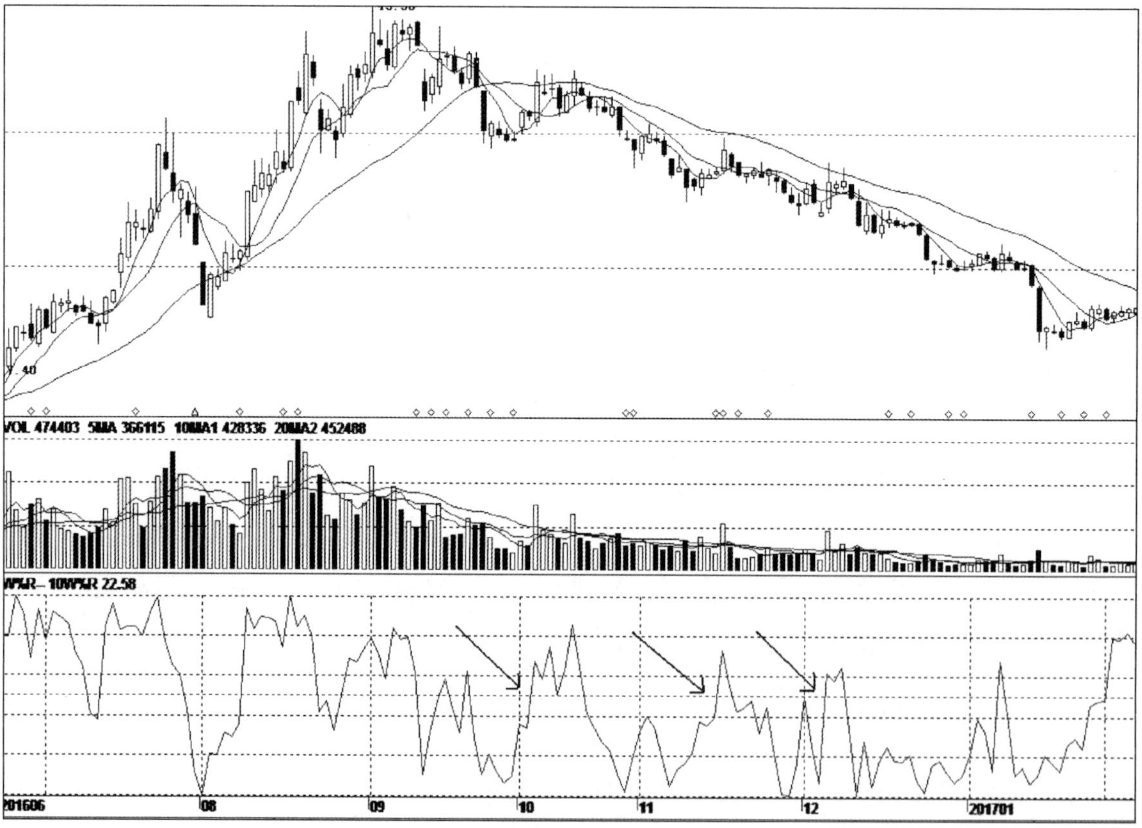

图 4-8　中信国安（000839）日 K 线图

技术解盘：在股价下跌过程中，W%R 指标几次向上穿越 50 中轴线，均很快返回到 50 中轴线之下，形成假突破走势，在盘面上的一个共同特点就是突破力度不够强大，曲线深入到强势区的幅度太浅。另外，K 线图中均线系统呈空头排列，不支持强势信号的持续发展，因此跌势依然不改。成交量未能有效放大，表明主力无意做多，散户跟风意愿不强。强势信号几度出现，却都是昙花一现，因此成了多头陷阱。

2. 弱势陷阱

当 W%R 指标向下穿越 50 中轴线时，可以认为市场由强转弱，意味着多头力量逐渐衰竭，空头力量可能加强，股价将向下调整，这是 W%R 指标比较明显的卖出信号。特别是对于那些股价高位盘整后开始下跌的股票，这种信号比较准确。W%R 指标下降到 50 线以下时，通常意味着股价已经走弱，行情将要发生逆转。但在上升回档或主力快速打压股价洗盘时，出现的 W%R 指标快速下降往往是个弱势陷阱。

如图 4-9 所示，鹏起科技（600614）上涨过程中，股价探明底部后稳步上行，主力采用边拉边洗的手法将股价稳步推高。在洗盘时，W%R 指标多次向下突破 50 中轴线，产生明显的弱势信号，使不少投资者抛售筹码离场。当主力洗盘目的达到后，W%R 指标又快速回升到强势区，股价出现强势盘升行情。这些弱势信号明显是主力设置的空头陷阱。

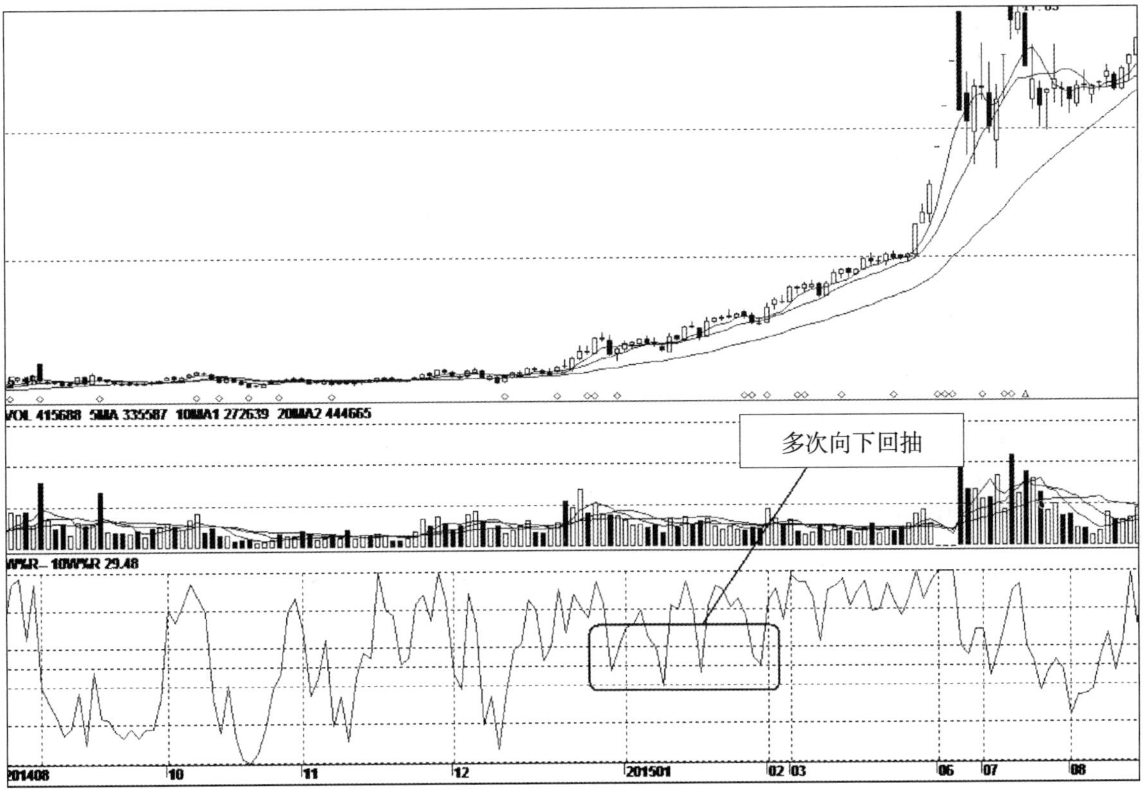

图 4-9　鹏起科技（600614）日 K 线图

技术解盘：从该股走势图中发现，在股价上涨过程中，W%R 指标几次向下穿越 50 中轴线，但很快反转向上形成假突破走势，在盘面上的一个共同特点是突破力度不够，曲线深入到弱势区的幅度太浅。另外，K 线图中均线系统一直保持多头排列，并不支持弱势信号进一步加剧。可见，多方力量依然占据盘面优势，突破信号为主力洗盘形成的弱势陷阱。

3. 技术纠正方法

（1）行情进入超买后还会继续超买，进入超卖后还会继续超卖。因此，当 W%R 指标进入超买后，行情并非立即下跌，可能仍在超买区波动，只是表明行情仍处于原来的市道中。只有当 W%R 线成功突破 50 中轴线后，才能完成一个完整的强势信号。同样，当 W%R 指标进入超卖后，行情并非会立即上升，有可能仍在超卖区波动，只是表明行情仍处于原来的市道中。只有当 W%R 线突破 50 中轴线后，才能完成一个完整的弱势信号。

（2）股价在 W%R 线穿越 50 中轴线时，必须有力度，有气势。确认走势有无力度和气势的依据：突破时要有成交量放大的支持，股价走势干脆利落而不拖泥带水，指标指示方向要明确，突破后要坚守“阵地”而非临时“占用”，突破后要向纵深发展，即要达到一定的涨跌幅度，否则为虚假信号的可能性大。W%R 线穿越中轴后，要观察一两天是否真实有效。若穿越后迅速返回，表明原来的趋势并未完结，股价仍将保持原来的运行方向延续一段时间。

（3）移动平均线是确认市场强弱的重要指标工具之一，应寻求均线系统的支持。

（4）由于 W%R 指标的敏捷性较强，因此它是一项短期技术指标，一旦发出买卖信号，应速战速决。

（5）使用 W%R 指标测市时，应结合其他指标进行综合分析，如 KDJ、MACD、DMI 及 VOL 等中短线技术指标。同时，当 W%R 线突破 50 中轴线时，可以用 RSI 指标来确认信号是否正确。因此，投资者在应用 W%R 指标时，要发挥其与 RSI 指标在研判市场强弱及超买超卖现象的互补功能，可以较为准确地得出对市场走向的判断。

（二）钝化陷阱

由于 W%R 指标的波动速度非常快，经常会出现钝化的现象。尤其在持续的涨跌行情中，这种现象会更加突出，从而导致 W%R 指标技术失灵，套牢和踏空现象经常出现，让投资者深感迷茫。

1. 高位钝化陷阱

W%R 指标由于反应灵敏，经常出现高位或低位钝化现象。大牛股节节走高，不断创出新高点，W%R 指标在高位不断出现钝化，不断地碰撞极限线即 0 线。尤其是在极端大行情中，这种现象更加突出。此时令投资者无从下手，若按常规操作策略卖出，就会不断地出现失误。若继续持股，又找不到持股的理由，更怕股价下跌，让到账的利润缩水。主力偏偏就在投资者迷茫时添乱，增加其操作难度。

如图 4-10 所示，三江购物（601116）的主力实力强大，股价见底后稳步走高，并借利好消息出现快速拉升行情。W%R 指标到达强势区后，在高位出现钝化再钝化现象，不断地碰撞 0 线。但是，股价仍然持续拉高，短期涨幅超过 300%，一时成为两市的大牛股。可见，如果在指标出现钝化时卖出，显然会掉进空头陷阱之中。可是，也有不少投资者卖出踏空，有的甚至在 W%R 指标刚刚产生钝化时就卖出，从而错过了一大段快速获利的行情。

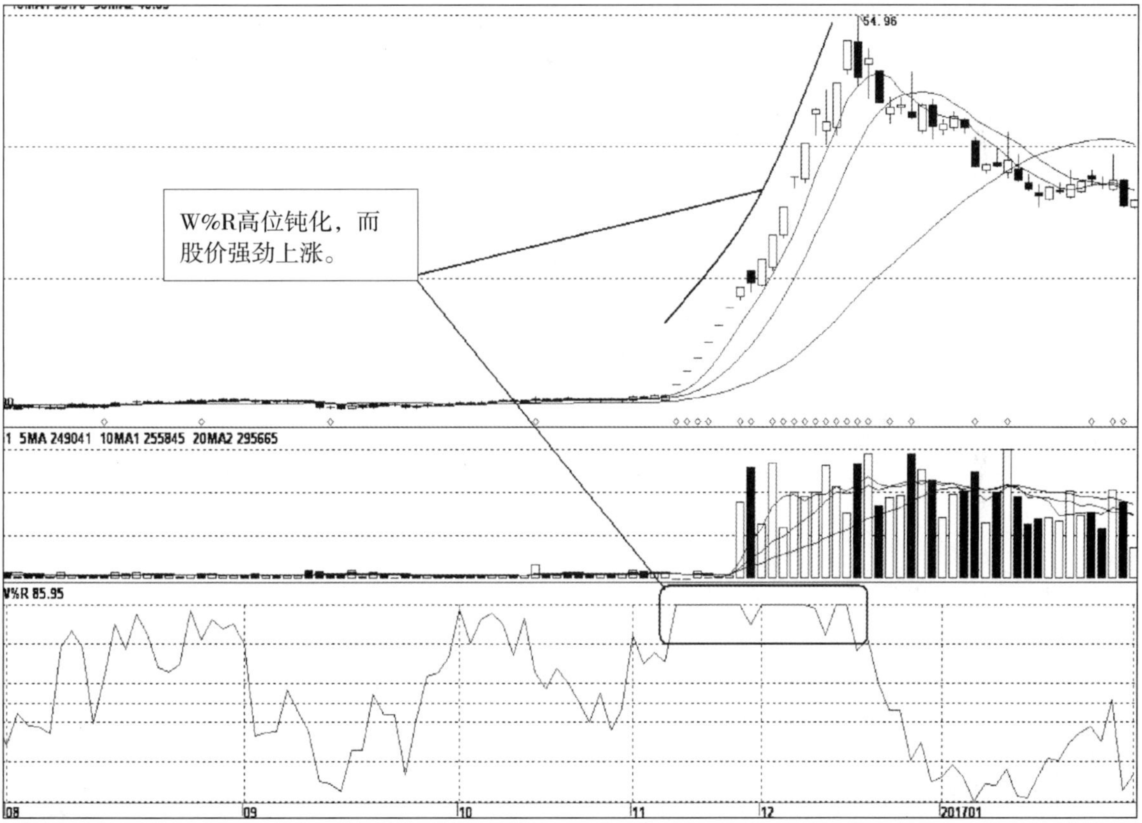

图 4-10　三江购物（601116）日 K 线图

技术解盘：从该股走势图中发现，在股价上涨期间，W%R 指标处于超买区，表示行情处于多头市场。偶尔回升到 20 线以上，也会很快再度返回 20 线以下，继续钝化，反映股价仍在持续上涨中，尚不能确定为顶部信号。从周线 W%R 指标观察，中长线发展趋势有利于多头，没有形成顶部信号。另外，移动平均线保持多头发散状态，支撑股价继续走高，股价上涨得到成交量的积极配合，盘中资金活动十分活跃。因此，投资者可以一路持股到真正卖出信号出现为止，这样可以使利润最大化。

2. 低位钝化陷阱

下跌趋势中，股价步步走低，不断创出新低点。W%R 指标在低位不断出现钝化，不断地发生碰撞极限线即 100 线。尤其是在极端行情中（问题股除外），这种现象更加突出。此时，投资者如果采取常规操作策略买入，同样会出现致命失误。

如图 4-11 所示，江苏银行（600919）见顶后出现快速回落，在下跌过程中，W%R 指标在低位出现钝化现象，不断地碰撞 100 线。但是，随后股价仍然跌跌不休，不断地创出新的低点。可见，如果在出现指标钝化时买入，显然是落入了主力设置好的圈套之中。

技术解盘：该股虽然 W%R 指标出现低位钝化，但股价并没有发出买入信号。从该股走势图中可以看出，股价长期下跌时，W%R 指标处于超卖区，表示行情处于空头市场，偶尔下降到 80 线以下，也能很快再度返回 80 线以上继续钝化，反映做空气氛强盛，股价仍有下跌空间，底部还没有真正形成。从周线 W%R 指标观察，中长线处于空头趋势，不利于多头发展。另外，移动平均线呈空头排列，不断压低股价下行，成交量大幅萎缩，不支持多头行情。因此，在 W%R 指标钝化过程中，不宜提早介入，以免被套。

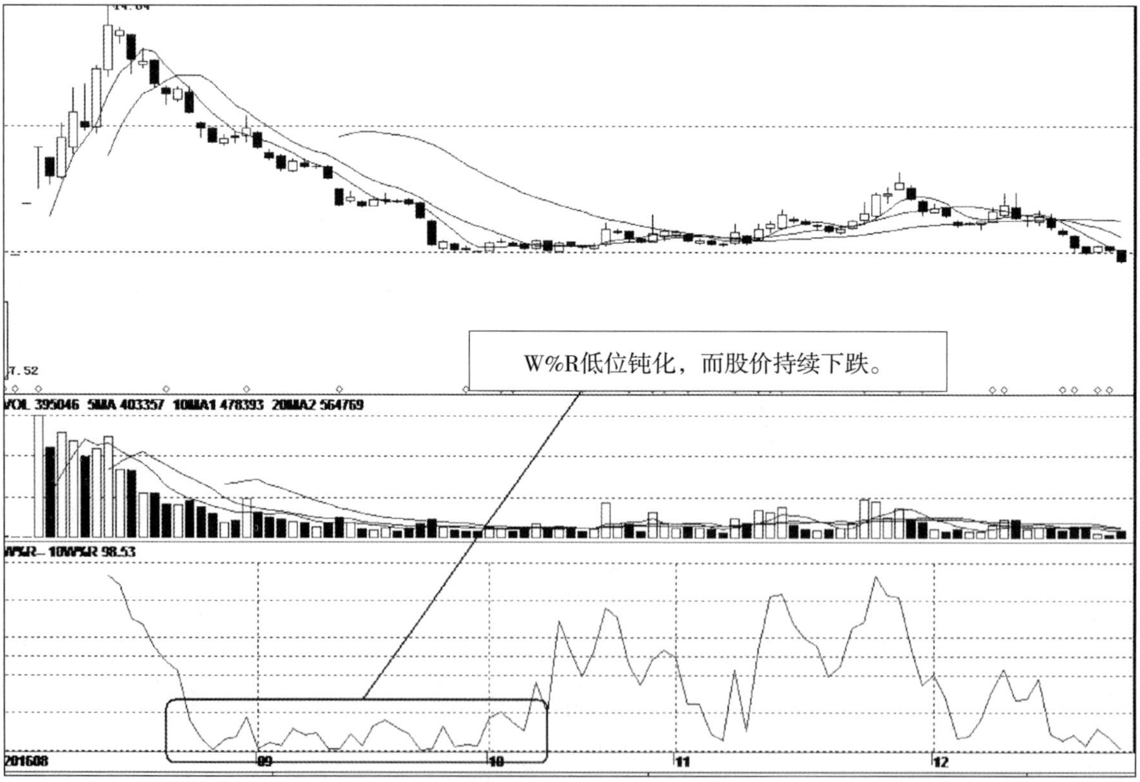

图 4-11 江苏银行（600919）日 K 线图

3. 技术纠正方法

（1）在实际操作中，W%R 指标变化过于迅速，经常超出常态范围，这时 W%R 指标的超买或超卖往往就失去了作为出入市警告信号的作用。比如，在牛市初期，W%R 指标往往会很快进入 20 线以下强势区域，并在此区域钝化相当长一段时间，但这并不表示上升行情将要结束。恰恰相反，它是一种强势的表现。只有在牛市末期或熊市当中，超买才是比较可靠的市场信号。因此，一般不宜在 W%R 指标进入非常区域就采取买卖行动，最好等 W%R 进入超买超卖区，然后又回到正常区域时，在价格方面的确认下，才能采取实际的行动。

（2）如果一段较长时间内，W%R 指标都处在超买区（20 线以下），表示行情处于多头市场，虽然该指标已经显示超买，但行情仍有可能进一步走高。此阶段 W%R 指标的特性是在 20～0 之间，偶尔跌至超买区以外时，也能够很快地再度返回超买区以内；但若跌至超买区以外的数天时间内，尚不能再次返回超买区以内的话，则表示行情已经转弱，应考虑卖出。

（3）如果一段较长时间内，W%R 指标都处在超卖区（80 线以上），表示行情处于空头市场，虽然该指标意味着市场已经超卖，但行情仍有可能进一步走低。此阶段 W%R 指标的特性是在 80～100 之间，偶尔涨到超卖区以外时，也能够很快地再度返回超卖区以内；但若涨到超卖区以外的数天时间，不能再次返回超卖区以内的话，则表示行情已经转强，应考虑买入。

（4）在大涨大跌时，W%R 指标容易产生钝化，使投资者过早买入或卖出，造成被套或少赚的风险。因此，当 W%R 指标产生钝化时，可以通过观察分时和周线 W%R 曲线的走势情况，如通过 30 分钟、60 分钟 W%R 线观察短期波动趋势，通过周线 W%R 指标研判中长线波动趋势，来进一步化解盲区的判断。这一点与 KDJ、RSI 等技术指标的钝化破解方法是一致的。

（5）W%R 指标出现钝化后，应结合 MACD、BOLL、CCI、TRIX 等中长线技术指标进行综合研判，可以减少失误。

（三）碰撞陷阱

W%R 指标是一项短线测市指标，其波动速度非常快。在一轮持续行情中，会多次出现碰触边线的现象。理论界基本形成的一致意见是，以 4 次碰撞为界，第四次碰撞后，往往会成为反转的市场信号，从而产生市场买卖点。但市场千变万化，虚假信号频频出现，从而干扰了正常的测市判势能力。

1. 撞顶陷阱

若 W%R 指标连续多次撞顶（即 0 线，大智慧软件），局部形成双重顶或多重顶走势形态，这往往构成了卖出信号。一般认为，当 W%R 指标连续碰撞 0 线 4 次，表明股价短期即将见顶回落，第四次撞顶是一个相当好的卖点。但在实际操作中，这往往会成为主力设置陷阱的有利时机。比如，主力正在建仓阶段，就会连续四五次撞顶，这样散户跑光了，就很容易吸到筹码。如果在高位出货阶段，只撞顶一两次，这样散户都被拴在高空，筹码很容易派发。

如图 4-12 所示，三房巷（600370）上涨过程中，股价见底后，主力采用边拉边洗方式稳步向上推高股价，但向下打压股价的效果不太理想，于是就改用拉升撞顶的手法，造成技术指标高位钝化，使投资者产生股价见顶的错觉，从而误导散户离场。在股价上涨过程中，碰撞 0 线次数远远超过 4 次，此时不少投资者在 4 次撞顶后退出，正好落入主力的空头陷阱之中。随后，股价经过振荡整理后，进入主升浪行情，累计涨幅很大。

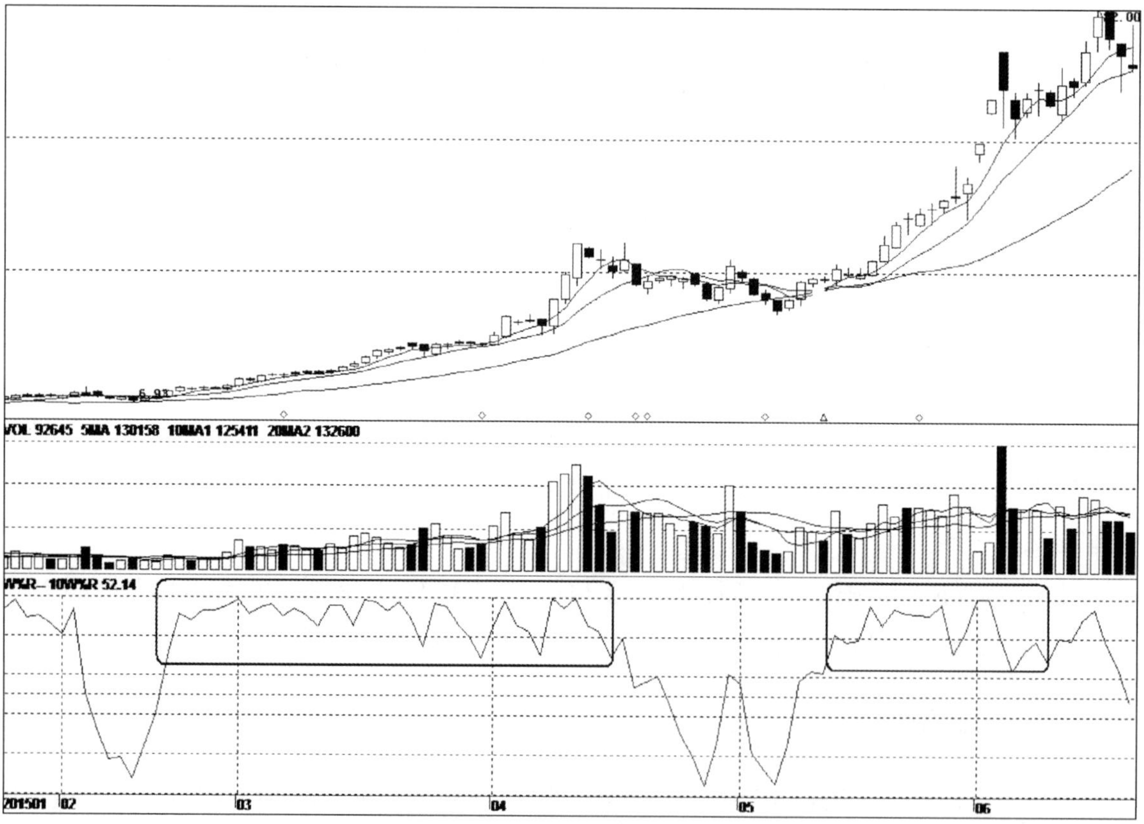

图 4-12 三房巷（600370）日 K 线图

技术解盘：从该股走势图中可以看出，在股价上升过程中，虽然 W%R 指标出现连续多次撞击顶部的现象，但都未能有效突破 50 中轴线到达超卖区，更没有触及 100 线，表明行情在持续涨势之中。移动平均线呈多头排列，并不支持股价做空，量价配合良好。另外，股价涨幅不大，尚未到达主力出货区域，因此是主力设置的一个空头陷阱。

2. 撞底陷阱

若 W%R 指标连续多次撞底（100 线），局部形成双重底或多重底的走势形态，这往往构成买入信号。一般认为，当 W%R 指标连续碰撞 100 线 4 次，表明股价短期即将见底回升，第四次撞底是一个相当好的买点。但在实盘操作中，也容易上当受骗。比如，主力在中位出货阶段，连续 4 次或更多次撞底，散户以为底部来了，便纷纷加入抢筹，这样主力的筹码很容易派发，散户则被套在半空中。

如图 4–13 所示，辽宁能源（600758）下跌过程中，股价大幅炒作后见顶回落，主力为了继续出货，就在 W%R 指标上设置虚假撞底信号，将 W%R 线压低，连续产生 4 次撞底的现象。这时不少投资者以为底部来了，便纷纷买入做多。可是，接下来的行情出现持续阴跌走势，结果主力跑了，散户被套了。

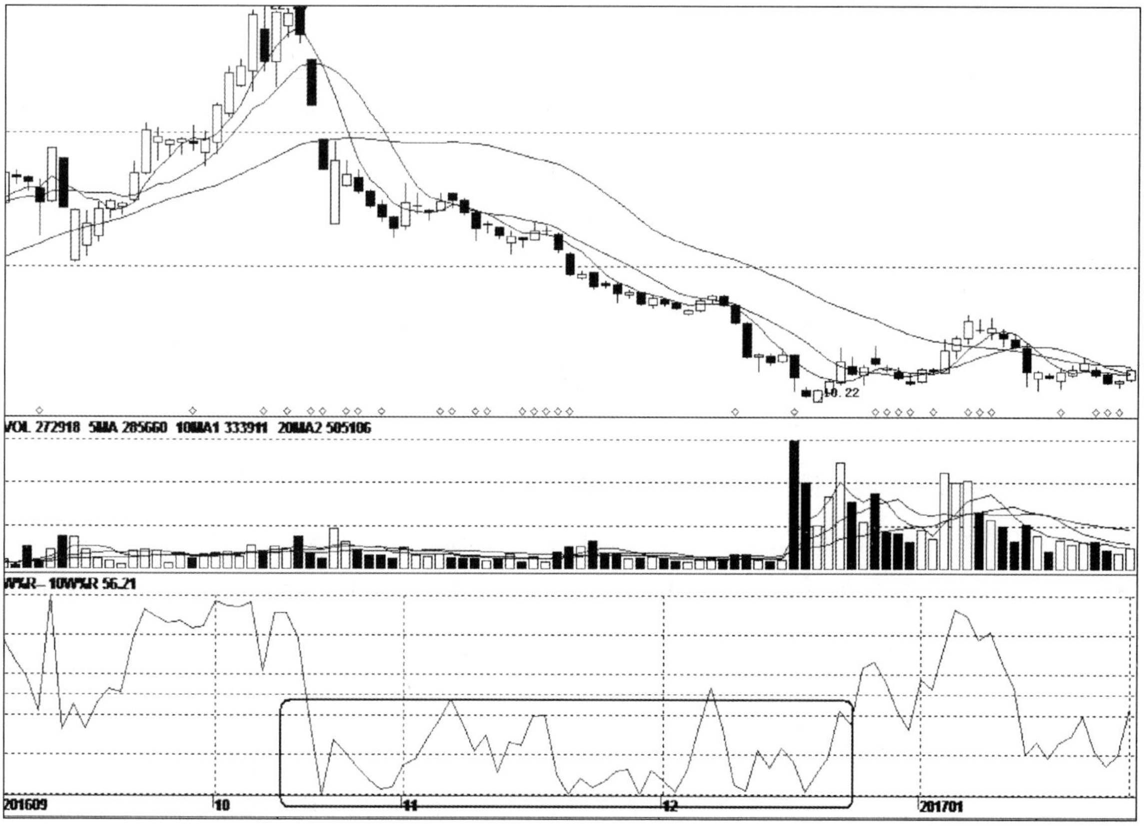

图 4–13　辽宁能源（600758）日 K 线图

技术解盘：从该股走势图中可以看出，在股价下跌过程中，虽然 W%R 指标出现几次撞底信号，但指标曲线未能有效突破 50 中轴线到达超买区，更没有触及 0 线，几次穿越

50 中轴线失败，显示盘面处于弱势之中。移动平均线呈空头排列，并不支持多头信号，成交量未能有效放大，股价缺乏上涨动力，因此股价持续向下走低。

3. 技术纠正方法

（1）碰撞次数分析。W%R 指标碰撞次数在操作中确实难以把握，有时只碰撞一两次，有时碰撞三五次不等，其实也无须强调碰撞次数多少，只要把握 W%R 线从一个方向有效运行到另一个方向即可。当 W%R 线从高位下降到超买区后，经过一段时间的运行，曲线连续几次碰撞 0 线后出现上升，并有效突破 50 中轴线时，预示股价短线可能下跌。或者，当 W%R 线从低位上升到超卖区后，经过一段时间的运行，曲线连续几次碰撞 100 线后出现向下，并有效突破 50 中轴线时，预示股价短线可能上涨。

（2）W%R 指标碰撞周期分析。短期分析技术参数在 10 以下（参数越小，碰撞的次数越多；参数越大，碰撞的次数越少），适用 4 次碰撞为基本分析法。如果股价累计有一定的涨幅，当 W%R 线向上突破 50 中轴线时，为短线卖出信号。

中期分析技术参数在 10～20 之间，适用两三次碰撞的基本分析法。如果股价累计有一定的涨幅，当 W%R 线向上突破 50 中轴线时，为中线卖出信号。

周线分析技术参数在 10 以下，因为周线本身时间（5 个交易日）较长，若采用较大技术参数，会导致信号过于迟钝，影响研判效果。周线通常适用一次碰撞的基本分析法。

需要注意的是，对于短线急涨或急跌的股票，如果 W%R 指标在一次碰撞后就向下或向上突破，就不能局限于 W%R 指标的“次数分析法”，只要指标出现有效突破即构成买卖信号。

（3）行情的发展要得到移动平均线的支持。与均线系统相同方向的指标信号，其可靠性较高；与均线系统相反方向的指标信号，其可靠性较差。

（4）在关键位置要有成交量的配合，成交量大小可以检验信号的真假。

（5）短线可以结合 KDJ、DMI、RSI 等技术指标一起分析，中长线可以结合 MACD、BOLL、CCI 等技术指标一起分析。W%R 指标本身是一项辅助性指标，通常当 KDJ、RSI、MACD 等技术指标尚未完全钝化失真的前提下，W%R 指标仅作为对上述指标可信度再行确认的一种辅助手段。只有当 KDJ、RSI 等技术指标的短线研判作用基本丧失，而 MACD 指标又显示单一行情（多或空），成交量暂时也由于连续缩减而无法辨别方向趋势时，亦即当这几项重要的技术指标都无法对行情趋势做出较为明显的判断时，W%R 指标在扑朔迷离之际能给投资者指点迷津。

第五章

移动平均线（MA）

一、MA 指标精要

移动平均线（Moving Average，简称 MA），在技术分析领域里，是绝对不可少的指标工具，它的主要作用表现在：借助一定时期收盘价的移动走势，反映真实的股价变动趋势。运用均线与每天股价波动之间的相对位置、变动幅度、变化方向，与之对照分析，同时配合多种均线的排列关系来预测股价的未来趋势，从而决定买卖时机。

根据均线指标的时间长短，可分为：短期均线，通常有 5 日线、10 日线、30 日线；中期均线，通常有 30 日线、60 日线；长期均线，通常有 120 日线和 250 日线等。短、中、长线是相对的，可以自己设定技术参数。

均线指标依据计算方法不同，可分为算术移动平均线、加权移动平均线和平滑移动平均线。均线指标就形态而言，可分为单条均线、普通组合均线和特殊组合均线（周均线、月均线和分时均线）。

使用均线指标时，必须了解以下 5 个常用的概念。

（1）排列。分为多头排列和空头排列。凡是均线从上到下按周期长短顺序从短期到长期方式排列的，表明市场行情处于多头状态，这就是均线的多头排列。此为多方控制着局面，后市可看高一线，以做多为主。反之，均线从下到上按周期长短顺序从短期到长期方式排列的，表明市场处于空头状态，这是均线的空头排列。此为空方控制着局面，市道趋淡，以做空为主。

（2）方向。分为顺向运行状态和逆向运行状态。短期均线、中期均线、长期均线沿同一方向向上或向下运行，为顺向运行状态。逆向运行状态的市场特征是：短期均线向下，而中、长期均线向上，说明一波行情终结，但多为回档。当短期均线向上，而中、长期均线向下，表明下跌行情末了，多为反弹性质，应快进快出，见好就收，不可中长期持股。

（3）缠绕。短期均线、中期均线、长期均线相互交错缠绕，不断交换上下位置，说明行情在盘整，方向不明，投资者要等方向明朗后，再决定买卖。

（4）交叉。分为黄金交叉和死亡交叉。短期均线由下向上有效穿过中长期均线为黄金交叉，简称金叉。短期均线由上向下击穿中长期均线为死亡交叉，简称死叉。

（5）形态。分为银三角、金三角和死亡角。短期均线由下往上穿过中期均线和长期均线，中期均线也由下往上穿过长期均线，长期均线出现上行，从而形成一个尖头朝上的不规则的三角形。这个不规则三角形的出现，表明多方已积累了相当大的上攻能量，这是一个比较典型的买进信号，所以人们形象地把它称为银三角、金三角或叫银山谷、金山谷。短期均线由上向下穿过中、长期均线，随后中期均线下穿长期均线，长期均线出现下行，从而在顶部形成一个尖头向下的不规则三角形，这个三角形就叫死亡角或死亡谷。

二、MA 指标特性

（1）趋势性。均线指标能够用来表示股价的趋势方向，并追随这个趋势，不轻易放弃。

（2）稳定性。均线指标是多日（至少两日）股价的平均值，无论是向上还是向下，都是缓缓运动着，不像日 K 线那样大起大落。若要改变均线的运动方向相当不易，个别涨跌幅大的个股，即使出现一两个涨跌停，也一时改变不了原来的运动趋势。

（3）真实性。均线指标是反映一定时期内股票收盘价的移动平均值，一般难以造假。

（4）安全性。均线不会轻易地向上或向下运动，通常股价回落或上涨初期，均线反而是向上或向下运行的，待市势明朗后，均线才会真正地改变运行方向。均线选用的参数越大，其安全性能就越大，如 30 日均线的安全性能就大于 10 日均线。

（5）滞后性。在股价原有趋势发生改变时，均线往往反应迟钝，改变运行方向通常落后于股价运行的方向，明显有“价先线后”的性质。

（6）助涨助跌性。当股价突破均线，无论是向上突破还是向下突破，股价将会继续沿突破方向运动一段距离。

（7）支撑和阻力特性。受上述这些特征的决定，均线在股价走势中具有支撑和阻力的作用，向上突破均线起支撑作用，向下突破均线产生阻力。其支撑和阻力的力度大小，取决于均线选用的周期长短。周期越长，对股价的支撑和阻力就越大；反之就越小。

三、MA 指标八大买卖法则

在证券技术分析中，美国证券技术分析大师葛兰碧对股价与移动平均线的关系进行了细致的分析，提出了移动平均线“八大买卖法则”，其中买入、卖出各有 4 个信号。这八大买卖法则在诸多的技术分析理论中颇具权威性，在世界各国股市一直沿用至今，经久不衰。因此，该法则无论对机构操盘手还是一般散户，都具有实盘指导意义。

（1）股价由下向上穿过均线并继续向上运行，为买入信号。均线由下降转为渐渐走平，而股价从均线下部向上突破均线，形成金叉，并带动均线上移，此为买进的典型信号。

（2）股价跌破均线但很快重返均线之上，为买入信号。股价与均线有“价先线后”的关系，在均线持续缓缓上升过程中，股价一时跌破均线，不久即返均线之上，说明市场仍处于强势，此跌破为假动作，应是买入信号。

（3）股价跌至均线附近但不死叉即调头向上，为买入信号。股价一直在均线之上运行，说明仍为涨势，应是买入信号。

（4）股价大幅下跌并已远离均线，为买入信号。股价大幅下挫，跌破了均线，并且继续远离均线，BIAS（乖离率）增大，有向均线回归的可能，此时可以买进做反弹。

（5）股价从上而下跌破均线并继续向下，为卖出信号。均线在高位出现由上升趋势渐渐走平或拐头向下的迹象，而股价由上向下跌破均线，表明市场抛压较重，此时应卖出股票。

（6）股价向上突破均线但很快回到均线之下，为卖出信号。均线缓缓向下压，股价在其下位置运行，构成下降通道。股价上穿均线，昙花一现即重回均线之下，说明市场为弱势，此突破为假动作，应尽快卖出。

（7）股价上升到均线附近又调头向下，为卖出信号。股价一直在均线之下运行，说明空头气氛浓烈，应是卖出信号。

（8）股价大幅上涨且远离均线，为卖出信号。股价涨势过猛，突破后继续远离均线，乖离率偏大，有向均线回档的可能，此时应卖出股票。

上述前 4 种法则说的是买进时机。以技术理论分析：第一种法则为盘底现象，是买进信号；第二种法则为探底现象，为加仓信号；第三种为回档现象，均线有支撑作用，是加仓买进信号；第四种法则为反弹现象，应快进快出。

上述后 4 种法则说的是卖出时机。从技术理论上分析：第五种法则为盘头现象，为卖出信号；第六种法则为做头现象，为卖出信号；第七种法则为反弹现象，均线起到阻力作用；第八种法则为回档现象，应短线做空。

四、MA 实盘经典

根据移动平均线的应用法则，在实盘操作中，应重点把握以下 4 点。

（1）了解和掌握均线系统的排列情况（多头或空头）。

（2）关注均线系统的交叉及拒绝交叉信号。

（3）把握均线系统的特殊状态（银三角、金三角和死亡角）。

（4）掌握均线系统黏合后的分离情况。

（一）形态信号

1. 银三角买入信号

股价经过一轮下跌调整后，在底部企稳，接盘力量增大，股价开始转势向上。5 日均线金叉 10 日、30 日均线，随后 10 日均线也金叉 30 日均线，此时 30 日均线呈上升趋势。在均线系统中，此时形成一个尖头向上的不规则三角形，这个三角形就是银三角，为买入信号。

如图 5–1 所示，杭州园林（300649）在底部振荡过程中，主力吸纳了大量的低价筹码。在向上突破之前，主力制造了一个空头陷阱，然后在企稳振荡过程中，5 日均线金叉 10 日均线，之后又向上金叉 30 日均线。2022 年 2 月 15 日，股价向上突破，此时 10 日均线也金叉 30 日均线，30 日均线从平走转为上翘走势，在图表上形成一个尖头向上的不规则的三角形，符合银三角特征，构成买入点。

2. 金三角买入信号

在底部区域出现一个银三角形态之后，股价出现小幅向上攀升，经过主力洗盘换手或调整后，股价再次出现发力向上走势，预示行情即将进入主升浪阶段。此时，5 日均线金叉 10 日、30 日均线，随后 10 日均线又金叉 30 日均线，此时 30 日均线呈上升趋势。在均线系统中形成一个尖头向上的不规则三角形，后面出现的三角形就是金三角，为买入信

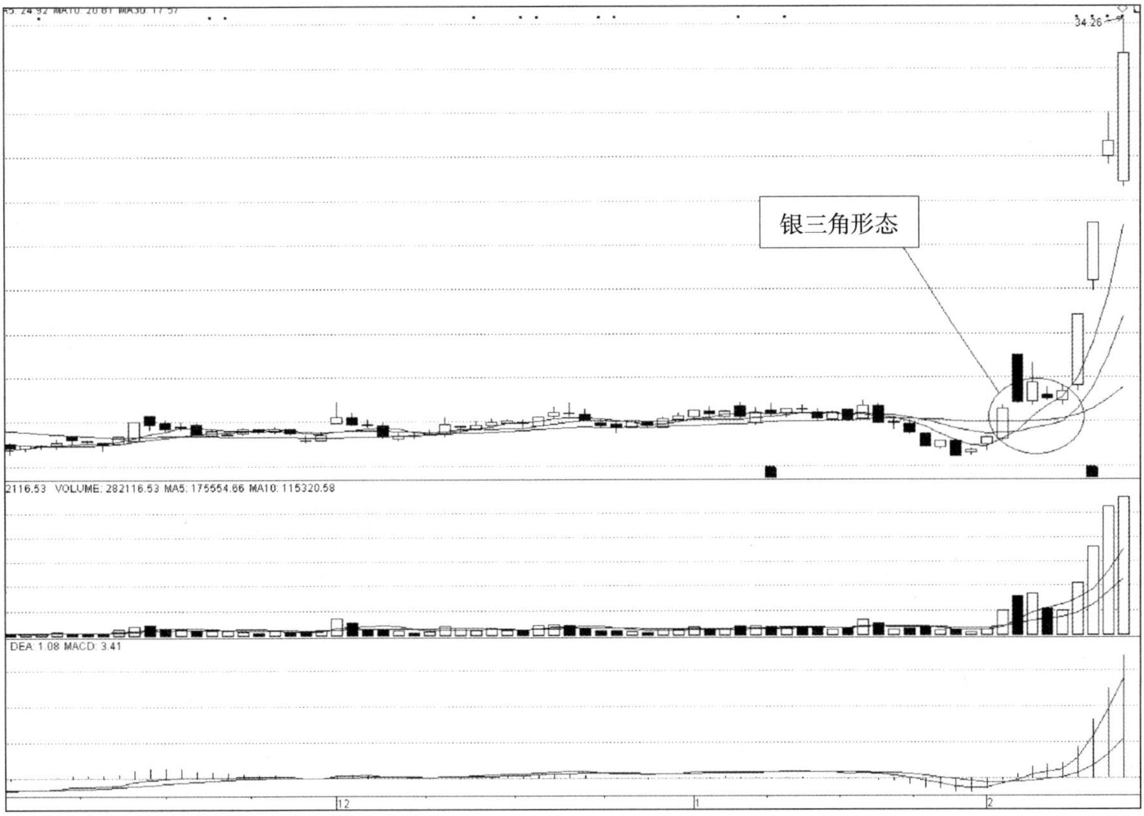

图 5-1　杭州园林（300649）日 K 线图

号。如果回调确认形态成功时，应大胆加仓买入，短期获利概率极大。

如图 5-2 所示，三人行（605168）见底企稳后股价向上攀高，2021 年 11 月中旬，在底部出现一个向上的银三角，然后主力展开洗盘调整，股价出现小幅回落走势。股价在前期低点附近获得强大支撑，12 月中旬再次形成一个向上的金三角形态，即 5 日均线金叉 10 日、30 日均线后，10 日均线又金叉 30 日均线，此时 30 日均线呈上升趋势。同时，成交量呈温和放大态势，构成较好的买入点，其后该股出现向上盘升走势。

提示：银三角、金三角从图形特征上来说没有什么区别，其不同之处是出现的时间有先有后。习惯上，把均线上先出现的尖头朝上的不规则三角形称为银三角，把后出现的尖头朝上的不规则三角形称为金三角。通常来说，金三角的位置要高于银三角，但有时也可能平于或略低于银三角。从时间上来说，它们相隔的时间越长，金三角的含金量就越高。就技术上而言，金三角买进信号的可靠性要比银三角高，其原因是金三角的出现是对银三角做多信号的再一次确认，同时说明多方在有了前一次上攻经验后，这次准备得更加充分，这样成功概率自然会更大一些。据经验分析，在银三角处买入股票，日后成功与失败之比为 7:3，而在金三角处买入股票，日后成功与失败之比为 8:2。

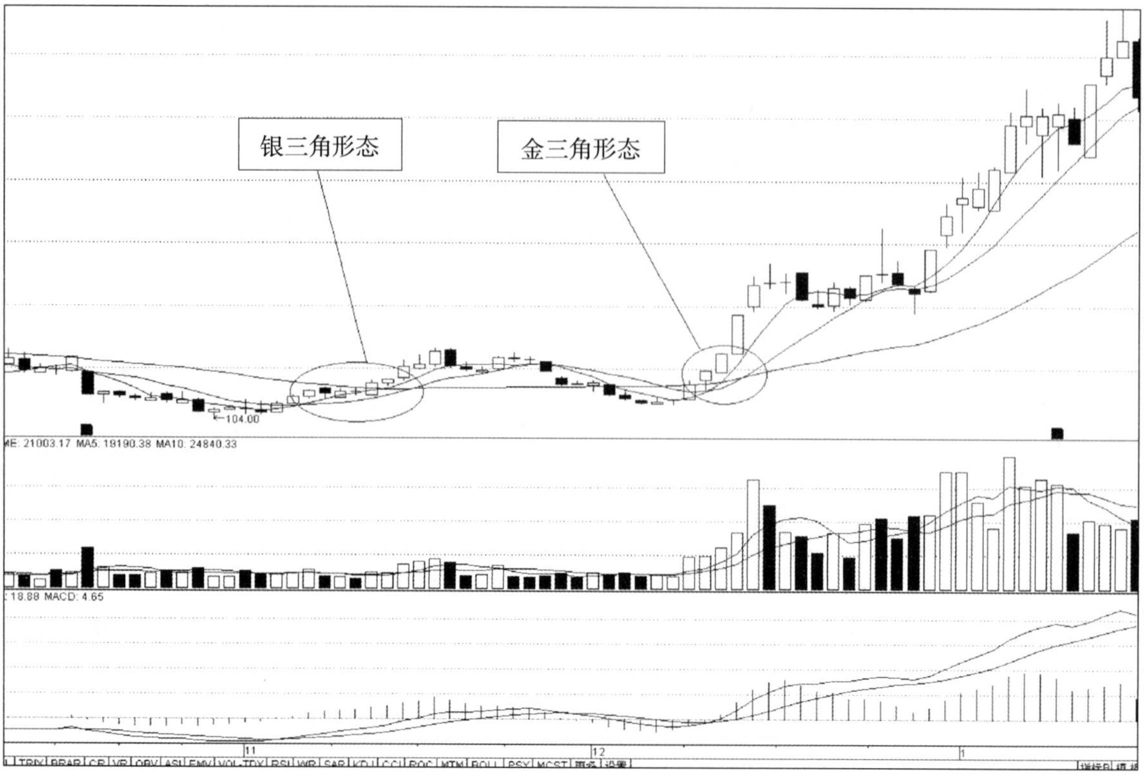

图 5-2　三人行（605168）日 K 线图

3. 死亡角卖出信号

股价经过一轮上涨后，出现滞涨走势，并且股价开始转升为跌。短期均线由上向下穿过中、长期均线，随后中期均线下穿长期均线，长期均线随之下行，从而在顶部形成一个尖头向下的不规则三角形，此三角形称为死亡角。死亡角的出现，表明空方已经积累了相当大的杀跌动能，是一个典型的卖出信号。据经验分析，在股价前期涨幅较大的情况下出现死亡角，日后股价下跌和上涨的比例为 8:2。

如图 5-3 所示，上海贝岭（600171）在高位振荡一段时间后，从 2021 年 10 月下旬开始走弱，5 日均线向下死叉 10 日均线，随后又死叉 30 日均线。几天后，10 日均线死叉 30 日均线，30 日均线从平走转为下跌趋势，从而构成一个尖头向下的不规则三角形（死亡角）。这种情况表明空方已堆积了相当大的杀跌能量，后市将有一波下跌行情出现，此时尽快离场观望。其后，该股出现持续阴跌走势，死亡角令投资者心生余悸。

（二）黏合信号

1. 低位黏合

股价经过一轮下跌后，在低位出现盘整走势，主力进场建仓或压箱顶吸取廉价筹码，

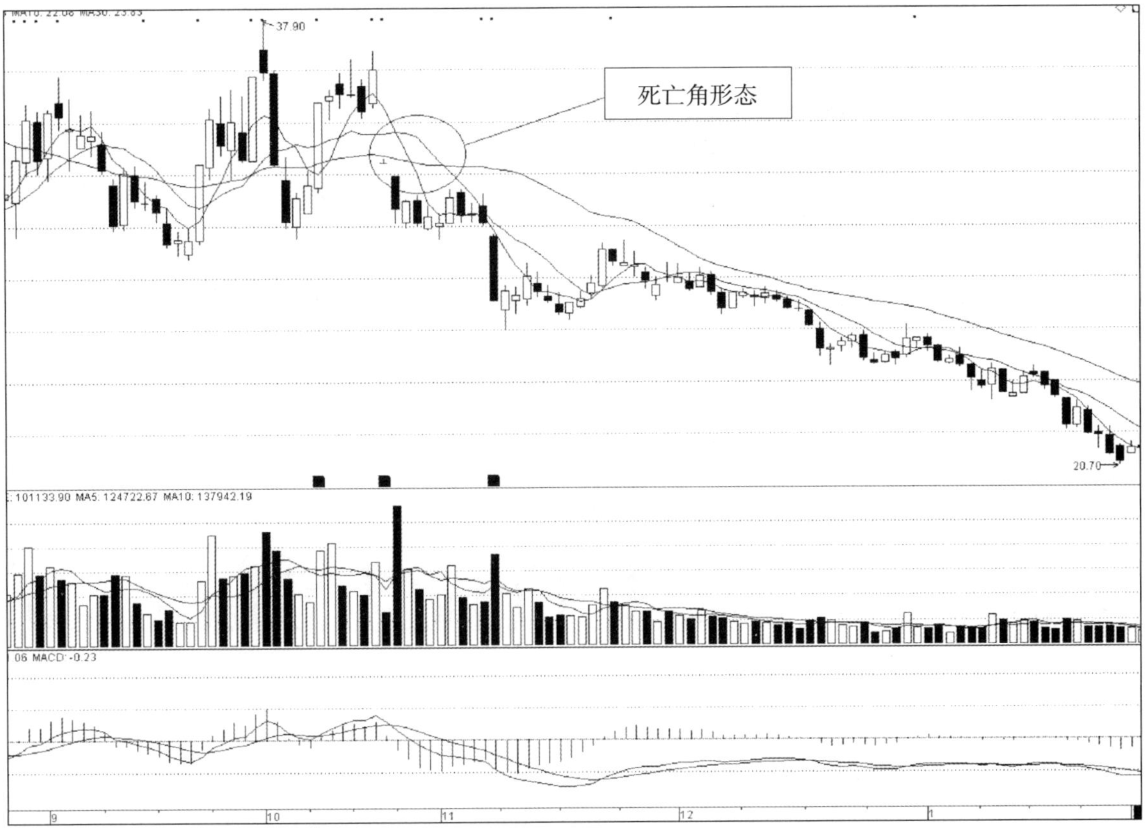

图 5-3　上海贝岭（600171）日 K 线图

使 5 日、10 日、30 日均线在底部黏合在一起（黏合越紧，时间越长，后市爆发力越大）。如果某日 5 日均线脱离黏合状态，出现向上发散，10 日和 30 日均线尾随其后也跟着向上运行，均线系统就会形成多头排列。此时如果成交量持续放大，那就表明一个中级大底基本出现，这时可以及时跟进，做一波中级行情。

如图 5-4 所示，恒帅股份（300969）在低位形成横盘走势，主力在低位悄然吸纳低价筹码，期间 5 日、10 日、30 日三条均线在底部几乎黏合成一条线。2021 年 8 月 24 日，股价放量涨停，脱离底部盘区，5 日均线摆脱黏合状态，出现明显的向上走势，成交量温和放大，MACD 指标向上发散。随后 10 日和 30 日均线也向上发散，均线系统多头排列，构成较好的买入信号，此后股价出现强势的盘升行情。

2. 中途黏合

中途黏合出现在两种市场行情中。

一种是在上涨过程中出现黏合现象。行情经过一轮涨升后，主力开始振仓洗盘，股价出现横盘走势，此时 5 日、10 日、30 日均线在中位黏合在一起（黏合越紧，时间越长，后市爆发力越大），呈水平横盘或略向上趋势。不久，5 日均线脱离 10 日、30 日均线向

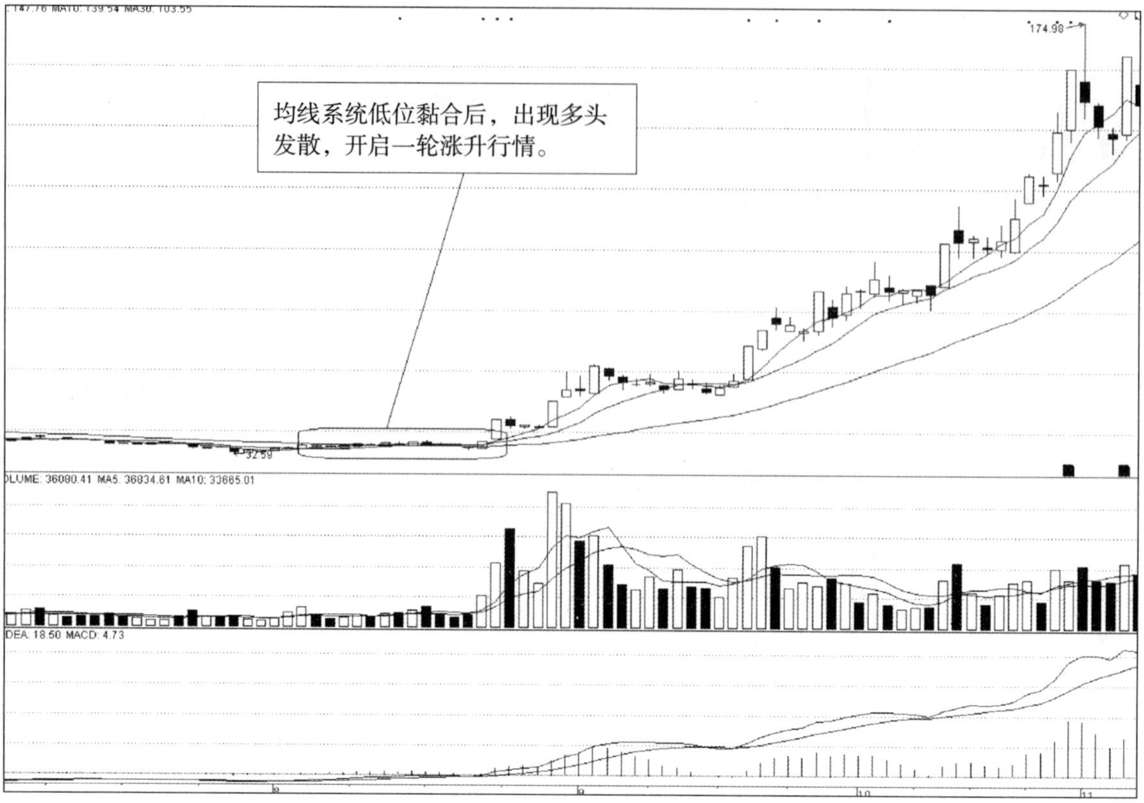

图 5-4　恒帅股份（300969）日 K 线图

上运行，10 日均线和 30 日均线也随之而上，均线系统出现空头排列，成交量持续放大。MACD 中的 BAR 绿柱缩小或红柱增长。这表明第二轮拉升行情即将开始，如果投资者没有赶上第一轮拉升行情，那么这时可以积极跟进，出色地做一轮短线行情。

如图 5-5 所示，元利科技（603217）的股价经过一轮盘升行情后，进入洗盘整理阶段，主力让意志不坚定的投资者误以为主力出货而纷纷离场，期间 5 日、10 日、30 日三条均线产生黏合状态，持续时间较长。2021 年 7 月 9 日，股价开始放量向上突破，表明主力洗盘调整结束，均线系统多头发散。当日成交量大于 5 日均量，日 K 线收出涨停阳线，MACD 指标黏合后同步向上发散，BAR 指标红柱增长，此为买入点。此后股价短线快速拉升，给投资者带来丰厚的收益。

另一种是在下跌过程中出现黏合现象。股价见顶后经过一波小幅下跌行情，由于主力没有顺利撤退，因此出现护盘式出货，于是就形成一个横向盘整区域，5 日、10 日、30 日均线在中位黏合在一起（黏合越紧，时间越长，后市下跌力度越大）。如果某日 5 日均线脱离 10 日、30 日均线向下运行，10 日均线和 30 日均线也随之而下，均线系统空头排列。MACD 中的 BAR 红柱缩小或绿柱增长，表明新一轮跌势行情即将产生，此时无论成交量放大与否，都应加入空头行列，以免造成更大的损失。

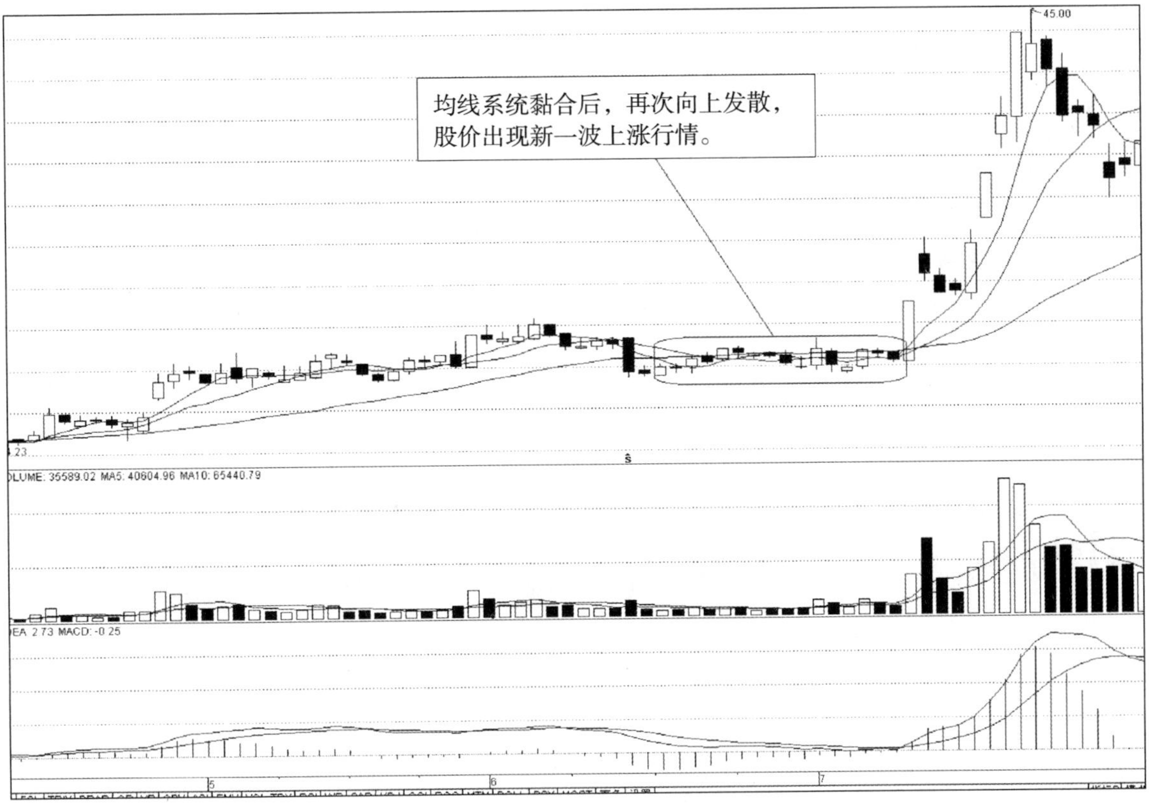

图 5-5　元利科技（603217）日 K 线图

如图 5-6 所示，塔牌集团（002233）反弹结束后，形成振荡整理走势，股价重心有所下移。在长时间的横盘整理过程中，均线系统形成黏合状态。初看起来股价似乎跌无可跌，但股价并没有止跌回升。2021 年 4 月 28 日，股价终于选择向下运行，均线系统向下发散，随后股价继续向下，创出调整新低。

3. 高位黏合

股价经过大幅炒作后，主力在高位形成出货区域，使 5 日、10 日、30 日均线在高位黏合在一起（黏合越紧，时间越长，则下跌力度越大）。主力基本完成出货任务后，股价向下运行，5 日均线脱离黏合状态，开始拐头向下，10 日均线和 30 日均线尾随其后跟着拐头向下，均线系统出现空头排列，表明中短期下跌行情即将产生。此时，不论成交量是否放大，都表明是一个见顶信号，应及时获利了结。

如图 5-7 所示，美迪西（688202）的股价主升浪结束后，维持高位振荡走势。主力的目的是让手中的获利筹码卖出好价钱，期间均线系统渐渐收拢，在高位形成黏合状态，此时主力不断地向外派发筹码。2021 年 11 月 2 日，当主力派发了大量的筹码后，股价向下突破，黏合在一起的均线系统开始向下发散，形成空头排列，表明头部形态已经形成，投资者应及时卖出。

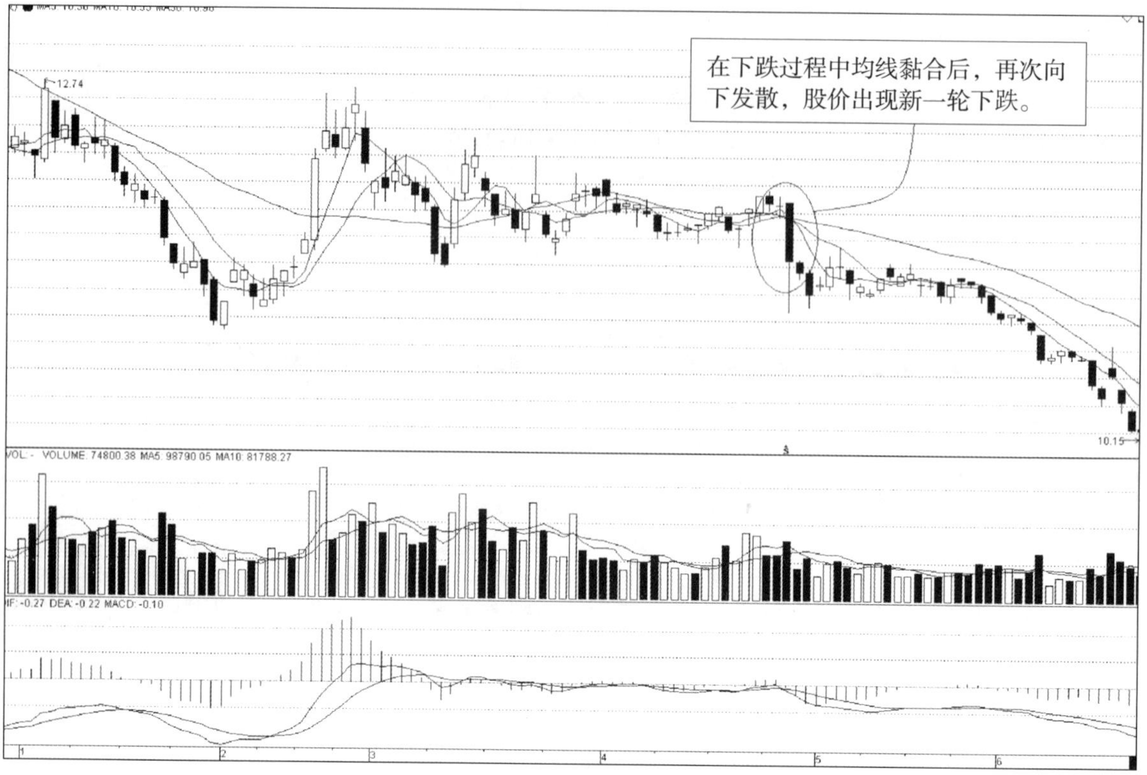

图 5–6　塔牌集团（002233）日 K 线图

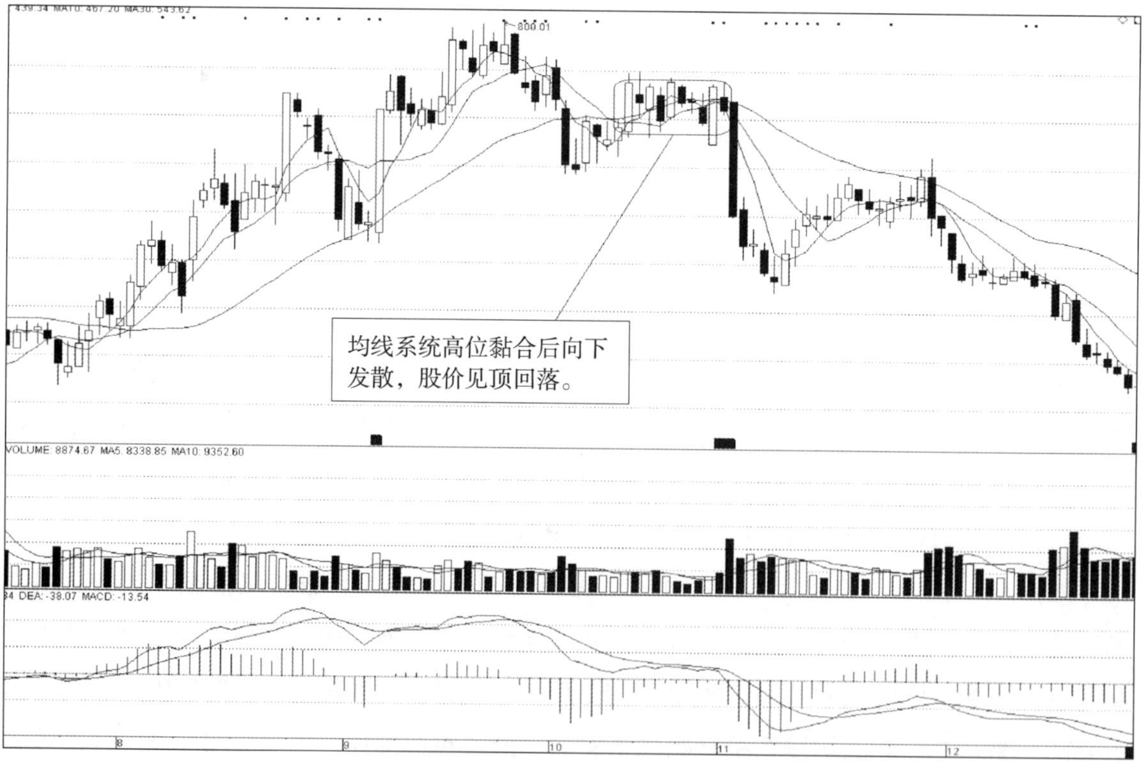

图 5–7　美迪西（688202）日 K 线图

（三）发散信号

1. 交叉后向上发散

交叉后向上发散可能出现两种市场现象。

一种情况是首次交叉后向上发散：均线系统中，短期、中期、长期均线从向下发散状态逐渐收敛后转变为向上发散状态。这种情况若出现在下跌后期，则是买进信号，后市看涨。向上发散的角度越大，后市上涨的潜力就越大。向上发散若得到成交量的支持，则信号的可靠性更强。

另一种情况是再次交叉后向上发散：该情形出现在涨势中途，均线系统曾出现过一次向上发散（可以是黏合发散，也可以是交叉向上发散），但不久向上发散的均线又逐渐开始收敛；短期、中期、长期均线在收敛后再次向上发散，这是很好的买进信号，后市继续看涨。距离上一次向上发散的时间越长，继续上涨的潜力越大。

如图 5-8 所示，华锦股份（000059）调整结束后，在低位出现首次交叉向上发散后回落。当散户陆续跟进时，主力就会把股价打压下来，促使一些短线投资者出局，3 条均线接近黏合在一起。当大量筹码到了主力手中后，主力开始向上拉起，均线再次向上发散，股价进入爬高行情。可见，均线再次向上发散是跟着主力做多、搭顺风船的一个极好机会。

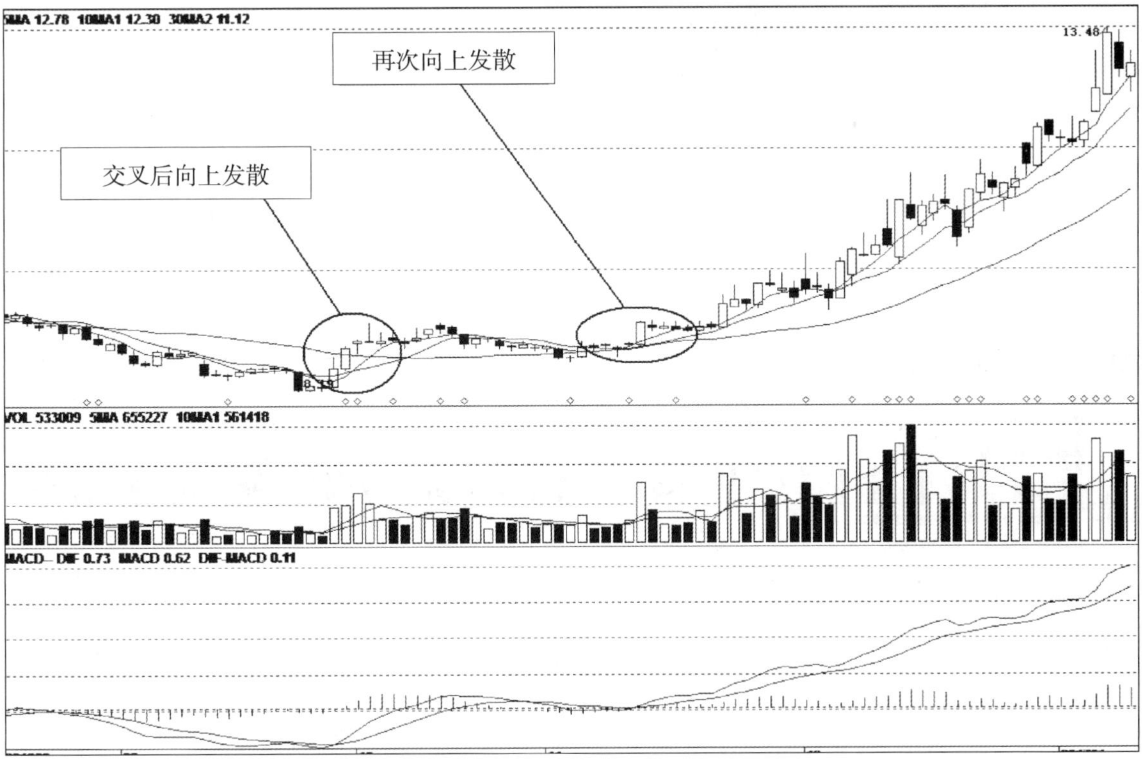

图 5-8　华锦股份（000059）日 K 线图

2. 交叉后向下发散

交叉后向下发散也可能出现两种市场现象。

一种是首次交叉后向下发散：均线系统中，短期、中期、长期均线从向上发散状态逐渐收敛后转变为向下发散状态。这种情况若出现在涨势后期，则是卖出信号，后市看跌。向下发散的角度越大，后市下跌的潜力就越大。投资者遇此信号时应及时做空，一旦形成向下发散，常会出现较大跌幅。

另一种是再次交叉后向下发散：该情形出现在跌势中途，均线系统曾出现过一次向下发散（可以是黏合发散，也可以是交叉向下发散），但不久向下发散的均线又逐渐开始收敛；短期、中期、长期均线在收敛后再次向下发散。这是很好的卖出信号，后市继续看跌。一般来说，第一次向下发散时卖出的成功率最高，越到后面成功概率越小。

如图 5-9 所示，泰和新材（002254）的股价反弹结束后，在高位形成平台调整，随后出现交叉后向下发散形态，30 日均线向下拐头，均线系统呈现空头排列，股价持续向下阴跌。所以，投资者在见到均线交叉后向下发散的信号时，还是及时退出观望为好。

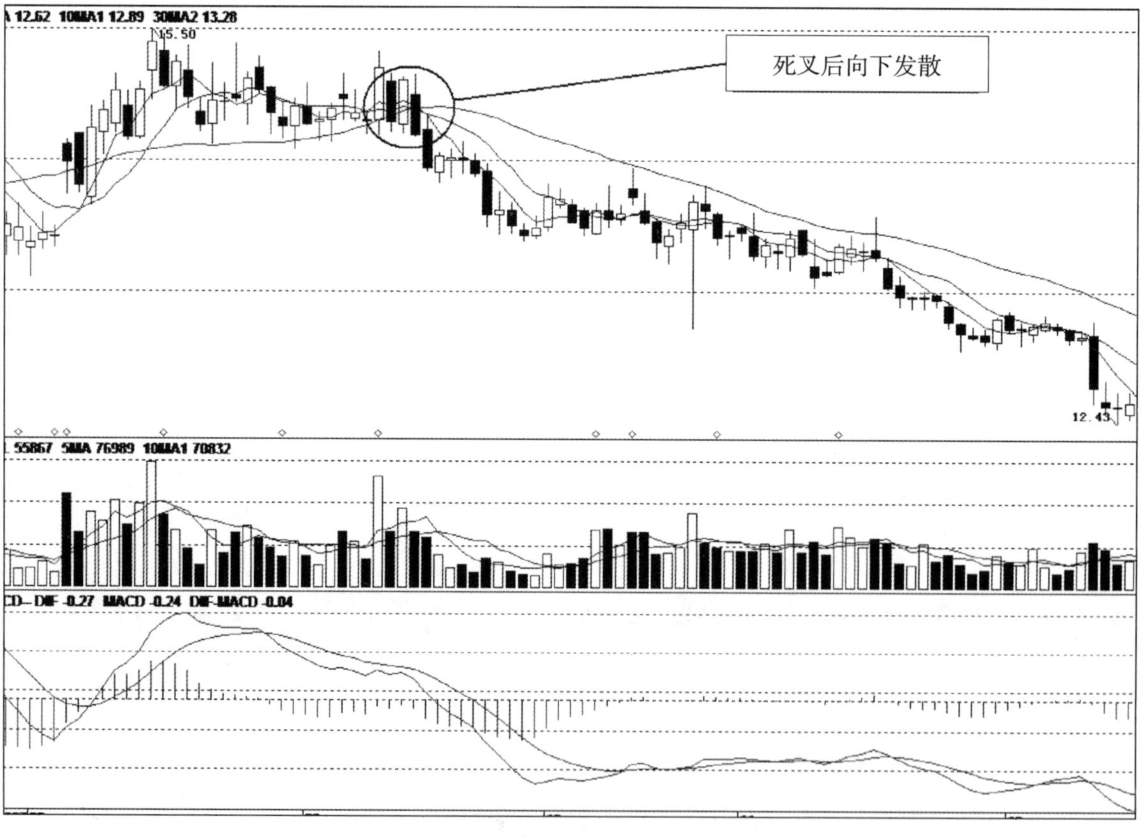

图 5-9　泰和新材（002254）日 K 线图

（四）交叉信号

1. 金叉信号

短期均线由下向上穿越长期均线，长期均线向上移动，称为金叉信号。金叉信号可以积极做多。两线交叉的角度越陡，买入信号越强烈，角度越平坦，买入信号越弱小。5 日均线与 10 日均线金叉为短线买入点，虽然风险大一些，但进货成本较低，一旦股价持续升势，获利较丰厚；10 日均线与 30 日均线金叉为中长线买入点，虽然风险小一些，但由于进货成本较高，获利相对较少。总之，对于两个买点，投资者可根据自己的性格和风险承受能力进行选择。

金叉的买入信号是不一样的，信号有强弱之分，可靠性也有高低之别。通常来说，时间长的两条线金叉，要比时间短的两条线金叉来得强，反映的做多信号也相对比较可靠。比如，5 日均线与 10 日均线金叉时买进，比 10 日均线与 30 日均线金叉时买进，其安全性要差一些。此外，金叉信号与长期均线运行方向也有关。比如，两线金叉时，如果长期均线向上移动，其买入信号较可靠；如果长期均线平行移动，其买入信号较一般；如果长期均线向下移动，其买入信号的可靠性较差。

如图 5-10 所示，美盛文化（002699）的股价企稳后渐渐向上攀高，期间多次出现金叉，但金叉的意义是不同的。特别是 2021 年 11 月 4 日和 12 月 9 日的两次金叉，前一次金叉出现时，30 日均线处于平行状态，其信号属于一般性金叉。后一次金叉时，30 日均线已经处于上升状态，其技术意义明显强于前一次金叉，因此后市的走势也就有所区别。

2. 死叉信号

短期均线由上向下穿越长期均线，长期均线向下移动，称为死叉信号。死叉信号后市看跌。两线交叉的角度越陡，卖出信号越强烈，角度越平坦，卖出信号越弱小。中期均线下穿长期均线形成的死叉信号强度，要大于短期均线与长期均线形成的死叉信号强度，而后者的信号强度又大于短期均线下穿中期均线形成的死叉。

死叉的卖出信号是不一样的，信号有强弱之分，可靠性也有高低之别。通常来说，时间长的两条线死叉，要比时间短的两条线死叉来得强，反映出的做空信号也相对比较可靠。比如，5 日均线与 10 日均线死叉时卖出，比 10 日均线与 30 日均线死叉时卖出，其可靠性要差一些。此外，死叉信号与长期均线运行的方向也有关。比如两线死叉时，如果长期均线向下移动，其卖出信号较可靠；如果长期均线平行移动，其卖出信号较一般；如果长期均线向上移动，其卖出信号的可靠性较差。

如图 5-11 所示，维信诺（002387）的股价企稳后出现一波有力的反弹行情，反弹结

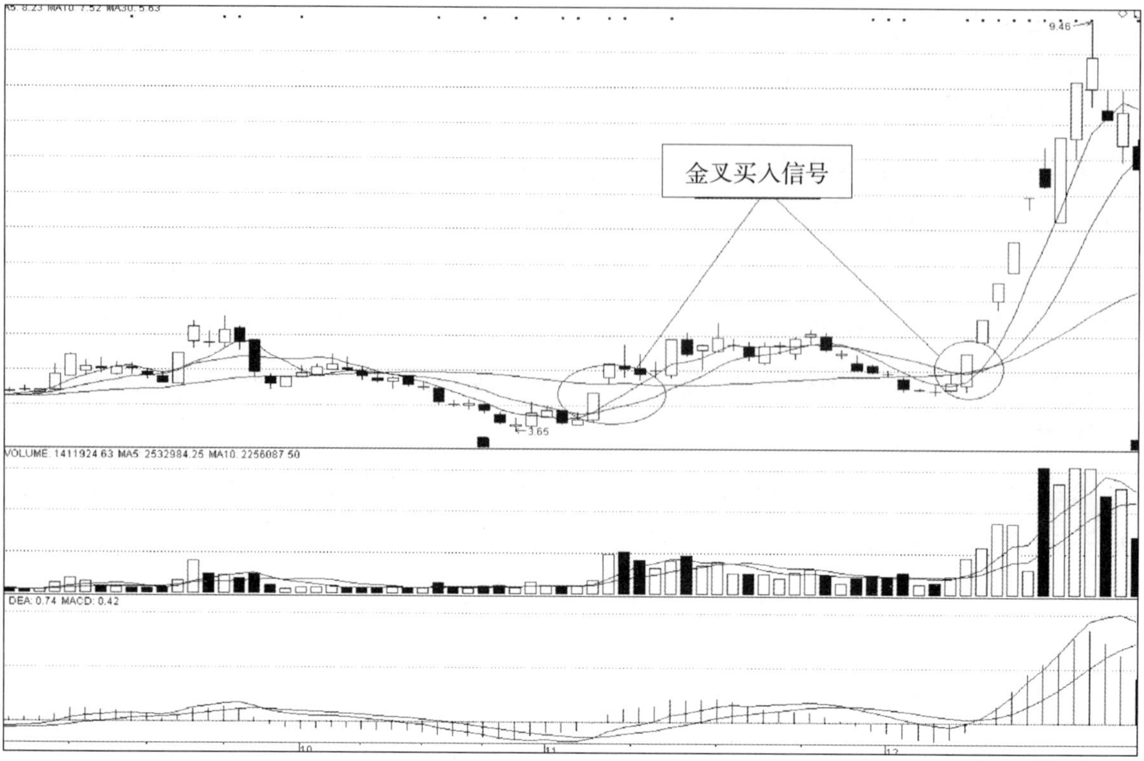

图 5-10 美盛文化（002699）日 K 线图

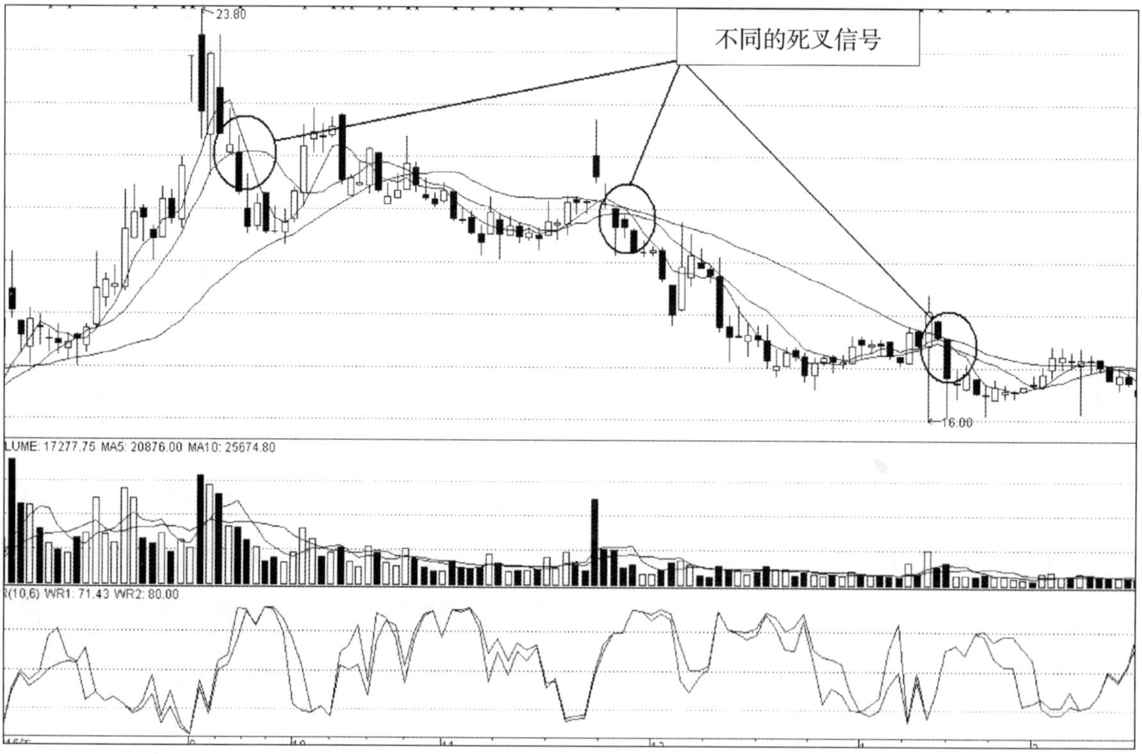

图 5-11 维信诺（002387）日 K 线图

束后再次进入中期调整走势。从图中可以看出，均线先后出现过 3 次死叉信号，但死叉后的下跌力度是不同的。第一次死叉时，由于 30 日均线处于上升状态，其信号的可靠性较差，死叉后股价立即止跌反弹，所以此时并不是较好的卖出点位。第二次死叉时，由于 30 日均线已经转为下行状态，对股价起到助跌作用，所以此时的死叉就具有一定杀伤力了，应及时卖出为好。第三次死叉时，虽然 30 日均线仍然处于下行状态，但由于空方能量在前期下跌过程中得到较好的释放，其下跌力度会有所减弱，所以虽有下跌要求，但下跌空间已经不大。可见，在分析死叉信号时，要结合均线系统、股价所处位置进行分析。

（五）拒绝交叉信号

1. 拒绝金叉

股价见顶后出现小幅下跌，由于主力没有完全出货，再度将股价拉起。当 5 日均线即将与 10 日均线形成金叉时却擦肩而过，拒绝金叉，5 日均线反转调头下行，10 日、30 日均线走势继续趋弱，此时无论成交量放大与否，也不论日 K 线的阴阳，表明反弹或自救行情即告结束，后市将再陷跌势，应是卖出机会。

或者，由于反弹行情力度比较大，5 日均线调头向上与 10 日均线构成金叉，但很快（大约 3～5 个交易日）5 日均线再次与 10 日均线发生死叉，10 日均线和 30 日均线继续保持向下走势，此时不论成交量放大与否，也是理想的卖出信号。

再或者，由于主力发动强大的反弹行情，5 日均线和 10 日均线形成金叉后，继续向上与 30 日均线形成金叉，但股价涨幅不大，5 日均线和 10 日均线在 30 日均线上方维持一段时间的振荡，不久 5 日均线再次与 10 日均线发生死叉，继续向下有效击穿 30 日均线，30 日均线维持向下走势，使前面的金叉信号成为一个多头陷阱，与拒绝金叉信号具有同样的效果，此时不论成交量放大与否，都是理想的卖出信号。

这 3 种现象都表明主力出货坚决，反弹行情结束，即将出现新一轮跌势。

如图 5–12 所示，际华集团（601718）在 2020 年 8 月反弹结束后的回落过程中，先后 3 次出现拒绝金叉信号，股价一直在 30 日均线之下运行。渐渐下行的 30 日均线对股价上涨构成了较大的压力，每一次拒绝金叉时，都是一次卖出机会。

2. 拒绝死叉

股价经过一轮上涨后，主力为了日后更好地进行拉升和派发，主动进行回调洗盘调整，股价出现回落走势。当 5 日均线即将与 10 日均线形成死叉时，却擦肩而过，反转调头扬升，如同“蜻蜓点水”，成交量再度放大，日 K 线为阳线，30 日均线走势坚挺，表明洗盘即告结束，将要展开一轮主升浪行情，应是买入机会。

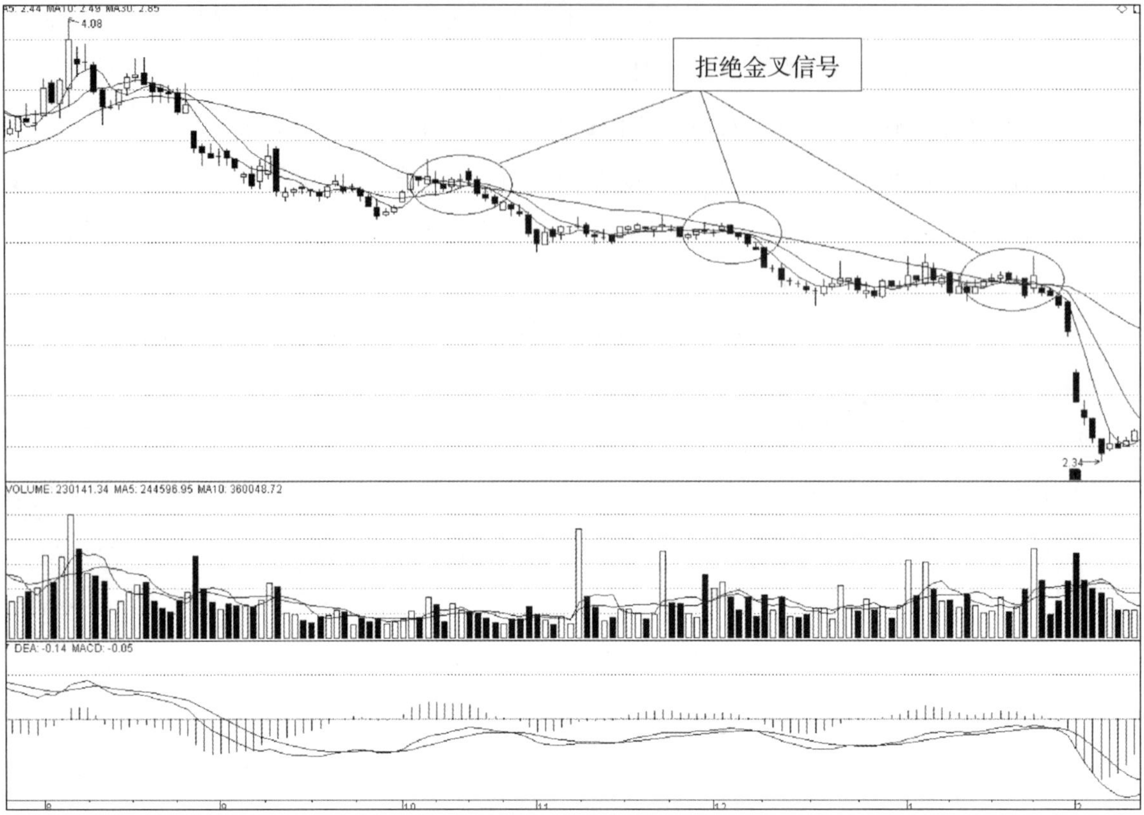

图 5-12 际华集团（601718）日 K 线图

或者，由于主力洗盘比较彻底，5 日均线调头向下与 10 日均线构成死叉，但拒绝与 30 日均线死叉，大约 3～5 个交易日（一般不超过 7 个交易日，否则不宜用此法判定）后再次与 10 日均线发生金叉，10 日均线和 30 日均线保持向上走势，成交量同步放大，也是理想的买入信号。

再或者，由于主力加大洗盘力度，5 日均线和 10 日均线构成死叉后，继续向下与 30 日均线形成死叉，但股价跌幅不大，5 日均线和 10 日均线在 30 日均线下方维持一段时间的整理，不久 5 日均线再次与 10 日均线发生金叉，继续向上成功穿过 30 日均线，30 日均线保持向上走势，使前面的死叉信号成为一个空头陷阱，与拒绝死叉信号具有同样的效果。此时如果成交量同步放大，也是理想的买入信号。

这 3 种现象都表明主力洗盘结束，即将进入主升浪或加速行情。

如图 5-13 所示，风范股份（601700）的股价见底企稳后出现向上拉高，然后主力开始洗盘换手，股价出现小幅回落走势。2021 年 12 月 8 日前后，5 日、10 日均线调头向下即将与 30 日均线形成死叉时，却有惊无险，与 30 日均线擦肩而过，拒绝死叉，5 日、10 日均线重新调头而上，均线系统继续呈多头排列，如同“蜻蜓点水”，腾空而起，30 日均线继续保持上升态势。这是一个难得的买入机会，接着股价出现 6 连板行情。

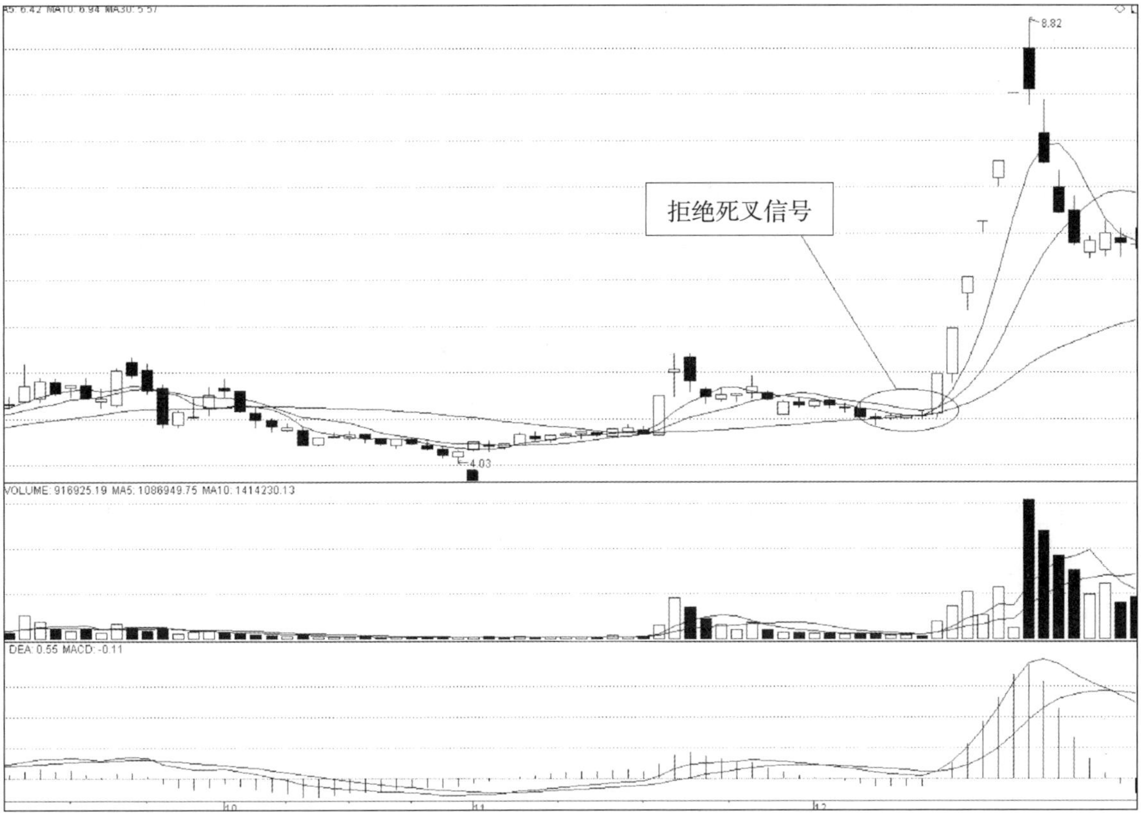

图 5-13 风范股份（601700）日 K 线图

五、MA 常见陷阱

在股市里，移动平均线是绝对不可缺少的技术分析工具，其实战效果非常明显。但是，均线也存在大量的虚假信号，这给投资者使用移动平均线测市造成很大的困扰。常见的陷阱有交叉陷阱、形态陷阱、多空陷阱、排列陷阱、突破陷阱、拐头陷阱、发散陷阱、暴涨暴跌陷阱、趋势陷阱、葛氏陷阱等。

（一）交叉陷阱

当两条或多条均线相互交叉时，这是重要的均线买卖信号。当周期较短的均线（一般为 5 日、10 日均线）向上穿越周期较长的均线（一般为 30 日、60 日均线）时，即构成黄金交叉，为买入信号。而当短期均线向下穿越长期均线时，即构成死亡交叉，为卖出信号。但在实盘操作中，金叉和死叉运用起来并非那么简单，金叉买入股价却下跌了，死叉卖出股价却上涨了，这种现象在股市中非常常见。

1. 金叉陷阱

当短期均线向上穿越长期均线时，表明看好短期市场，可以积极做多。然而，买入信号发出后，股价没有出现明显的上涨，反而继续下跌，不久出现了死亡交叉，而这次的死亡交叉才是真的卖出信号。这种黄金交叉发出的虚假信号，就是移动平均线的金叉陷阱。

如图 5–14 所示，合纵科技（300477）在长时间的振荡整理过程中，均线系统经常出现金叉现象，而股价均没有出现预期的上涨行情。2020 年 11 月下旬，股价回调到前期低点附近时，得到支撑而出现回升，在形态上有构筑多重底的迹象。此时，5 日均线调头向上交叉 10 日均线，随后 5 日均线和 10 日均线缓慢上行。不久两条线又与 30 日均线金叉，表示股价渐渐进入强势之中，因此是一个买入信号。可是，之后股价并没有出现预期上涨，经过小幅上升后，11 月 26 日一根大阴线向下破位。之后，5 日均线调头向下死叉 10 日均线，不久再次死叉 30 日均线，均线系统形成空头排列。而这个死叉是真正的死叉信号，从此股价出现新一轮跌势，将买入者套牢其中。

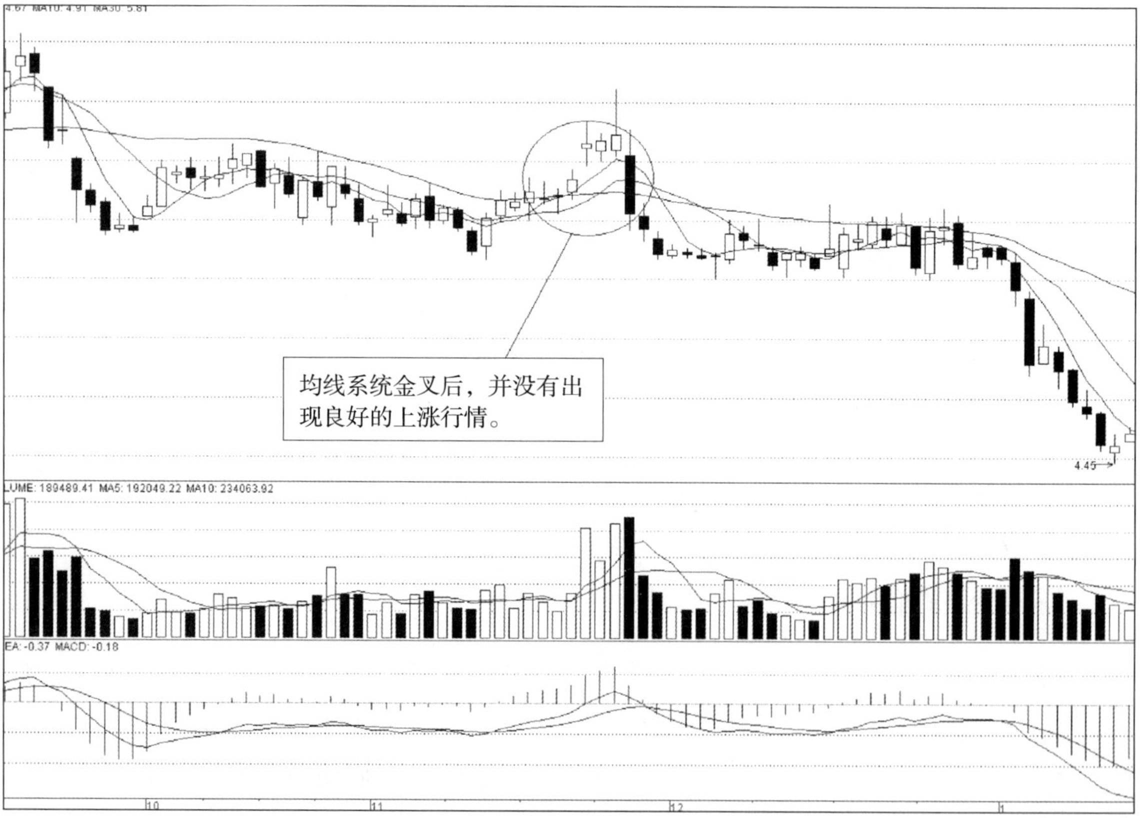

图 5–14　合纵科技（300477）日 K 线图

技术解盘：从该股走势图中可以看出，当5日均线与10日均线金叉时，股价处于30日均线之下，而30日均线略微上移，支撑力度并不明显。根据金叉信号的可靠性鉴别方法，即“长期均线下行（或平移），短期均线在其下方金叉，买入信号较差”，可见该金叉信号的力度不强，属于弱势反弹性质。随后，当5日、10日均线与30日均线再次形成金叉时，30日均线只是略微上移，根据黄金交叉与普通交叉的区别，即“一条均线上行，另一条均线下斜（或平移），为普通交叉，此时买入股票，风险很大”，可见该金叉信号的力度不强，股价上涨值得怀疑。而且，股价反弹时上方遇到成交密集区域的明显压力，单凭温和的成交量难以向上突破。可见，该股的金叉信号技术含量不高，往往是主力设置的多头陷阱。

2. 虚假死叉

当短期均线向下穿越长期均线时，构成死亡交叉，市场有短期看空力量存在，为卖出信号。然而，卖出信号发出后不久，股价仅小幅下跌后立即调头向上，重新产生黄金交叉，而这次的黄金交叉是真正的买入信号。因此，前面出现的死亡交叉就是虚假信号。

如图5–15所示，世龙实业（002748）反弹结束后回落整理，股价渐渐走低，5日、

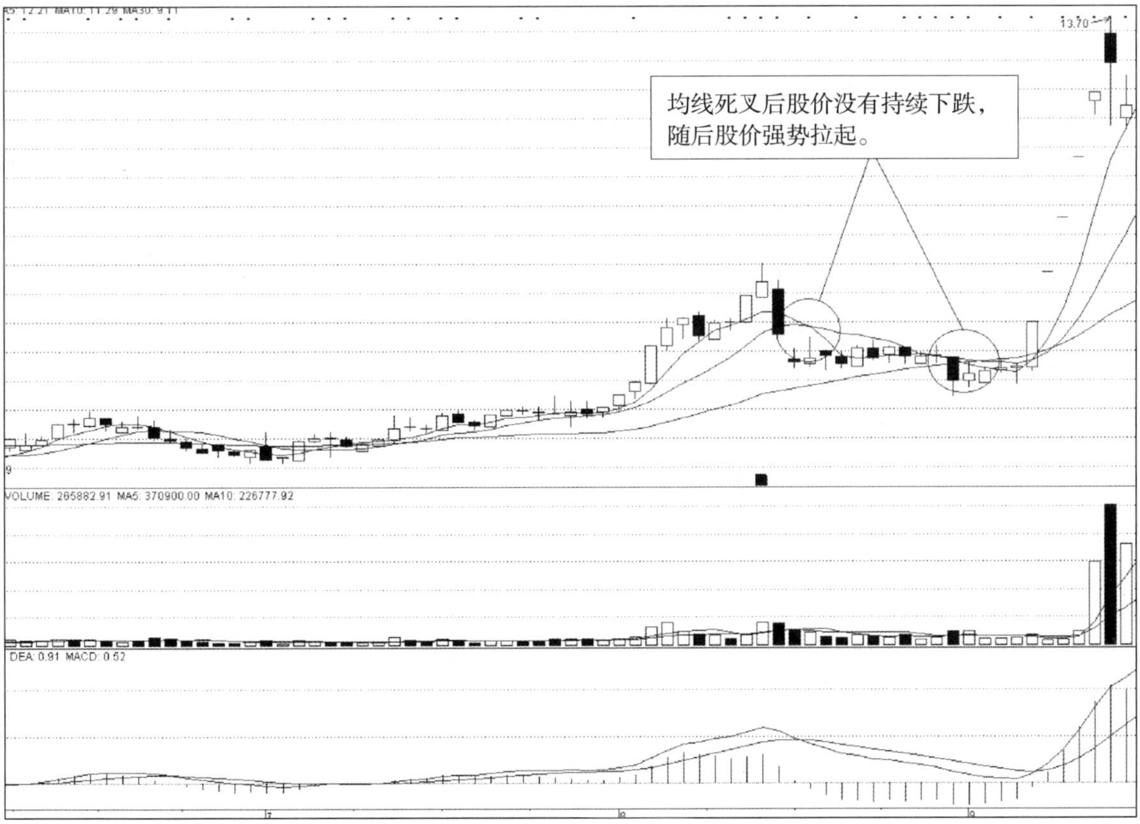

图5–15 世龙实业（002748）日K线图

10日均线先后与30日均线构成死叉，为卖出信号。可是卖出信号发出后，股价并没有出现持续的下跌走势，经过短暂的盘整后，2021年9月7日放量拉涨停，此后股价走出5连板。

技术解盘：从该股走势图中可以看出，当5日均线与10日均线形成死叉时，股价处于30日均线之上，根据死叉信号的可靠性鉴别方法，即“长期均线向上运行，短期均线在其上方死叉，卖出信号较差”，可见该死叉信号的做空力度不强，属于技术性回档性质。随后，当5日、10日均线分别与30日均线再次形成死叉时，此时30日均线呈水平趋势，根据死亡交叉与普通交叉的区别，即“一条均线下行，另一条均线走平，为普通交叉，卖出风险较大”，可见该死叉信号的做空力度也不强，往往属于回调洗盘行为。而且，在整个股价回调过程中，成交量没有出现明显放大，说明主动性抛盘不大，筹码基本已被主力牢牢锁定。另外，股价回调时受前期低点支撑明显，在该位置获得支撑后再度拉起，随后股价出现快速拉升行情，从而形成虚假的死亡交叉。

3. 技术纠正方法

（1）金叉或以金叉买入的条件

①形成金叉的条件是短期均线和长期均线出现交叉之前或交叉时，两条均线必须同时向上倾斜。如果只有短期均线向上倾斜，而长期均线走平甚至向下倾斜，那只能说明短期均线与长期均线出现了普通交叉，并不是真正的黄金交叉。

②均线出现金叉也不一定就可以买进，如在一个均线组合中，周期较长的30日均线在向下走，而周期较短的5日、10日均线出现金叉，属于短期反弹性质，原则上中长线投资者仍应保持空头思维，持币观望，做短线的投资者也只能在周期较短的均线出现金叉时适量介入抢反弹。因为30日均线往下运行，5日、10日均线金叉所提供的买入信号，其可靠性不高，股价随时会在30日均线向下运行的压制下重新调头下行。

③在股价盘整时期，往往频繁出现交叉，金叉存在失真现象。此时，投资者就应放弃“金叉买入”的操作方法，寻求其他解决方法。

（2）死叉或以死叉卖出的条件

①形成死叉的条件是短期均线和长期均线出现交叉之前或交叉时，两条均线必须同时向下倾斜。否则，只能看作它们之间出现了普通交叉，并不是真正意义上的死亡交叉。

②均线出现死叉不一定就可以卖出，如在一个均线组合中，周期较长的30日均线在向上走，而周期较短的5日、10日均线出现死叉，属于短期洗盘性质，原则上中长线投资者仍应保持多头思维，持股观望，做短线的投资者也只能在周期较短的均线出现死叉时适量减仓，做一个短差。因为向上的30日均线有较强的技术支撑，5日、10日均线通常遇到支撑会重新上行。

在股价盘整时期，会经常出现死叉，信号存在失真现象。此时，投资者应放弃“死叉卖出”的操作方法，寻求其他解决方法。

（3）黄金交叉与普通交叉的区别

①两条均线同时上行，为黄金交叉，买进信号，买入风险较小。

②一条均线上行，另一条均线走平，为普通交叉，买入风险较大。

③一条均线上行，另一条均线下行，为普通交叉，买入风险很大。

（4）黄金交叉信号的可靠性鉴别方法

①长期均线向上运行，短期均线在其上方金叉，买入信号较好。

②长期均线横向运行，短期均线在其上方金叉，买入信号一般。

③长期均线向下运行，短期均线在其上方金叉，买入信号较差。

④长期均线向上运行，短期均线在其下方金叉，买入信号较好。

⑤长期均线横向运行，短期均线在其下方金叉，买入信号一般。

⑥长期均线向下运行，短期均线在其下方金叉，买入信号较差。

（5）死亡交叉与普通交叉的区别

①两条均线同时下行，为死亡交叉，卖出信号，卖出风险较小。

②一条均线下行，另一条均线走平，为普通交叉，卖出风险较大。

③一条均线下行，另一条均线上行，为普通交叉，卖出风险很大。

（6）死亡交叉信号的可靠性鉴别方法

①长期均线向下运行，短期均线在其下方死叉，卖出信号较好。

②长期均线横向运行，短期均线在其下方死叉，卖出信号一般。

③长期均线向上运行，短期均线在其下方死叉，卖出信号较差。

④长期均线向下运行，短期均线在其上方死叉，卖出信号较好。

⑤长期均线横向运行，短期均线在其上方死叉，卖出信号一般。

⑥长期均线向上运行，短期均线在其上方死叉，卖出信号较差。

（7）金叉和死叉买卖信号强弱的识别

在金叉时，两线交叉时的夹角越大，上穿的角度越陡，买入信号的准确性越高；反之，平坦型、黏连型的交叉和下穿坡度小，其力度往往较弱。对于这种上穿力度较弱、形态不明显的金叉，要耐心观察几天，并根据量价关系变化再作决策。若价升量增，再考虑买入；若价升量减、价跌量减或价量关系无明显变化，几条均线仍呈黏连状态，则应继续观察，决不可贸然建仓。

在死叉时，两线交叉时的夹角越大，下穿的角度越陡，卖出信号的准确性越高；反之，平坦型、黏连型的交叉和下穿坡度小，其力度往往较弱。对于这种走势不干脆、方向不很明确的死叉，也要综合其他因素认真分析，否则容易掉进陷阱。

（二）形态陷阱

当两条均线产生交叉时，就形成了黄金交叉和死亡交叉，能够帮助投资者找到更为可靠的信号，这是单条均线所欠缺的。如果将两条均线增加为 3 条均线，通过三重交叉，就可以进一步过滤两条均线交叉所产生的虚假信号，其可靠性自然就得到了提高。但是，这也不是十全十美的办法，依然会产生许多陷阱，投资者还需提高警惕。

1. 虚假银三角

股价经过一轮下跌后，在底部止跌企稳，接盘力量增加，股价开始转势向上。其均线图形特征为：短期均线（一般为 5 日均线）由下往上穿过中期均线（一般为 10 日均线）后，继续向上穿过长期均线（一般为 30 日、60 日、120 日均线），即成为市场看涨的预报信号。当中期均线也向上穿过长期均线，看涨信号得到验证。此时如果长期均线出现上行，确认市场反转的看法高于一切。这时，3 条均线会形成一个尖头朝上的不规则三角形，这个不规则三角形的出现，表明多方已积累了相当大的上攻能量，这是一个比较典型的买进信号。但是，买入信号发出后，股价不一定都会上涨，甚至很快会出现下跌走势，不久即出现“死亡角”，而这个“死亡角”是真的卖出信号，因此前面的银三角就成为多头陷阱。

如图 5–16 所示，2021 年 2 月初，丝路视觉（300556）经过持续调整后开始企稳回升，股价开始向上运行，突破均线系统的压制。5 日均线金叉 10 日均线后，继续向上成功穿越 30 日均线，之后 10 日均线也金叉 30 日均线，此时 30 日均线向上移动，在图表上产生一个十分标准的银三角形态，构成强烈的买入信号。然而，这个信号只是一次反弹或回抽而已，股价并没有出现预期的向上走势，上行压力重重。在银三角上方短暂振荡后，股价选择了向下走势。此后，在 3 月中旬成功构筑了一个“死亡角”，从此继续向下阴跌。

技术解盘：该股 3 条均线交叉后，股价受上方盘区的压制，成交量没有放大，说明短期做多力量不足。另外，在出现银三角时，股价还处于下跌趋势之中，筑底时间不够充分，底部不够扎实，因此这种走势属于反弹性质。股价突破时成交量不大，做多力度不够，有虚张声势嫌疑。均线交叉时，角度比较平坦，上攻力量显得比较单薄。因此，这个银三角属于虚假信号。

2. 虚假金三角

股价在底部区域出现一个银三角之后，小幅向上攀升。经过洗盘换手或调整后，股价

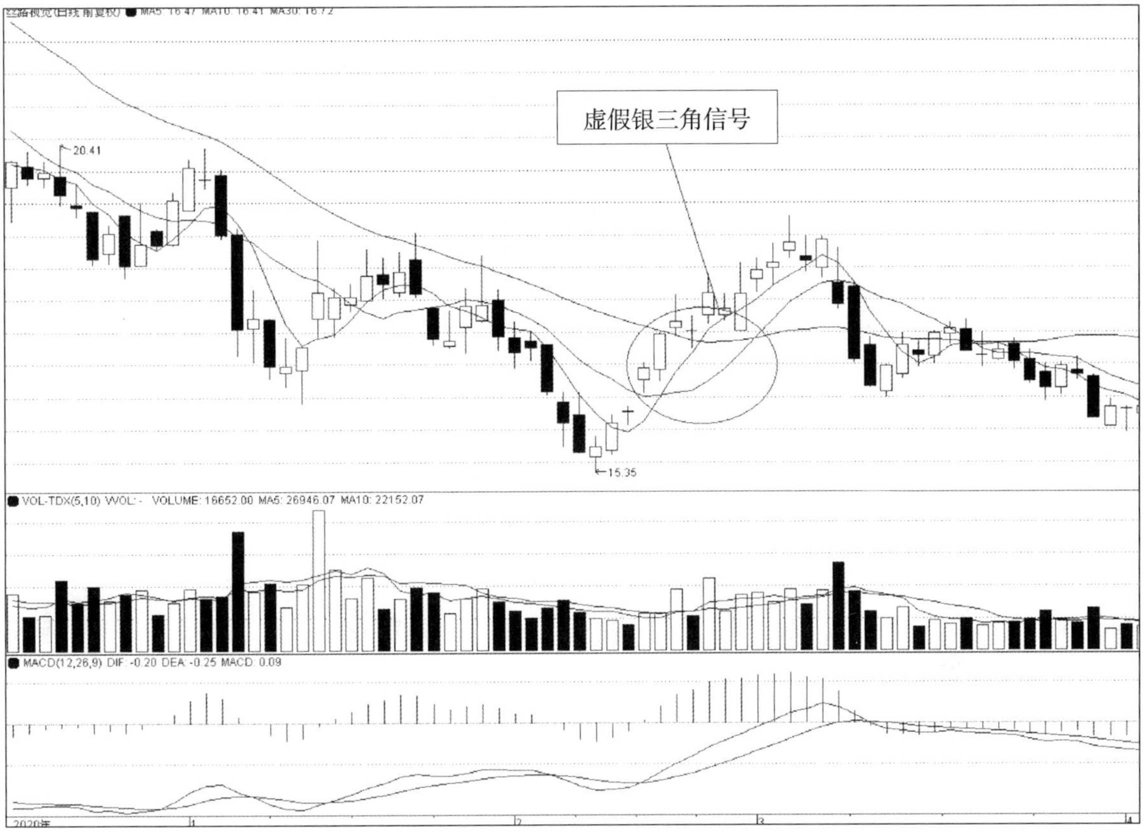

图 5-16　丝路视觉（300556）日 K 线图

重拾升势，出现同样的技术形态，再次发出买入信号，表明行情即将进入主升段。因其图形与银三角图形特征相同，“含金量”更高，故将后面出现的三角形称为金三角，为强烈的买入信号。如果回调确认形态构筑成功，应大胆加仓买入，短期获利概率极大。但在实盘中，按照这个信号买入股票后，股价不涨反跌的现象经常出现，“金三角”变成了“死亡角”。而这个“死亡角”是真的卖出信号，因此前面的金三角就成为虚假信号。

如图 5-17 所示，2020 年 7 月上旬，中国电影（600977）形成一个银三角后，股价出现一波涨升行情，成交量温和放大，然后出现回调。8 月中旬，出现一个金三角，预示股价将进入拉升阶段，通常是一个较好的买入信号。可是，买入后股价并没有出现上涨行情，经过短期的整理后，股价出现下跌，之后形成一个“死亡角”，此后股价出现调整走势。

技术解盘：金三角信号产生后，股价很快又回到短期均线与长期均线之间的地带，显示市场上攻非常勉强，此时应放弃看涨思维。同时，股价受制于前期高点压力，没有形成突破走势。另外，成交量无法持续放大，上升能量难以为继，因此容易演变为虚假信号。

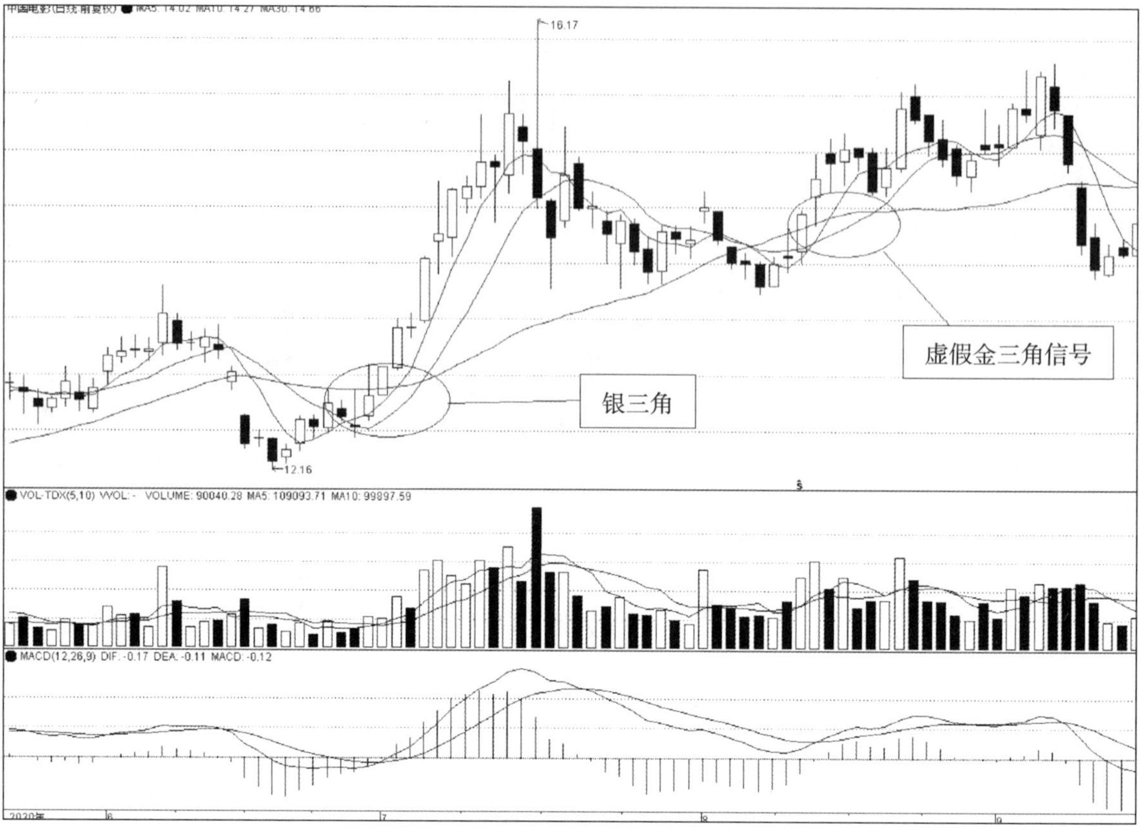

图 5–17　中国电影（600977）日 K 线图

3. 虚假死亡角

死亡角图形的特征：短期（5 日）均线由上向下穿过中期（10 日）均线后，继续向下穿过长期（30 日）均线，这是市场发出涨势即将发生变化的预警信号。随后中期均线向下穿过长期均线，长期均线随之下行，市场转势信号进一步得到验证。这时，3 条均线在顶部形成一个尖头向下的不规则三角形，该三角形称为死亡角。这个不规则三角形的出现，表明空方已经积累了相当大的杀跌动能，是一个比较典型的卖出信号。据经验分析，在股价前期涨幅较大的情况下出现死亡角，日后股价下跌和上涨的比例为 8:2。但是，死亡角同样有许多诱空陷阱，投资者不能盲目看空杀跌。

如图 5–18 所示，健麾信息（605186）上市不久就出现了调整走势，然后企稳走出一波反弹行情，反弹结束后再次回调。2021 年 4 月 22 日，5 日均线向下死叉 10 日均线，继续向下死叉 30 日均线，不久 10 日均线向下死叉 30 日均线，30 日均线走平后随之下行，从而形成一个尖头向下的死亡角形态。这个令投资者心生余悸的形态，发出了强烈的卖出信号。可是死亡角出现后，股价并没有随之大跌，而是经过短暂的横盘整理后，在 5 月 25 日放量拉出涨停，此后出现拉升行情，股价连拉 7 个涨停，让卖出的投资者深感后悔。

技术解盘：该股上市后，盘中调整非常充分，主力筹码收集顺利，存在中线上涨的潜力。在死亡角出现后，股价没有出现持续下跌，表明做空力量有限。另外，成交量方面变化不大，没有引发恐慌盘。因此，下跌信号的准确性较差，为主力刻意设置的技术陷阱。

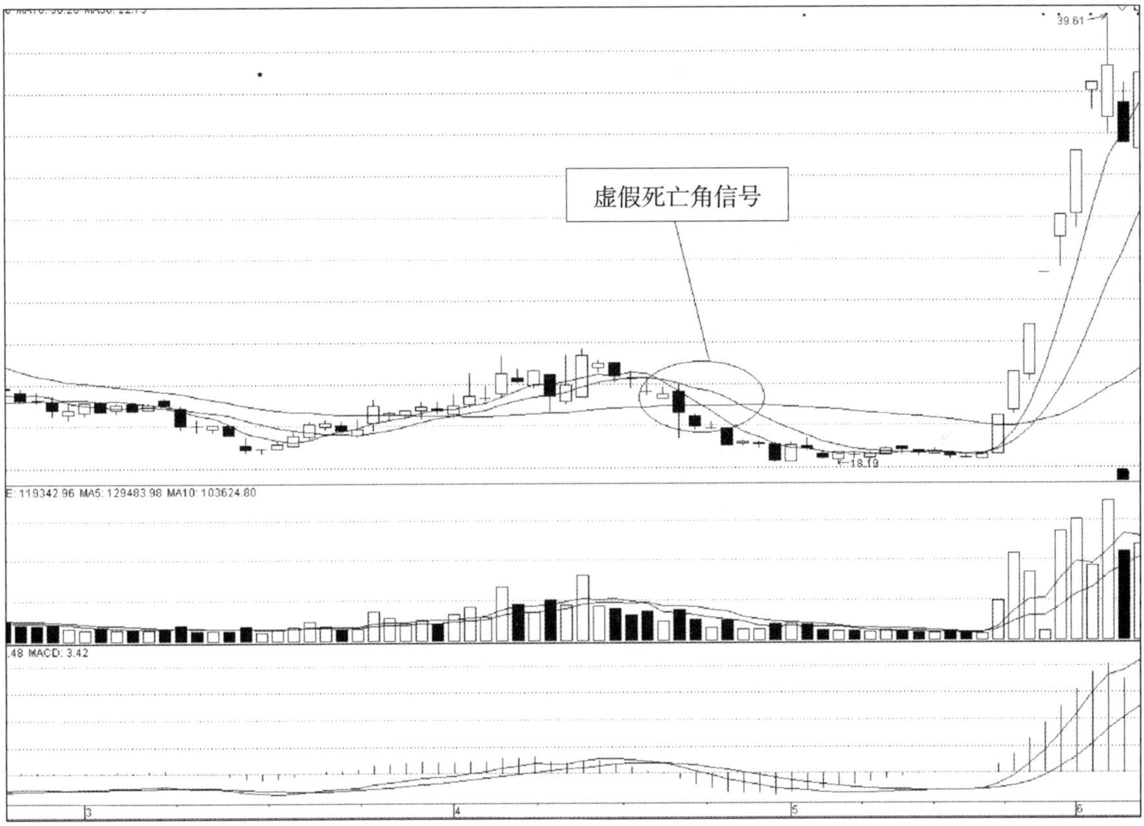

图 5-18　健麾信息（605186）日 K 线图

4. 技术纠正方法

移动平均线的交叉信号非常直观，非常实用，但虚假信号也非常多。金三角信号出现后，不久又发生死亡角；死亡角信号发出后，不久又产生金三角，买进卖出不够手续费，几趟下来可能亏损累累。那么，投资者如何破解均线产生的这些虚假信号呢？

（1）看均线交叉后的走势。将均线同股价结合起来分析，如果股价向上穿越了短期均线之后又穿越了长期均线，那么市场发出看涨信号。但如果股价穿过长期均线之后又回到短期均线与长期均线之间的地带，那么看涨信号将被取消。同样，如果股价跌破两条均线，那就说明构成了卖出信号，但如果股价跌破短期均线之后，又重新返回长期均线与短期均线之间，那么卖出信号很可能会变成虚假信号。

（2）看股价运行趋势。通常在上升趋势中，均线出现死叉可能是主力振仓洗盘所为，可以逢低关注；均线出现金叉，可能是主力振仓洗盘结束，行情进入新一轮升势。在下跌趋势中，均线出现金叉，可能是反弹行情或主力刻意拉高自救所为，可以逢高离场；均线出现死叉，预示反弹或主力自救行情结束，行情进入新一轮跌势，这是最后的逃命时机。在牛皮盘整市道中，交叉信号经常出现，其准确率不高，可以暂时放弃使用。

（3）看成交量变化。当5日均线金叉（已经金叉或即将金叉）10日均线时，成交量连续温和放大，5日成交均量大于10日成交均量，表明有场外资金介入，否则要谨慎入场，不可盲目做多，以免落入陷阱之中。当5日均线死叉10日均线时，股价出现下跌走势，这时理论上普遍看法是重势不重量。但在实盘操作中，有时（关键位置）成交量大小仍是重要的参考因素，因为无量难以制造恐慌盘面。

（4）均线出现交叉时，是否得到MACD指标的配合。当均线已经或即将出现金叉时，如果MACD指标已经或即将趋向多头，那么均线金叉的有效性将大大提高。当均线已经或即将出现死叉时，如果MACD指标已经或即将趋向空头，那么均线死叉的有效性将大大增强。如果二者相互矛盾，则准确性较差，可能是主力刻意设置的陷阱。

（三）多空陷阱

多方、空方是股市中两大看不见的对手，任何一方都想通过设置“地雷”陷害对方，而另一方则通过一切技术手段去排掉这个“地雷”。作为散户投资者，在这充满危险的地方，应当提高自己的“排雷”能力。

1. 多头陷阱

在股价见顶回落过程中，均线系统会形成死叉或呈空头排列。由于主力拥有较多的筹码，很难一次性顺利在高位完成派发，因此不希望股价过早下跌而影响利润，于是会阻止股价进一步下跌，使股价出现回升走势。

此时可能出现两种盘面现象：一种是股价回升力度较强，股价突破均线的压制，均线呈多头排列。由于主力继续派发，股价反转向下击穿均线或前期低点的支撑，出现新一轮跌势，从而产生多头陷阱。另一种是股价回升力度相对较弱，股价突破均线的压制，但5日与10日均线金叉后上行到30日均线附近（已经穿过但很快回落或即将穿过30日均线）时，受到阻力而再度调头向下，30日均线走平或向下运行，从而形成多头陷阱。

如图5-19所示，华铁股份（000976）大反弹结束后出现一次小反弹走势，属于涨后余波性质。股价从高位大幅回落后，出现一波力度较大的反弹行情，反弹结束后股价渐渐走低。当股价回落到一定的幅度后，不久股价再次向上反弹。但当股价反弹到前期高点附近时遇阻回落，均线系统形成死叉并呈空头排列。因主力继续维持高位实施派发，股价出现重新走强的态势，形成一个双重顶形态，从此股价渐行渐弱。此时盘面显示：股价向上突破 5 日、10 日、30 日均线压制，5 日均线金叉 10 日均线并继续上行，分别穿过 30 日均线。走平后的 30 日均线微微向上，形成一个买入的多头信号。但股价未能持续上涨，很快回落击穿均线并跌破前期低点，形成新一轮跌势，从而成为多头陷阱。

技术解盘：从该股盘面走势可以看出，均线系统多头信号产生后，股价向上攻击力度较弱，从成交量上就能说明这一点，成交量始终处于拘谨状态，很难推动股价持续上涨。同时，股价受前期高点压制非常明显，前期高点既是一个技术因素，也是一个心理因素，要想成功突破该位置，必须有一股强大的做多力量，就当时盘面而言，突破条件尚不成熟。而且，此时的 30 日均线已经处于平走状态，对股价的“助涨”作用不明显，一旦受到其他因素的干扰，这种状态就难以维持下去，用一两根阴线就能轻松破坏均线系统，可见均线系统经不起技术考验。因此，股价的回升是主力设下的一个多头陷阱，投资者要多加留意。

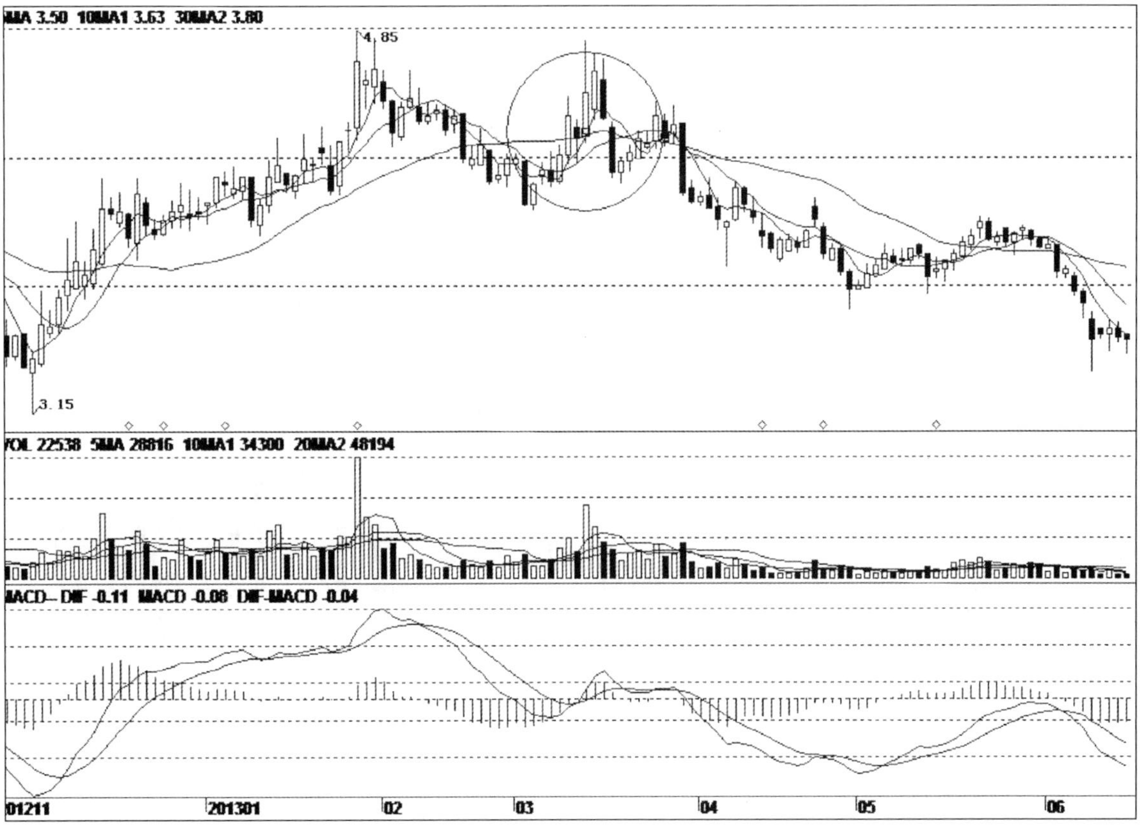

图 5-19 华铁股份（000976）日 K 线图

2. 空头陷阱

在股价见底回升过程中，均线系统形成金叉或呈多头排列。主力为了日后顺利拉升和派发，便开始洗盘整理，使股价出现回调走势。

此时也可能出现两种盘面现象：一种是股价回调力度较大，股价跌破均线的支撑，均线呈空头排列。当主力洗盘结束后，股价反转向上突破均线或前期高点的压力，出现新一轮升势，从而形成空头陷阱。另一种是股价回调力度相对较小，股价跌破均线的支撑，但5日与10日均线死叉后下行到30日均线附近（已经穿过但很快拉起或即将穿过30日均线）时，遇到支撑而再度调头向上，30日均线走平或向上运行，从而形成空头陷阱。

如图5-20所示，山东金泰（600385）的股价经过长时间下跌调整后在底部企稳回升，主力为了日后顺利拉高出货，当股价上涨到一定的幅度后便开始洗盘筑底，股价回落击穿短期均线。2015年5月5日，5日均线与10日均线出现死叉后下行，此时不少投资者获利出局观望。可是，主力操盘手法灵活，回调适可而止，股价下跌力度不大，在30日均线附近企稳。即使5日均线一度跌破30日均线，也能很快拉起，走出新一轮涨升行情，从而成为空头陷阱。

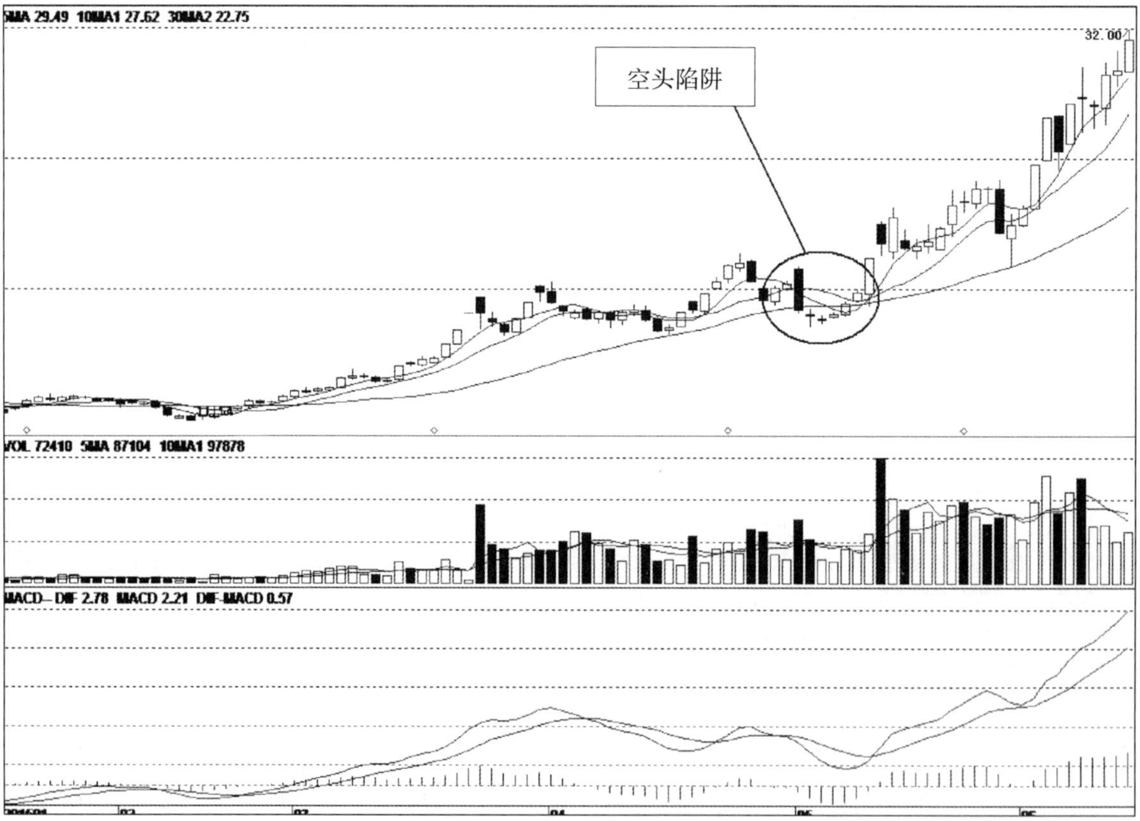

图5-20 山东金泰（600385）日K线图

技术解盘：从该股走势图中可以看出，虽然 5 日均线与 10 日均线出现死叉，但 30 日均线还是保持上行走势，对股价具有较强的支撑作用。并且在股价回调时缩量，显示量价配合理想。这表明此时空方能量得到充分释放，做多能量开始慢慢聚集。均线系统得到修复之后，重新向好的趋势并没有出现实质性变化。在这种情况下，不宜盲目做空，投资者可以在 5 日均线重返 30 日均线之上时积极做多。

3. 技术纠正方法

多头陷阱和空头陷阱可以出现在行情的任一位置，但均线系统的多头陷阱和空头陷阱又有自己的一些特征。

（1）多头陷阱的技术纠正方法。

通常来说，当一轮上涨行情结束后，均线系统经常会出现多头陷阱。为什么会有这样的现象发生呢？因为主力的获利筹码还没有完全派发出去，需要制造做多的假象，把投资者诱骗进来，然后在高位逃之夭夭，实现其胜利大逃亡的目的。一些投资者因耐不住寂寞，既不熟悉主力的操盘手法，又不了解均线多头陷阱的特征，盲目买进，结果很容易在高位被套。这样的例子在股市中比比皆是，教训十分深刻，投资者应引以为戒。

那么，如何才能不陷入主力设置的多头陷阱呢？这里教大家一个办法：对升幅已经很大，下跌时有效击穿 30 日均线的个股，在其再度回升时，要多留个心眼，先不要去碰它，看看其股价能否再创新高。如果日后股价不能创新高，或创新高时没有得到成交量的支持，就不宜盲目做多，以免被套。

从技术上说，多头陷阱有以下 3 个特征。

①股价前期已有较大升幅，均线系统出现了明显的头部，短期、中期、长期均线出现死叉。

②股价下跌幅度不大即开始回升，均线系统局部虽得到修复，但均线系统整体无实质性改变。

③股价回升时成交量出现萎缩。

（2）空头陷阱的技术纠正方法。

同样，当一轮行情起来时，主力为了减轻拉升的压力，尽量在低位骗取散户的筹码，就会不断设置各种圈套。在股价回升过程中制造均线空头陷阱，就是主力惯用的一种手法。对此，广大投资者尤其是新股民一定要擦亮眼睛，不要只看到眼前几天均线的变化，而要看到股价大幅下挫后，均线系统修复时，整个运行趋势有何实质性改变。如果投资者只知其一，不知其二，就会上主力的当，把好不容易在低位拿到的筹码又乖乖地交给主力，从而与大行情擦肩而过。

从技术上说，空头陷阱有以下 3 个特征。

①股价前期出现过大幅下跌。

②近期均线形态开始向好，上升趋势已经初露端倪，但均线系统在修复过程中又遇到破坏。

③股价上升时成交量放大，下跌时成交量萎缩，量价配合得当。

（四）均线排列陷阱

在技术分析领域里，移动平均线是绝对不可少的指标工具。它是借助一定时期股票收盘价的移动走势，反映真实的股价变动趋势。通过每天股价波动之间的相对位置、变动幅度、变化方向并与之对比分析，同时配合多条均线的排列关系来预测股价未来趋势，从而决定买卖时机。移动平均线在脱离盘整后，就会形成多头排列和空头排列。但是，在实盘中存在许多均线排列陷阱，投资者应引起注意。

1. 多头排列陷阱

股价经过一轮下跌调整后有所企稳，不久短期、中期、长期均线转下降为上升，均线系统出现向上发散时，为多头排列，可以积极买入做多。但是，多头排列形态出现后，股价不一定都会上涨，有可能仅仅小幅上涨后即转为下跌，多头排列转为空头排列，从而出现一轮新的下跌走势，使多头排列形态成为一个美丽的陷阱。

如图 5-21 所示，盛屯矿业（600711）的股价反弹结束后回落调整，然后企稳回升，5 日、10 日、30 日均线金叉后上行，均线系统形成多头排列形态，成交量出现温和放大迹象，买入信号非常强烈。然而，当股价触及前期高点附近时遇到强大的压力，从此股价开始盘跌，均线系统由多头排列转为空头排列，股价在 30 日均线上方稍微盘整后，再次向下突破，从而形成多头排列陷阱。

技术解盘：从该股走势图中可以看出，股价处于箱体振荡走势中，并没有形成突破走势。上方遇到强大的成交密集区域，对股价上涨构成较大的压力。在成交量不能有效放大的情况下，股价只好选择向下运行，继续寻求新的支撑，在这种情况下介入需要谨慎。

2. 空头排列陷阱

股价经过一轮涨升行情后，主力开始主动回落调整，短期、中期、长期均线转上升为下降，均线系统出现向下发散时，形成空头排列，应及时卖出做空。但是，空头排列形态出现后，股价不一定都会下跌，有可能仅仅小幅回调洗盘后，股价重拾升势，使空头排列转为多头排列，从而出现一轮新的升势，此时空头排列形态就成为一个恐吓投资者的空头陷阱。

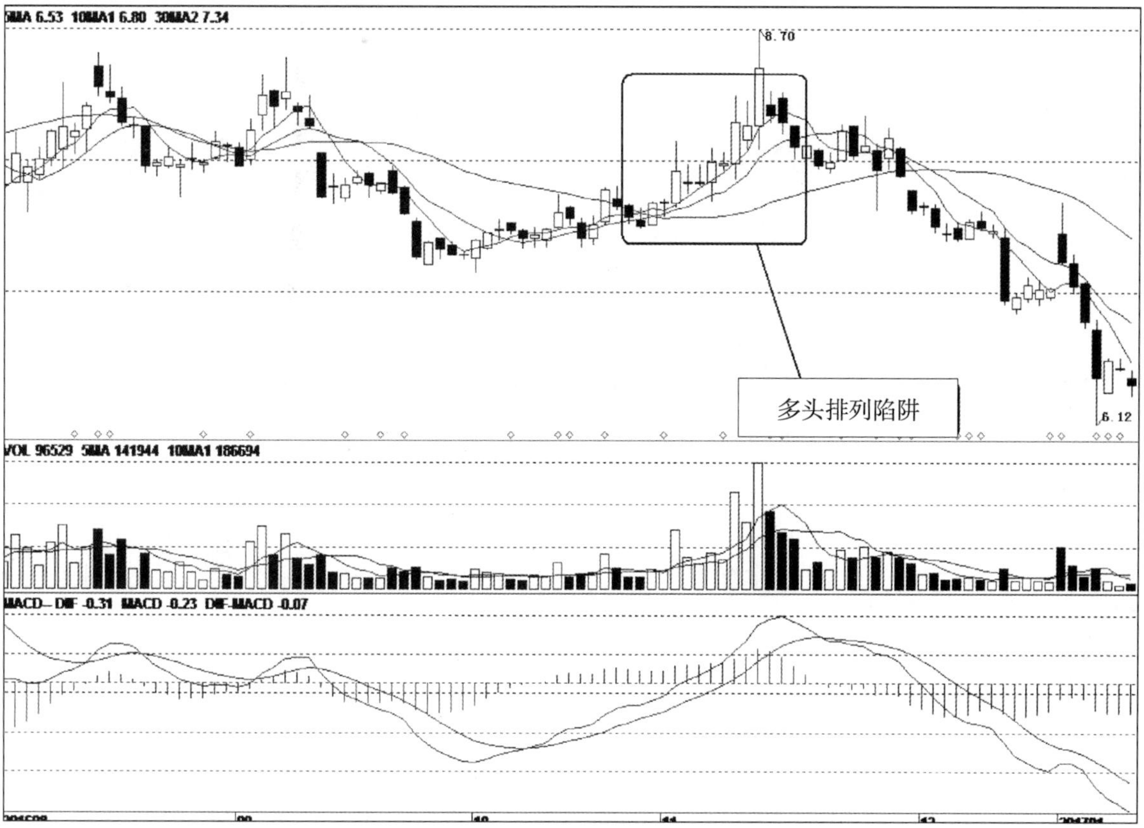

图 5-21 盛屯矿业（600711）日 K 线图

如图 5-22 所示，大连热电（600719）的股价见底后逐波盘升，然后主力开展洗盘整理，股价出现回落，均线系统形成空头发散状态，这种盘面预示股价已经见顶，应以离场为宜。可是股价没有下跌多少就企稳回升，有效站稳 30 日均线后出现快速上涨走势，前期出局者踏空行情。

技术解盘：从该股走势图中可以看出，股价运行在上涨趋势之中，波峰浪谷清晰，股价逐波上扬，盘面走势稳健，不断创出新高，表明主力坐庄手法老到，做多意愿十分坚决。股价调整时，成交量明显萎缩，显示盘中浮动筹码很少，表明主力筹码锁定性好，此时出逃的是散户而不是主力。因此，此处不必恐慌离场，反而可以逢低介入。

3. 技术纠正方法

移动平均线的排列组合形态是判断行情强弱的重要标志信号之一。在一轮持续行情中，脉络清晰，容易辨认，可靠性高。但是，信号出现在行情的初期或末期就不那么容易判断了，经常让人上当受骗。那么，如何破解这种陷阱呢？

（1）股价的上涨或下跌是否符合技术形态、切线、波浪理论的规律和特征。运用相互验证统一的方法，来研判均线排列组合的信号效力，有助于避免盲目决断行为。

图 5-22　大连热电（600719）日 K 线图

（2）参考成交量的变化情况。多头排列需要成交量的支持，空头排列除关键位置外，则不需要过多考虑成交量的大小。

（3）参考一些重要的中长线技术指标，如 MACD、DMI、TRIX 等技术指标，并进行相互验证，这样可以避免许多的错误。

（4）看股价运行趋势。在一轮趋势行情中，与趋势同向的信号准确性远大于与趋势反向的信号的准确性。在上涨趋势中，多头排列的可靠性大，空头排列的可靠性小，多为主力洗盘整理所为，后市继续升势的可能性大。在下跌趋势中，空头排列的可靠性大，多头排列的可靠性小，多为主力自救或反弹所为，后市继续下跌的可能性大。

（五）趋势陷阱

理论上，均线系统对股价具有支撑和压力作用。股价由上向下到达均线系统（通常以 30 日均线作为参考依据）附近时，通常会遇到强大的支撑而出现回升走势，此时为最佳买入点。同样，股价由下向上到达 30 日均线附近时，通常会遇到强大的阻力而出现回落走势，此为最佳卖出时机。但在实盘中，这个买卖位置并不可靠，尤其是盘整行情中，这个位置更不靠谱，有时甚至与投资者的判断差之千里，以致造成许多失误。

1. 虚假支撑

在振荡或持续升势行情中，通常股价回落到30日均线附近时，会遇到较强的技术支撑，股价再次出现回升势头，因此30日均线附近是一个较好的买入机会。但在实盘中，主力为了达到坐庄出货的目的，经常会利用这些技术位置设置虚假信号。在盘面上表现为，股价在30日均线上方做出一个回升的假动作，或者只在30日均线附近短暂停顿，当投资者以为有支撑而纷纷入场后，股价却很快跌破30日均线，形成真正的持续下跌走势，主力成功地制造了一个均线支撑陷阱。

如图5-23所示，宏柏新材（605366）的股价见底后缓缓向上推高，然后出现一波加速拉高行情。由于股价上涨遇到上方阻力，出现倒V形反转回落。当股价回落到30日均线附近时，遇到技术和心理支撑，得到短线资金的关注，股价出现企稳盘整，收出多根上涨阳线。不少投资者看到此情形，以为股价遇到技术支撑，预示股价将出现新一轮上涨行情，因而纷纷买入。可是，买入后股价即出现滞涨。2021年9月23日，一根跌停大阴线如同一把断头铡刀，切断了均线系统，股价向下跌破30日均线。之后股价快速下跌，把散户牢牢套住。

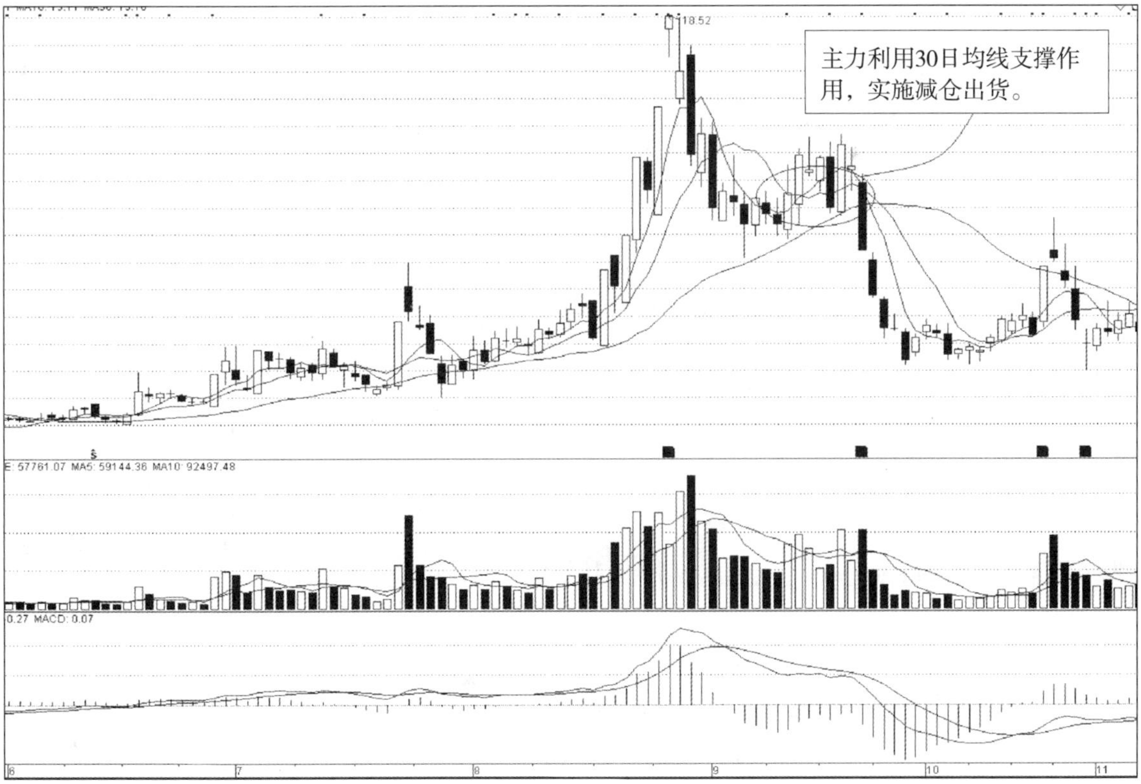

图5-23　宏柏新材（605366）日K线图

技术解盘：该股的上涨高点正好是前面下跌的起始位置，此位置对股价上涨构成强大的阻力。股价从顶部回落后，回调幅度太深，上涨气势减弱，对后期的上涨构成新的压力，"会涨的股票不会跌，会跌的股票不会涨"说的就是这种盘面情形。此外，股价在30日均线停留时间过长，支撑力度被消磨。所以，这是主力借30日均线的支撑而实施减仓出货的一种做盘手法。

2. 虚假压力

股价见底后开始回升，主力为了达到建仓或洗盘的目的，当股价回升到30日均线附近时，遇到均线压制而回落，因此30日均线附近形成一个较好的技术卖点。但在实盘中，主力经常在这些地方制造空头陷阱，造成股价无力向上突破的假象，迫使散户逢高离场观望，主力轻松接走低价筹码。在盘面上表现为，股价只是在30日均线下方稍微回落，或者只是在30日均线附近做出一次短暂停顿。当投资者纷纷抛出筹码后，股价却很快发力向上突破30日均线压制，出现一轮真正的涨升行情，主力成功地制造了一个空头陷阱。

如图5-24所示，福鞍股份（603315）的主力为了吸纳更多的低价筹码，2021年5月19日向下打压股价，一根大阴线导致技术破位。当主力吸纳了大量的低价筹码后，股

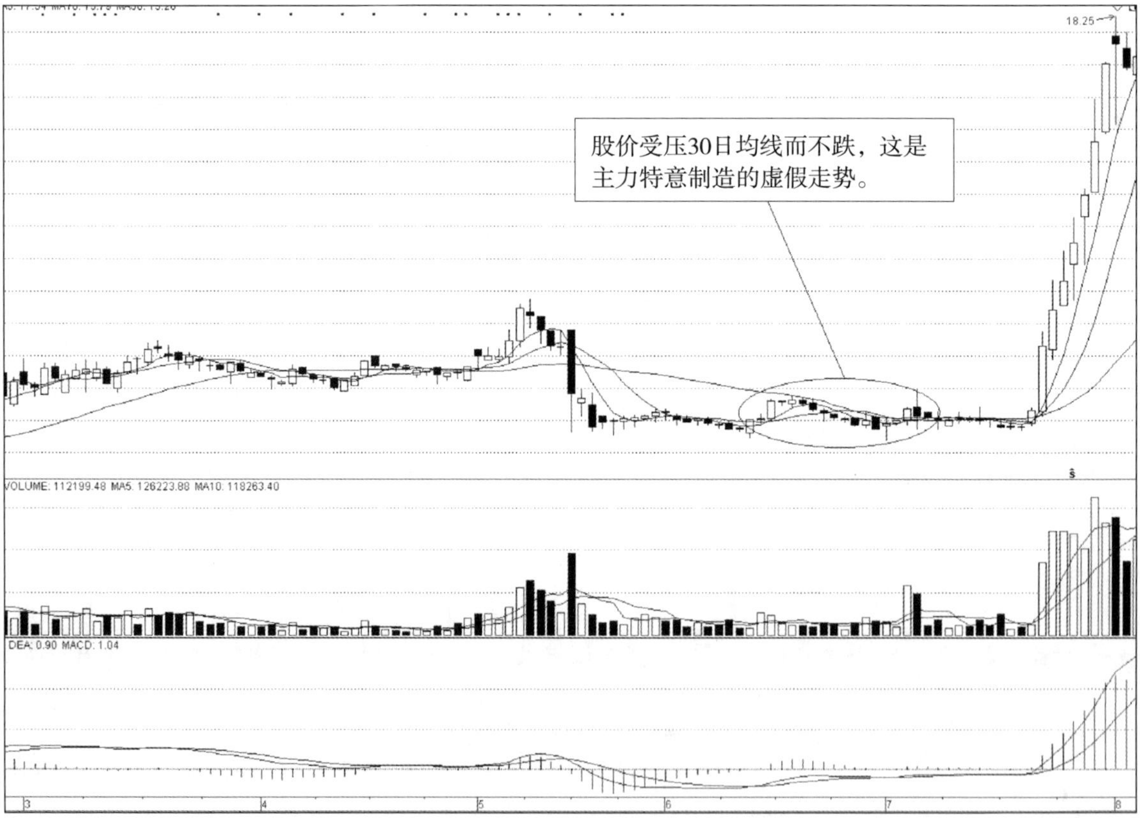

图5-24 福鞍股份（603315）日K线图

价开始缓缓回升。当股价回升到 30 日均线附近时，为了日后顺利拉高出货，主力再次展开洗盘调整走势，造成股价无力突破 30 日均线的假象。在整理过程中，股价屡次上冲 30 日均线时，均形成遇阻回落走势，这更让投资者感到犹豫和担心，感觉到 30 日均线附近有重大压力，从而动摇了持股信心。当浮动筹码清洗完毕之后，7 月 22 日，股价开始放量上涨，成功突破 30 日均线的压力，此后展开快速上涨行情。

技术解盘：该股击穿 30 日均线后，下跌幅度不大，这在逻辑上讲不通。既然是突破，那么突破后股价肯定会快速下跌，迅速脱离突破区域。而该股在突破位置附近徘徊，这就使人怀疑其为假突破。另外，在股价向下击穿 30 日均线后，成交量大幅萎缩，这说明主动性抛盘不大，主力筹码处在锁定之中。既然主力没有派发动作，那么后市定有上涨机会。此外，当股价回升到 30 日均线附近遇阻后，也没有出现明显的下跌走势，说明下跌空间十分有限。投资者在实盘中遇到这种走势的个股时，当股价放量返回 30 日均线之上，可以积极买入做多。

3. 技术纠正方法

在均线系统中，30 日均线是一条非常重要的均线，它既是中短期炒作的生命线，也是中长期投资的参考线，在投资者心目中具有非常重要的实盘指导意义。正因如此，长期以来，该均线被主力用来制造各种虚假技术信号，所以投资者应当掌握破解陷阱的方法。

（1）看 30 日均线自身的运行趋势。若 30 日均线呈上升趋势，则支撑较强，通常是洗盘回调的低点，此处可作为介入位置考虑。若 30 日均线呈下行趋势，则压力较大，通常是反弹行情的高点，此处可以作为卖出选择。若 30 日均线基本呈横向运行，可以区别 3 种现象：一是在长期振荡过程中形成横向运行趋势，则参考意义不大；二是在上涨末期构筑头部过程中形成横向运行趋势，则支撑较弱，压力较大；三是在下跌末期构筑底部过程中形成横向运行趋势，则压力较小，支撑较强。

（2）观察盘面气势。若股价触及 30 日均线能迅速折返，则表明多空力量气势强大，支撑和压力明显。若股价在 30 日均线附近逗留三五日，则支撑和压力较弱，大多是主力故意所为，虚假信号的可能性大，股价随后脱离这个位置的可能性非常大。

（3）看支撑和压力的次数。在一轮持续的升势行情中，曾经出现过多次（一般为 3 次以下）明显的支撑作用，则其后（4 次以上）出现的支撑作用就不那么有力了，越往后支撑越弱。其后只要股价跌破均线支撑，就应坚决离场。同样，在一轮持续的跌势行情中，曾经出现过多次（一般为 3 次以下）明显的压力作用，则其后（4 次以上）出现的压力作用就不那么明显了，越往后压力越弱。一旦股价升破均线压制，就可以中长线介入。

（4）分析成交量的变化。通常来说，股价在 30 日均线附近得到技术支撑而回升的，需要大的成交量配合，将股价迅速推高，这样其支撑信号的可靠性才高。若缩量盘升或在均线附近逗留时间较长，则往往会失去支撑作用。

（5）结合 MACD、RSI、DMI 等技术指标进行综合分析，相互验证，则可信度高。同时，还要与道氏理论、形态理论及波浪理论等进行综合分析研判，这样得出的结果更为可靠。

（六）突破陷阱

在一个振荡或趋势行情中，股价运行一段时间后，多空双方力量将会发生改变，股价将选择一个方向发展，并朝着这个方向运行一段时间和距离。因此，在股价突破初期做好买卖决策，可以获得较大收益，减少市场风险。但是，突破信号有真有假，难以辨别，投资者应多加研判。

1. 向上假突破

在下跌趋势中，通常 30 日均线对股价运行构成较大的压力，股价反弹触及 30 日均线时，大多会受到均线的压制而回落，再现跌势。如果股价在某段时间里发力向上拉升，有效突破 30 日均线的压制，而且均线系统向上金叉，那就表明股价已探明底部，行情将转跌为升，可在回调时介入。但是，市场经常会出现虚假信号，股价突破后并没有出现预期的走势，反而很快回落，出现一轮新的跌势，从而成为虚假向上突破信号。

如图 5-25 所示，麦迪科技（603990）的股价经过一轮下跌后，下跌速度渐渐放缓。2021 年 7 月 19 日，股价向上突破 30 日均线的压力。这时不少散户以为股价见底回升，因而纷纷买入做多。可是，股价并没有出现预期的上涨行情，在 30 日均线上方短暂修整后，股价开始新一轮下跌走势，将买入的散户套牢。

技术解盘：该股为什么会成为假突破？其原因有三：一是 30 日均线处于下行状态，对股价既没有支撑作用，也没有助涨作用；二是股价上涨面临前期盘区的压力；三是成交量不大，盘面走势显得过于勉强，股价属于弱势反弹性质，突破有虚假成分。

2. 向下假突破

在上涨趋势中，通常 30 日均线对股价运行构成较强的支撑，股价回调触及 30 日均线时，大多会受到均线的支撑而回升，再拾升势。如果股价在某段时间里向下运行，有效跌破 30 日均线的支撑，而且均线系统向下死叉，表明股价头部已经形成，行情将转升为跌，可在回升反弹时卖出。但是，这种信号经常具有欺骗性，股价突破后只是向下小幅调整，并且很快展开更为有力的上涨行情，从而成为向下假突破信号。

如图 5-26 所示，芯朋微（688508）的股价在底部经过充分的蓄势整理后，成功构

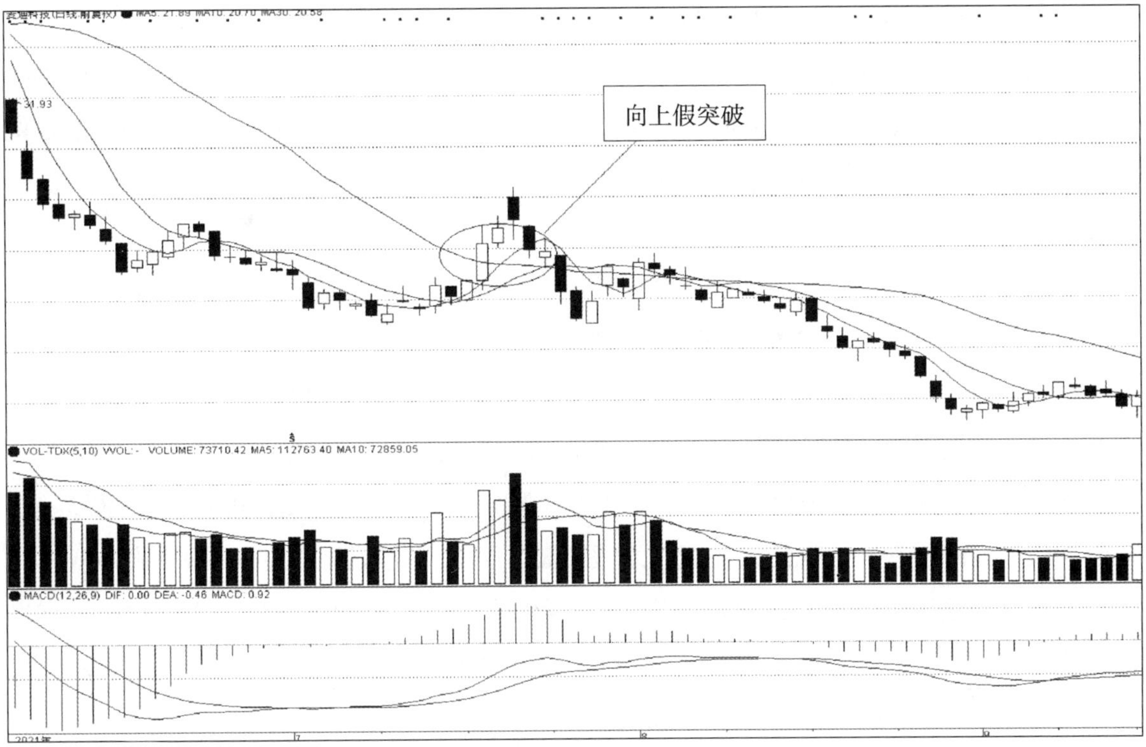

图 5-25　麦迪科技（603990）日 K 线图

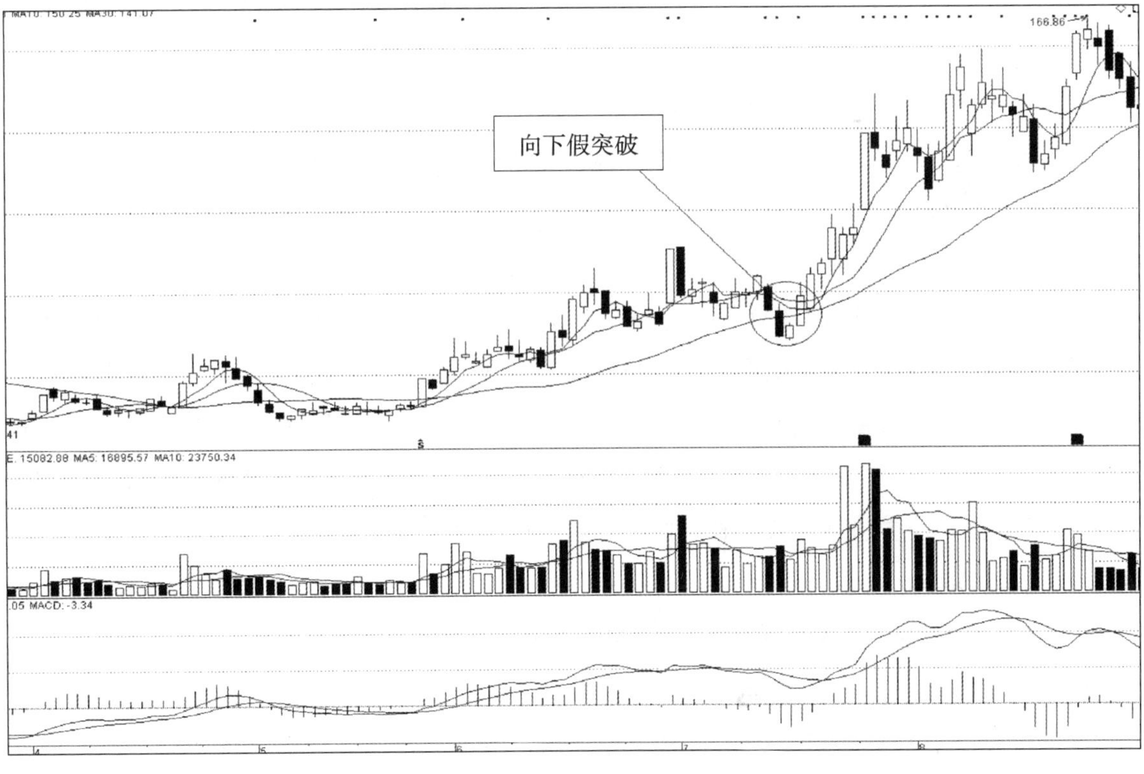

图 5-26　芯朋微（688508）日 K 线图

筑了一个大型的双重底形态，然后开始逐步向上盘升。当股价成功突破双重底颈线压力位后，主力为了日后顺利拉高出货，便主动开始洗盘整理。2021 年 7 月 14 日，股价向下击穿 30 日均线的支撑，5 日均线死叉 10 日均线，形势对多方非常不利，此时不少投资者选择抛售观望。但是，第二天股价就止跌回升，第三天重返 30 日均线之上，随后股价继续强势走高。

技术解盘：该股经过长时间的调整后，主力吸纳了大量的低价筹码，这部分筹码根本没有获利。股价处于主力成本区域附近，若向下突破，假突破的概率较大，下跌是为了更好地拉升，因而属于洗盘性质。成交量迅速萎缩，表明主力控盘程度好，并未引起市场恐慌，在此处抛出的是散户，而不是主力。另外，在股价向下击穿 30 日均线后，并没有持续下跌，表明下跌势头不够凶猛。既然是突破，那么股价肯定会快速下跌，迅速脱离突破区域。而该股突破后立即止跌，这就使人怀疑其为假突破。同时，此次回调也是对股价突破双重底颈线的一次回抽确认走势。从盘面可以看出，当股价回抽到颈线附近时，即获得技术支撑而出现回升，说明股价向上突破有效，双重底形态成功构筑。因此，该股后市可以看高一线，投资者可在股价返回到 30 日均线之上或越过前期高点时积极买入做多。

3. 技术纠正方法

在实际操作中，投资者经常为突破是真是假大伤脑筋。那么，如何判断股价突破的有效性呢？

（1）突破时股价所处的位置或阶段。如果处于底部吸货区域、中途整理区域、主力成本区域附近，那么向上突破为真突破的概率较大，向下突破为假突破的概率较大。如果处于高位派发区域、远离主力成本区域，那么向上突破为假突破的概率较大，向下突破为真突破的概率较大。

（2）有效突破一般都建立在充分蓄势整理的基础上。充分蓄势整理的形式有两类：一类是我们常知的各类形态整理，如三角形整理、楔形整理、旗形整理、箱体整理等；另一类是主力吸完货以后，以拖延较长时间作为洗盘手段，或者因等待题材或拉升时机，长期任凭股价回落下跌，股价走出了比形态整理时间更长、范围更大的整理。股价一旦突破此种整理盘面，则往往是有效突破。由于这种整理超出了形态整理的范围，因而有时候是难以察觉和辨别的。

（3）在突破时成交量应有效放大。如果成交量过低，突破肯定不能成立。如果成交量特别大，股价位置又高，则需提防主力以假突破的方式出货。

（4）股价上涨必须有气势，走势干脆利落，不拖泥带水，突破后能持续上涨。既然是突破，突破后就不应该磨磨蹭蹭，如果放量不涨，就有主力出货的嫌疑。

（5）对主力选择突破时机需要仔细研究。市道较好、价位又不高的时候，没有疑问；如果市道一般，就需要结合主力成本、股价位置、主力类型及其控盘特点进行分析。在大市较好的时候，前期走势不逆势的，在市道不好的时候突然逆势突破，则要提防主力出货。

（6）突破要成功跨越或脱离某一个有意义的位置，比如一个整数点位、一个整理形态、一条趋势线、一个成交密集区域或某一个时间之窗等，否则判断意义不大。

（七）均线发散陷阱

在实盘操作中，经常看到短期、中期、长期均线黏合在一起的现象。通常来说，黏合后向上发散，预示后市涨升潜力较大；黏合后向下发散，预示后市下跌空间较大。另外，在市场的各个阶段里，都有可能出现这种走势。在高位黏合后，向上发散的可能性不高，后市风险较大，向下发散的可能性较大；在低位黏合后，向上发散的可能性较高，向下发散的可能性较小；在中位黏合后，向上向下发散都有可能，机会和风险并存。另外，在一轮较长的涨升行情中，可能出现一次发散，也可能出现两次或多次发散的情况，但发散信号同样会有许多陷阱，投资者仍需谨慎。

1. 高位发散陷阱

股价经过一段时间的上涨后，在高位出现振荡整理走势，5 日、10 日、30 日均线黏合在一起。不久股价打破盘局走势，均线系统出现发散现象，因而构成买卖信号。但随后股价并没有沿着发散方向持续发展，很快出现反方向运行，从而形成高位均线发散陷阱。

（1）向上发散陷阱。股价经过一轮大幅上涨后，在相对顶部区域维持相对平衡的盘整走势，短期、中期、长期均线黏合在一起。这种状态维持较长一段时间（时间越长，黏合越紧，后市突破力度越大）后，突然在某段时间市场打破了这种平衡格局，股价选择向上突破，均线系统向上发散，形成多头排列，表明主力蓄势整理结束，预示行情将再次步入上升阶段，可以跟风介入。但是，这种信号也不十分可靠，经常具有欺骗性，股价突破后并没有出现预期的上涨走势，而是很快回落，出现一轮新的跌势，从而成为向上发散陷阱。

如图 5-27 所示，龙佰集团（002601）B 浪反弹结束后，主力继续在高位振荡出货，股价呈现横盘走势，短期形成一个平衡盘区，5 日、10 日、30 日均线黏合在一起。不久，股价再次拉起，均线系统向上发散，形成多头排列，形成新的攻势，表明主力蓄势整理结束，可以跟风介入。但是，股价突破后并没有出现预期的上涨行情，当主力基本完成出货任务后，股价很快出现阴跌走势，将入场者套牢，从而成为向上发散陷阱。

技术解盘：从该股图表中可以看出，股价经过爆炒后，涨幅非常大，这时主力考虑的是如何出货，而不是如何拉升，在如此高的价位介入显然不可取。另外，在均线向上发散时，成交量已经持续萎缩，说明多数人已经不参与操作了。热门股一旦退烧，很长一段时间难以重新聚集做多热情。从形态上分析，前面的高峰上堆积了大量筹码，这部分筹码对股价上涨构成重大压力，股价如果遇阻回落，就会形成一个重要阻力区，此后应中长期看空。所以，此时均线向上发散，为主力拉高出货的做盘手法，投资者不应盲目追高。

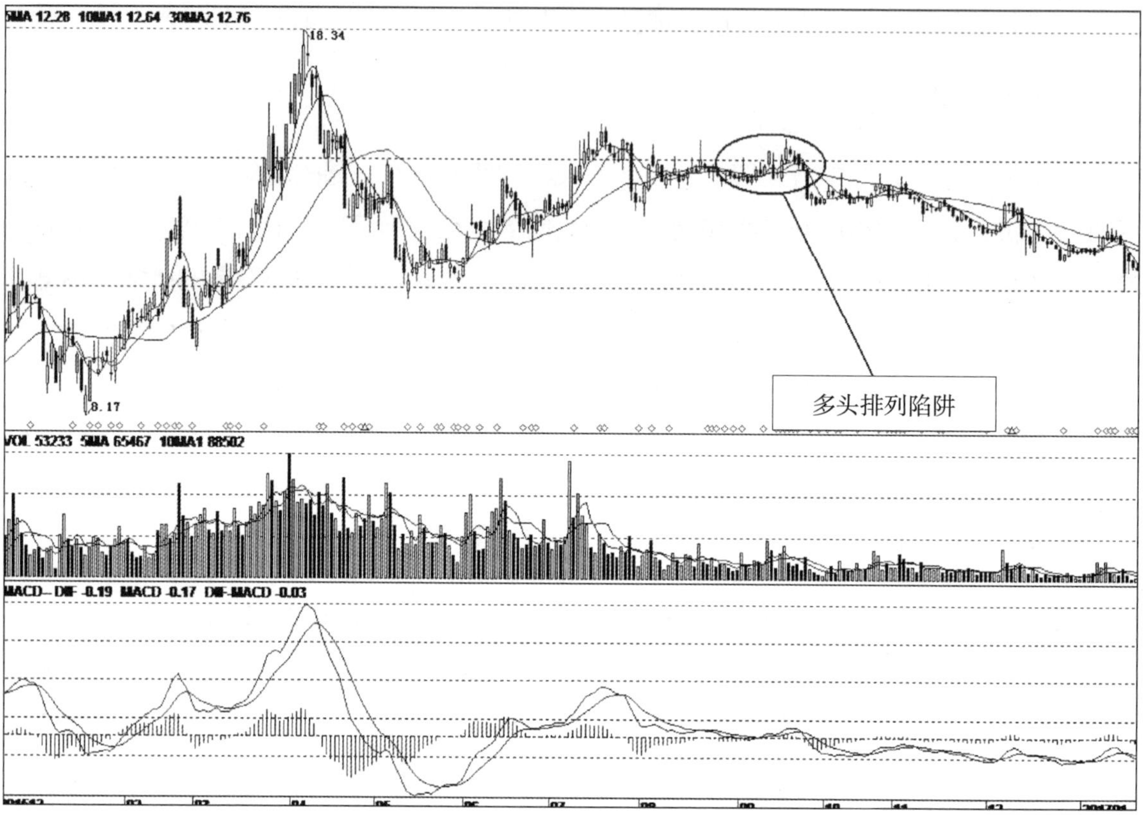

图 5-27　龙佰集团（002601）日 K 线图

（2）向下发散陷阱。股价经过一轮下跌行情后，在相对底部区域维持盘局走势，几条移动平均线黏合在一起。在此持续一段时间（时间越长，黏合越紧，后市突破力度越大）后，市场突破了这个平衡格局，股价选择向下突破，均线系统向下发散并呈空头排列，表明市场走势趋弱，行情将步入下跌走势，此时应及时卖出。但是卖出股票后，市场并没有出现深幅下跌走势，很快股价即见底回升，并走出一波上涨行情，从而成为向下发散陷阱。

如图 5-28 所示，众信旅游（002707）的股价经过充分的整理后，继续逐波盘升而上。很快，股价创出 157.50 元新高，累计涨幅很大。此后股价回落整理，5 日、10 日、30 日均线渐渐走平，均线系统趋向黏合状态。不久，股价向下突破，均线系统形成向下发散态势，预示股价将出现下跌调整走势。由于此时股价涨幅已经很大，因此不少投资者离场观望。

可是，后市股价并没有出现大幅下跌走势，很快股价就企稳上涨，迎来新一轮收益可观的涨升行情。

技术解盘：从该股走势图中可以看出，股价运行在上涨趋势之中，波峰浪谷清晰。股价逐波上扬，盘面走势稳健，不断创出新高，表明主力坐庄手法老到，做多意愿十分坚决。虽然此时股价涨幅很大，但对于走势稳健的盘升类个股，这个涨幅远没有到达主力的目标价位，只要股价没有出现最后的快速拉高（上涨角度陡峭）走势，就可以安心持股，不必理会盘中的一时涨跌。另外，该股在均线系统出现向下发散时，成交量明显萎缩，显示盘中浮动筹码很少，表明主力筹码锁定良好，此时出逃的是散户而不是主力。此外，该股是一只上市不久的次新股，如果观察其压缩图，还可以发现股价调整的位置正好是前期刚上市时出现的一个高点，主力在此展开调整，用意非常明确，就是消化上方的压力，为日后进一步拉高扫除障碍。因此，这是一个空头陷阱，不必为之惊慌，可以逢低介入。

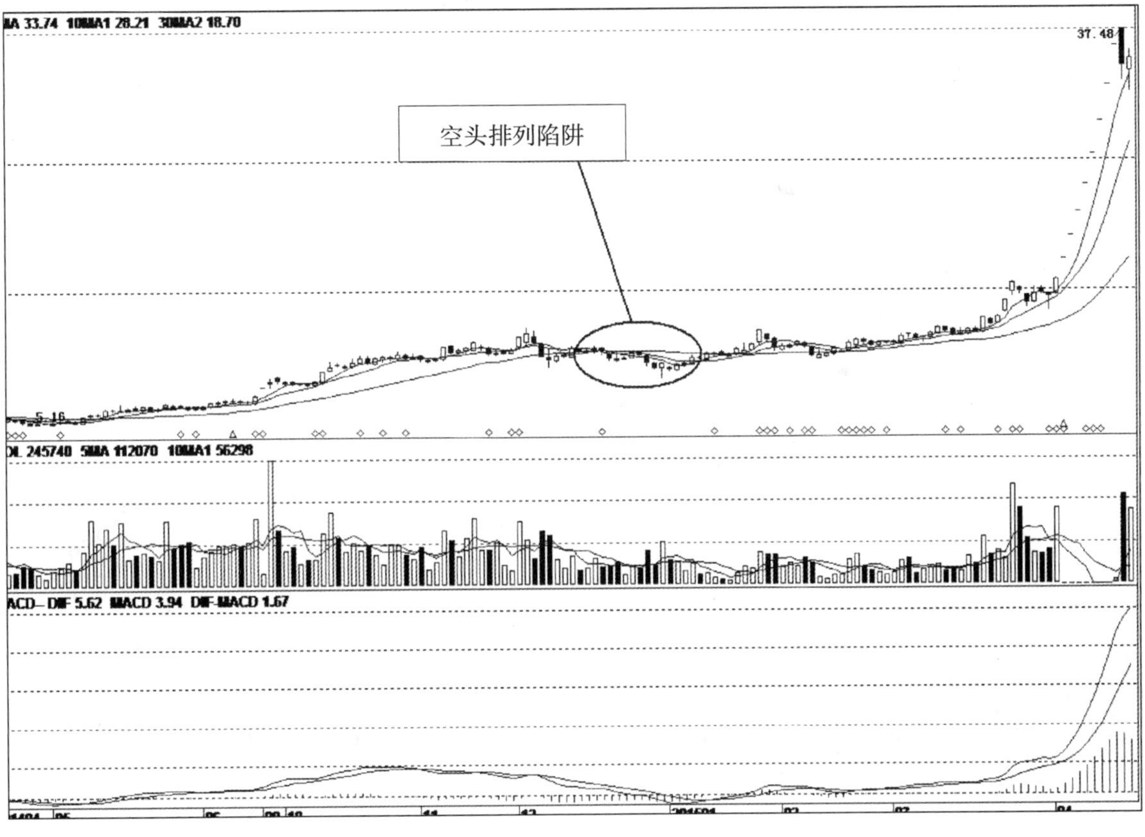

图 5-28　众信旅游（002707）日 K 线图

2. 中位发散陷阱

股价见顶后回落，经过一段时间的下跌调整后，出现振荡整理走势，5 日、10 日、30 日均线黏合在一起。不久股价打破盘局走势，均线系统出现发散现象，因而构成买卖信号。

但此后股价并没有沿着发散方向持续发展，而是很快出现反方向运行，从而形成中位均线发散陷阱。

（1）向上发散陷阱。股价见底后，经过一轮小幅上涨行情，主力展开派发行为，盘面出现横盘振荡走势，并形成一个盘整区。此间几条均线黏合在一起，在此持续一段时间（时间越长，黏合越紧，后市突破力度越大）后，不久股价出现向上突破，移动平均线向上发散并呈多头排列，表明市场将展开新的一轮上攻行情，此时应及时买入。可是买入股票后，股价并没有出现预期的上涨行情，很快股价就出现下跌走势，将入场者个个套牢。

或者，股价见顶后经过一波小幅的下跌行情，股价振荡企稳，形成一个横盘走势盘整带。几条均线黏合在一起，并持续一段时间（时间越长，黏合越紧，后市突破力度越大）后，不久股价发力向上突破，均线系统向上发散并呈多头排列，表明市场调整已经结束，股价将重拾升势，此时应及时买入。可是买入股票后，股价并没有出现预期的上涨行情，很快股价就下跌了。

如图 5-29 所示，上海普天（600680）反弹到前期高点附近遇阻回落，然后形成平台整理走势，5 日、10 日、30 日均线黏合在一起。不久股价放量上涨，随后均线系统向上发散，

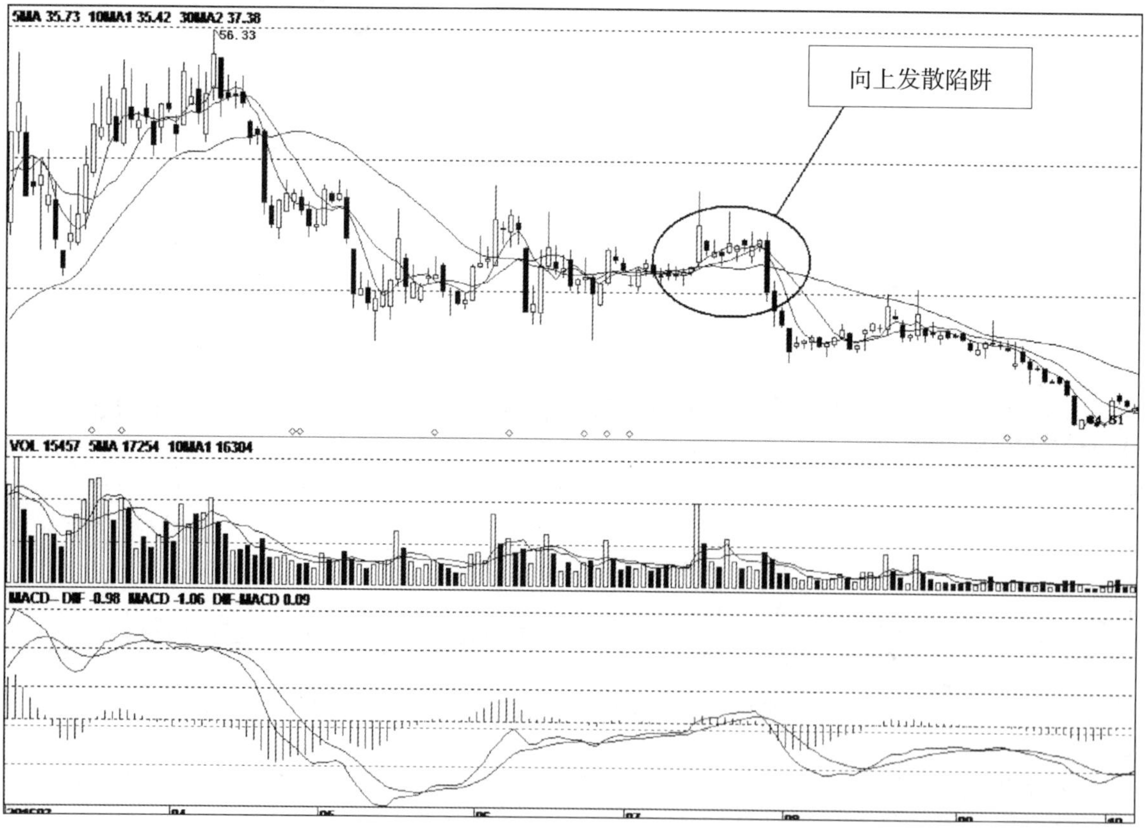

图 5-29 上海普天（600680）日 K 线图

形成多头排列，做多信号非常明显。通常来说，这是一个买入做多信号，可是随后一根下跌大阴线如断头铡刀，向下击穿了 30 日均线的支撑，此后股价逐波阴跌向下，将不少散户套牢其中。

技术解盘：从该股走势图中可以看出，股价处于见顶回落的中间部位，而且此处恰好是最高峰前面的一个次高点位置（观察压缩图）。这个位置对股价的压力非常之大，因此在股价没有创出新高之前出现的多头信号，其可靠性较差，有主力拉高出货嫌疑。从日 K 线看，股价向上拉高时，成交量没有跟上，表明后续能量难以为继。特别是当股价回落到均线附近时，得不到有力的技术支撑，更加说明前面的上涨具有虚假性。

（2）向下发散陷阱。股价见底后出现一波小幅上涨行情，由于累积了一定的获利筹码，导致上档受阻，股价滞涨回落整理，从而形成盘整走势。几条均线黏合在一起，并持续一段时间（时间越长，黏合越紧，后市突破力度越大）后，不久股价出现向下突破，均线系统向下发散，并呈空头排列。这表明市场即将出现一轮跌势行情，此时应及时离场。可是卖出股票后，股价并没有出现深幅下跌行情，而是很快企稳回升并走出一波上扬行情，使出局者落入踏空陷阱。

或者，股价经过长时间的下跌调整后，出现一波小幅反弹行情，由于上攻能量不继，股价滞涨不前，形成上有压力下有支撑的盘整行情。几条均线黏合在一起，持续一段时间（时间越长，黏合越紧，后市突破力度越大）后，不久股价出现向下突破，均线系统向下发散，并呈空头排列。这表明市场步入下跌格局，此时应卖出股票。可是卖出股票后，股价并不见下跌走势，而是很快企稳回升并走出一波上涨行情，同样让出局者踏空。

如图 5-30 所示，长城汽车（601633）上市以后，就有实力强大的主力入驻其中，股价渐渐盘升，底部不断抬高。此后股价在 18 元左右位置形成横盘整理，5 日、10 日、30 日均线出现黏合状态。不久股价向下突破，均线系统脱离黏合状态，形成向下发散走势，预示股价将见顶回落，因此不少投资者纷纷抛空筹码。可是股价经过小幅调整后，很快企稳回升，随后走出了一轮大牛行情。

技术解盘：从该股走势图中可以看出，在股价上涨过程中，盘面走势十分稳健，波峰浪谷清晰，表明主力坐庄手法老到，做多意愿强烈。虽然此时股价已有一定的涨幅，但对于走势稳健的盘升类个股，这个涨幅还没有到达主力的目标价位，一般不会就此结束行情。只要股价没有出现最后的快速拉高（上涨角度陡峭）现象，就可以安心持股，不必理会盘中的一时涨跌。另外，该股是一只上市不久的次新股，在我国股市中，次新股历来受到市场的青睐，后市具有一定的炒作潜力。因此，这时出现的空头信号往往是主力的洗盘行为，后市仍有上涨空间。

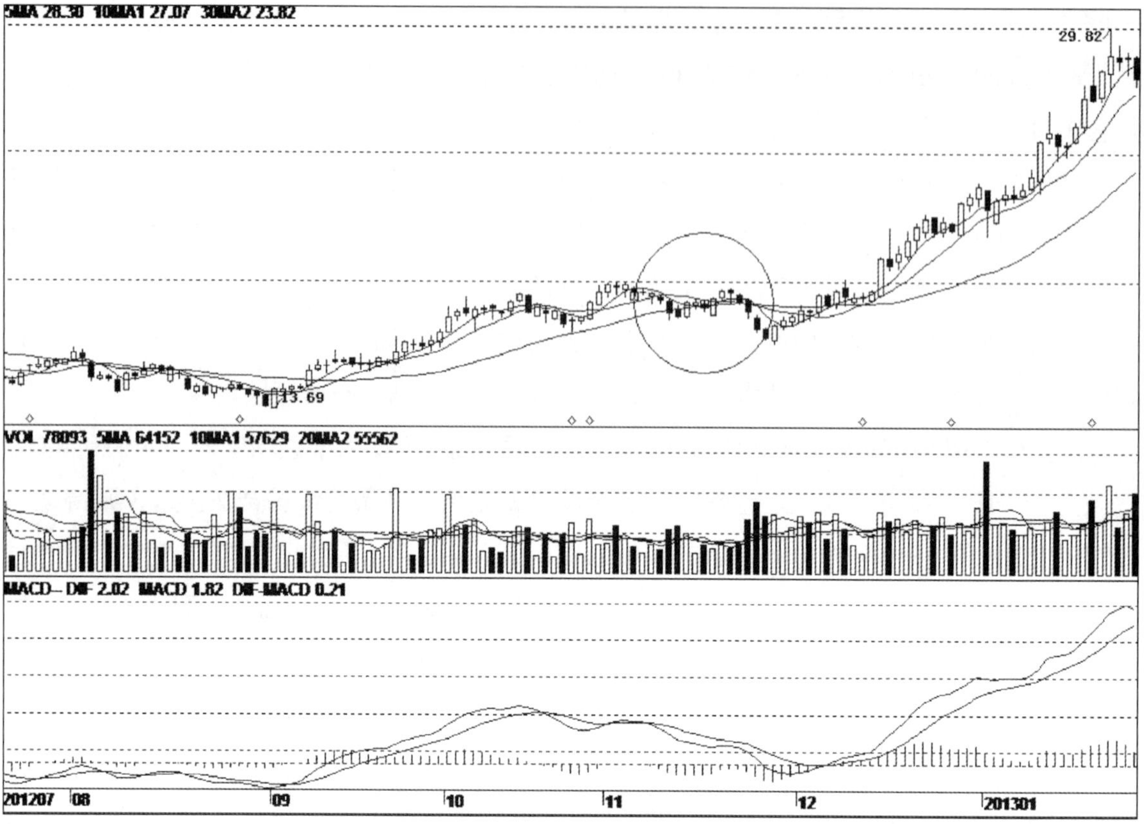

图 5-30　长城汽车（601633）日 K 线图

3. 低位发散陷阱

股价经过一段时间的下跌调整后，在低位出现振荡整理走势，5 日、10 日、30 日均线黏合在一起。不久股价打破盘局走势，均线系统出现发散现象，因而构成买卖信号。但股价并没有沿着发散方向持续发展，很快出现反方向运行，从而形成低位均线发散陷阱。

（1）向上发散陷阱。股价出现较长时间的下跌调整走势后，空头能量得到一定的释放，下跌势头放缓，股价初步企稳，从而形成横向盘整走势。几条均线黏合在一起，持续一段时间（时间越长，黏合越紧，后市突破力度越大）后，突然市场打破了这个平衡格局，股价选择向上突破，均线系统向上发散，形成多头排列，表明市场已经见底，后市具有上升潜力。但是根据这个态势买入后，并不见股价上涨，不久股价即转升为跌，出现新一轮下跌走势，将入场者套牢其中。

如图 5-31 所示，光启技术（002625）的股价从高位回落后企稳盘整，在整理过程中涨跌幅度缩小，上下振荡收窄，5 日、10 日、30 日均线纠缠在一起。随后股价连续几天拉高，均线系统慢慢向上发散，形成多头排列，预示股价将向上突破平台整理区域，从而构成买入信号。可是随后股价渐渐走弱，形成阴跌走势，均线系统又转为呈空头排列，将不少散户套牢其中。

技术解盘：从该股走势图中可以看出，股价虽然回落幅度较大，但上方同样面临着较大的压力。而且股价还没有真正形成向上的突破势头，即没有达到突破盘整区域的技术要求，均线系统向上发散的力度单薄，缺乏向上攻击的力度，因此是一个虚假的多头信号。

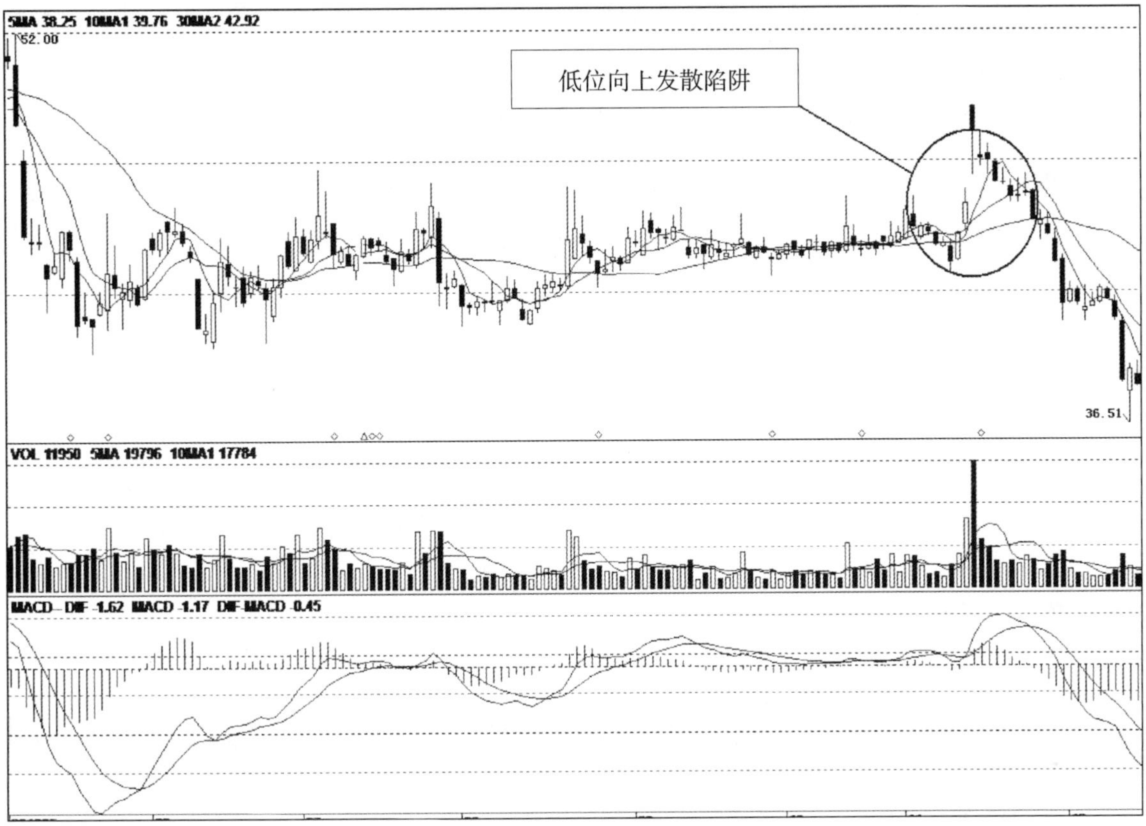

图 5-31　光启技术（002625）日 K 线图

（2）向下发散陷阱。股价经过一轮小幅上涨后，在相对高价位区里维持着相对平衡的盘整走势，5 日、10 日、30 日均线黏合在一起。这种状态持续一段时间（时间越长，黏合越紧，后市突破力度越大）后，突然在某段时间里市场选择向下突破，均线系统向下发散，形成空头排列，意味主力已经成功地派发了大量的筹码，行情将步入下跌阶段，应当及时离场。但是，这种信号并不可靠，同样会出现欺骗走势，股价突破后只是向下小幅调整，很快就东山再起，展开更为有力的上涨行情，从而成为向下发散陷阱。

如图 5-32 所示，锦州港（600190）的股价见顶后回落，在底部形成长时间的振荡整理走势，期间 5 日、10 日、30 日均线黏合在一起，时间长达半年之久。不久，股价开始渐渐向下运行，均线系统向下发散，形成空头排列，预示行情将出现新一轮跌势，于是投资者纷纷抛出手中的股票。此后，股价经过短暂的横盘整理后企稳回升，出现一轮涨升行情，从而形成低位均线向下发散陷阱。

技术解盘：一般而言，均线系统黏合后，向上发散和向下发散都有可能出现，关键要看发散后的走势。从该股走势图中可以看出，均线向下发散后，并没有出现大幅下跌走势（一般真正的下跌，股价会迅速脱离突破区域，均线系统继续发散），股价很快回升到突破平台附近，表明主力蓄意制造空头陷阱的可能性大。在均线向下发散后，也没有出现大的成交量（关键位置下跌也要有大的成交量），表明主力筹码控制得非常好，没有出现恐慌盘杀出。因此成为向下发散陷阱，也就不足为怪了。

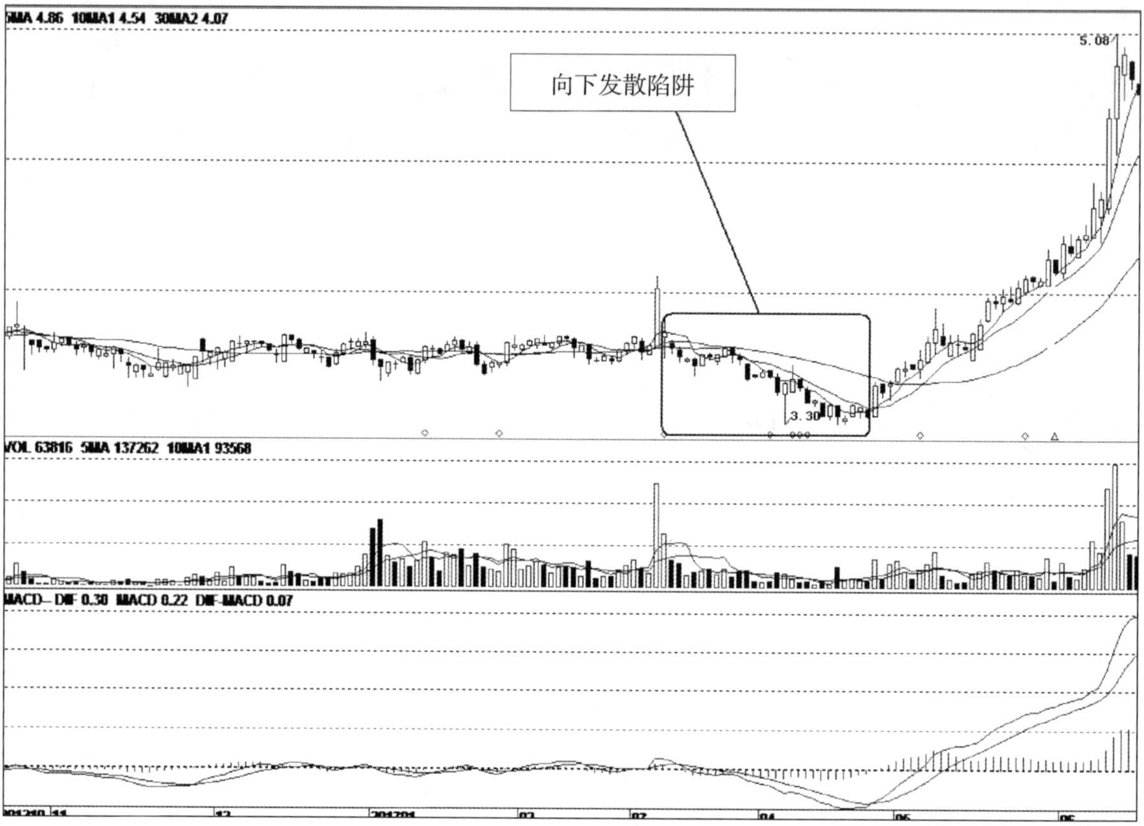

图 5-32 锦州港（600190）日 K 线图

4. 技术纠正方法

在实盘操作中，均线多头或空头发散这种盘面现象经常出现，长期以来被技术高手用以捕捉大行情和规避风险，并且有一定的实战效果，但主力在此设置陷阱也非常多。

（1）实盘中出现发散的情况比较复杂，不同位置出现的发散信号，也有不同的分析意义。

①均线系统低位黏合后发散。股价经过一轮下跌后，在低位进行盘整，主力进场建仓或压箱顶吸取廉价筹码，使5日、10日、30日均线在底部黏合在一起（黏合越紧，时间越长，

上涨力度越大）。如果 5 日均线脱离黏合后开始向上，10 日均线和 30 日均线尾随其后也跟着向上。此时如果成交量放大，那就表明一个中级大底出现，这时可以及时跟进，做一波中级行情。在低位向上发散，信号的可靠性较大；在低位向下发散，为疑似信号。

②均线系统中途黏合后发散。行情经过一轮涨升后，主力开始振仓洗盘，股价振荡回调或出现横盘走势，此时 5 日、10 日、30 日均线在中途黏合在一起（黏合越紧，时间越长，突破力度越大），呈水平横盘或略向上趋势。不久，5 日均线脱离 10 日、30 日均线向上运行，10 日均线和 30 日均线也随之而上，成交量放大。MACD 指标中的 BAR 指标绿柱缩小或红柱增长，这表明第二轮拉升即将开始。未赶上第一轮拉升的投资者，这时可以介入，出色地做一轮短线行情。如果 5 日均线脱离 10 日、30 日均线向下运行，10 日均线和 30 日均线也随之而下，MACD 指标中的 BAR 指标红柱缩小或绿柱增长，此时无论成交量放大与否，都应加入空头行列，以免造成更大的损失。在中位出现向上或向下发散信号的概率相当，应密切关注其变化方向。

③均线系统高位黏合后发散。股价经过大幅炒作后，在高位形成主力出货区域，5 日、10 日、30 日均线在高位黏合在一起（黏合越紧，时间越长，下跌力度越大）。当主力基本完成出货任务后，股价向下运行，5 日均线脱离黏合后开始向下，10 日均线和 30 日均线尾随其后跟着向下。此时不论成交量是否放大，都是一个见顶信号，应及时获利了结。在高位向下发散，信号的可靠性较大；在高位向上发散，为疑似信号。

（2）在实盘操作中，一只股票可能出现一次或多次黏合后发散的走势，发散的次数不同，产生结果也有别。

①首次发散。这很好理解，股票在较长一段时间内（通常为一个牛熊轮回）第一次出现向上或向下发散信号。就其信号可靠性而言，均线系统第一次向上发散，虽然是一个买入点，买入价位也较低，但变数较多。由于股价上升未受到抛压的考验，股价回落机会相对要多一些。同样，均线系统第一次向下发散，虽然是一个卖出点，卖出价位也较高，但变数也较多。由于股价下跌可能是一次回档洗盘，股价回升机会相对要多一些。

②再次发散。在一波趋势行情中出现第二次向上或向下发散信号。当均线系统第二次向上发散，表明主力做多意愿已显现无遗，行情可能步入主升浪阶段，此时应及时介入。当均线系统第二次向下发散，表明主力出货十分坚决，股价跌幅可能较深，此时应及时离场。

③多次发散。在一波趋势行情中出现 3 次及以上的向上或向下发散信号。均线系统 3 次及以上向上发散，此时多方已经消耗了大量的精力，上涨力度可能会有所减弱。若第二次向上发散后股价涨幅较大，3 次及以上向上发散的涨幅就会较小；若第二次向上发散后股价涨幅不大，主升浪行情可能会出现在 3 次及以上向上发散信号之后。同样，均线系统

3 次及以上向下发散，此时空方已经消耗了大量的精力，下跌力度可能会有所减弱。若第二次向下发散后股价跌幅较大，3 次及以上向下发散的跌幅就会较小。若第二次向下发散后股价跌幅不大，3 次及以上向下发散信号可能会出现最后的砸盘走势。

但是，并不是所有的股票上涨或下跌时，均线系统都会出现两次或多次发散信号，有的股票，均线在底部或顶部第一次向上或向下发散后，就一路上涨或下跌不回头。

（3）根据前期的市场趋势进行分析判断。一般而言，前期处于上涨趋势的，向上发散的可靠性较高，反之可靠性较低；前期处于下跌趋势的，向下发散的可靠性较高，反之可靠性较低。

（4）关注成交量变化。无论向哪个方向突破，都要有成交量的放大相配合。均线出现黏合后向上发散走势，肯定要有成交量的支持，否则均线系统发散后不久就会重新黏合，或者向另一个方向反转运行，股价上涨也就成了昙花一现的反弹走势。在关键位置，均线向下发散也要考虑成交量的大小，这一点与平常所说的“下跌不要求成交量放大”有所区别，投资者应掌握这一点。无量突破为疑似信号，可信度不高，但突破之后不一定要有大的成交量出现。

（5）根据发散信号操作时，要注意以下 3 个问题。

①均线黏合后向上发散，发散初期加入风险较小，越到后面加入风险越大。在向下发散初期卖出，可以降低市场风险，在后期卖出不仅损失利润，也容易踏空。

②均线系统向上发散时，距离越大，对股价回拉作用也就越大。因此，当均线黏合后向上发散时，若 5 日均线与 30 日均线的距离拉得过大，要警惕股价短线回档的风险。同样，均线系统向下发散时，若 5 日均线与 30 日均线的距离拉得过大，可能有短线反弹出现。

③最稳健的买入点是在向上发散后，股价回调到均线附近企稳再度发力上攻时。在向下发散时，如果没在向下发散初期卖出，可以在股价反弹时逢高卖出。

第六章

乖离率（BIAS）

一、BIAS 指标精要

乖离率，英文名为 BIAS，是从移动平均线原理派生出来的一项技术指标，其功能主要是通过测算股价在波动过程中与均线出现的偏离程度，从而得出股价在剧烈波动时因偏离均线趋势而造成的可能的回档或反弹，以及股价在正常波动范围内移动而形成的继续原有趋势的可信度。

在葛兰碧著名的移动平均线八大买卖法则中，有两处提示：当股价距离均线太远时，不论股价在均线的上方或下方，都有可能随时向均线靠拢，从而是一个买进或卖出的时机。但是，葛兰碧的这两条法则没有提出股价距离均线多远时才是最佳买卖时机，这就使均线的信徒往往拿不定主意，导致错失良机。

乖离率反映的是当日收盘价与 N 天移动平均线的差同 N 天移动平均线的比值，这个比值则表示股价偏离趋向指标的大小。均线是股价的趋向指标，当股价因短期波动偏离这个趋向指标达到一定程度时，均线将会产生一定的拉力，使股价重新返回原有的趋势路径上。人们发现这与行情的强弱有关，在强势多头市场，市场买气旺盛，涨势与涨幅往往出人意料，因此股价会远高于均线。

同样，在非常弱势的空头市场，市场买气缺乏，跌势与跌幅也往往出人意料，股价会远低于均线。乖离率正是针对这个问题提出来的，是定量地表现当日指数或股价与均线之间差距的技术指标。我们知道，均线为一段时间中多头与空头力量的均衡点，而乖离率表示的是现阶段和均衡点之间的差异和偏离程度。一般说来，距离越远，则表示多空反转的可能性越大。

乖离率可分为正乖离率、负乖离率和0乖离率。若股价在均线之上，则为上乖离，也叫正乖离；股价在均线之下，则为下乖离，也叫负乖离；当股价与均线重合时，则乖离率为0。正的乖离率越大，表明短期内多头获利越多，那么获利回吐的可能性越大；负的乖离率（绝对值）越大，表明空方力量强大，那么空头回补的可能性也就越大。

二、BIAS 指标特征

（1）在系统上，乖离率可以设置4条不同参数的曲线，其中一条为乖离率的N天平均数，其他3条可以根据需要设立不同周期的乖离率曲线。主要是以它所处的位置或形态进行研判，其交叉信号在此指标中无多大意义。图表中长线乖离率的值比短线乖离率的值变化要大。离0值线远的线，为长线乖离率；离0值线近的线，为短线乖离率；居中的线，为中期乖离率。这与其他技术指标的短、中、长期线位置排列有所不同。

（2）乖离率是一项辅助技术指标。对乖离率而言，它的主要功能是对葛兰碧移动平均线八大应用法则中的两大应用法则的补充和修正，从而在理论上解决了均线理论的某些不足。同时，乖离率是一项短线技术指标。由于乖离率原理有“回归平均线”的要求，所以，它周而复始地围绕0值上下运动。无论在大级别的牛市行情，还是大级别的熊市行情，乖离率指标离开均线远了，必须“回归平均线”（积蓄力量后，重新离开均线）。因此，它在短线应用时，具有一定的效果。

（3）乖离率是一个超买超卖指标，可以用作出入市的参考。比如，正乖离率超过某个值时，为超买状态，就应该出货；负乖离率达到某个值时，为超卖状态，就应该买进。至于这个“值”是多少，不能死板地执行同一种数据，必须根据不同的大市、不同的市道、不同的个股进行跟踪研究，这样才能得出比较准确的数据。

（4）乖离率的0线具有支撑和阻力作用。乖离率的0值是由股价与平均线重合时得来的，理论上来说，均线对股价有支撑和阻力作用。在多头市场中，股价产生回档，当乖离率到达0值时，大多会获得支撑，股价重新向上；在空头市场中，股价产生反弹，当乖离率到达0值时，一般会遇到阻力，股价重新向下。

（5）多头市场的暴涨与空头市场的暴跌，会使乖离率达到意想不到的百分比值，但出现次数极少，而且持续时间也很短，可视为一种例外情形。

（6）在大势上涨的行情中，如遇负乖离率，可以待回跌时低价买进，此时进场风险较小。在大势下跌的行情中，如遇正乖离率，可以待回升时高价出售。

（7）乖离率的正负转换关系。乖离率由负值变为正值时的现象是：乖离率曲线向上穿过 0 线，则意味着多方攻破了空方用均线构筑的一道防线，是转强信号。

根据均线所处的状态不同，乖离率转强信号的可靠程度也不一样。

①当均线向上移动时，出现乖离率由负值变为正值，表明多方已经控制局势，投资者可跟进做多。

②当均线向下移动时，出现乖离率由负值变为正值，表明虽然多方经过努力，暂时将股价控制到了均线上方，但是因为均线仍处于向下移动过程中，所以多方并没有从根本上把局势扭转过来。此时，行情仍有继续向淡的可能，投资者不宜看多、做多。

③当均线处于横向波动时，乖离率即进入了盲区。所以，即使乖离率由负值变为正值，实际上已经没有参考价值。此时，投资者究竟是应做多还是做空或者观望，只能参考其他技术分析方法，然后再做出选择。乖离率由正值变为负值时，其出现的市场现象与乖离率由负值变为正值时的现象正好相反，这里不再赘述。

（8）乖离率接近历史最大值与最小值的识别。乖离率曲线接近或高于历史最高点，从技术上来说，乖离率接近历史最大值，表明多方做多能量已到极限，行情随时会调头向下。投资者见到乖离率这种图形，应做好出局的准备，持股者可以分批派发，持币者不可盲目追高，以免接到最后一棒的风险。

相反，乖离率曲线接近或低于历史最低点，从技术上来说，乖离率接近历史最小值，表明空方做空力量已到极限，行情随时会调头向上。因此，投资者见到乖离率这种图形，不该对行情继续看空或做空，应做好做多准备。此时，持股者不要再盲目割肉出逃，轻仓或空仓者可逢低分批吸纳。

三、BIAS 实盘经典

根据乖离率指标的技术特性，实盘操作中应重点把握以下 3 点。

（1）对乖离率指标取值大小的把握（视不同市况、不同个股而异），并有自己的习惯或操作经验。

（2）关注特种图形的形成和变化。

（3）掌握乖离率形态和趋势的变化。

（一）数值信号

股价经过一轮下跌后，5 日乖离率达到 –8 以上，5 日与 10 日的乖离率差值达到 5 点（5 日乖离率值减去 10 日乖离率值所得的差的绝对值）以上，10 日与 30 日的乖离率差值达到 8 点（绝对值）以上，5 日与 30 日乖离率差值达到 13 点（绝对值）以上，表明短线股价下跌过快，跌幅过大，乖离率指标值偏大，股价有回归 0 值的要求，这时可以短线买进。

股价经过一轮上涨后，5 日乖离率达到 +8 以上，5 日与 10 日的乖离率差值达到 5 点，10 日与 30 日的乖离率差值达到 8 点（绝对值）以上，5 日与 30 日乖离率差值达到 13 点（绝对值）以上，表明短线股价上涨过快，涨幅过大，乖离率值偏大，股价有回归 0 值的要求，这时可以短线卖出。

如图 6–1 所示，2021 年 12 月，跃岭股份（002725）经过短线一轮暴涨后，股价远离均线，30 日均线与 5 日、10 日均线乖离率偏大，短线股价严重超买，乖离率有回归 0 值的要求，这时一旦 K 线出现见顶信号，就是一个卖出时机。

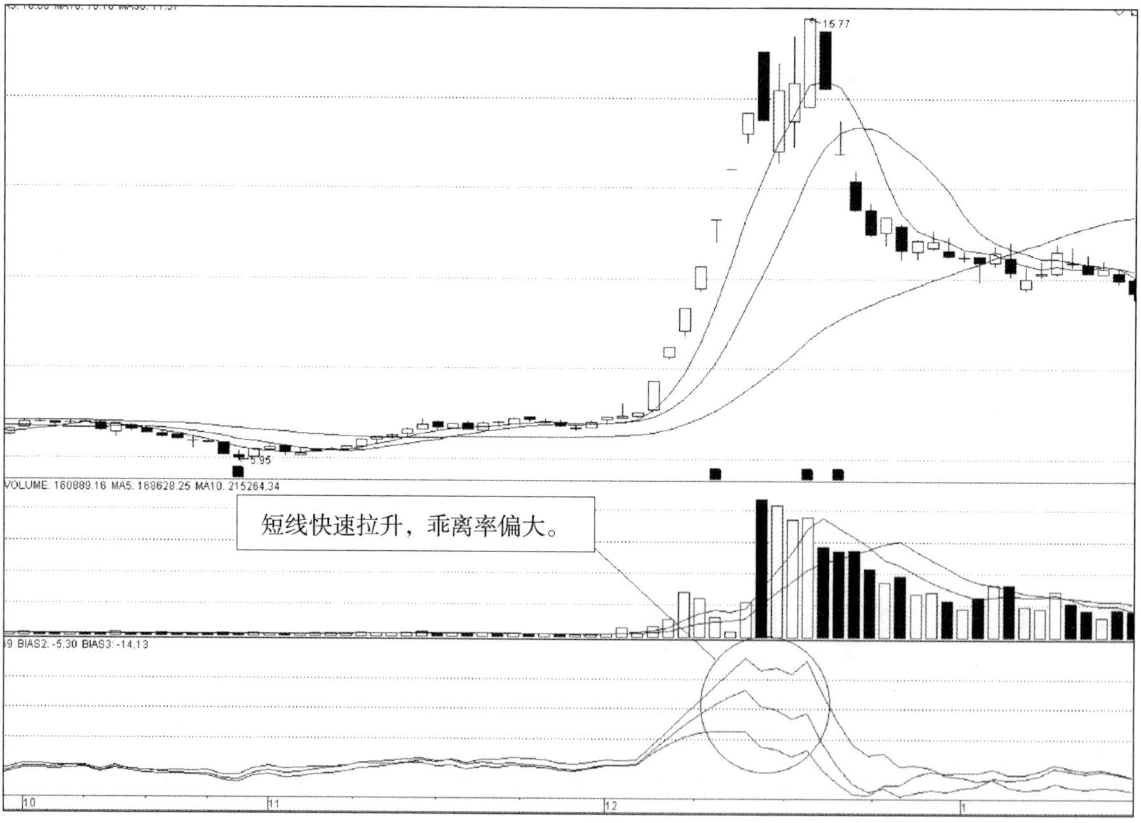

图 6–1　跃岭股份（002725）日 K 线图

（二）形态信号

股价经过一轮行情后，在高位呈现 M 头或头肩顶，在低位呈现 W 底或头肩底形态，是一种转势信号。股价经过长期下跌，长期乖离率线在底部形成 W 底（右侧的高点必须大于中间的高点方为有效，否则属于多头陷阱）。

或者，股价经过小幅上涨后回档调整，在相对底部形成 W 底时，构成买入信号。同样，股价经过长期上涨，长期乖离率线在顶部形成 M 头。或者，股价经过小幅下跌后再度回升，在相对顶部形成 M 头时，构成卖出信号。

如图 6-2 所示，直真科技（003007）的股价经过连续几天打压后，在低位渐渐企稳。2022 年 2 月 9 日股价放量涨停，随后小幅调整 6 个交易日。2 月 18 日股价放量向上突破，这时乖离率指标在底部形成 W 形态，构成短线买入机会，随后股价连板上涨。

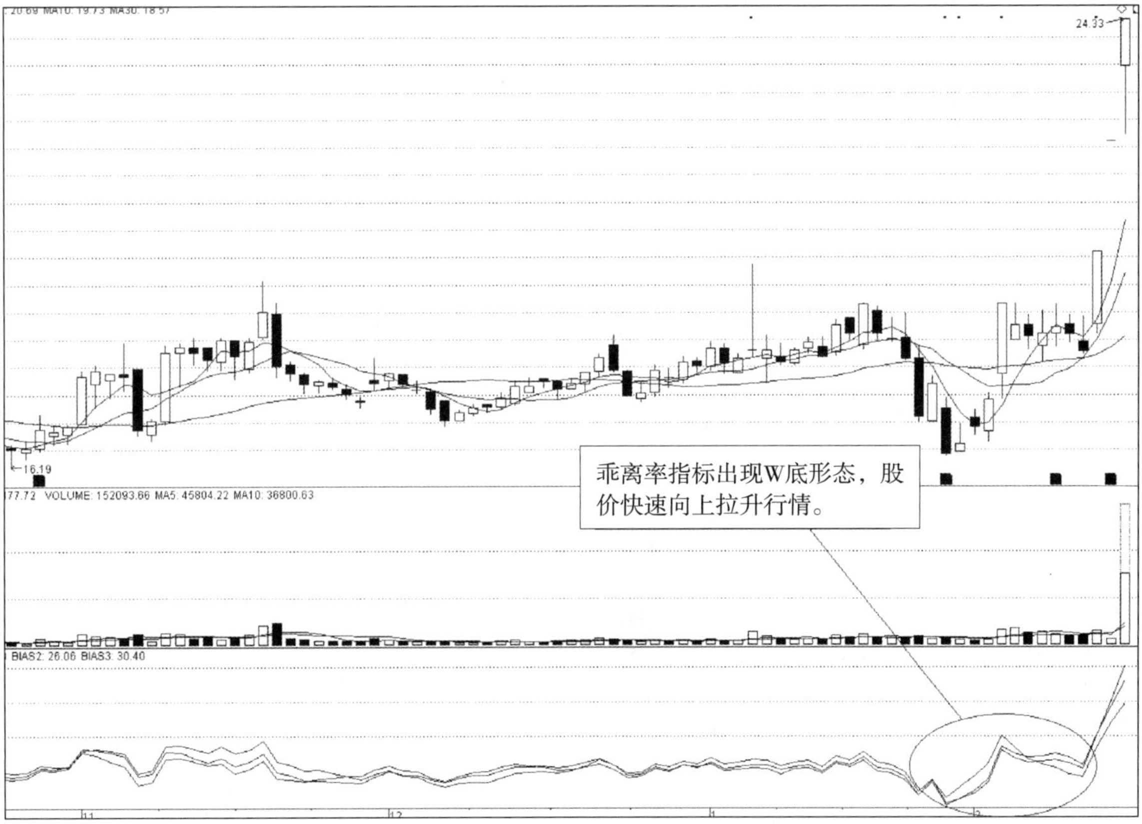

图 6-2　直真科技（003007）日 K 线图

（三）历史数值

当乖离率曲线接近或高于历史最高点时，从技术上来说，表明多方做多能量已到了极限，行情随时会调头向下。因此，投资者见到乖离率出现这种图形时，应做好出局的准备，持币者不应盲目追高买进。

当乖离率曲线接近或低于历史最低点时，从技术上来说，表明空方做空能量已到了极限，行情随时会调头向上。因此，投资者见到乖离率指标出现这种图形时，不应对行情继续看空、做空，应做好积极做多的准备。此时，持股者不可以盲目割肉出逃，激进型持币者可以轻仓抢反弹，稳健型投资者可以等待上升趋势形成后介入。一般持币者不应盲目追高买进，当乖离率曲线由下向上穿越 0 线，同时股价也向上穿越移动平均线，为买入信号。

如图 6-3 所示，丽鹏股份（现名中锐股份，002374）在底部经过充分调整后，出现快速反弹行情，乖离率线脱离 0 线并迅速向上发散，出现一个峰值。然后，主力开始洗盘调整，股价出现回落走势。洗盘结束后，主力再次发力拉升，乖离率曲线再次急剧向上发散，指标值接近前期最大值附近，此时应密切留意。一旦乖离率曲线出现调头，K 线出现顶部形态，就应坚决出局。

图 6-3　丽鹏股份（现名中锐股份，002374）日 K 线图

（四）背离信号

乖离率也经常会出现与股价走势背离的现象。当股价的高点比前一次的高点高，而指

标的高点比前一次的高点低，也就是当指标处于高位并形成一峰比一峰低的两个或两个以上的高峰，而股价对应的是一峰比一峰高，就形成顶背离现象，表示乖离率怀疑股价的上涨外强中干，暗示股价很快就会反转下跌。顶背离是股价在高位即将反转下跌的信号，表明股价短期内即将下跌，是比较强烈的卖出信号。

顶背离所处的位置越高，形成的时间越往后，其信号越可靠。如果出现在股价大幅上涨后的高位区域，其信号的准确性较高。在实盘操作过程中，顶背离比底背离信号的可靠性要高，通常在高位出现一次顶背离，即可成为确认信号。而低位出现的底背离信号，往往需要几次确认才算可靠，因此投资者需要区别对待。

底背离一般出现在股价的低档位置，当股价的低点比前一次的低点低，而指标的低点比前一次低点高，也就是说，乖离率指标认为股价下跌有非理性成分，不会再持续地大幅下跌，这就形成底背离走势，暗示股价即将反转上涨，是可以建仓的信号。底背离所处的位置越低，形成的时间越靠后，其信号越可靠。如果出现在股价大幅下跌后的低位区域，那么其信号的准确性较高。

如图 6-4 所示，光力科技（300480）在 2020 年 11 月—2021 年 2 月的走势中，股

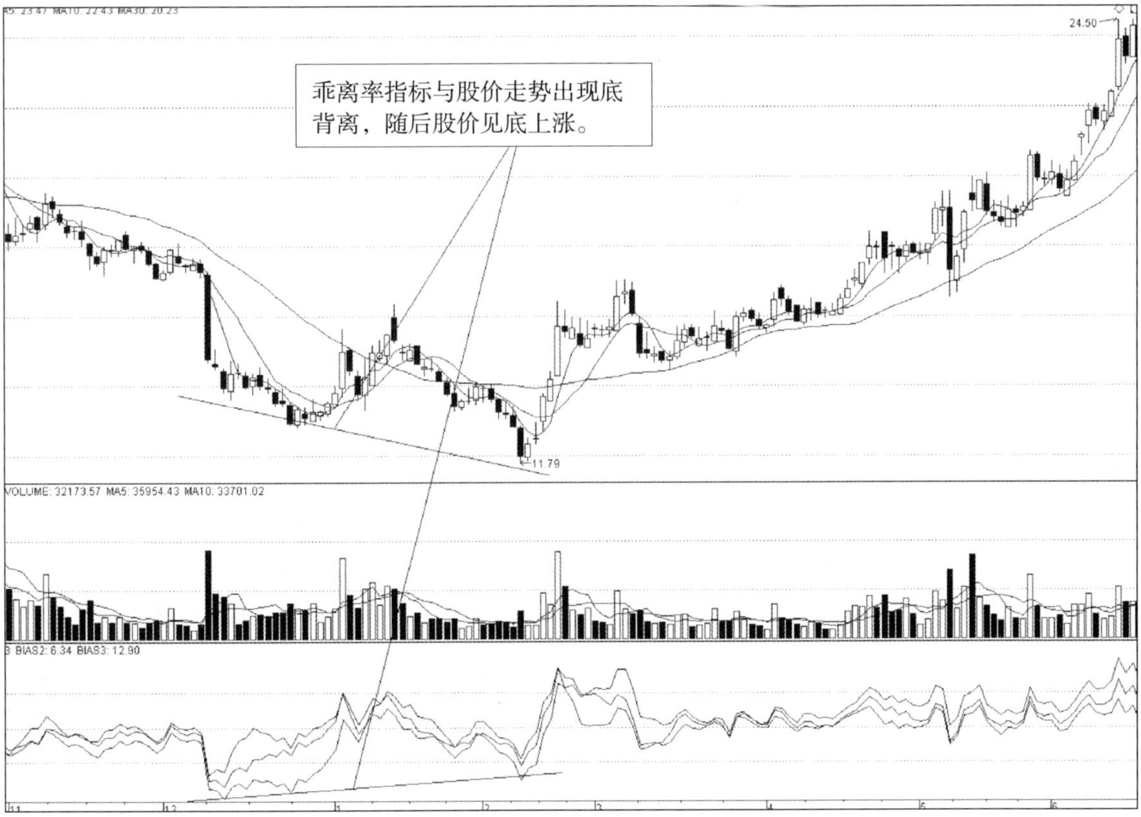

图 6-4　光力科技（300480）日 K 线图

价逐波回落，后一个低点比前一个低点更低，而同期的乖离率指标不但没有出现相应的走势，反而后一个低点比前一个低点高，从而形成底背离走势。背离走势表明股价的下跌已经到了末期，股价有反弹要求，可以逢低介入。

（五）归0信号

3条分离的乖离率线从下降或横向走势转为上升走势，并且上升角度陡峭，乖离率指标骤然放大，但相互之间的乖离率差值骤然缩小，几乎趋于0值，这是行情短线见顶的潜在信号。如果此时乖离率曲线出现向下拐头现象，应立即出逃。

相反，3条分离的乖离率线从上升或横向走势转为下降走势，并且下降角度陡峭，乖离率指标骤然放大（绝对值），但相互之间的乖离率差值骤然缩小，渐渐接近0值，这是行情短线见底的潜在信号。如果此时乖离率曲线出现向上拐头现象，应短线买入。

如图6-5所示，龙津药业（002750）在调整末期阶段，3条分离的乖离率线接近0值，乖离率的差值（3条指标线的相互差值）一天比一天缩小。持续一段时间后，指标曲线向上发散，乖离率曲线向上拐头，表明短期底部形成。2021年12月22日，股价放量突破，开启一波拉升行情。注意：该信号持续时间不长，大约维持3～5个交易日。

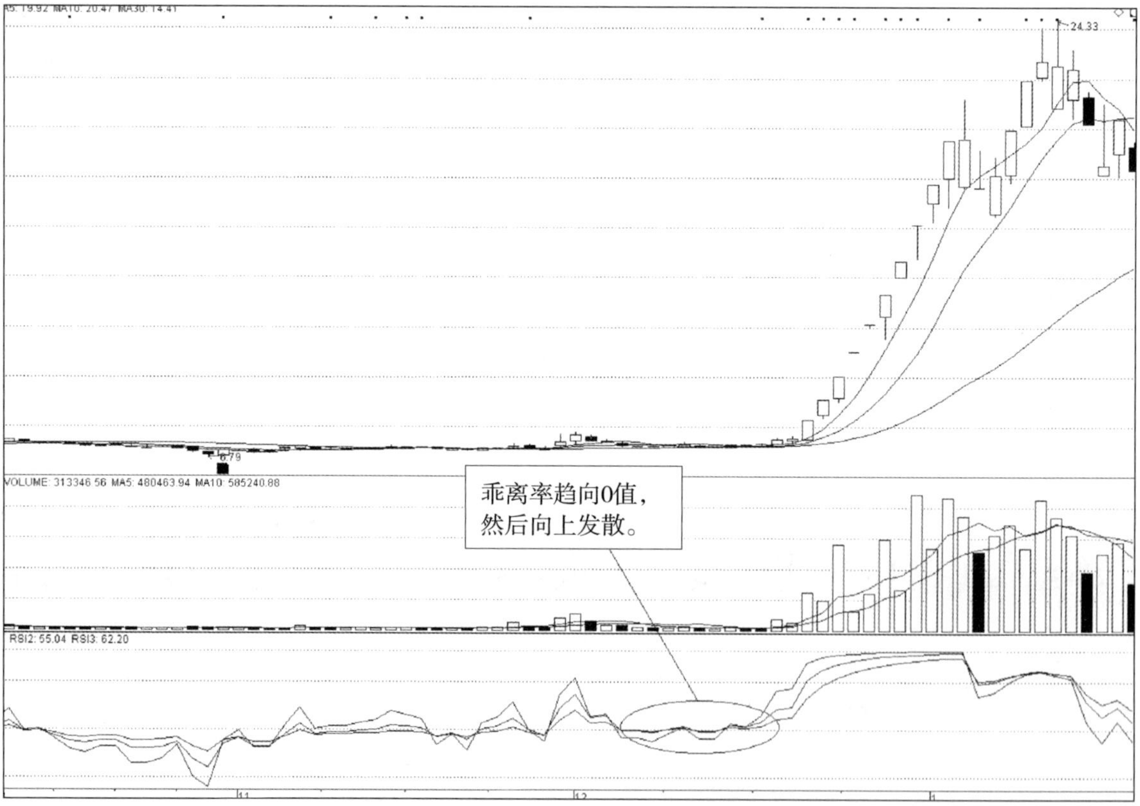

图6-5 龙津药业（002750）日K线图

（六）黏合信号

股价经过一段时间的盘整后，短、中、长期乖离率曲线距离逐渐缩小（其值越接近，后市上涨力度越强），或 3 条乖离率曲线黏合在一起，某日一旦向上分离，应积极买进（可以持股到它们有向下分离迹象时卖出）。这个信号一旦形成，对大盘或个股的判断准确率较高。相反，当 3 条黏合在一起的乖离率曲线在高位一旦出现向下分离，应立即卖出，这个信号的判断准确率也较高。

如图 6-6 所示，森源电气（002358）的短、中、长期 3 条乖离率曲线接近 0 值，其差值很小，几乎形成黏合状态。不久，3 条乖离率曲线同时向上发散，说明股价出现向上突破，构成买入信号。注意：该信号持续时间不长，一般维持 3～5 个交易日。

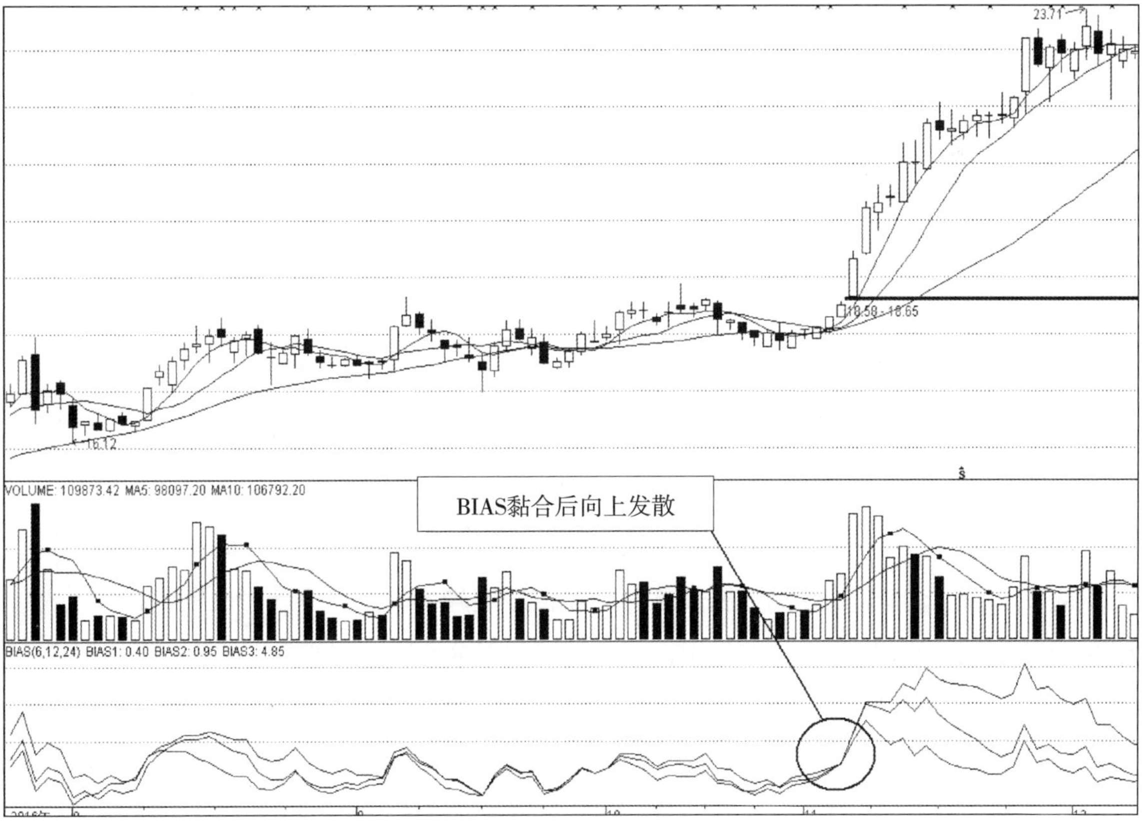

图 6-6　森源电气（002358）日 K 线图

需要注意的是，乖离率形成的上升或下降趋势线，对股价具有支撑和阻力作用，一旦股价向上或向下突破该股趋势线，也是买入或卖出的最佳时机。根据支撑和阻力作用的特性，乖离率指标也有助涨助跌性，股价在乖离率曲线之上运行时有助涨性，股价在乖离率曲线之下运行时有助跌性。

四、BIAS 常见陷阱

在分析和预测股价走势时，仅用单一乖离率作为研判依据，有时会出现偏差。尤其遇到大涨或大跌行情时，乖离率给出的逆势操作信号，就可能让投资者错失机会或做出错误的决策。特别是在强者恒强、弱者恒弱的市场里，有时个股会连拉数个涨停板或连挫数个跌停板，造成正负乖离率远大于临界值，导致经常出现技术陷阱。常见的陷阱有位置陷阱、支撑压力陷阱、形态陷阱和背离陷阱等。

（一）超买超卖陷阱

乖离率是一项辅助技术指标，也是一项短线技术指标，它的主要功能是对葛氏移动平均线八大应用法则中的两大应用法则进行补充和修正，从而在理论上解决了移动平均线的某些不足。根据乖离率指标的原理，股价有“回归平均线”的要求，所以该指标始终围绕0值上下运动。无论在大级别的牛市行情，还是大级别的熊市行情，乖离率指标离开移动平均线远了，必须“回归平均线”（积蓄力量后，重新离开移动平均线）。因此，它在短线应用时，具有一定的效果。比如，当正乖离率超过某个值时，为超买状态，就应该出货；当负乖离率达到某个数值时，为超卖状态，就应该买进。但这个特性也有陷阱，应多加研判。

1. 虚假超买

股价见底后出现一轮涨升行情，BIAS 指标从负值回升并穿过 0 值向正值发展，运行距离越来越远，或者 BIAS 指标脱离 0 值向正值发展越来越远，这就形成短线超买状态。这时通常股价会产生向下回拉的作用，指标有“回归平均线”的要求，此时应卖出股票。

但在实盘操作中，指标向 0 值稍微“回归”或“回归”到 0 值附近时，再次反转向上，BIAS 指标正值越来越大，股价出现飙升走势，从而使前面的“回归”成为虚假的超买信号。

如图 6–7 所示，上海电力（600021）的主力在底部整理过程中吸纳了大量的低价筹码，然后股价脱离底部向上走高。主力为了日后更好地拉升，便主动展开洗盘整理，股价出现回调。同期的 BIAS 指标从 0 值附近向正值持续发展，BIAS 指标值不断加大，有向 0 值“回归”的要求，此时应该卖出股票。但是，股价没有下跌多少就立即反转上行，突破前期高点后，出现一轮快速上涨行情。

技术解盘：从该股走势图中可以发现，一是股价放量突破前期盘区后，本身需要一次技术回抽确认过程，同时也是洗盘的需要；二是上涨气势已经形成，10 日均线支撑多头发展，成交量呈现缩量调整，盘中浮动筹码较少，量价配合得当；三是在股价回落到前期盘区高点附近时，获得强大的技术支撑，主力洗盘恰到好处。在实盘中，投资者遇到这种个股时，可以在前期盘区附近低吸，持股待涨。

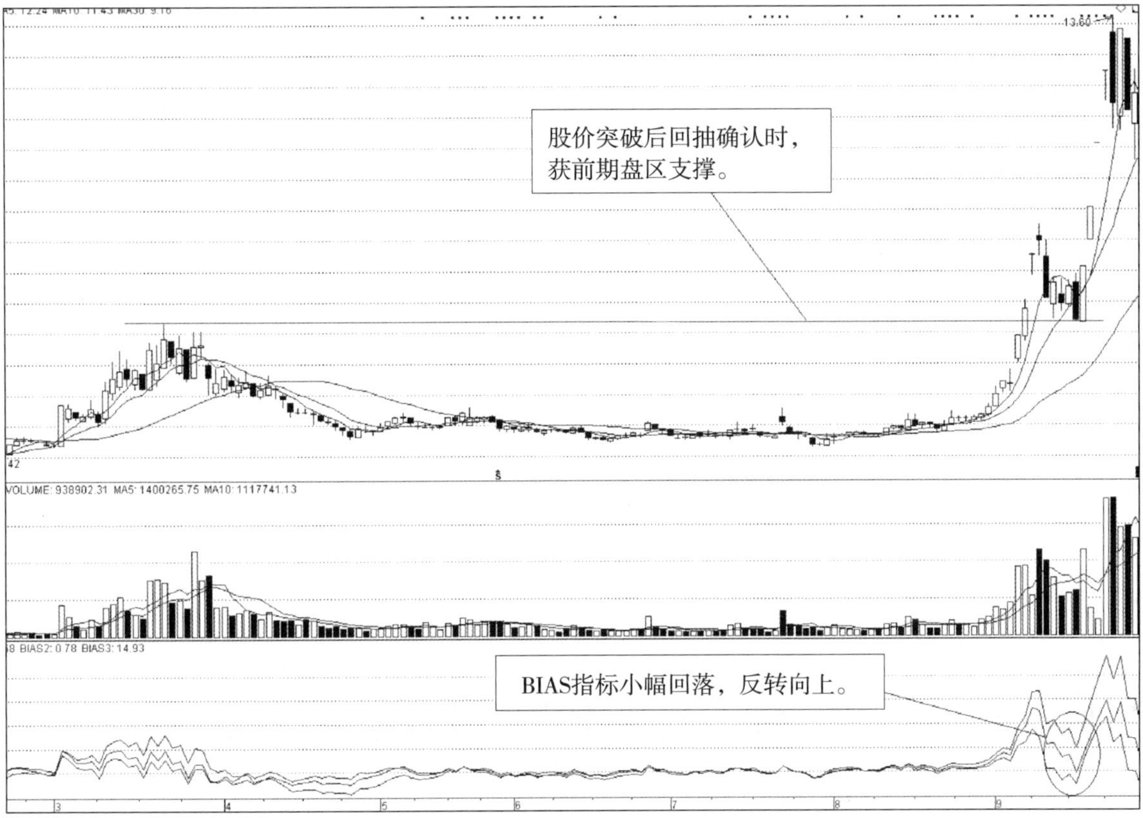

图 6-7　上海电力（600021）日 K 线图

2. 虚假超卖

股价见顶后出现一轮跌势行情，BIAS 指标从正值回落并穿过 0 值向负值发展，运行距离越来越远，或者 BIAS 指标脱离 0 值向负值发展越来越远，这就形成短线超卖状态，股价会产生向上拉升的作用力，指标有“回归平均线”的要求，此时应买入股票或抢反弹。

但在实盘操作中，指标向 0 值稍微“回归”或“回归”到 0 值附近时，再次转头向下，BIAS 指标负值越来越大，股价出现深跌走势，从而使前面的“回归”走势成为虚假的超卖信号。

如图 6-8 所示，三一重工（600031）经过几轮大幅炒作后，股价高高在上，此时主力出货不可置疑，股价见顶后逐波下跌。2021 年 8 月，股价反弹结束后，再次回落到前期低点附近，短期形成超卖现象。9 月 1 日，股价出现反弹，BIAS 指标向 0 值回归，此时可以作为买入信号。事实上，股价并未就此止跌企稳，稍微整理后继续向下回落，抢反弹者不但难以赚钱，不小心的话就有可能反被套牢。

技术解盘：该股属于近年典型的资金抱团股，前期股价出现稳步走高态势。当资金抱团解散后，股价见顶回落并渐渐走弱，形成一条明显的下降趋势线。这个趋势一旦形成，短期内很难止跌上涨。另外，下跌过程中成交量出现明显的萎缩状态，虽然也反映出下跌动能不够强大，但更加说明缺乏上涨动力，因而不宜介入。

图 6-8　三一重工（600031）日 K 线图

3. 技术纠正方法

BIAS 指标远离 0 值多远才算远呢？ BIAS 是一个超买超卖指标，至于这个“值”是多少，绝不能死板地执行同一种标准，必须根据不同的大势、不同的势道、不同的个股进行跟踪研究，才能得出比较准确的数据。在股市中，一些获得成功的人士在运用 BIAS 指标操盘时，积累了很多宝贵的经验。为了帮助投资者更好地理解和正确地运用 BIAS 指标，将 BIAS 指标经验汇集如下（其指标数值仅是参考值，观察的对象和时间不同，其指标数值存在着较大的差异。投资者在参考运用这些经验时，要结合实际灵活掌握）。

（1）6 日 BIAS 值低于 –3 时，是买进时机；高于 3.5 时，是卖出时机。12 日 BIAS

值低于 –4.5 时，是买进时机；高于 5 时，是卖出时机。24 日 BIAS 值低于 –7 时，是买进时机；高于 8 时，是卖出时机。72 日 BIAS 值低于 –10 时，是买进时机；高于 14 时，是卖出时机。

（2）对大盘而言，10 日 BIAS 值低于 –10 时，是买进时机；30 日 BIAS 值高于 30 时，是卖出时机。对个股而言，10 日 BIAS 值低于 –15 时，是买进时机；30 日 BIAS 值高于 35 时，是卖出时机。

（3）在弱势市场，6 日 BIAS 值达到 6 以上时，是卖出时机；达到 –6 以下时，是买入时机。12 日 BIAS 值达到 5 以上时，是卖出时机；达到 –5 以下时，是买入时机。

在强势市场，6 日 BIAS 值达到 8 以上时，是卖出时机；达到 –3 以下时，是买入时机。12 日 BIAS 值达到 6 以上时，是卖出时机；达到 –4 以下时，是买入时机。

（4）在大多头市场的狂涨时期，72 日 BIAS 值达到 70 以上时就可卖出。但一般多头市场的主升浪及空头市场重挫后的强劲反弹中，72 日 BIAS 值达到 40 时，为卖出时机。而在多头市场的初升段和末升段，72 日 BIAS 值达到 20 以上时即为卖出时机。在大空头市场的初跌阶段，72 日 BIAS 值达到 –20 时为买进时机。在主跌段 72 日 BIAS 值达到 –40 时为买进时机，而在空头市场中的反弹行情中，72 日 BIAS 值达到 –25 时即可买进。

（5）在操作中，如 BIAS 值定得过大，投资者会发现机会很少；如数值定得过小，将会发生卖出后即上涨、买入后即下跌的现象。因此，在使用 BIAS 指标时，投资者应注意指标的适用范围，并根据当时的实际情况来决定。过分地强调某一个数值，容易引起操作失误。

（6）6 日 BIAS 值为 –3～–5 时，为买进信号；3～5 时是卖出信号。10 日 BIAS 值为 –5～–15 时，为买进信号；5～15 时，为卖出信号。30 日 BIAS 值为 –15～–30 时，为买进信号；1～30 时，为卖出信号。

（7）除特大消息影响外，10 日 BIAS 值若在 10 以上时，应坚决派发；10 日 BIAS 值在 –10 以下时，一般会有强劲的反弹。

（8）10 日 BIAS 值低于 –5 时，是买进时机，大于 5 以上时，是卖出时机；30 日 BIAS 值低于 –7 时，是买进时机，若高于 8 时，是卖出时机；72 日 BIAS 值低于 –10 时，是买进时机，若高于 14 时，是卖出时机。

（9）大盘的 30 日 BIAS 值达到 ±12～±15 时，会有大回档或大反弹出现。但要注意，当大盘走势过于强盛或过于疲软时，30 日 BIAS 值达到 ±18～±25 时，才会出现大回档或大反弹。

（10）BIAS 的数值选择要考虑常态和非常态两种情况。

在常态情况下，BIAS 值达到以下数值时，即可买进或卖出：卖出时，5 日 BIAS 值大于 3.5 时，10 日 BIAS 值大于 5 时，20 日 BIAS 值大于 8 时，60 日 BIAS 值大于 10 时。买进时，5 日 BIAS 值小于 –3 时，10 日 BIAS 值小于 –4.5 时，20 日 BIAS 值小于 –7 时，60 日 BIAS 值小于 –10 时。

非常态情况下，如遇到突发的利多或利空消息而产生暴涨暴跌时，BIAS 参数应修正如下：一是指数的 10 日 BIAS 值大于 30 时，为卖出时机；小于 –10 时，为买进时机。二是个股的 10 日 BIAS 值大于 35 时，为卖出时机；小于 –15 时，为买入时机。

（二）支撑压力陷阱

乖离率指标的 0 值具有支撑和阻力的作用，其 0 值是由股价与均线重合时得来的，理论上来说，均线对股价有支撑和阻力作用。在多头市场中，股价产生回档，当乖离率到达 0 值时，大多会获得支撑而重新向上；在空头市场中，股价产生反弹，当乖离率指标到达 0 值时，一般会遇到阻力而重新向下。但是，乖离率指标的 0 值也有许多陷阱，经常出现假支撑和假阻力的情况。

1. 虚假支撑

股价脱离底部后走出上涨行情，当上涨到一定的幅度时，主力开始洗盘整理，股价产生回档。当 BIAS 指标回落到 0 值附近（或微破 0 值）时，大多会获得支撑，经过短暂的盘旋后，股价会重新向上。这种情况一般表明主力洗盘结束，股价将展开新一轮升势，投资者可以在 0 值附近逢低介入（在大势上涨行情中，如遇负 BIAS 值，可以在回跌时低价买进，此时进场风险较少）。但在实际操作中，BIAS 值回落到 0 值附近时，可能仅作短暂停留（主力出货的最佳位置），随后股价向下滑落，股价出现头部。

如图 6–9 所示，美锦能源（000723）经过长时间的下跌调整后，在 2021 年 8 月出现一波力度较大的放量上涨行情。BIAS 指标从负值到 0 值再到正值，BIAS 值不断加大。不久，股价出现滞涨振荡，BIAS 值也回落到 0 值附近。通常这是股价洗盘走势，BIAS 指标 0 值附近具有支撑作用，后市升势可期，可以介入做多。但是，股价经过短暂的盘整后，9 月 17 日选择向下破位走势，随后 BIAS 向负值发散，反弹头部形成，股价随即陷入弱势。

技术解盘：该股经过一轮有力的涨升行情后，在回落调整时，30 日均线上升斜率开始趋缓，走势不够坚挺，重心出现下移，表明行情的上升动力逐渐衰竭，上升换档压力大。高位出现大幅放量，显示有主力对敲减仓行为。随着主力减仓结束，成交量也逐步萎缩，上攻力度渐渐减弱。从 ROC、OBV、BOLL 等技术指标观察，也出现走弱迹象。因此，在股价没有成功脱离盘整区域之前，0 线只能作为疑似支撑信号，不能作为确认信号操作。

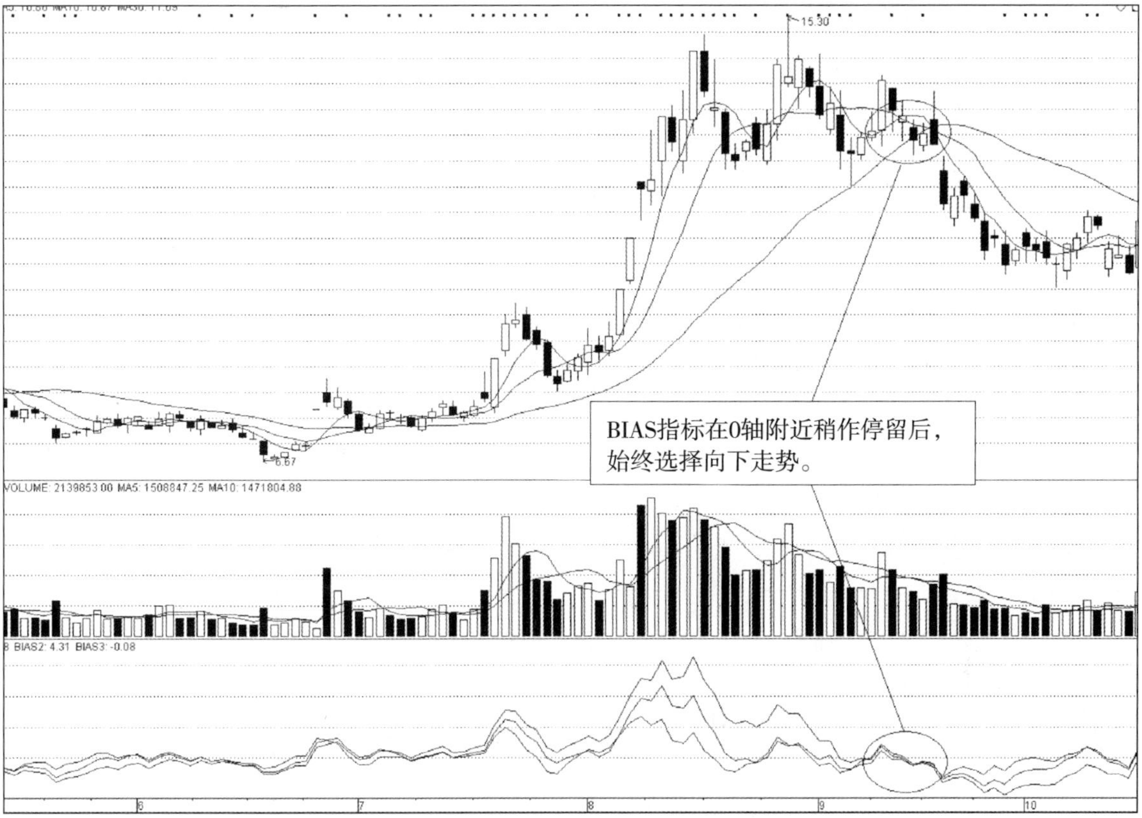

图 6-9　美锦能源（000723）日 K 线图

2. 虚假阻力

股价脱离顶部后步入下跌行情，当下跌到一定的幅度时，主力展开自救动作，股价产生反弹。当 BIAS 指标上升到 0 值附近（或微穿 0 值）时，大多会受到压力，经过短暂的盘旋后，股价往往会再陷跌势，可在 0 值附近逢高派发（在大势下跌行情中，如遇正 BIAS 值，可以在回升时高价出售）。但在实盘操作中，BIAS 上升到 0 值附近时，可能仅作短暂停留（主力吸货的最佳位置），之后股价向上涨升，出现阶段性底部。

如图 6-10 所示，华亚智能（003043）完成一波反弹后回落，然后企稳振荡整理。30 日均线缓缓下压，股价似乎遇到强大的压力。BIAS 指标从负值上升到 0 值附近，0 值对股价具有压力作用。通常在弱势反弹行情中，均线会产生一定的压力，短线股价难以出现升势，可以卖出观望。但是，股价在均线附近经短暂盘整后，2021 年 11 月 1 日选择向上突破走势，BIAS 向正值发散，随后股价成功脱离底部，涨升行情由此展开。

技术解盘：该股上涨的理由，一是股价反弹回落后，在前期盘整区域的低点附近获得有力支撑；二是当股价整理到 30 日均线“卡口”位置时，没有受到 30 日均线压制下跌；三是成交量出现持续萎缩，表明下跌动能不足，主动性抛盘不大。从 ROC、OBV、

BOLL 等技术指标观察，也出现明显的股价走稳迹象。因此在此处投资者不必恐惧，可以坚定持股做多，当股价向上突破时，可以加仓买进。

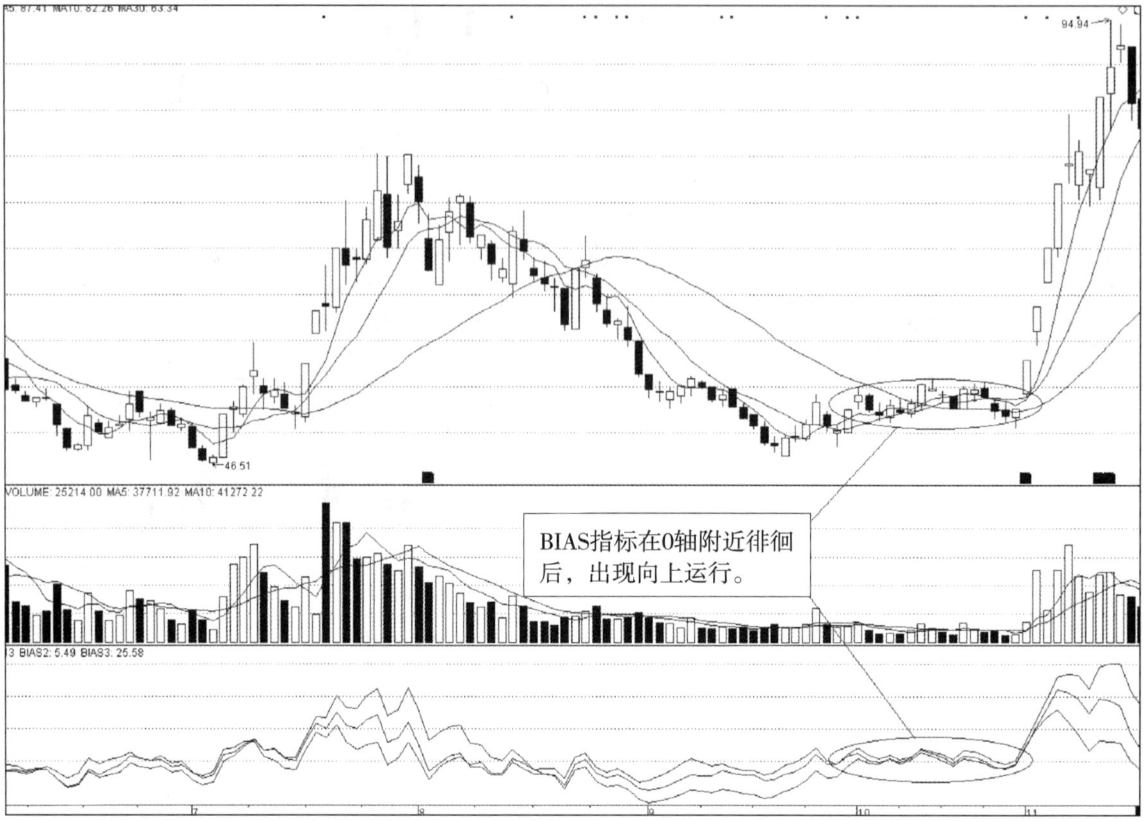

图 6-10　华亚智能（003043）日 K 线图

3. 技术纠正方法

BIAS 指标 0 值的支撑和阻力作用，在通常情况下具有一定的效果。但是，股市中的错误往往发生在特殊情况下，而且支撑和阻力是相对而言的，有被突破的可能。主力总是处处设置陷阱，以欺骗更多的投资者。那么，如何破解这种陷阱呢？

（1）当移动平均线向上移动时，出现 BIAS 指标由负值变为正值或者 BIAS 指标从 0 值向上递增，表明多方已经控制局势，投资者可以在 0 值附近跟进做多。当移动平均线向下移动时，出现 BIAS 指标由负值变为正值，表明虽然多方经过努力，暂时将股价控制到了均线上方，但是因为均线仍处于向下移动过程中，所以多方并没有从根本上把局势扭转过来。此时，行情仍有继续向淡的可能，因此投资者不宜看多做多。当移动平均线由向上转为走平或微向下时，BIAS 指标在 0 值附近，表明一轮涨升行情即将终结，可在 30 日均线附近先行出局观望，待方向明朗后再做决定。

（2）当移动平均线向下移动时，出现 BIAS 指标由正值变为负值或者 BIAS 指标从 0 值向下递减，表明空方占据盘面优势，投资者可以在 0 值附近出局观望。当移动平均线向上移动时，出现 BIAS 指标由正值变为负值，表明虽然多方放弃进攻，暂时将股价撤回到了均线下方，但是因为均线仍处于向上移动过程中，所以空方并没有从根本上控制全局。此时，行情仍有继续向多的可能，因此投资者不宜盲目看空做空。当移动平均线由向下转为走平或微向上时，BIAS 指标在 0 值附近，表明一轮跌势行情即将结束。此时如果股价放量突破 30 日均线，可以适量跟进做多。

（3）经过一轮上升行情后，30 日均线上升斜率渐渐趋缓，股价运行于均线下方，表明行情的上升动力逐渐衰竭。此时，投资者应在 30 日均线、BIAS 线 0 值附近先行出局，观察均线有无支撑或支撑作用大小。若向下突破，可以放弃跟踪；若重新向上突破，可以再度介入。

经过一轮下跌行情后，30 日均线下降斜率渐渐趋缓，股价运行于均线上方，表明行情的下跌动力逐渐衰竭。此时，投资者不应立即介入抢反弹，应观察均线有无压力或压力作用大小。若向下突破，可以放弃跟踪；若向上突破，应立即介入。

（4）当均线系统处于横向波动时，BIAS 指标即进入了盲区。此时，即使 BIAS 指标由负值变为正值或由正值变为负值，实际上已经没有参考价值。这种市道中，投资者究竟是做多、做空，还是观望，只能参考其他技术分析方法后，再做出选择。如短线可以观察 KDJ、RSI、W%R、VOL 等技术指标，中长线可以观察 MACD、BOLL、DMI、ROC、OBV 等技术指标，进行综合分析研究。

（三）形态陷阱

BIAS 指标用“形态”进行分析研判，也具有意想不到的效果。当长期乖离率在低位呈 W 底形态时，为做多信号，可以跟风买进；当长期乖离率在高位呈 M 头形态时，为做空信号，可以及时卖出。但是，形态中也具有很多陷阱，仍需多加留意。

1. W 底陷阱

股价经过一轮下跌行情，长期乖离率在低位形成 W 底形态（右侧的高点必须高于中间的高点方为有效），K 线形态上无此要求，为买入信号。或者，股价经过小幅上涨，回档调整后，在相对低位形成 W 底形态时，为买入信号。但在实盘操作中，W 底形态出现后，可能股价并没有大幅上涨，而是呈小幅冲高或横盘整理后，股价即再次下跌，W 底形态从而成为多头陷阱。

如图 6-11 所示，中恒集团（600252）的股价见顶后逐波下跌，乖离率呈波普式运行。

不久，股价出现阶段性反弹走势，乖离率随之缩小。接着股价回调，乖离率再次增大。之后，股价再次上行，乖离率缩小，在图中留下一个W底形态。通常而言，此形态为短线买入信号。但是，此后股价并没有出现大幅上涨行情，而是呈小幅反弹后，再作短暂的横盘整理。不久，股价出现向下突破，再次陷入下跌调整走势，从而使W底形态成为多头陷阱。

技术解盘：从该股走势图中可以看出，在乖离率形成一个W底形态时，30日均线呈持续下降趋势，对股价上涨构成巨大的压力，表明中短期市场处于弱势之中。当股价反弹到均线附近时，均遇阻回落。成交量大幅萎缩，表明场外资金不看好后期走势，股价不具备向上突破条件。"形态"完成后，仍摆脱不了该形态的牵制，乖离率不能持续向上到达正值区，具有假形态嫌疑。根据综合分析，乖离率的W底形态为假形态。

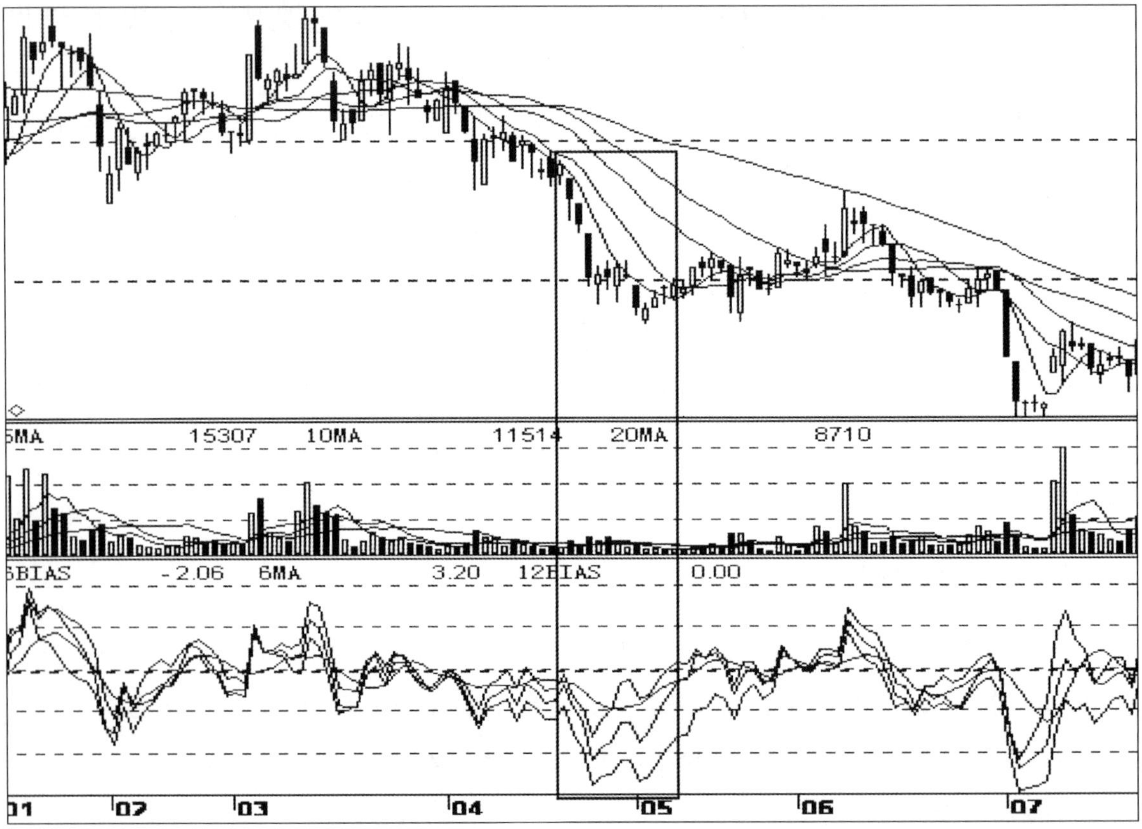

图6-11 中恒集团（600252）日K线图

2. M头陷阱

股价经过一轮上涨行情，长期乖离率在高位形成M头形态（右侧的低点必须低于中间的低点方为有效）时，为卖出信号。或者，股价经过小幅回调，在相对高位形成M头形态时，为卖出信号。但在实盘操作中，M头形态出现后，股价可能并没有出现大幅下挫，而是呈小幅回落或横盘整理，之后股价再次强劲上扬，M头形态从而成为空头陷阱。

如图 6–12 所示，华能国际（600011）作为绩优蓝筹股，其股价见底后，走出波澜壮阔的上扬行情，成为熊市时期的大牛股。短期股价涨幅已经超过 1 倍，场内获利盘巨大，股价在高位出现振荡走势。长期乖离率在高位形成 M 头形态，预示股价面临下跌调整风险，于是不少股民纷纷抛出手中的股票。谁知 M 头形态出现后，股价只是小幅回调，不久再次发力向上，短期利润十分丰厚。

技术解盘：从该股走势图中发现，在乖离率形成 M 头形态时，虽然 30 日均线一度遭到破坏，但均线没有形成空头排列，行情仍然处于强势市场之中。成交量出现跌时缩量、涨时放量现象，说明量价配合理想，意味着资金撤离并不十分明显。“形态”完成后摆脱不了该形态的牵制，乖离率不能持续向下到达负值区，具有假形态嫌疑。根据综合分析，可以认定 M 头形态是主力回调洗盘所为，为虚假形态。

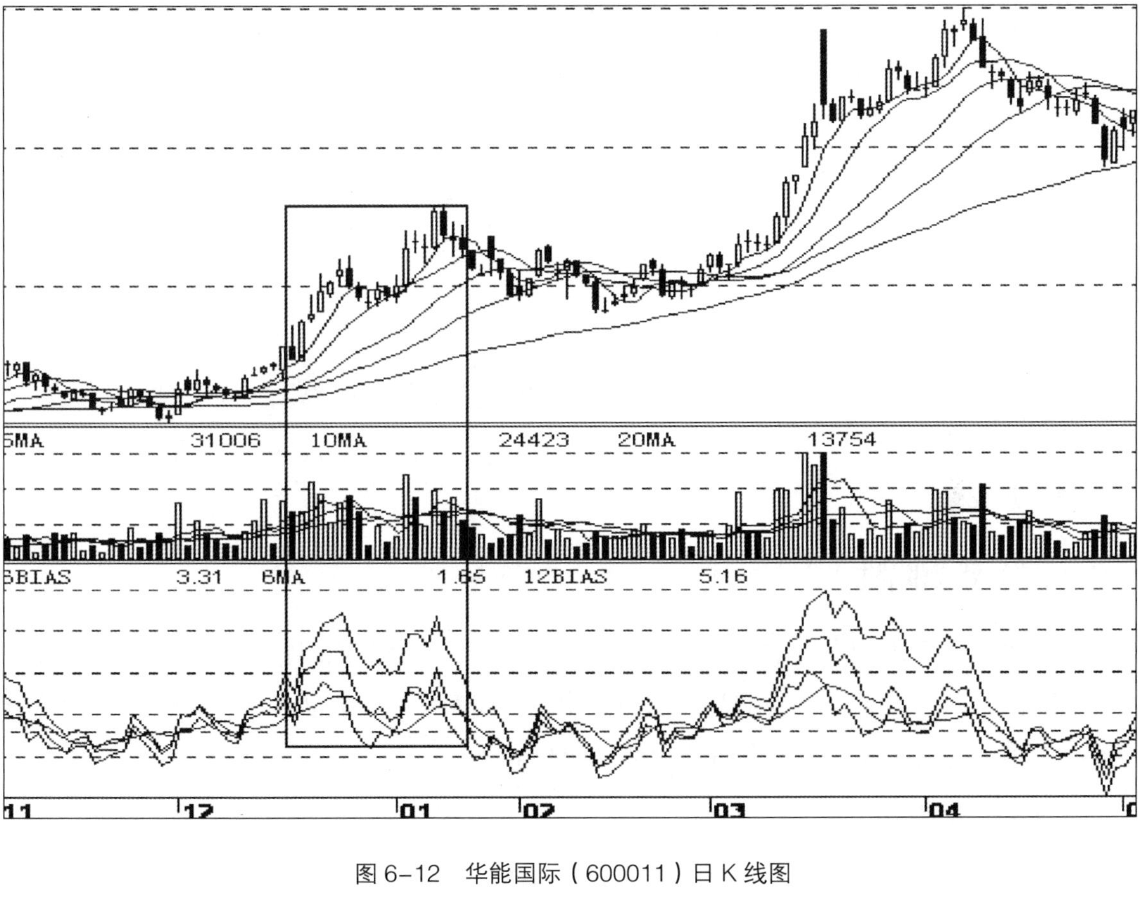

图 6–12　华能国际（600011）日 K 线图

3. 技术纠正方法

BIAS 指标的“形态”功能在实际操盘时具有一定的效果，但也应防止虚假信号，以免造成损失。实战中要重点把握以下 6 个方面。

（1）在长期乖离率形成一个“形态”时，可以看移动平均线的发展趋势。如果均线呈上升走势，W 底形态为真形态的可能性大，M 头形态为假形态的可能性大（多为回调洗盘）；如果均线呈下降走势，M 头形态为真形态的可能性大，W 底形态为假形态的可能性大（多为反弹行情）。

（2）看成交量变化情况。在长期乖离率形成 W 底时，要有成交量的配合，价升量增，量价齐升，否则可信度差，为疑似信号。在出现 M 头形态时，如果成交量较大，有主力出货嫌疑，真实性较大；如果成交量大幅萎缩，主力一般没有大批派发，筹码锁定性较好，M 头形态的可信度较差，但这时还要结合大势进行分析，因为主力出货有时不需要大的成交量也能完成。

（3）在形态突破的关键时机，无论向上还是向下都要有气势、有力度，一气呵成，迅速夺关，而且突破后股价能坚守在被突破的一方，并迅速脱离“形态”区域。如果突破时冲关无力，底气不足，突破后“形态”对股价有牵制作用，股价不能迅速脱离，或突破后迅速返回，则假突破的可能性大，为疑似形态。

（4）分析股价所处位置高低。如果股价在低位，W 底形态可靠性高，M 头为疑似形态；如果股价在高位，M 头形态可靠性高，W 底为疑似形态；如果股价在上升途中或下跌途中，出现 W 底形态和 M 头形态时，均为疑似形态，此时应结合其他因素综合分析。

（5）在产生形态信号时，应结合 MACD、BOLL、TRIX 等中长线技术指标进行综合分析，相互验证，这样得出的结果更具准确性。

（6）在构筑 W 底或 M 头形态时，如果股价成功跨越或脱离某一个有意义的位置，比如一个整数点位、一个整理形态、一条趋势线、一个密集区域或某一个时间之窗等，那么其判断意义更大。

（四）背离陷阱

将“背离”形态引入到乖离率中，也具有意想不到的研判效果。股价与乖离率呈现顶背离形态时，为卖出信号；股价与乖离率呈现底背离形态时，为买入信号。但是，背离形态中同样具有很多陷阱，在研判行情时要具体分析。

1. 底背离陷阱

在一轮持续跌势的行情中，股价逐步向下走低，出现两个以上近期相对低点，而同期的乖离率并不配合出现新低点，反而一波比一波高，股价与乖离率形成底背离状态，表明跌势行情已经接近尾声，可以买入做多。但在实盘操作中，出现底背离后，股价可能并没有止跌回升，反而向下跌落，形成底背离陷阱。

如图 6–13 所示，长江证券（000783）的主力经过一波有力的炒作后，股价逐波向下回落。在低位，股价创出两个近期低点，而同期的乖离率不但没有创出相应的低点，反而低点一个比一个高，向 0 值靠近（股价与均线越来越近）。股价与乖离率形成底背离状态，通常表明空方力量逐步衰竭，行情跌势接近尾声，可以买入做多。然而，正当大家纷纷介入时，股价却出现下跌走势，从底背离形成时的接近 4 元价位，最后跌到仅剩 1 元多，股民眼睁睁吃了一回底背离陷阱的亏。

技术解盘：从该股走势图中可以看出，股价呈下降趋势，移动平均线呈空头排列，时值大盘走势疲弱，进一步加剧股价上行压力。股价处于下跌中后期，筑底基础不扎实，往往还有最惨烈的一跌，此处买入操作仍需谨慎。在股价向上回升时，成交量没有放大，说明多头资金仍然十分谨慎。主力虽然已经派发大量的筹码，但仍会利用少量筹码向下砸盘，为下一轮炒作创造空间。因此，对待底背离走势要认真详细分析，防止操作失误。

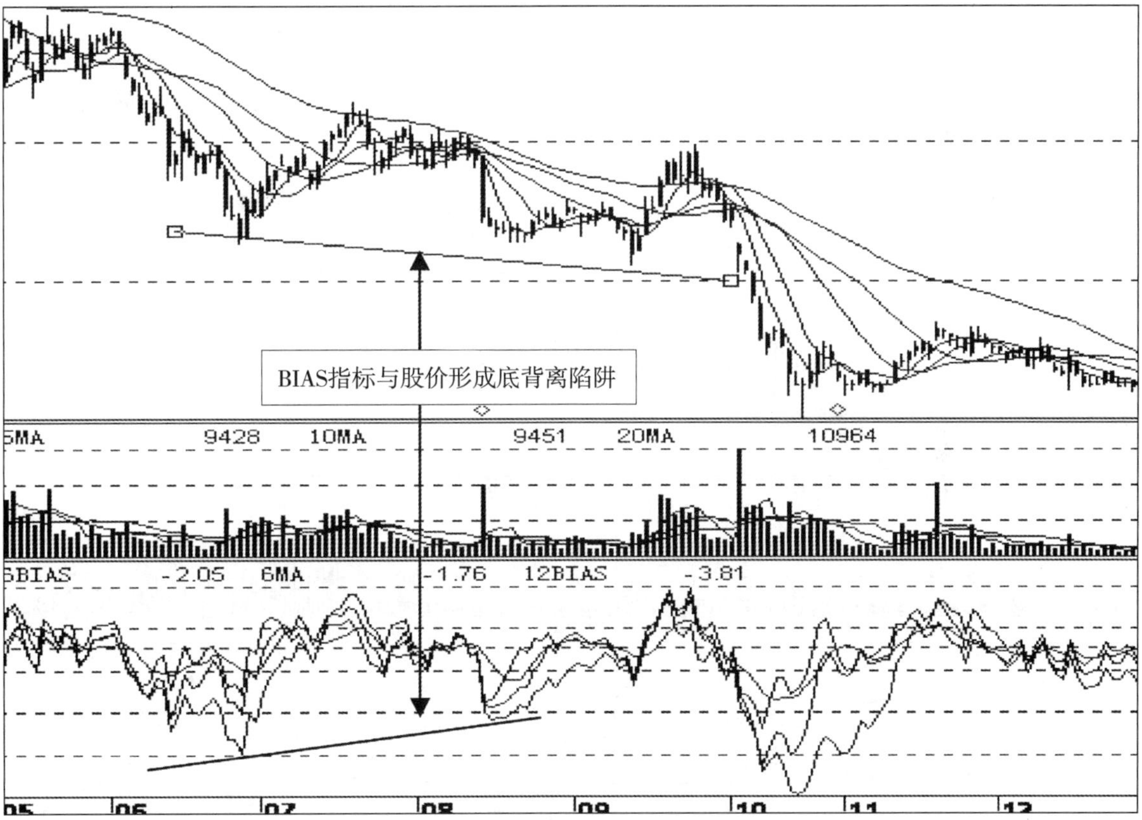

图 6-13　长江证券（000783）日 K 线图

2. 顶背离陷阱

在一轮持续涨升的行情中，股价逐步向上走高，出现两个以上近期相对高点，而同期的乖离率没能相应地随之向上，反而向下连连走低或走平。股价与乖离率形成顶背离状态，表明涨升行情即将结束，可以卖出做空。但在实盘中，顶背离出现后，股价可能并没有出现大幅下跌，经过短期小幅盘整后反而上涨，形成顶背离陷阱。

如图 6-14 所示，深南电 A（000037）的主力在底部吸纳了大量的低价筹码后，经过洗盘整理，股价开始上涨，创出两个近期相对高点。而同期的乖离率未能相应地向上爬升，反而高点一个比一个低，向 0 值靠近（股价与均线越来越近）。股价与乖离率形成顶背离状态，股价上升斜率放缓，预示后市将会出现下跌调整走势。可是，当投资者抛售股票离场后，股价并没有出现下跌走势，经过短期调整后反而放量上涨，从而形成顶背离陷阱。

技术解盘：从该股走势图中发现，股价已经成功脱离底部区域，移动平均线形成多头排列，尤其是 60 日均线支撑较为明显。依据坐庄流程，股价脱离底部区域后，会出现振荡洗盘整理走势，这样有利于主力今后的拉升和派发。大势已经渐渐趋暖，投资气氛开始形成。因此，在底部出现顶背离走势，不必过分看空，以防止落入空头陷阱。

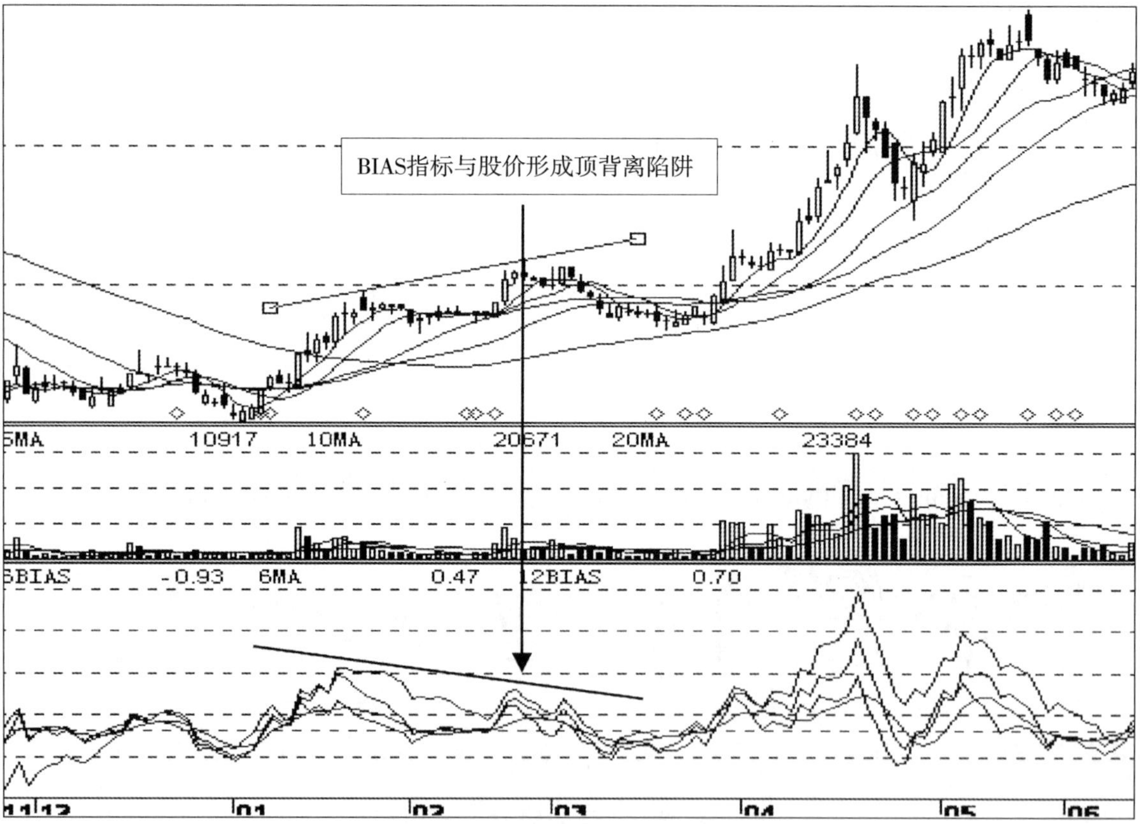

图 6-14　深南电 A（000037）日 K 线图

3. 技术纠正方法

（1）乖离率反映的是当日股价与 N 天移动平均线的差值。差值越大，股价与均线的距离越远，越有回归均线的可能；差值越小，股价与均线的距离越近，均线对股价的支撑和压力作用越明显。因此，股价与乖离率呈底背离时，股价往往会遇到均线的压制，在没有有效突破之前，不可盲目介入；股价与乖离率呈顶背离时，股价往往遇到均线的支撑，在没有打破支撑之前，可以一路持股不动。由此可见，股价与乖离率出现背离形态时，正是主力故意打股民的“马虎眼”，以愚弄股民。

（2）当股价与乖离率呈现背离时，仅用单一乖离率作为研判依据，有时会出现偏差，因此可以参考 MACD、RSI 等技术指标的位置、形态和交叉等情况，才能准确判定行情是强是弱，从而根据这些指标的基本特征决定买卖行为。

（3）结合大盘趋势进行分析判断。若大势向上运行，投资气氛火热，则底背离信号可靠性高，而顶背离为疑似信号。若大势向下运行，投资气氛冷淡，则顶背离信号可靠性高，而底背离为疑似信号。

（4）结合股价所处高低位置进行分析判断。若股价在低位，则底背离信号可靠性高，而顶背离为疑似信号。若股价在高位，则顶背离信号可靠性高，而底背离为疑似信号。股价在上升途中或下跌途中出现底背离和顶背离时，均为疑似信号，此时应结合其他因素综合分析。

（5）结合主力坐庄意图进行分析判断。主力所处的炒作阶段、持仓成本、操作手法，主力脾性以及目前价位主力有无获利或获利多少，股价有没有被充分炒作过，都会影响指标形态的可靠性，因此研究股价的长期运行规律，直击主力“穴位”和要害，才能提高判断的准确性。

（6）结合波浪形态分析。顶背离形态出现在升势的 1 浪、3 浪里可靠性差，出现在上升 5 浪、B 浪、延长浪里可靠性较高。底背离形态出现在调整 2 浪、4 浪或 C 浪后期可靠性较高，出现在 A 浪、C 浪初期可靠性差。

第七章

均量线指标（VOL）

一、VOL 指标精要

均量线指标（Volume，简称 VOL），是股价涨跌趋势的先行指标。在技术分析领域中，成交量（或成交额）是一项相当重要的技术指标，它能够反映市场的供需状况，买卖气势强弱，以及投资者对未来股价变动的看法是否具有一致性。但在实际使用时，由于成交量的变化忽大忽小，有时使投资者不容易把握其规律，而且单日的交投情况往往取决于一些复杂多变因素，从而在成交量图上经常出现跳跃式变动的图形，使分析人士无法做出正确的判断。若在成交量图上引进移动平均线的概念，将一定时期内的成交量相加后再平均，在成交量的柱状图中作较为平滑的曲线，就能产生均量线，可以解决前面所提到的问题。

均量线是将若干个交易日的成交量之和，除以交易日数得到的算术平均值，是一种反映一定时期市场平均成交情况亦即交投趋向的技术指标。由计算可以看出，均量线反映了一定时期内市场的成交情况，从而更加清晰地反映市场交投的活跃程度，同时也在一定程度上反映主力的控筹程度和持仓成本。均量线是市场成交的主要趋势，并能有效地对主力活动进行监控。

成交量是指股票交易或个股买卖的数量，成交量大小可以衡量股市或交易的活跃程度，由此观察和了解买卖双方进入或退出市场的情况。将成交量作为衡量和观察市场变动趋向的指标，可以从中寻找主力的动向，择机入市或退市。

一般情况下，VOL以5日和10日作为采样天数，在柱状图中绘制出两条均量线。其中，5日均量线代表短期的交投趋势，10日均量线则代表中长期的交投趋势。5日和10日的均量线是成交量技术分析中的常用指标，其排列组合、交叉发散的变化，对准确地判断股价升降、预测行情走势有重要的参考价值。

二、VOL指标特性

只要证券市场有交易存在，就离不开价和量。价和量是股市两个最基本的构成部分，量是因，价是果，因此量和价的变化对研判股市行情很有帮助。其基本特性如下。

（1）股价随着成交量的递增而上涨，此为典型的多头上攻行情，这种价升量增的关系，表示股价仍将继续上升。

（2）在一个波段的涨势中，股价随着成交量的递增而上涨，突破前一波的高峰，创下新高，股价继续上涨。然而，此波段上涨时的成交量水平低于前一个波段上涨时的成交量水平。此时，股价创新高，量却没有突破，价量出现背离，则此波段股价的上涨得不到市场认同，这是股价趋势潜在的反转信号。

（3）股价随着成交量的递减而回升，股价出现上涨，而成交量逐渐萎缩，呈现价升量减的走势。由于成交量是股价上涨的原动力，动力不足则表明股价续涨乏力，是趋势潜在的反转信号。

（4）股价随着成交量的缓慢放大而逐渐上涨，渐渐出现爆发式井喷行情，成交量显著增加。在股价连续暴涨之后，成交量大幅萎缩，同时股价快速回落，此时表明涨势已接近尾声，上涨乏力，多头能量过度释放，主力有出货迹象，趋势将出现明显的逆转，股价将大幅下跌。

（5）股价经过长期的下跌之后形成谷底，股价在初次反弹中成交量并未放大配合，表明市场人气仍未恢复。当股价反弹遇阻回落，再次跌至前期底部或略高于谷底，而成交量明显萎缩，出现价跌量减走势时，暗示市场极度惜售，股价将出现上涨。

（6）股价经过长期的下跌之后，出现恐慌性抛盘，股价在成交量放大的情况下急速探底，呈现明显的价跌量增走势，此时表明空头能量过分释放，买盘承接踊跃，暗示股价跌势已近尾声，有较强的反弹欲望。同时，由于恐慌性抛盘创出的新低对后市具有较强的支撑作用，在后市很长一段时间内将很难被突破，股价将经过反复筑底后展开一轮较大的升势。

（7）股价持续下跌，在跌穿某些重要阻力位或形态、趋势、移动平均线等的同时，成交量显著放大，表明市场在股价的底部承接踊跃，是股价强烈要求反弹的征兆，股价趋势将发生明显的反转。

（8）当股价连续大幅上涨之后，成交量出现急剧放大，而此时股价的上涨幅度已明显缩小，无法再度向上大幅上涨，显示股价在高位出现放量滞涨，卖压沉重，是股价趋势潜在的反转信号。

（9）股价经过连续下跌之后，在低档出现密集的大成交区，此时股价没有进一步下跌，而是反复构筑底部，显示有主力资金在积极建仓，股价经过整固后将反转上升。

三、VOL 实盘经典

在实盘操作过程中，对于均量线指标，应重点掌握以下 5 个方面的问题。

（1）注意底部放大量和顶部放大量的市场现象。

（2）关注温和放量和温和缩量的市场现象。

（3）把握量与价的配合和量与价的背离关系。

（4）分析观察成交量的异常变化情况。

（5）掌握“地量”后的放量现象。

（一）温和放量

股价在底部经过长时间的盘整，成交量十分低迷，产生了一段时间的“地量”，主力在此悄悄吸纳筹码。随着主力建仓计划结束，股价慢慢向上抬升，这时成交量温和放大，均量线渐渐上行，5 日均量线向上交叉 10 日均量线。这表明市场交投趋于活跃，行情有转强的迹象。此时，持币者应买进做多，一般套牢的可能性很小。如能做波段，收益将会非常可观。

在股价上涨过程中，成交量始终保持在均量线之上运行，而 5 日均量线与 10 日均量线呈现明显的多头排列，说明股价的上涨有成交量积极放大相配合，呈现典型的价升量增的多头攻势，行情还会坚持一段时间，或者可能会产生一波中级以上的行情。此时，应持股或利用股价的短暂回档之机加仓买进，将有短线获利机会。

温和放量的特性如下。

（1）在涨势初期出现温和放量。表明市场做多信心开始恢复，多方主力在大量建仓。投资者应逢低吸纳，积极做多。

（2）在上涨途中出现温和放量。表明市场人气转旺，筹码出现了供不应求的状况。对此，投资者应持股待涨，不见巨量不离场。当然，成交量不大，但股价跌破上升趋势线时，应该果断出局。

（3）在涨势后期出现温和放量。行情连续上涨，很多人失去风险意识。一方面是一些不知底细的投资者在高位盲目追涨，另一方面是主力趁机大量派发筹码，获利出局。对此，投资者应减磅操作，分批退出。

（4）在跌势初期出现温和放量。主力高位出逃后，行情转弱，一些对市场敏感的投资者发现情况不妙，也开始纷纷斩仓离场。对此，投资者应全线抛空，止损出局。

（5）在下跌途中出现温和放量。越来越多的投资者开始看淡后市，加入了空方队伍。对此，投资者应继续看空。

（6）在跌势后期出现温和放量。一些被深套的投资者因忍受不了长期套牢的折磨，开始割肉出逃。此时，主力为了捡到廉价筹码，一边利用手中的股票往下砸盘，引发套牢盘恐慌杀跌，一边又在低位承接了大量抛盘。对此，投资者应停止做空，分批建仓。

如图 7–1 所示，2021 年 11 月，岳阳兴长（000819）的股价见底后稳步向上攀升，成交量持续温和放大，5 日均量线金叉 10 日均量线，呈现多头排列，量价配合理想。MACD 指标也发出做多信号，移动平均线多头发散。因此，每次回档都是介入时机，此后该股向上拉升，走势十分强劲，累计涨幅较大。

（二）温和缩量

在股价持续上涨过程中，成交量不能继续再创新高，反而在均量线之下，5 日均量线与 10 日均量线的张口逐渐缩小，并进一步形成死叉时，是明显的缩量出货信号，建议逢高减磅或离场观望。

温和缩量的特性如下。

（1）在跌势初期出现温和缩量。虽然刚下跌时，抛盘不大，但市场信号已转弱，主动性买盘减少，从而造成了缩量下跌的现象。这种缩量下跌很可能造成持续阴跌的走势。对此，投资者应止损离场，果断了结。

（2）在下跌途中出现温和缩量。趋势转弱为市场大众认同后，买盘不济造成了股价不断缩量下沉，使人无法看到下跌的尽头在何处。因此，投资者应及早认赔出局。

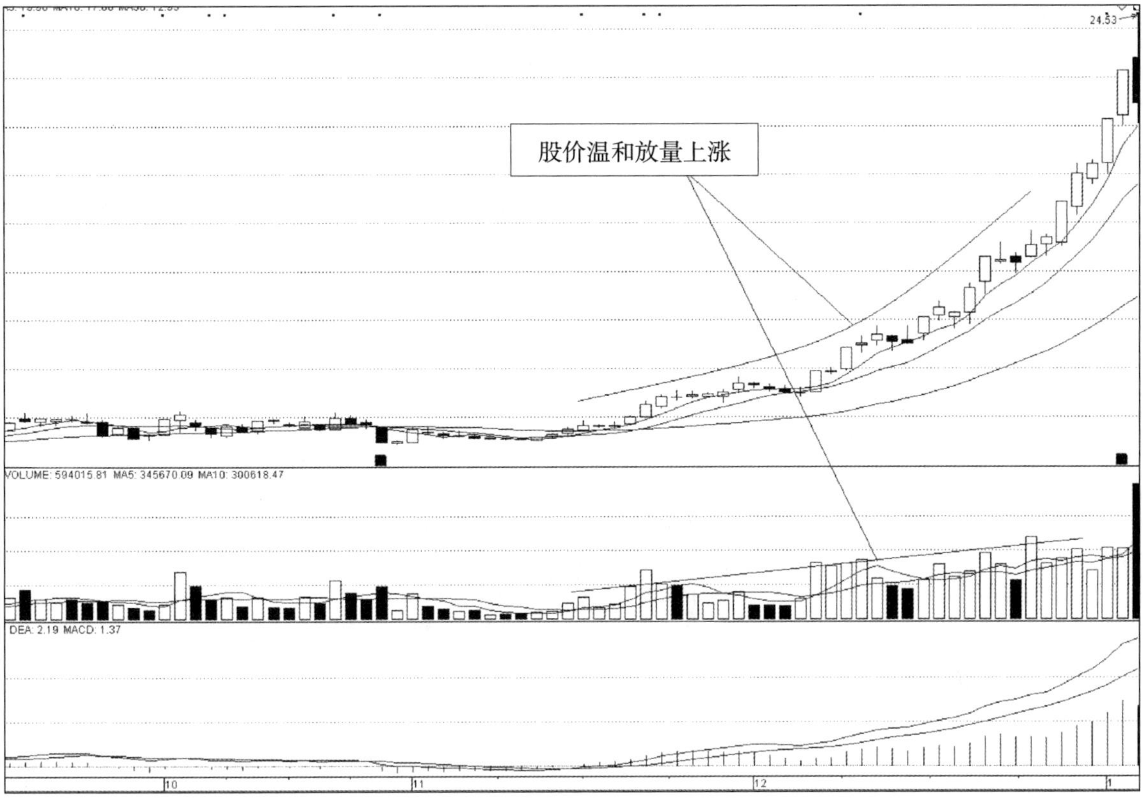

图 7-1　岳阳兴长（000819）日 K 线图

（3）在跌势后期出现温和缩量。在长期大幅下挫后，做空能量已得到充分释放，因而造成缓缓下跌，成交稀少。对此，投资者应谨慎看多，适量买进。

（4）在涨势初期出现温和缩量。虽然行情出现了止跌回升，但市场心态不稳，股价上涨时敢于追高的人不多，说明行情在升势没有真正形成之前，将会出现较大的反复。对此，投资者应看多不做多。

（5）在上涨途中出现温和缩量。经过一段时期上升后，跟风盘减少，或主力绝对控盘后，不用放量就能拉升，从而出现了逐渐缩量的现象。对此，投资者应谨慎做多，适量参与。

（6）在涨势后期出现温和缩量。股价大幅上扬后，终因曲高和寡，买盘不济。成交量出现这种变化，预示行情随时会调头向下。对此，投资者应停止做多，分批退出。

如图 7-2 所示，2021 年 12 月 21 日，湖南天雁（600698）的股价见顶后，快速脱离顶部。之后由于后续能量不足，成交量持续萎缩，5 日均量线调头向下与 10 日均量线形成死叉，加之短期股价累计涨幅较大，股价很难出现有力的回升。同时，5 日均线向下死叉 10 日均线，MACD 指标 DIF 线死叉 MACD 线，BAR 指标红柱消失，绿柱出现，这种情况下不适合介入。

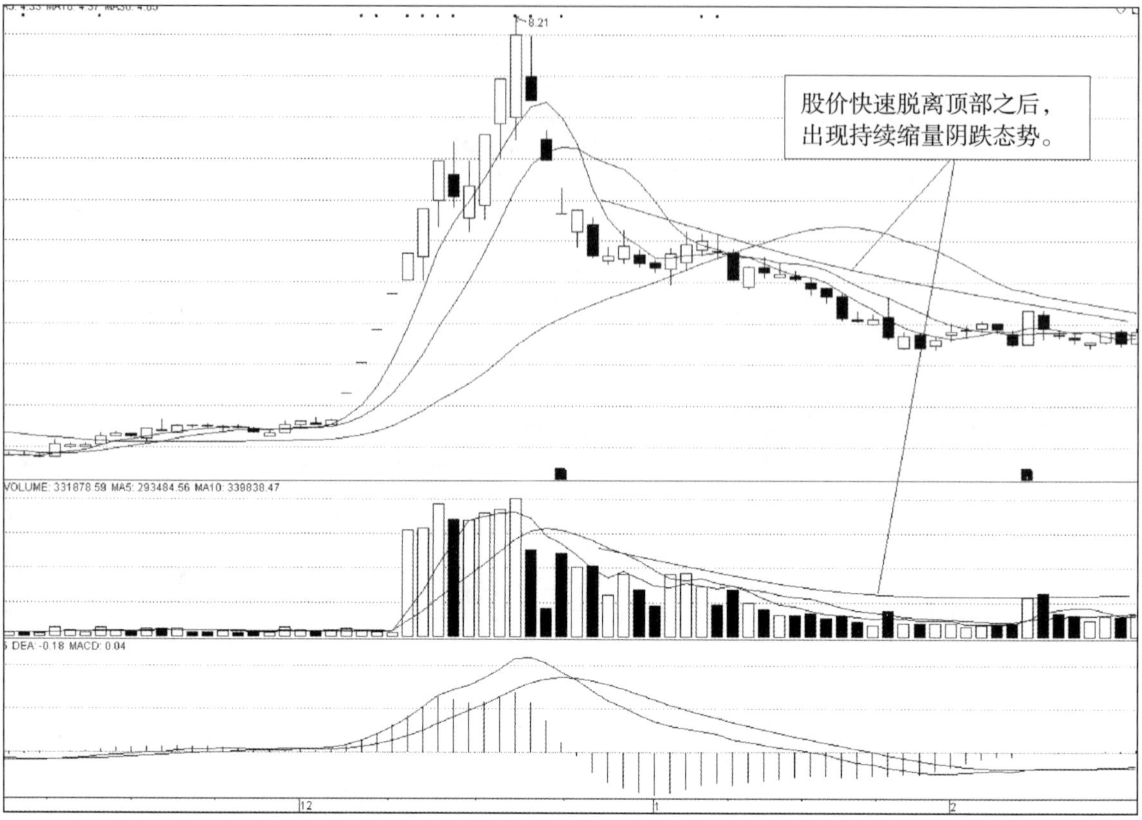

图 7-2　湖南天雁（600698）日 K 线图

（三）快速放量

当股价经过长期下跌或在底部横盘构筑底部时，可能会由于成交量长期萎缩，5 日均量线和 10 日均量线形成黏合状态，单日成交多数在均量线之下。如果此时成交量快速放大，上穿均量线，是行情开始转强的信号。尤其是成交量持续放大，5 日均量线向上穿越 10 日均量线形成交叉，其分析意义与移动平均线一样，此时发出积极的买入信号。需要注意的是，快速放量大多出现在反弹行情之中。

快速放量的特性如下。

（1）在涨势初期出现快速放量。受突发利好消息影响，或主力在低位吸足筹码后，为了使股价迅速脱离建仓成本区，采取了快速放量拉升的动作。对此，投资者应顺势做多，果断建仓。

（2）在上涨途中出现快速放量。股价在往上攻击某一关键阻力位时，多空分歧加剧，看淡的人纷纷退出，看好的人蜂拥而入，因而出现了成交量快速放大的现象。对此，投资者应关注盘面变化，如日后几天股价重心往上，就继续做多；反之，则退场观望。

（3）在上涨后期出现快速放量。股价连续上涨后，主力采取你进我退的方式，趁机派发大量筹码。因此，有经验的市场人士一再指出，高位快速放大量，无论是拉阳线还是拉阴线，对多方来说都是一个危险信号。对此，投资者应停止做多，分批退出。

（4）在跌势初期出现快速放量。主力出货坚决，市场上已经形成了一股较大的做空力量。对此，投资者应全线抛空，斩仓了结。

（5）在下跌途中出现快速放量。主力再次集中出货，此时中长线买家已看清后市，在大量抛售筹码，说明市场做空能量很大。对此，投资者应继续做空，退出观望。

（6）在下跌后期出现快速放量。经过连续大幅下跌后，股价已跌得面目全非，市场主力感到做多时机已到，此时主力就会趁机把投资者低位割肉的筹码照单全收，造成了成交量快速放大的现象。对此，投资者应逢低吸纳，分批建仓。

如图 7–3 所示，高争民爆（002827）经过长时间的底部振荡后，2022 年 2 月 7 日，主力突然发动攻击，成交量急剧放大，股价形成突破，上攻势头强烈。可是，主力减仓动作也很迅速，股价并没有出现持续上涨行情，小幅上涨后便出现快速回落走势，此时快速放量不适合追涨买入。

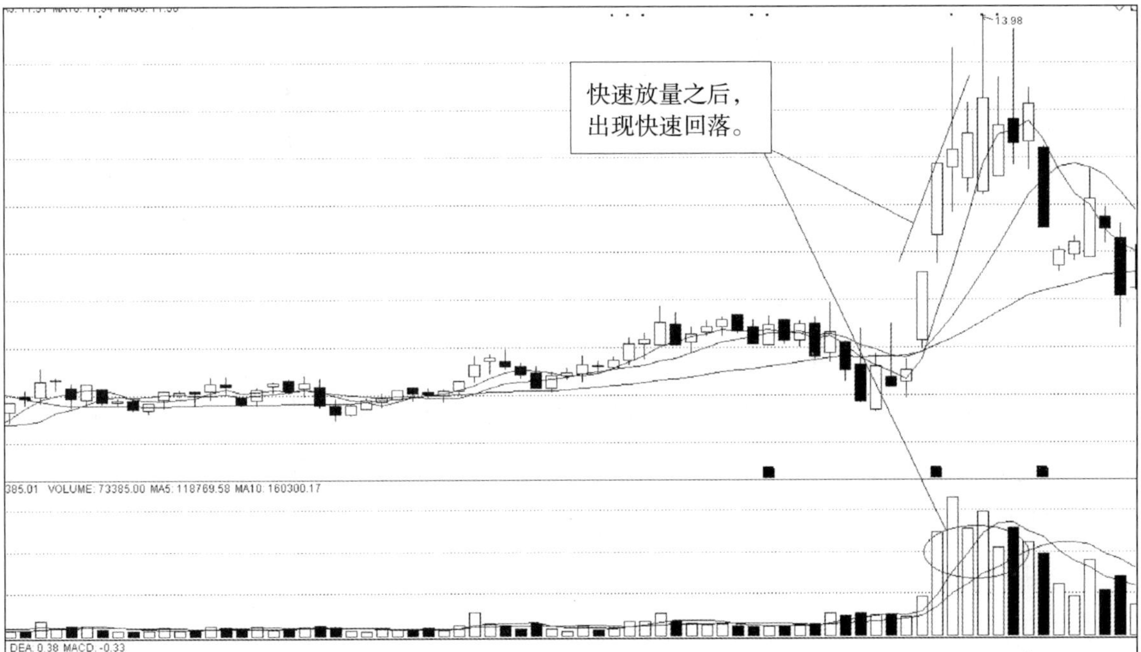

图 7–3　高争民爆（002827）日 K 线图

（四）快速缩量

成交量经过一段时间的放量后，出现快速萎缩，均量线向下发散，使行情出现调整或转势。但是，快速缩量大多出现在洗盘行情之中，一旦再次放量，可以大胆介入。

快速缩量的特性如下。

（1）在涨势初期出现快速缩量。股价见底后，主力进行吸货、试拉升、洗盘，蓄势后再继续上攻，或主力暂时放弃做多。对此，投资者应看多暂不做多。

（2）在上涨途中出现快速缩量。股价有了一段升幅后，获利筹码逐渐多了起来，这时多空出现分歧，但这多属于强势回档，持筹者一般不愿意在此价位抛售，这就形成了成交稀少的局面。对此，投资者应谨慎看多。

（3）在涨势后期出现快速缩量。股价连续上升过程中，主力通过边拉边撤的方法，抛出了大量筹码。当主力实现了胜利大逃亡的目的后，自然不会再拉抬股价。所以，盘面上有时会出现成交量大幅萎缩而股价继续上涨的现象。对此，投资者应减磅操作。

（4）在跌势初期出现快速缩量。在行情上涨时，主力通过边拉边撤的方式完成了派发任务，直到转跌时已无货可出，致使行情初跌时，一些非主力机构、大散户在抛售，开始下跌时还会出现较大的量，但紧接着成交量就会急剧减少，日后大多会走上慢慢阴跌之路。对此，投资者应快刀斩乱麻，及早撤退。

（5）在下跌途中出现快速缩量。股价经过一段时期的下跌，跌势开始趋缓，此时市场中会有一部分投资者认为行情已经见底，开始进货。当股价涨不上去时，就无法再吸引新的短线资金入场，因而会使原本放大的成交量一下子又急剧萎缩下来。对此，投资者应继续持币做空，不抄底，不抢反弹。

（6）在跌势后期出现快速缩量。当股价在长期下跌后快速出小量，说明市场做空能量已经大大释放，继续抛售的人已经屈指可数，股价虽不见得马上就见底回升，但再要下跌的可能性已经很小。对此，投资者应转变空头思维，改看空为看多。

如图7-4所示，2021年12月下旬，新华联（000620）出现放量后，量能没有持续下来，而是快速缩量。经过几天的缩量整理后，于2022年1月6日放量涨停，此时出现理想的买入时机，随后股价出现6连板行情。

（五）量平信号

根据某一时段成交量的大小，量平可分为量小平、量中平、量大平。股价的涨跌幅度很小，成交量与平时差不多，反映出多空双方受不明因素困扰，对后市走势都看不懂，市

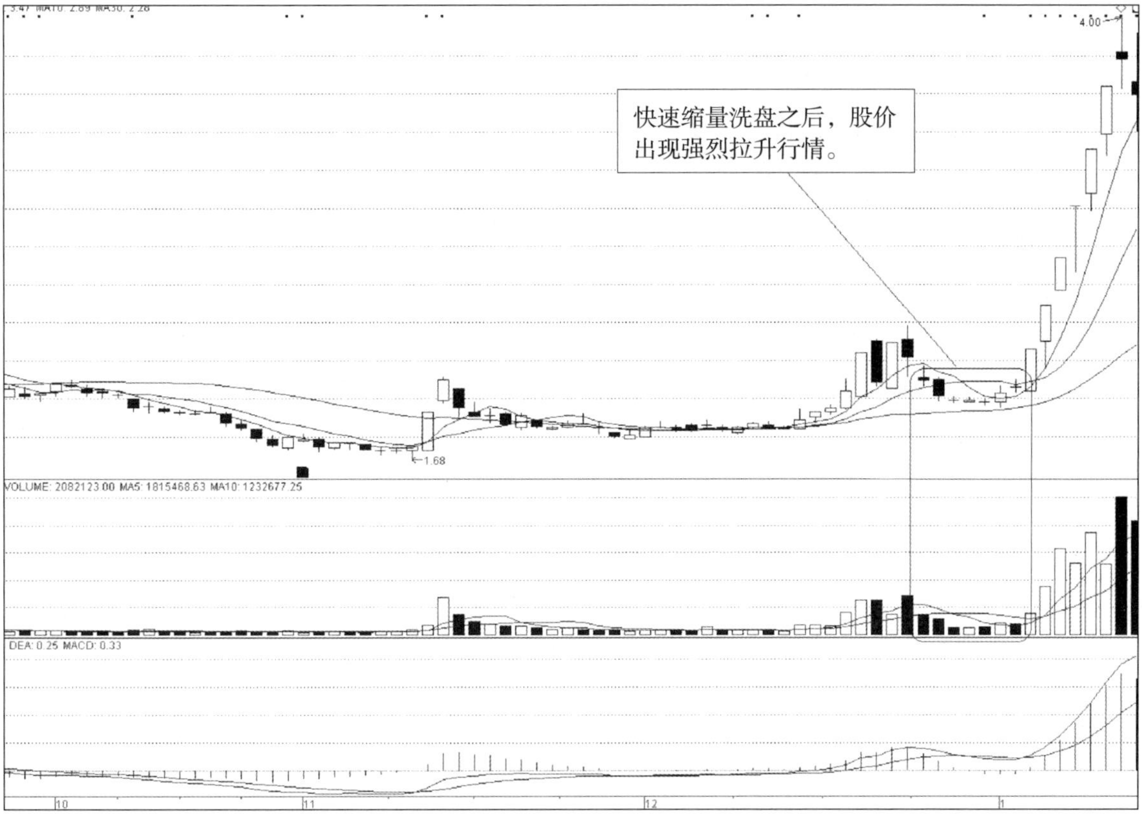

图 7-4　新华联（000620）日 K 线图

况陷入闷局，此时应以观望为宜。

量平的基本特性如下。

（1）在上涨初期出现量平。主力步步为营，不断推高股价，这样就会出现量大平的现象，说明做多的主力实力非同一般。对此，投资者应重仓出击，跟着做多。

（2）在上涨途中出现量小平、量中平。股价经过一段时期的上升后，主力感到上升阻力越来越大，于是慢慢消化上档浮筹，以实现用时间换空间的目的，这时就会出现量小平、量中平的现象。对此，投资者应持股做多，或谨慎看多。

（3）在涨势后期出现量中平、量大平。股价有了很大升幅后，主力迫切需要将账面利润兑现为现实利润，这时很有可能趁众人看好时不断往外发货，于是就会出现量中平、量大平的现象。此时，应分批退出。

（4）在跌势初期出现量平。空方主力已经完全掌握了市场主动权，无论是量小平、量中平还是量大平，性质都是一样的，都是出货信号。对此，投资者应全线做空，止损离场。

（5）在下跌途中出现量小平、量中平。下跌的趋势已经形成，持股者每日总有一批人醒悟过来，觉得这样下去不行，尽管不情愿，也只得咬牙抛出筹码。虽然抛售时间上先后不一，但每日的成交量大致相同。对此，投资者应及早离场为好。

（6）在跌势后期出现量平。股价经过长期下跌，已使市场大多数人麻木，这种零星的抛盘和买盘，很容易造成量小平的现象，而且会延续一段时间。对此，投资者应做好随时入场的准备。

如图 7-5 所示，2021 年 7 月，大金重工（002487）调整结束后，主力稳步将股价推高，成交量没有出现太大的变化，基本保持量中平状态，5 日均量线与 10 日均量线相互缠绕在一起。这种现象表明多空双方分歧不大，多方占据优势，也反映主力实力强大，稳扎稳打，高度控盘。面对这种盘面，投资者应坚定地与庄共舞到底。

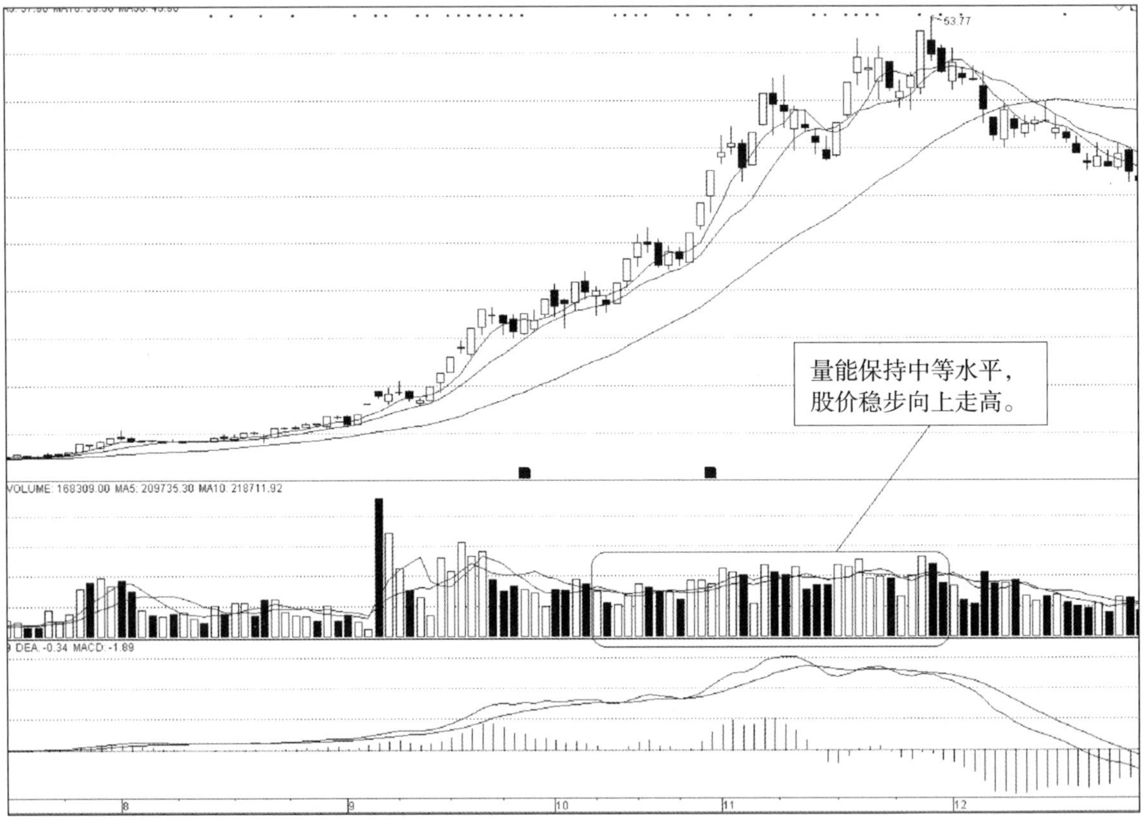

图 7-5　大金重工（002487）日 K 线图

（六）量价同步和背离

量价同步是指成交量增减与股价涨跌相匹配，也就是说，成交量增减大小与股价涨跌力度相一致。按趋势可分为上涨同步（价升量增）和下跌同步（价跌量增）；按区域可分为单日同步和区域同步。一般而言，量价同步反映原来的发展趋势比较健康，没有出现异常的变化，股价仍然运行在原来的趋势之中。

量价背离是指成交量增减与股价涨跌不匹配，也就是说，成交量增减大小与股价涨跌力度不一致。按趋势可分为上涨背离（价涨量缩）和下跌背离（价跌量缩）；按量价关系可分为正背离（价增量缩）和负背离（价减量缩）；按区域可分为单日背离和区域背离。一般而言，量价背离反映原来的发展趋势出现某些不协调，多空意见分歧加大，是股价改变原来运行趋势的潜在信号。

这里仅就量价背离现象进行分析，常见的量价背离有以下 6 种现象。

（1）价升量缩。成交量持续减小，而股价仍在继续上升，表明市场做多动能在逐步衰竭（对于高度控盘的个股，说明筹码锁定性较好），意味着行情可能反转或短线回档盘整，为卖出信号。

（2）价跌量增。当行情经过一段持续上涨以后，若出现成交量持续放大，而价格不断下降，则说明庄家在减仓、出货，为卖出信号。但是，若股价经过长期大幅下跌之后，出现成交量持续放大，即使价格仍在下跌，也要改变对下跌性质的认识，须注意低价区增量，说明有大资金在承接，后市有望形成底部或产生反弹。

（3）价平量增。若在底部阶段出现价平量增，则说明底部在积聚上涨动力，有主力在暗中进货，可以适量参与持股待涨。若在涨势或跌势的中途，出现成交量放大而股价基本持平，则说明股价暂时进行休整，只要没有成功改变原来趋势，整理结束后，行情仍会向原来趋势发展一段时间。若股价处于涨势的高位区域，出现价平量增时，为滞涨信号，说明主力在寻求出货机会。

（4）价涨量平。股价上涨，但成交量与平时差不多，这可以反映大资金并没有大举进场，因此涨势难以持久（主力高度控盘除外），可能是昙花一现的反弹，后市方向不明，应以观望为宜。

价涨量平有以下 3 点启示。

①若股价原先处于下跌趋势，出现价涨量平，则明显地反映股价虽然在上涨，但成交量不足，属于反弹。

②若股价原先上涨较多，出现价涨量平，则反映多空双方力量均衡，后市有可能滞涨回调，具有转向意味。

③价涨量平的现象若是因为涨停板，投资者无机会实施买卖，翌日应该仍有高位可见，持股者不应急于沽货。

（5）价平量缩。成交量持续减小，而股价基本持平，说明上涨或下跌出现停顿，后市走向不明朗，应注意变盘出现。若在大涨后的高位进行横向整理不再上升，为出货警戒信号；反之，经股价长期下跌后，进行横向整理不再下跌，为止跌信号，可以伺机介入。

（6）价跌量平。股价下跌而成交量与平时差不多，反映当时的升势或跌势并未出现重大变化，预料仍将沿着原有趋势运行。也就是说，在上升趋势中，价跌量平只反映部分投资者沽货套利，大资金仍未大幅抛售，只要跌幅不深，升势仍可预期。

如图 7–6 所示，从 2021 年 10 月底开始，天下秀（600556）出现一波快速拉升行情后，股价在高位出现放量滞涨现象，形成顶部量价背离走势，明显有主力出货现象，此后出现一波快速杀跌走势。所以，当股价在高位产生量价背离时，应逢高退出观望。

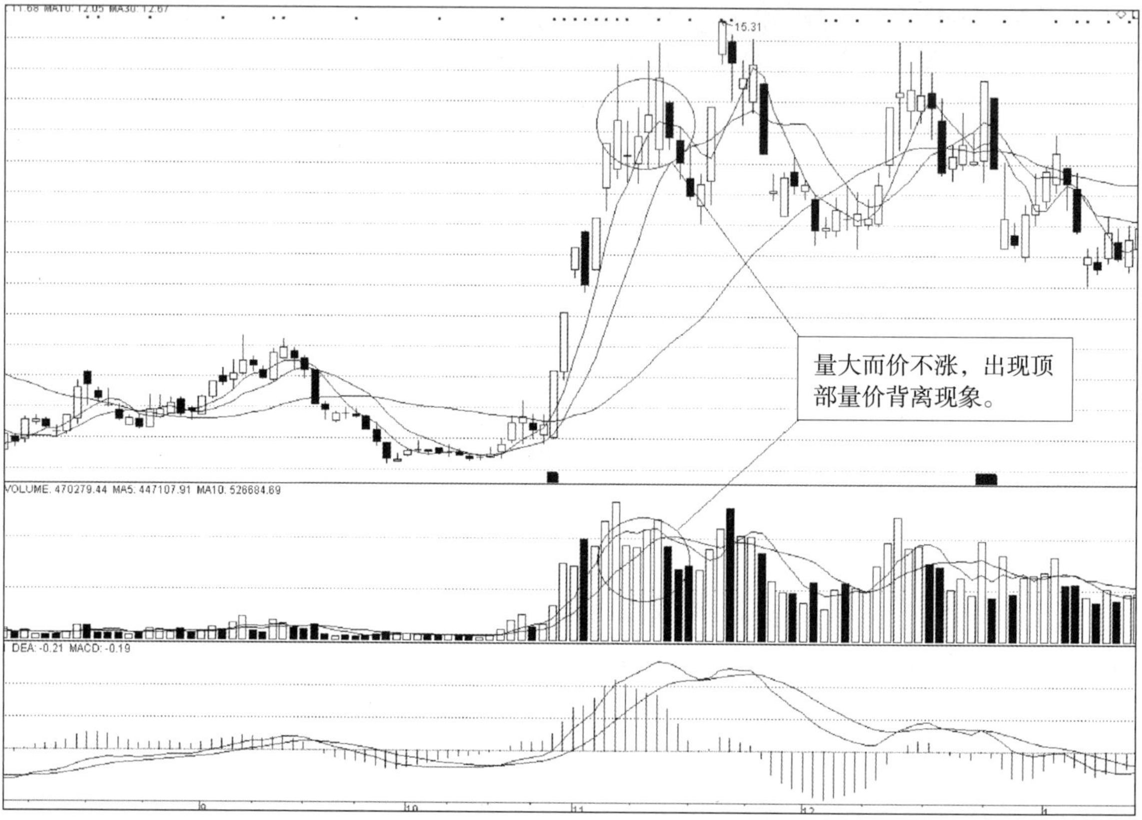

图 7–6　天下秀（600556）日 K 线图

如图 7–7 所示，2021 年 8 月，山煤国际（600546）的股价成功探明底部后稳步走高，不断地创出上涨新高。但在高位，成交量不但没有出现价升量增的发展势头，反而出现成交量持续减少的现象，形成价升量缩的背离走势。这表明市场开始萧条，跟风盘渐渐稀少，做多动能在逐步衰竭，股价随后的上涨令人怀疑，往往是主力刻意拉抬出货，这是股价见顶的潜在信号。

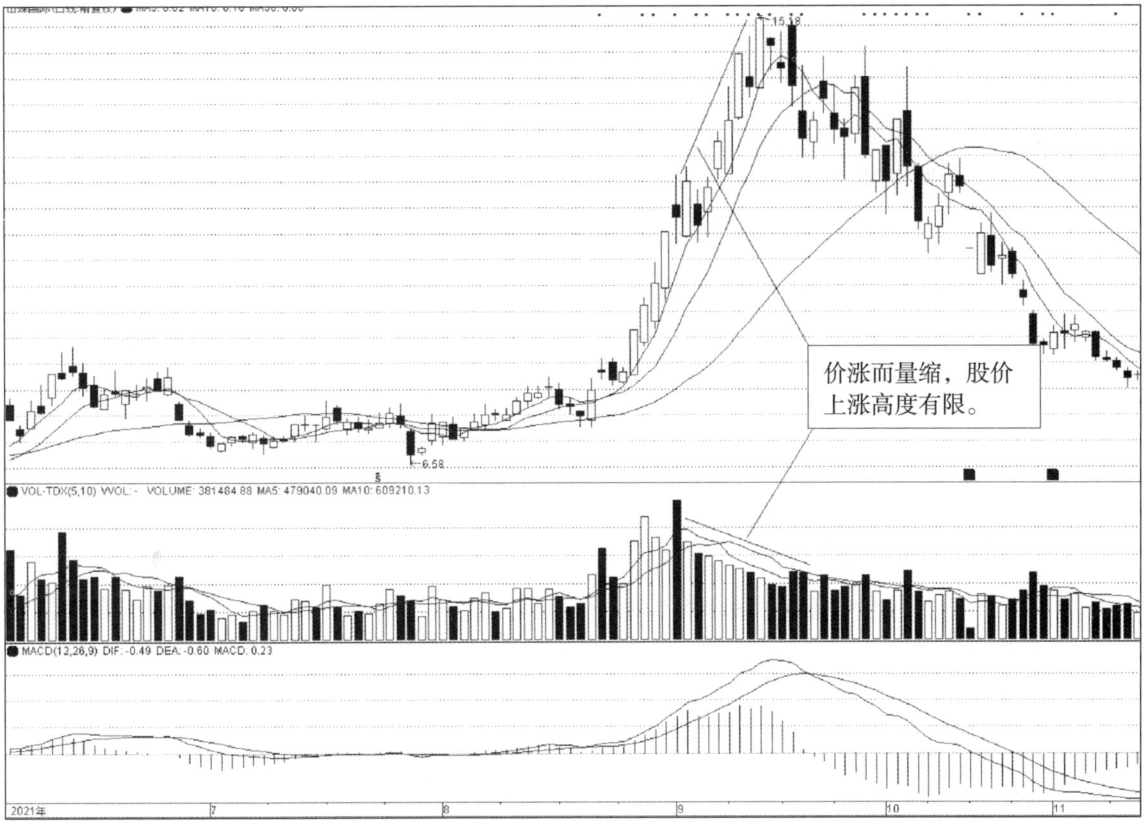

图 7-7 山煤国际（600546）日 K 线图

四、VOL 常见陷阱

成交量是股价涨跌趋势的先行指标，在技术分析中，成交量（或成交额）是一项相当重要的技术指标，它能够反映市场的供需状况，买卖气势强弱，以及投资者对未来股价变动的看法是否一致。但在实际使用时，由于成交量的变化忽大忽小，投资者不容易把握其规律，而且掺杂着主力的许多人为因素，因此市场中会出现很多虚假信号，常见的陷阱有地量地价陷阱、天量天价陷阱、价涨量增陷阱等 10 多种。

（一）地量地价陷阱

1. 地量地价陷阱

股价持续下跌较长时间之后，市场人气相当涣散，利空传闻仍然不绝于耳。此时由于股价下跌时间跨度和价格幅度都很大，该抛股票的投资者早已经抛出了，剩下的都是坚定中长线持有的投资者或迫于无奈的套牢者，因此股票的抛售压力越来越轻，但同时买盘也寥寥可数，导致成交量逐步萎缩。当成交量缩到不能再缩的情况下，股价将在此形成谷底并开始向上，此时严重萎缩的成交量就称为“地量”。

地量通常是原来空头市场结束的标志之一。有股谚称“地量之后是地价”“低位放量会涨”，反映了每当成交量萎缩到地量时，通常都预示股价即将见底回升。当成交量萎缩到不能再萎缩时，显示场内该抛售的已经抛售了，持股的投资者十分惜售，不愿意再抛出股票，抛压越来越轻。只要“地量”一出现，抛压一显轻，多头就马上转入反攻。如果此时买盘稍微放大，那么股价就会出现回升，“地价”便随之而出。因此，在空头市场末段以及多头市场中，地量的出现往往都是市场即将见底的信号，也是中长线投资者开始建仓的好时机。

“地量”之所以会见“地价”，通常的解释是沽盘也即做空的动能已经释放殆尽，股价跌无可跌，所以股价将要见底。但不能一概而论，在多头市场中，由于大部分投资者对后市较具信心，坚定看好，愿意持股待涨而不为微利所惑；或者流通筹码为主力所控，高度锁定而不抛出，或拖延时间隐蔽出货。在这两种情况下，就不存在获利盘枯竭、杀跌动力消耗已尽的问题。当某一环节出现松动或变化，股价就会再陷跌势，所以“地量之后是地价”，这也是主力常用的做盘手法之一。

如图 7–8 所示，江南水务（601199）股价见顶后逐波下跌，2020 年 7 月反弹结束后再次下跌，股价累计跌幅较大。在调整过程中，成交量经前期的逐步萎缩后再次萎缩到地量，从 9 月开始成交量萎缩到很低，盘中日内换手率不到 0.5%，多空交投十分清淡。按照“地量之后是地价”的说法，这时是个千载难逢的低吸机会。但股价并没有真正企稳回升，经过短期的横盘运行后，股价展开新一轮下跌走势。

技术解盘：从该股走势图中可以看出，一是盘中出现“地量”的时候，股价已经回落到起涨位置，也就是前期盘区附近，该位置虽然有一定的支撑作用，但也反映主力做多意愿不强，股价要想重新拉起来显然有点难度，“会跌的股票不会涨”就是这个道理；二是由于股价持续下跌，短期回落幅度太大，上方构成新的压力；三是在横盘过程中（重心有所上移），成交量不能放大，说明没有新增资金入场，因此盘面需要进一步的调整。

2. 技术纠正方法

地量一般出现在牛市行情的启动初期，意味着市场调整即将结束，转入升势行情。但对地量的分析不能仅仅看成交量的多少，必须结合市场趋势、技术指标、市场热点这 3 个方面进行综合分析。出现地量有如下 5 个时段。

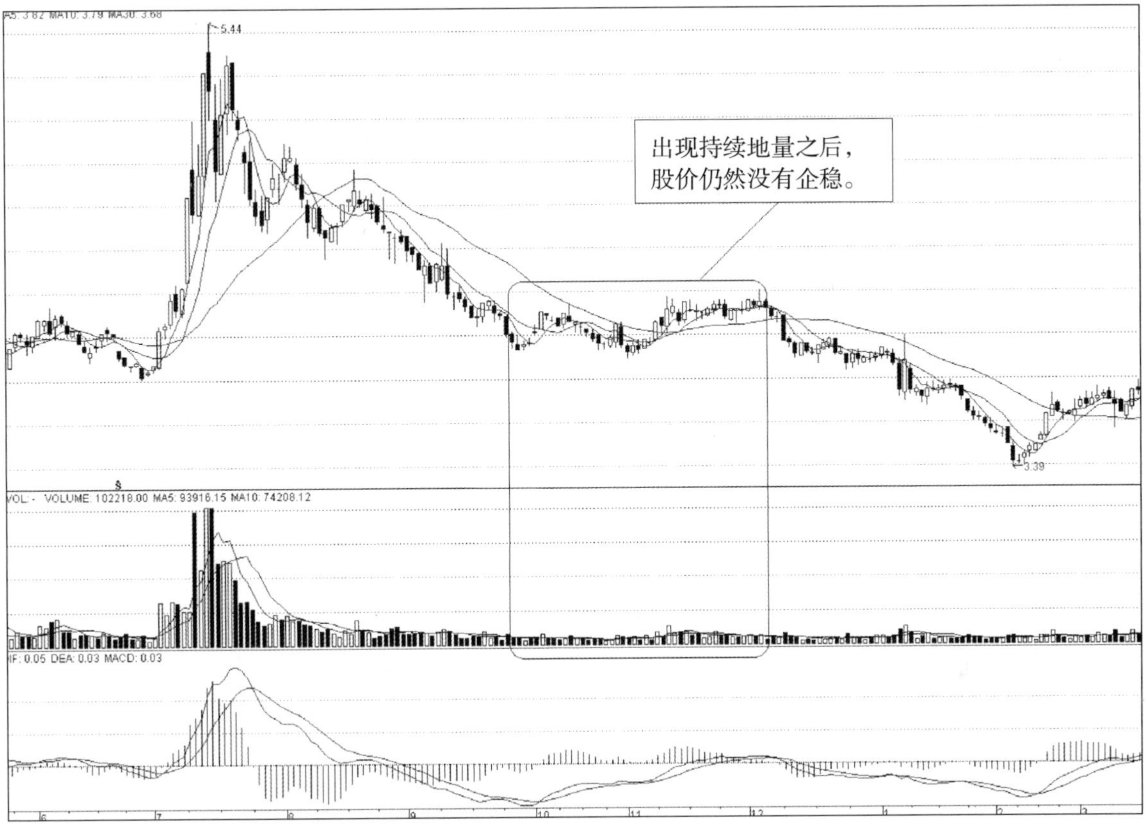

图 7-8　江南水务（601199）日 K 线图

（1）地量出现在行情清淡的时候。当行情长期处于清淡的时候，持股的不想卖出，持币的不愿意买入，地量就出现了，此时应观望。在跌势中期出现，为弱势信号，应继续做空。

（2）地量出现在股价即将见底的时候也很多。一只股票经过一番炒作之后，总有价格向价值回归的过程。在股价漫漫下跌途中，虽然偶有地量出现，但很快就会被更多的抛压淹没。而在股价即将见底的时候，该卖的都已经卖了，没有卖的也不想再卖了，于是地量不断出现，而且持续性较强。一般到连续出现地量的时候，距离真正的底部就不很远了。

（3）地量常出现在主力振仓洗盘的末期。主力如何判断自己振仓是否有效，是否该告一段落呢？方法与手段很多，地量的出现便是技术上的一个重要信号。此时，持股的不愿意再低价抛售，或者说已经没有股票可卖了，而持币的由于对该股后市走向迷茫，也不敢轻易进场抢反弹，于是成交清淡，地量便因此而生，而且一般还具有一定的持续性，这一时期往往是中线进场的时机。

（4）在股票拉升前整理的同时，也会间断性地出现地量。主力拉升股价前，都要让大部分筹码保持良好的锁定性。为了判断一只股票的锁仓程度，从技术上来说，地量间断性出现是一个较好的信号。地量出现到末期，往往就是主力要开始拉升的时候。

（5）高位横盘时也经常出现地量。主力把股价拉升到一个非常高的位置之后，经常会做横盘整理，同时会经常出现地量，但此时的地量反映出场外投资者不敢介入。因此，主力为了吸引跟风盘，以达到出货的目的，必然要进行一定的放量拉升。但在这种情况下，买进的风险相对较大，因为如果遇到利空因素，主力可能会放弃原有的计划，以杀跌的形式出货。

（二）天量天价陷阱

1. 天量天价陷阱

股价持续上涨较长一段时间之后，盘中成交非常活跃，市场人气达到鼎盛，此时主力为了做盘的需要，便展开整理走势。在整理过程中，由于股价涨幅很大，引发理性投资者大规模的获利回吐和恐慌性抛盘，成交量急剧放大后，股价随之大幅波动。

通常来说，在高位成交量持续放大，表明有场内资金出逃迹象，后市走势偏空，故有“天量之后是天价”“高位放量会跌”之说，投资者应以抛出为宜。可是，主力正是利用投资者的这种思维定式，在上涨途中对敲放量，造成高位放量出货假象。当投资者纷纷出售筹码后，股价却出现向上走势，展开新一轮上涨行情。

如图 7-9 所示，郑州煤电（600121）的主力完成低位建仓后，2020 年 11 月 16 日向上突破，走出一波涨幅达到 100% 的拉升行情。之后，股价在相对高位出现振荡调整走势，成交量持续大幅放大，主力巧妙地利用高点进行放量洗盘。这时，由于股价涨幅已经达到一倍，不少投资者以为主力放量出货，担心后市“跳水”，于是纷纷抛售离场。谁知股价小幅调整后，12 月 17 日止跌企稳，然后展开新一轮拉升行情，股价涨幅又翻了一倍。

技术解盘：从该股走势图中可以看出，主力通过对敲的手法，制造天量天价盘面现象，其实这个量正是筹码充分换手的量，而且盘面处于强势之中，市场情绪高涨，有大量场外资金涌入，同时也有获利盘涌出。从基本面上看，公司正处于产业提升和转型时期，吸引短线游资普遍看好，虽然股价涨幅已经达到一倍，但后市仍有朦胧预期，因此这样的“天量”反而有利于后市走势。

2. 技术纠正方法

一般而言，创历史纪录的超大成交量产生之后，往往就是股价见顶回落并产生反转的时机。在之后相当长的时间内，市场要对鼎沸人气推动的已经超出理性的股价进行修正。因此在天量出现之后，应该是中长线退出的最佳时间。但是，传统的经验常常被主力所利用，因此对“天量”应认真分析研究。

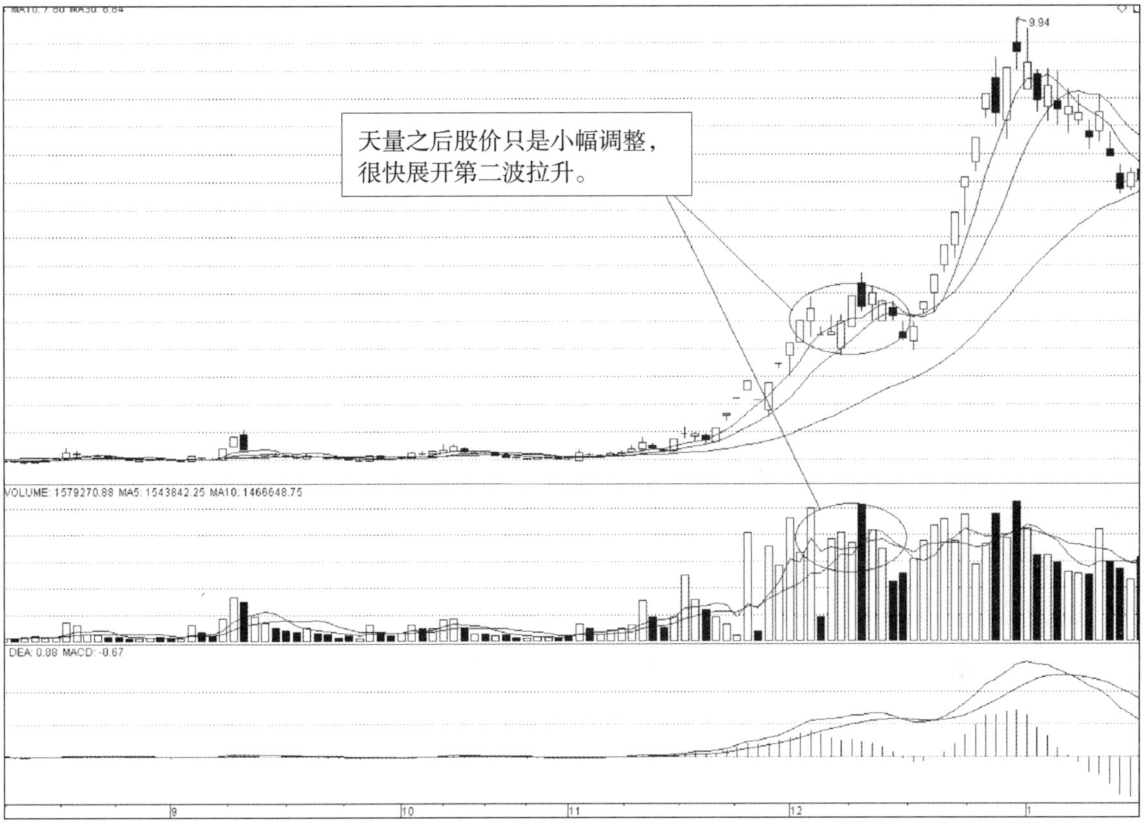

图 7-9 郑州煤电（600121）日 K 线图

在牛市行情中，放量本来是一件好事，但成交量必须温和放大，而不能过分放大。衡量成交量是否过分放大，没有统一的依据。当翻开历史走势的时候，投资者当然很容易判断出哪些成交量为天量。但在实盘中，要在成交量大幅放大之时及时判断成交量水平是否属于天量，就是一项很需要功力的事情了，因为往往有时候一个历史纪录的成交量出现了，可能过不了几天就会被一个更大的量超越。

那么，如何判断大的成交量是否属于天量呢？这是技术分析者们非常关心的问题，而且也都试图找出一个较易计算的公式或标准去判断天量。但市场变幻无常，想简单地判断出天量谈何容易！对天量的判断，主要依靠分析者本身的市场经验。从以往的经验可以总结出，天量出现时通常具备以下 6 个条件。

（1）天量出现之前，股价已经连续上涨，并且上涨幅度很大，目前价格已经很高。

（2）股价进入飙升末期，连续大幅上扬后出现上涨乏力的现象，并且股价涨幅超过实际价值，有价值回归要求。

（3）市场人气鼎沸，交投异常活跃，利好消息到处传播。这说明此时市场炒作过热，已经失去理性。

（4）成交活跃度非常大，换手率连续数日保持在 10% 以上。这反映出短线有回归蓄势整理要求，市场需要重新聚集能量才能发动新的行情。

（5）天量形成之后，股价的回调幅度较深，通常初期跌幅超过 30%。

（6）关键位置形成的突破量，可能出现“天量”，但不是冲高形成的天量，后市仍有上涨潜力。

（三）价涨量增陷阱

1. 价涨量增陷阱

“价涨量增，价跌量缩”是量价关系的普遍规律，几乎是业界人士一致认可的最正常、最理想的量价配合关系。股价上涨，成交量放大，是买盘积极的表现，通常反映市场投资者买卖情绪高涨。主力坐庄除实力强大、消息灵通等优势外，还要在盘面上与散户斗智斗勇。盘面是双方交战的阵地，彼此使的是什么剑术，操的是什么刀法，都看得一清二楚。如果主力用显而易见的套路跟散户交战，显然斗不过散户，那么这个庄就没法坐了（主力是不按普遍规律坐庄的）。因此，主力奸诈、狡猾、险恶的特性就会表现出来。价涨量增，谁都看得明白，那岂不是谁都可以获利了吗？没那么简单，里头的陷阱多得很。只有破解陷阱，方可获利，这是技术难点，也是获利的关键之处。

如图 7–10 所示，绿庭投资（600695）是主力充分利用反弹出货的经典之作，其操盘手法可以说发挥到了极致。2021 年 2 月 1 日，该股股价开始大幅跳水，然后展开一波有力的反弹行情，盘面出现价涨量增走势。从量价配合方面看，其走势十分诱人。不少投资者看到这种走势后，眼前顿感一亮，直接买进，可是股价并没有持续上涨。此时，由于主力没有全部完成出货计划，在反弹高点构筑短期平台整理，给人以蓄势待发的假象，此处又有一批散户买进。主力在多次振荡中派发大量筹码，当跟风盘减少后，股价再下一截，创出调整新低。

技术解盘：透过表面现象就可以发现，该股“完美”之中存在着瑕疵。问题在于：一是跳水股大多属于“问题股”，股价下跌总有原因，不会无缘无故地跳水；二是股价跳水之前，本身就处于弱势调整之中，说明主力渐渐撤离市场；三是反弹回升时，受到前期盘区压力；四是受到 30 日均线下压。可见，如果是真实的底部，那么主力就不会如此大张旗鼓地放量上涨，只有主力没有完成出货任务且有下跌空间时，才会这么做。股市在兴奋中死亡，行情在绝望中产生。同样，股价在追捧中下跌，在冷落中上涨。

2. 技术纠正方法

总体来说，股票成交量放大，股价上涨，趋势将继续维持。这种量价关系虽属典型升

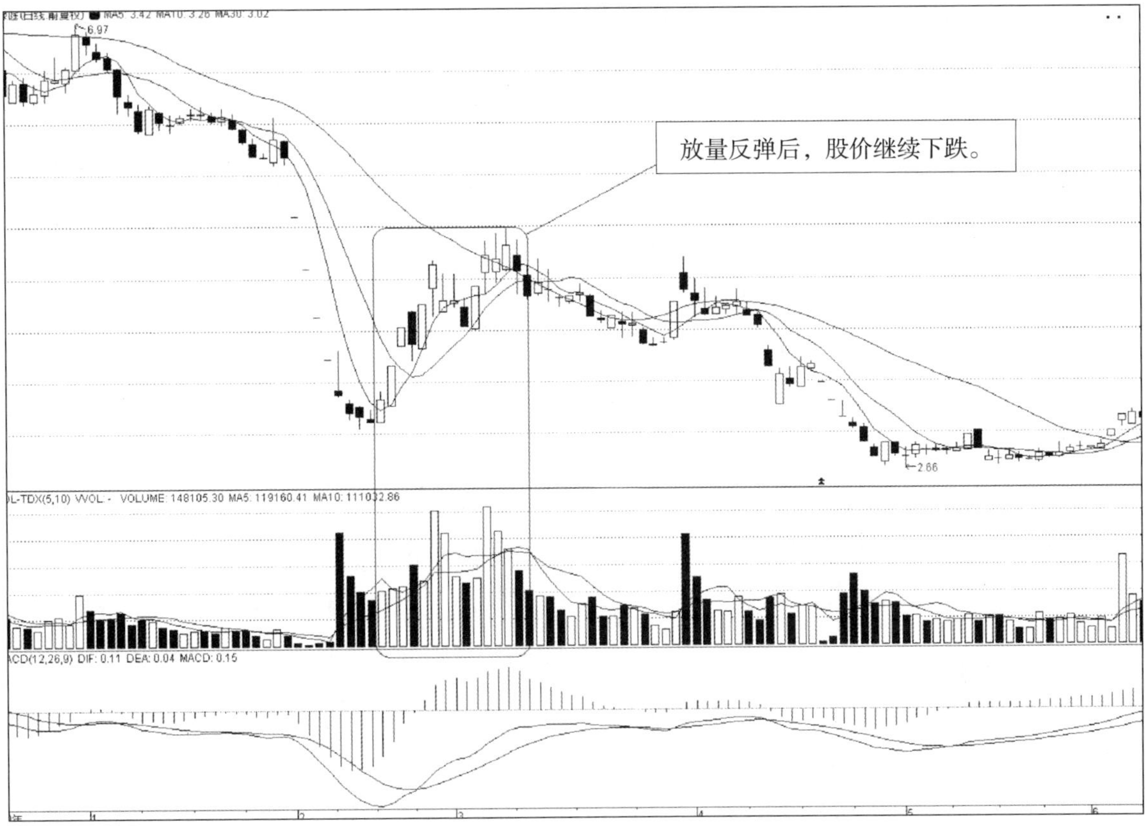

图 7-10　绿庭投资（600695）日 K 线图

势现象，其是否一定利好后市，不可一概而论。由于个股股价高低不一，成交量放大程度有别，股价上涨的幅度不一样，加之大市势道不同，主力操纵股价的目标不同，以及个股所处的位置和阶段不同，也不能肯定后市的发展趋势就一定向好。

量价配合的一般规律如下。

（1）成交量小幅增加，股价小幅上涨。一般情况下，出现这种情况预示后市向好。若股价反复下跌已有一段时间，出现价涨量增，反映多头出击，主力在低位积极吸纳，后市可望止跌回升。若股价在升势初段或中段（通常升势分 3 浪上升，第一浪、第二浪为升势的初段或中段），出现价涨量增，反映主力竞相追货吸纳，构成足够的上升动能，则预示后市继续上升的机会很大。

若股价上升已有一段时间，多次创下新高位时，某日股价再作急升，成交量膨胀很多（50% 以上），可以视为主力拉高股价借势大举沽货的伎俩，短期慎防见顶，应考虑将获利筹码沽出。这种现象称为“喷出效应”，意指经过一段长期升势后，突然爆发一轮急涨升势，成交量显著增大，然后股价又突然向下反转。

需要注意的是，这种规律非常适用于没有爆炒过的股票。若是已经爆炒过的股票，在下跌途中只是价格反弹现象，成交量不能持续放大之时，反弹就会结束。若股价处于高位，则是主力在酝酿出货。若出现在整理形态中，并有成交量相配合，整理形态可能会向上突破，可以考虑做多。

（2）成交量小幅增加，股价大幅上涨。一般情况下，成交量小幅增加，股价大幅上涨，上涨趋势可能改变或者股价需要调整。若处于拉升过程中，成交量温和增加，股价大幅上涨，股价仍将继续上涨。若处在拉升阶段后期，成交量温和增加，股价大幅上涨，则预示股价离顶部不远了。

（3）成交量大幅增加，股价小幅上涨。在大多数情况下，预示着股价就要下跌了。在股价累计涨幅很大的情况下，往往是见顶信号。在少数情况下，股价从底部上涨一段空间以后，出现这种情况意味着股价将要调整。在股价见顶不久后的下跌途中，出现成交量大幅增加、股价小幅上涨的情况，意味着股价后市继续下跌，并且有较大的下跌空间。

（4）成交量大幅增加，股价大幅上涨。一般情况下，上涨趋势可能继续，特别在强势市场初期更是如此。在强势市场中，连续几天放量大涨的个股，应该给予高度关注，这类股票有可能为未来的强势股。在弱势市场中，成交量突然大幅增加，股价突然大幅上涨的，除了个股走独立行情，一般后市不可看好。不论强势市场还是弱势市场，如果股价涨幅过大，股价位置过高，大都是主力正在出货，股价最起码需要短暂的调整，对此应保持高度警觉。

只有未被炒作过的或者没有很大涨幅的个股，在相当长一段时间内，在前期大盘强势时逆向下跌，在弱势市场中却逆势走强，才可以判断为个股走出独立行情。另外，单日突放巨量上涨的，绝大部分都是骗人的圈套。

（四）价跌量缩陷阱

1. 价跌量缩陷阱

股价上涨，成交量相应增加，股价仍有可能继续上涨。如果股价上涨，但成交量跟不上，那么股价上涨的趋势可能会改变。反之，股价下跌，成交量也会相应地减少（从顶部刚刚开始下跌时，成交量可能增加。股价将要见底时，主力故意打压造成恐慌性抛盘，成交量也有可能增加）。股价下跌了较大幅度以后，如果成交量也萎缩至“地量”，那么股价下跌的趋势也有可能会改变。

价跌量缩，理论上这种量价关系配合正常，预示空头力量减弱，后市股价有望见底回升。但是在股价高位，这种情形不能说明股价一定会止跌回升，应防止主力一路向下减仓，致使股价阴跌不止。同时，从另一个角度来讲，股价下跌很多时候不需要成交量的配合，可表现为自由落体。

如图 7–11 所示，杰普特（688025）的股价从高位一路向下阴跌，成交量持续萎缩，表明主力不断向外抛货，同时也说明做空能量渐渐消退，可以逢低予以关注。从 2020 年 10 月之后，该股成交量温和放大，说明有新增资金入场，这种现象更加误导投资者买入股票。可是之后一段时间，股价重心仍然继续下移，不断创出调整新低。

技术解盘：从该股走势图中可以看出，主力在高位平台整理时派发了大量的筹码，股价向下脱离整理平台后，该位置形成重要的压力。从前期走势分析，该股主力实力不强，盘面一旦转弱，很难再次拉起。技术面上，空头趋势已经形成，均线系统呈空头排列，依靠弱小的成交量很难扭转弱势盘面。可见，股价从高位下跌，成交量持续减少，盘面跌势形成，通常为卖出信号。无量阴跌，底部遥遥无期，正所谓多头不死，跌势不止，一直跌到多头彻底丧失信心，斩仓认赔，爆出大的成交量，跌势才会停止。所以在操作上，只要趋势逆转，应及时止损出局。但是，如果在中长期下降趋势逆转后的上升初中期，主力振荡洗盘时出现“价跌量减”，一旦缩量结束，再次出现价升量增时，不失为转好的买入机会。

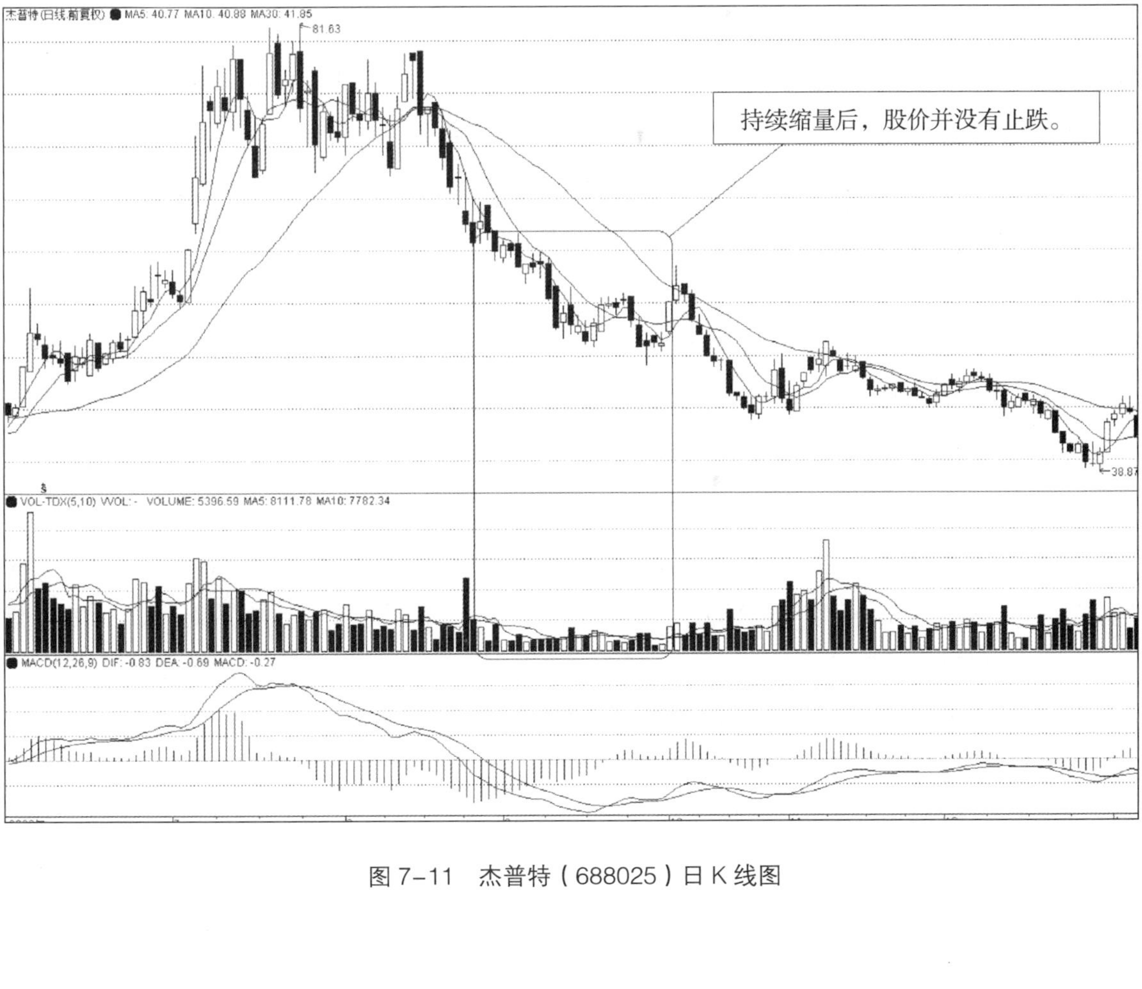

图 7–11　杰普特（688025）日 K 线图

2. 技术纠正方法

（1）总体来说，股价下跌，成交量减少，股价处于下跌途中，或者正处于蓄势整理阶段，可能面临着变盘。

其基本操作原则如下。

①出现在涨势初中期，属于正常回档，后市看涨。

②出现在涨势末期，若成交量仅为少量减少，这是主力出场的迹象，假如价格能迅速往上涨，能创出新高，则后市仍可看好；但若近日内价格仍继续盘弱，则应谨慎为好。

③出现在跌势初期，若成交量急剧萎缩，而且数日内成交量也未见增加，则表明市场资金已经不足，或主力已经撤退，后市看跌。

④出现在跌势中期，为弱市信号，应继续做空。

⑤出现在跌势后期，行情走势可望近期获得反弹，甚至见底回升。

⑥出现在整理形态中，行情向下突破的可能性不大，应继续观望。

（2）价跌量缩，具体还要根据成交量减少的程度、股价下跌的幅度和具体位置来确定。

①成交量小幅减少，股价小幅下跌。这种情形一般发生在股价正在蓄势的时候，意味着股价即将变盘或者结束调整。在股价见顶出货时，主力故作“蓄势整理”姿态，在别人看不明白的时候，以“整理”形态暗中悄悄出货，后市将结束上涨并转下跌趋势。在股价上涨途中，股价出现盘整蓄势时，成交量可能会小幅减少，股价也可能小幅下跌，但盘整结束后，后市将维持继续上涨的趋势。

②成交量小幅减少，股价大幅下跌。这种情况以出货的情形最常见，预示后市继续下跌。这种情况也经常出现在主力洗盘的时候，后市应继续上涨。

③成交量大幅减少，股价小幅下跌。这种情况常见于股价盘整的时候，股价的每个阶段都可能发生这种情况。在上升趋势中，股价仍然可能维持上涨趋势；在下跌趋势中，股价仍然可能维持下跌趋势（成交量大幅减少，股价小幅下跌，对判断趋势的决定意义不大）。

④成交量大幅减少，股价大幅下跌。在吸货结束，进入洗盘阶段的后期，最容易出现这种情况。这时候在外的浮动筹码已经很稀少，主力也不愿意丢失手中的筹码，所以只有以成交量大幅减少，股价大幅下跌为手段，才能达到打压股价的洗盘目的。个别情况下也可能出现在庄股“跳水”途中，由于抛盘汹涌而接盘稀少，导致成交量大幅减少而股价大幅下跌的走势。

（五）价涨量缩陷阱

1. 价涨量缩陷阱

正常的量价关系是价涨量增、价跌量缩。因此，大多数投资者习惯于行情向上逐渐放量时跟进做多，行情向下逐渐缩量时退出观望。股价的上升要有大的成交量来推动的观点，已经成为广大投资者的金科玉律。总体来说，股价上涨而成交量减少，理论上是量价关系背离现象，预示多方力量减弱，股价有见顶回落调整的可能，甚至可能面临变盘。因此，主力就运用这种传统技术分析理念，在盘面上制造价涨量缩的技术陷阱，以欺骗投资者。

在实际操作中，不难发现，很多投资者尤其是做短线的投资者，经常会依据成交量大小来判断股价走势，有时会把处于上升过程中的好股票轻易地拱手出让，把应得的利润随便让给他人，其原因就是成交量太小，他们不敢坚持做多。这些投资者更想不通的是，在逐渐缩量的情况下，股价竟然还会继续走高。

如图 7–12 所示，中兵红箭（000519）成功脱离底部后，股价逐波向上推高。2021 年 8 月底，股价在相对高位放量调整，进行充分换手后，股价出现价涨量缩的走势。有的

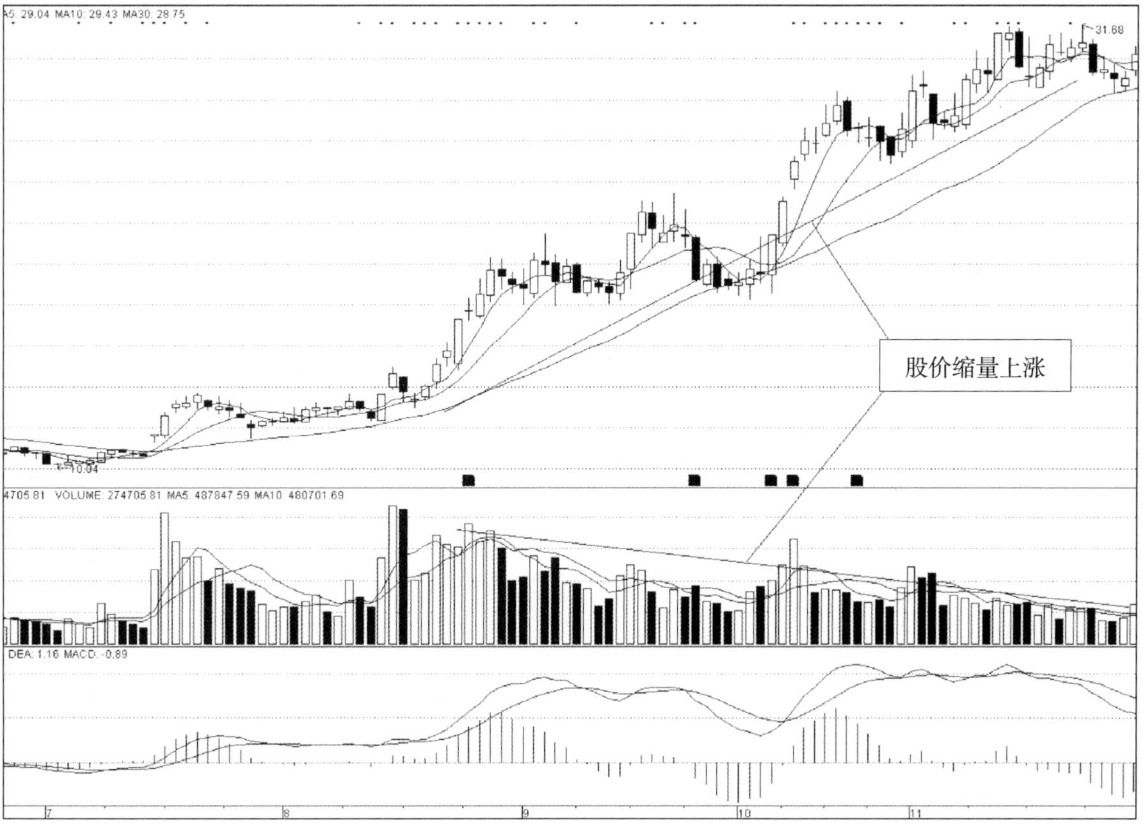

图 7–12　中兵红箭（000519）日 K 线图

投资者看到这种盘面走势后，以为“价涨量缩”是量价配合不理想的表现，因此选择了抛空操作，结果一大截利润与其无缘。

技术解盘：从该股走势图中可以看出，主力在低位吸纳了大量的低价筹码后，股价已步入上涨通道之中，先期的放量现象是主力洗盘行为所致，因为股价刚刚脱离底部区域不久，部分投资者对后市走势存在分歧意见，因此筹码换手率比较高。另外，股价已进入强势上涨，均线系统呈多头排列，30 日均线支撑股价持续走高。因此，股价一旦形成强势上涨走势，只要维持一定的成交量，就能使股价稳步走高，无需强调必须要有大的成交量配合。此时若是出现放大量上涨，反倒应该引起投资者的警惕了。

2. 技术纠正方法

价涨量缩，具体要根据成交量减少的程度、股价上涨的幅度和股价的具体位置来确定。

（1）成交量小幅减少，股价小幅上涨。如果出现在波段上涨行情的末期，多数情况下预示股价需要调整。少数情况下，出现在股价正在上涨过程中，主力小幅缓慢推升股价，K 线形态为一小串连续的小阳线。出现此类形态时，表示上涨没有压力，并不需要较大的成交量推动，后市仍然有较大的上升空间。

此类情况也会出现在顶部阶段。但前提是：股价累计上涨幅度较大，在见顶时股价快速拉升并有较大的涨幅，同时伴有大幅增加的成交量（成交量大增、股价大涨是快速拉升造成的，主力这么做是为了给别人造成股价涨势凶猛，后市仍然大涨的假象，实际上主力是在为以后的出货做准备），在这以后出现成交量小幅减少，股价小幅上涨的情况，显示股价上涨乏力，反映了主力不愿意继续做多的真实意图。

（2）成交量小幅减少，股价大幅上涨。这种情况一般预示上涨趋势可能反转。出现在整理形态中，价格将上冲回落整理，应观望。出现在上涨初期，上涨无量配合，可能要回调，应观望。价格持续上涨而成交量萎缩，应谨慎做多。出现在涨势后期，量价背离，是反转信号，应逢高沽出。如果股价涨幅累计过大，或者短期急拉暴涨，那么股价肯定就要见顶。

如果前一段时期放过巨量，在拉升途中成交量小幅减少，出现股价大幅上涨这种情形，股价会继续上涨。因为前期换手充分，主力已控制了绝大部分筹码，股价上涨时，当然不可能再有多大的成交量。

（3）成交量大幅减少，股价小幅上涨。一般来说，在盘整快要结束的时候，最容易出现成交量大幅减少而股价小幅上涨的情况，后期走势不能单独依照成交量大幅减少而股价小幅上涨的量价配合情况来确定，但是可以依照盘整的性质来确定。在上升中途盘整，成交量大幅减少而股价小幅上涨时，意味着上档几乎没有压力，主力整理的目的已经达到，股价后市继续趋势性上涨。在下跌中途盘整，出现这种情况时，由于主力在高位派发了大量筹码，跟风盘稀少，反弹行情即告结束，股价会继续下跌。

（4）成交量大幅减少，股价大幅上涨。这种情况极为罕见，但是一旦出现，意味着上涨趋势不久（也许未来 3 天内）就有反转的可能。

另外，有一种常见的现象是，随着股价上涨，突破前一波的高峰创新高，然而此波段股价上涨的整个成交量水平低于前一波段上涨的成交量水平。股价突破创新高，量却没有突破创出新高水平，说明此波段股价的涨势令人怀疑，同时也是股价趋势潜在反转的警示信号。

（六）价跌量增陷阱

1. 价跌量增陷阱

这是传统的量价关系背离现象。当行情经过一段持续上涨后，如果出现成交量不断放大，而股价不断下跌的现象，那就说明空头力量强大或主力在减仓、出货，后市股价将继续下跌，应及时退出观望。因此，主力就常常根据大众投资者的惯常思维，采取反向操作，在盘面上制造价跌量增的技术陷阱，以欺骗投资者。另外，价跌量增陷阱比价涨量缩陷阱的操作效果更佳，因为投资者怕跌不怕涨，所以它能够引起的恐慌更强，主力很容易实现操盘目的。不少投资者看到股价放量下跌，就会产生恐慌心理，不敢再坚持做多。可是搞不明白的是，放量下跌后股价竟然很快能止跌，并且出现大幅上涨。

如图 7–13 所示，合盛硅业（603260）的主力在低位吸纳了大量的低价筹码后，股价开始逐波走高，累计涨幅很大。在 2021 年 5 月—9 月的上涨过程中，先后 5 次出现放量下跌走势，给人的感觉就是主力放量出货。不少投资者看到这种走势，判定主力减仓、出货无疑，于是纷纷抛出筹码，还暗暗庆幸自己的操作技术。可是事实总是与判断相反，原来这是主力放量洗盘手法，没等多久，股价不跌反涨了，而且走势一波比一波高。

技术解盘：乍看该股走势确实让人担忧，但要分析这股放大的力量来自哪方面。如果来自空头力量，那么他们肯定获得丰厚的利润，后市必然会出现持续的下跌走势。但从放量下跌的走势看，股价仅仅小幅下跌，不符合顶部的基本构成条件，这样基本可以排除下跌力量来自主力出货。那这又是谁在打压股价呢？应当是中小投资者的“逃顶”资金。想一想，主力在高价位买走散户的筹码干吗呢？主力在后面肯定还要再做一把，再拉一波。另外，在调整中成交量呈放大态势，也说明盘中接盘力量很强。既然有如此大的资金在接盘，就表示很多人看好它的未来，形势对多方有利，可见放量下跌不一定都是坏事。

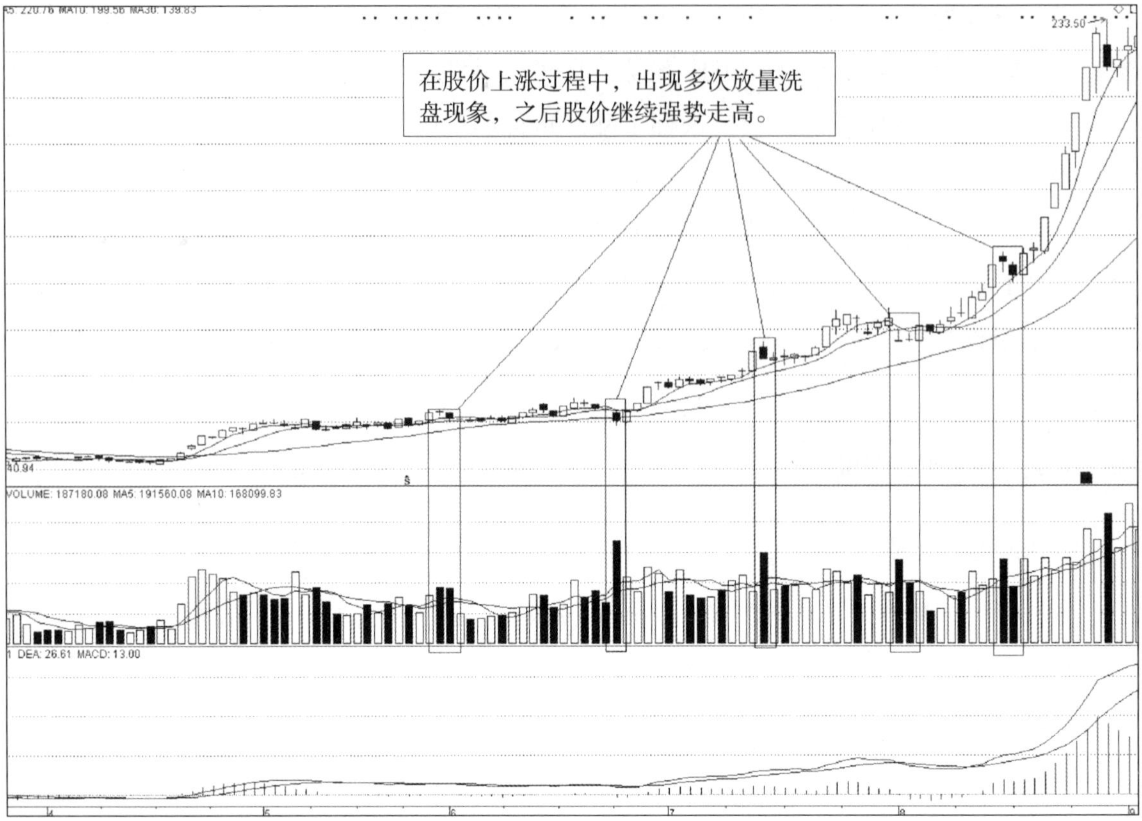

图 7-13　合盛硅业（603260）日 K 线图

2. 技术纠正方法

总体来说，成交量放大，股价下跌，市场趋势会呈现继续下跌走势。但是，实战中需要根据成交量放大的程度、股价下跌的幅度和股价所处的具体位置来确定。

（1）成交量小幅增加，股价小幅下跌。这种情况一般出现在顶部出货阶段，而最容易出现在股价刚刚进入回落阶段时，为助跌信号。在股价下跌途中，表明空头能量仍然很强，价格仍需要下跌一段时间。在洗盘阶段也会发生成交量小幅增加、股价小幅下跌的情况，只要股价回档不破 30 日均线，后市仍有上涨潜力，则中长线可以继续持股做多。出现在跌势末期，为见底信号，可以介入做多。

（2）成交量小幅增加，股价大幅下跌。这种情况一般出现在派发阶段后期，或者出现在顶部阶段，股价进行盘整后的向下突破初期。出现这种情况，预示后期仍有较大的下跌空间。当然，在股票洗盘的初期，也可能会出现类似的情况。最主要的区别是股价的位置，股价上涨幅度不大的，洗盘的可能性较大；股价累计上涨幅度很大的，绝大部分就是主力出货。

（3）成交量大幅增加，股价大幅下跌。这是量价配合规律中最常见的一类情况，因股价的位置不同，可以分为以下5种情形。

①一般出现在股价拉升结束后的最初几天中，而且以短期疯狂急拉暴涨类型为主。由于股价暴涨的幅度很大，获利丰厚的主力会不顾一切地大肆派发，由此造成成交量剧增，股价大跌。此类股票后市走势往往从此一蹶不振，会连续数年处于漫漫熊途。

②发生在股价加速下跌途中，主力不计成本地抛售（因为获利丰厚），中小散户也不惜血本割肉，因此造成放量大幅下跌的“壮观”景象。

③发生在股价见底前夕。这类股票大多经历了数年的下跌过程，加之主力混杂其中，故意打压股价，制造“恐慌”气氛，所以到了股价下跌见底前的最后阶段，成交量会大幅增加，股价大幅下跌，实际上这是主力最后的砸盘行为，表明股价即将见底。因此，如果股价经过长期大幅下跌以后，在股价底部区域出现成交量增加，即使股价仍在下跌，也要慎重对待极度恐慌的杀跌。必须注意，低价区的增量说明主力在大量承接散户恐慌杀跌抛出来的筹码，后市有望形成底部或产生反弹。

④发生在主力洗盘结束前。成交量突然大增，股价大幅下跌，表现洗盘快要结束了，即将迎来主升浪行情。

⑤出现在整理形态中，一般多是行情突然出现某种较大利空消息或不利因素的影响，市场出现了多杀多的悲壮场面。

（4）成交量大幅增加，股价小幅下跌。这种情况一般出现在主力正在出货的时候。有两种出货情形会发生此类情况：第一种情形是主力以缓慢拉升的方式在顶部出货；第二种情形是股价暴拉以后，主力在顶部无法出货或者出不干净，就会等待股价回落一小段，在别人感觉股价很低的时候，主力在“整理”中寻找机会出货。当然，股价处于底部区域的时候，主力经常利用局部形态，以大幅增加成交量（对倒），小幅打压股价，制造假的头部形态，来实现其洗盘兼吸货的目的。

（七）对敲放量陷阱

1. 对敲放量陷阱

市场普遍认为，股市里什么都可以骗人，唯独成交量是真实可信的。正因如此，主力便会处心积虑地在成交量上制造许多假象，诱使跟风者追涨杀跌，上当受骗。比如说，有的股票底部突然放量，好像主力在建仓，跟进应该会赚钱，但进去后往往是一个陷阱，股价却下跌了；有的股票经过一段上涨后，在相对高位持续放量，好像主力在出货，可是抛出之后又是一个骗局，股价却上涨了。

通常来说，成交量不会骗人，说的是当天成交的实际数量，比如今天成交了1000万手，这个数字是真实的，不骗人的。但是，主力买入还是卖出，就不知道是否真实了，这时成交量图形就有骗人的一面。有时大家觉得放量是主力进来了，有资金入场了，但可能是主力用对敲的方式把成交量放大，这就是一种骗人的方式。主力通常在某一个时间段里放大成交量，使图形上有一堆非常大的成交量柱子。出现这种情况，一般人会觉得主力入场了，而且成交量放得这么大，应该是实力机构。量价图形看起来这里好像是一个底部，实际上它并不是一个底部，这个底部是主力做出来的图形，主力可能在这里继续出货，主力放大成交量是假吸货、真出仓。同样，主力可以通过对敲放量，在相对高位制造出假出货、真建仓的走势。可见，主力通过对敲的操盘手法大幅增加成交量，可以影响股价波动和散户看盘效果，达到自己坐庄控盘的目的。

如图7–14所示，合盛硅业（603260）在底部长时间的运行过程中，盘中散户套的套、割的割、跑的跑，主力在低位吸纳了大量的低价筹码。2020年11月，股价开始放量走高，然后在相对高位大幅对敲放量，造成拉高出货的假象。这时，不少投资者以为股价反弹结束，主力高位放量出货，因担心股价回落整理，于是纷纷抛出筹码。谁知股价经过打压洗盘后，

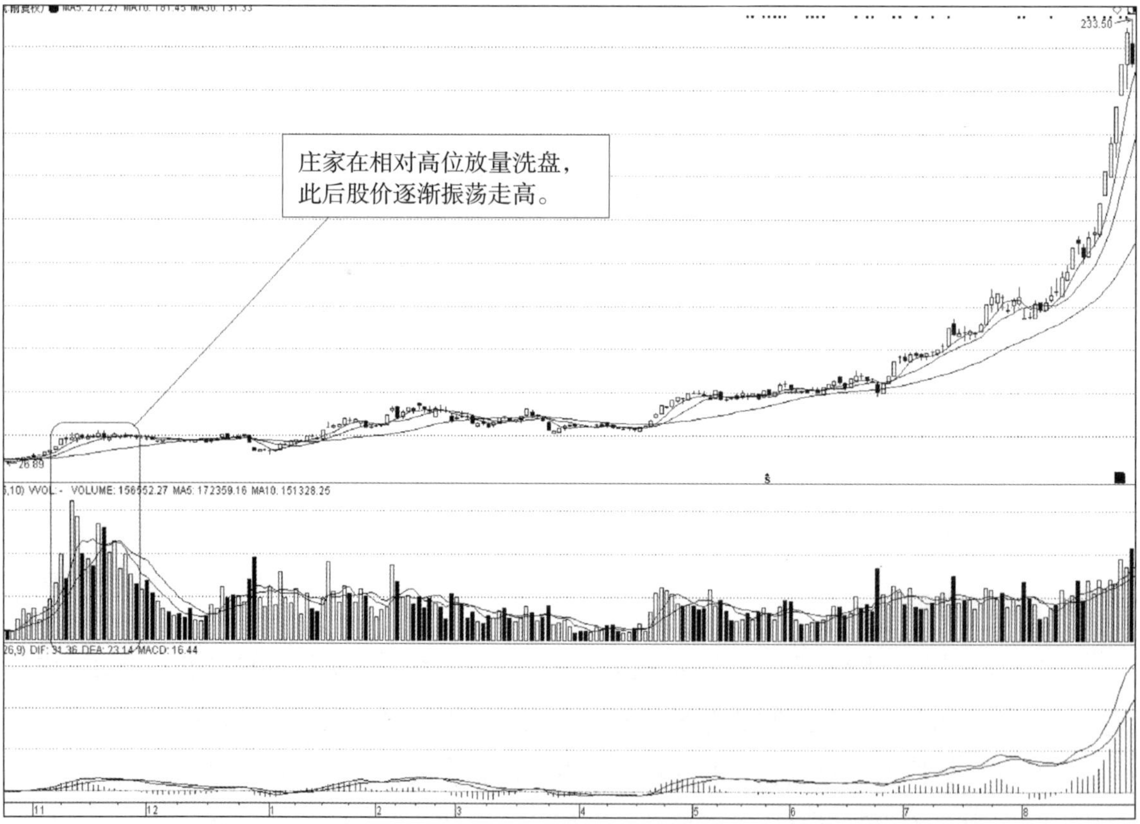

图7–14　合盛硅业（603260）日K线图

再次强势拉起并创出新高，令投资者深感意外。这时，投资者想重新介入，又觉得价位高了不少，因此只能在场外观望，结果股价涨了又涨，大牛股就这样诞生了。

技术解盘：从该股走势图中可以看出，这是主力运用“高位放量会跌”的传统经验，采取放量对敲的洗盘方式恐吓散户投资者，使其不敢持股和入场。其实，认真分析一下就可以发现盘中的放量有不少疑点：首先，股价维持高位盘整，放走套牢散户的目的是什么，主力绝对不会拿起枷锁套牢自己。其次，主力如果真出货，是不会放这么大的成交量，引起投资者的各种猜测，这样于己操盘不利。其三，股价不高，虽然前面有一波小幅拉升，但累计涨幅才30%左右，仍在主力持仓成本附近，后市仍有炒作空间。因此，大家可以断定，主力是通过对敲放量实现建仓和洗盘目的，此后股价出现盘升，累计涨幅很大。

2. 技术纠正方法

对敲是指主力一边在盘面上堆积大量筹码，一边扮演买家或卖家，自己吃进或吐出自己的筹码（筹码从一个账户转移到另一个账户），使股价或成交量出现明显变化。主力对敲的目的主要是为了制造无中生有的成交量，或者利用放大的成交量制造有利于主力的股票价位。主力操盘常用对敲，过去一般是为了吸引散户跟进，现在则变成了一种常用的操盘手段，建仓时对敲、洗盘时对敲、拉高时对敲、出货时对敲，做反弹行情仍然运用对敲。了解各个阶段对敲的特点，有助于破解主力运用对敲设置的陷阱。

（1）对敲建仓。在建仓时，主力为了能够在低价位搜集到更多的筹码，往往通过对敲的手法来压制股价。在个股的K线图上可以看到，股价处于较低的价位时，股价往往以小阴小阳的形态持续上扬，说明有较大的买家在积极吸纳。之后，出现成交量较大并且阴线较长的回调，阴线往往是由于主力大手笔对敲打压股价形成的。从较长的时间上看，这期间股价基本处于低位横盘，但成交量在悄悄地放大。若此时盘面表现的特点是股价下跌，则单笔成交量明显大于上涨或者横盘时的单笔成交量。若能识别出主力对敲建仓，则可以踏踏实实地买一个地板价。

（2）对敲拉抬。以大幅度拉抬股价为目的的对敲，一般是主力基本完成建仓过程之后的常用手法。主力基本完成建仓过程之后，股价往往会以很快的速度上扬，以巨量长阳甚至以跳空缺口突破层层阻力，这时往往以较大的手笔大量对敲，制造该股票被市场看好、大家纷纷抢盘买入的假象，提升其他持股者的期望值，减小日后在高位盘整时的抛盘压力，使筹码锁定更牢，股价能够比较轻松地拉抬起来。在这个时期，一般散户投资者往往有追不上股价的感觉，往往看准了价格，下了买单后股价却飘起来了，似乎不高报许多价位就不能成交。这时候，盘面的特点是小手笔的买单往往不易成交，单笔成交量明显放大，并且比较有节奏。

（3）对敲洗盘。当股价被拉抬到较高的位置之后，外围跟风盘的获利已经比较丰厚，主力随时有可能在继续拉抬过程中兑现出局。为了减少进一步拉抬股价时的压力，主力会采用大幅度对敲振仓的手法，使一些不够坚定的投资者出局，从而提高持仓者的成本。这期间的盘面特点是在盘中振荡时，高点和低点的成交量明显较大，这是主力为了控制股价涨跌幅度，采用相当大的对敲手笔控制股价造成的。如果投资者看到这样的走势，除了少数短线高手，一般投资者不宜介入这样的股票。

（4）对敲出货。经过高位对敲振仓之后，这只股票的利好消息会及时地以多种多样的方式传播，股评分析等也都长线看好。股价再次以巨量上攻，其实这已经是主力开始出货的时候了。在盘面上显示的数据，往往是在卖 2 或卖 3 上出现较大手笔的成交，而并没有看到大的实际卖单挂出。而成交之后，原来买 1 或者买 2 甚至买 3 上的买单已经不见了或者减少了。这往往是主力利用多个账户，以比较微妙的时间差报单的方法，对一些经验不足的投资者布下的陷阱，也就是我们常听说的所谓“吃上家，喂下家”，吃的往往是主力事先挂好的卖单，而喂的往往是跟风的买家。

（5）对敲反弹。经过一段时间的出货之后，股票价格也有了一定的下跌幅度，许多跟风买进的中小散户已经纷纷套牢，抛盘开始减轻，成交量明显萎缩。这时，主力往往会不失时机地找机会，以较大的手笔连续对敲拉抬股价。但是这时的主力已经不再像以前那样卖力，较大的买卖盘总是突然出现又突然消失。因为此时主力对敲拉抬的目的只是适当地抬高股价，以便能够让手中最后的筹码卖个好价钱。

对敲盘需要耐心地长时间连续观察，结合大盘情况和个股的价位以及消息面等情况综合分析。一旦学会观察和把握对敲盘，就好像掌握了主力的脉搏，只要有足够的耐心，就等着主力给你送钱吧。

（八）逆势放量陷阱

1. 逆势放量陷阱

逆势就是逆大势而行，大势上涨它不涨，大势下跌它不跌。通常来说，个股走势在多数时间里都是随大势而行的，只有在某一段时间里，主力为了坐庄的利益，走出与大盘相逆的独立行情。在大盘上涨或下跌时，它闻而不动，构筑平台整理。某一天或某一段时间，在大势放量下跌，个股纷纷翻绿下行之时，该股逆势飘红，放量强势上涨，可谓“万绿丛中一点红”，很是吸引众人眼球。这时候，许多投资者认为，该股敢于逆势上涨，一定有潜在的利好题材，或者有大量新资金入驻其中，于是大胆跟风买进。不料该股往往只维持短暂或一两天的逆势行情，随后反而加速下跌，致使许多在逆势放量上涨时跟进的人被套牢其中。

如图 7-15 所示，宇新股份（002986）的主力完成建仓计划后，缓缓向上推高股价。2021 年 8 月 16 日放量涨停，盘口出现加速上涨走势。次日，上证指数开盘后不久一路下跌，收盘大跌 2%，市场一片恐慌，大批个股跌停收盘。但该股小幅低开 1.91% 后却逆势逐波上涨，继续强势涨停，成交量持续放大，走出独立上涨行情，成为当时市场的闪亮热点。8 月 18 日指数出现反弹，该股继续放量涨停，引起市场的高度关注。不少投资者看到该股的表现后，认为主力做多意志坚决，因而纷纷加入其中。不料此后大市上涨时，该股却不涨了，高位盘整一段时间后，即转为下跌行情。

技术解盘：从该股走势图中可以看出，这种急速放量拉高现象属于典型的脉冲走势，通常是短线游资炒作所为，其特点就是拉一把就走人，股价往往是大起大落。该股成交量一阵放量后很快缩量，盘面随即又归于沉寂。快速放量的目的就是吸引投资者的目光，造成股价放量上涨的虚假盘面现象。这种逆势放量的个股，投资者应谨慎对待。

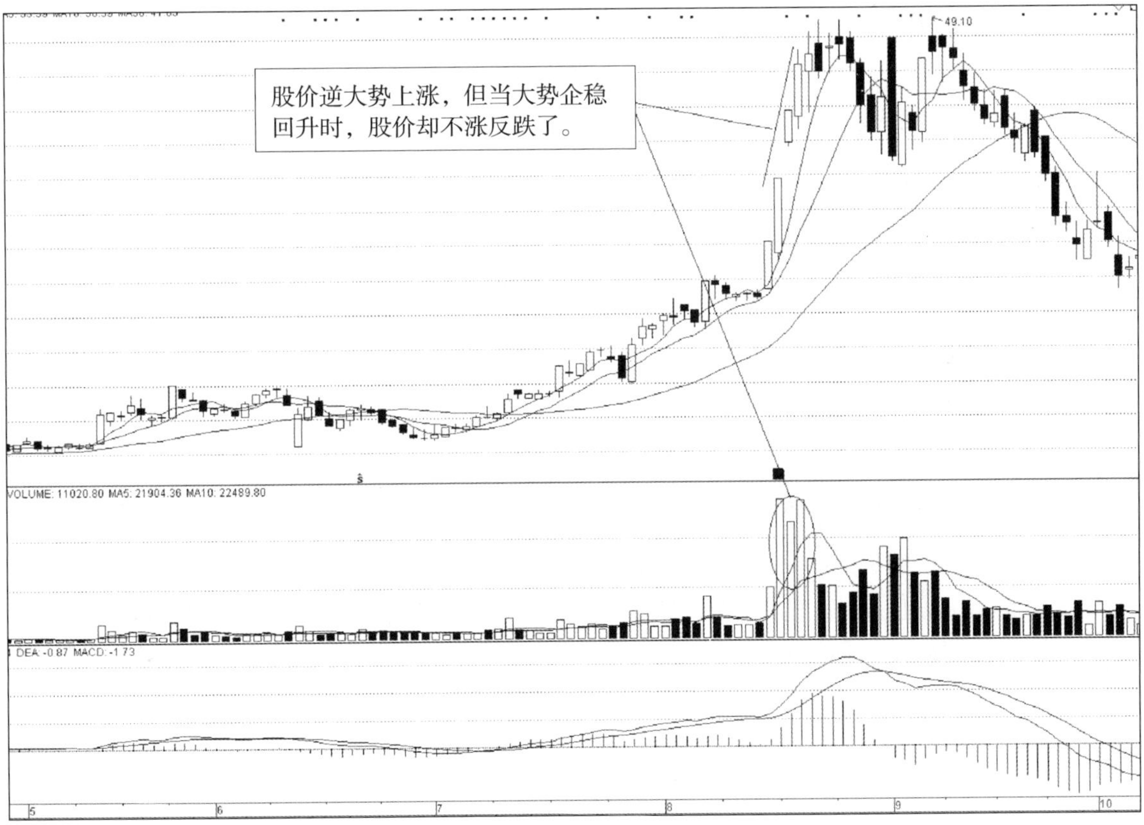

图 7-15　宇新股份（002986）日 K 线图

2. 技术纠正方法

主力在顺势操作不奏效时，通过反大众心理操作，误导散户抛出筹码或引诱散户承接筹码，是主力建仓或出货的一种特殊方式，能够达到意想不到的坐庄操盘效果。

如果主力在底部建仓，遇大势上涨时，主力压价横盘徘徊或微幅上涨（或下跌），给人以“无主力”之感。散户看到别的股票大幅上扬，自己持有的股票却纹丝不动，由于暴富心理，就会心急如焚，从而动摇持股信心，纷纷抛出股票去追热门股。

遇大势下跌时，主力却竭力托价或微幅下跌（或上涨），散户以为自己持有的股票也会出现补跌行情，就会先走为快，免得套牢其中，拿着主力赐给的小惠夺门而出，离场观望，主力皆大欢喜地去接筹。

或者，在大势下跌时，主力先将股价下放几个点位后横盘振荡，伏兵不动，迎接散户的抛盘，尾市又基本恢复原位。如果股价列在跌幅榜的前头，属于领跌品种，还可能制造出主力在出货的假象。这种进庄方式，由于主力常常不按规律操作，怪招频出，让投资者捉摸不定，建仓效果较佳。但主力这种操作有一定风险，一旦操作失当，便会作茧自缚，最终无法兑现利润。

在弱势市场中，成交量突然大幅增加，股价突然大幅上涨的，一般后市不可看好。只有没有很大涨幅或者未被炒作过的个股，在相当长一段时间内，前期在强势市场中逆向下跌，在弱势市场中却逆势走强，才可以判断为个股独立行情。

基本操作原则如下。

（1）在低位，大势上涨而个股不涨，大势下跌而个股下跌，继续做空。

（2）在低位，大势上涨而个股不涨，大势下跌而个股上涨，谨慎做空。

（3）在低位，大势上涨而个股上涨，大势下跌而个股上涨，继续做多。

（4）在高位，大势上涨而个股不涨，大势下跌而个股下跌，继续做空。

（5）在高位，大势上涨而个股不涨，大势下跌而个股上涨，谨慎做多。

（6）在高位，大势上涨而个股上涨，大势下跌而个股上涨，继续做多。

总之，如果大盘已经启动一轮行情，该股若处于底部区域，应持股不动。若处于高位区域，要谨防主力出货，一旦主力开始出货，就会迎来“跳水”走势。如果大盘已经见顶回落，无论该股处于低位还是高位，都应防止主力出货。

第八章

动向指标（DMI）

一、DMI 指标精要

动向指标（Directional Movement Index，简称 DMI），也叫趋向指标，它被认为是最有效、最可靠的技术指标，因此在证券市场中经久不衰，投资者一向将其作为重要指标与其他指标一起使用。该指标是探求价格在上升和下跌过程中买卖双方力量的“均衡点”，及价格在双方互动下波动循环过程的一种技术分析指标，其最大特点就是能够准确地告诉大家未来行情的变化趋势。

运用 DMI 指标进行分析时，要掌握以下 5 个概念。

（1）当日动向值（DM）。要先确认基本的动向变动值，它是指当日价格波动幅度大于昨日价格波动部分的最大值，即最大变动值，表示价格波动增减的幅度是上涨还是下跌。其中有 3 种类型，即上升动向（+DM）、下跌动向（–DM）和无动向（0DM）。

上升动向（+DM）是指当日最高价高于昨日最高价，并且当日最低价高于昨日最低价，趋势向上，用+DM 表示。其上升动向变动的值为当日最高价与昨日最高价之差的绝对值。

下跌动向（–DM）是指当日最高价低于昨日最高价，并且当日最低价低于昨日最低价，趋势下降，用 –DM 表示。其下跌动向变动的值为当日最低价与昨日最低价之差的绝对值。

无动向（0DM）是指当日最高价低于昨日最高价，当日最低价高于昨日最低价，此时为无趋向，称为内移日。另外，当日最高价与昨日最高价的差正好等值于当日最低价与昨日最低价的差，动向变动值等于 0，此时为无动向，称为均衡日。

（2）真正波幅（TR）。它是指当日价格与昨日价格之比较，即今日收盘价与今日最低价之差、今日最高价与昨日收盘价之差、今日最低价与昨日收盘价之差。从这 3 个差值中，取其中最大的一个差值作为真正波幅（TR）。

（3）方向线（DI）。它是揭露价格上升或下降的方向性指标。若当日最高价高于昨日最高价，但当日最低价低于昨日最低价，这时若前者的绝对值大于后者的绝对值，则取 + DI，其值就取前者的绝对值。上升方向线用 + DI 表示，也叫创新涨势幅度比率。反之，若前者的绝对值小于后者的绝对值，则取 –DI，其值就取后者的绝对值。下跌方向线用 –DI 表示，也叫创新跌势幅度比率。

若价格持续上涨，则不断地出现正动向变动值，从而使上升方向线 + DI 的数值不断升高。反之，若价格持续下跌，则不断地出现负动向变动值，从而使下跌方向线 –DI 的数值不断升高。可以看出，下跌方向线上升，则表示出股价处于下跌的趋势。行情在盘整时，上升或下降方向线的值很小（非常接近）。

（4）趋向平均线（ADX）。方向指标除了上升方向线与下跌方向线外，还有一个重要分析指标，即趋向平均线（ADX）。它是根据 + DI 和 –DI 之差的绝对值除以两者之和的百分比得到动向指数 DX，然后将一定周期的 DX 值平滑计算得到 ADX。

（5）趋向评估线（ADXR）。知道了 ADX 的值后，方向就明确了，最后还要画出一条评比线，叫 ADXR。ADXR 是评估 ADX 方向的标尺，若 ADX 上升，ADXR 随之上升，则表明升跌均有一段时间。

在一般交易软件上，设置了 + DI、–DI、ADX、ADXR 这 4 条线，白色为 + DI，黄色为 –DI，紫色为 ADX，绿色为 ADXR，从而构成一幅美丽的图案。

需要指出的是，变动值无实质意义上的正负之分，指标中的正负值仅代表方向性，亦即正数表示向上，是多方力强弱的标志，负数表示向下，是空方力强弱的标志。

二、DMI 指标特性

（1）单一性。ADX 和 ADXR 是判断行情的趋向指标，同时也是 + DI、–DI 的导向指标。在趋势行情中，无论上涨还是下跌，ADX 的方向都呈现单一发展。若 + DI 向上，–DI 向下，ADX 的数值逐日增加（一日比一日大）时，趋势向上，并持续一段时间，表明股价将上涨。当 –DI 向上，+ DI 向下，ADX 的数值也逐日增加（一日比一日大），趋势向上，并持续一段时间，表明股价下跌。当＋ DI、–DI 经常创新高和新低时，就是说时升时降，ADX 的值逐渐减少，表明行情处于盘整状态。此时，DMI 指标对实际操作无指导意义。

（2）偏离性。DMI 指标始终取值在 0～100 区间之内，但由于单一性所决定，它的大部分时间是运行在 20～30 区间（常态区），可见其带有偏离性质，这不同于相对强弱指标（RSI）、威廉指标（W%R）、随机指标（KDJ）等的常态活动区间（以 50 为中轴线，在其上下振荡），这一特性可在任何一只股票上找到答案。

（3）反转性。当 ADX 到了一定的数值时，在高位出现反转（一般取值在 50 以上为有效反转），也就是说，行情上涨或下跌一段时间后，将出现下跌或上涨。如果在上涨行情中，ADX 在高位由升转为降时，表明股价已到了顶部，投资者应及时获利了结。如果在下跌行情中，ADX 在高位由升转为降时，表明股价基本已到了底部，投资者可以适时建仓。

（4）投资者可以将＋ DI 理解为多方，–DI 理解为空方。＋ DI 从下向上递增突破 –DI 时，显示市场内部有新的多头进场，愿意以较高的价格买进（因为有创新高的价格出现，从而使＋ DI 上升，–DI 下降），此金叉现象，为买进信号。–DI 从下向上递增突破＋ DI 时，显示市场内部有新的空头进场，愿意以较低的价格卖出（因为有创新低的价格出现，从而使 –DI 上升，＋ DI 下降），此死叉现象，为卖出信号。

（5）按 ADX 曲线的伸展方向，可以判断行情的发展趋势。当 ADX 曲线脱离 20～30 的常态区，与＋ DI 线同时上升时，显示多头力量增强，股价会继续强劲上扬，可判定将产生一段大幅度的行情，以买入为主。当 ADX 与＋ DI 曲线下降到 20 左右，并且呈横向时，可判定行情处于牛皮盘整。当 ADX 在 50 以上从上升的方向忽然调头向下，＋ DI 线同时下降时，显示空头力量增强，股价会继续疲软下跌，应尽快卖出。通常来说，ADX 转折后，会持续下降至 20 左右，但有时 ADX 下降至 40～60 之间便再次调头向上，即是大行情来临的先兆，此时可重新进场，往往可以搭上一大段“顺风车”。

（6）＋ DI 的值大于 –DI 的值时，表明市场处于多头行情，股价可以看高一线，投资者可以择机介入；反之，–DI 的值大于＋ DI 的值时，表明市场处于空头行情，股价将看低一线，投资者应以卖出为宜。如果＋ DI 和 –DI 交叉且幅度不大，其数值愈拉愈近时，这样 ADX 的值就会逐渐减小。当 ADX 的值下降到 20 以下，并且呈横向前进时，可以判定股市进入盘整行情，此时以观望为宜，待明确方向时再择机行事。

（7）ADXR 是 ADX 的评估数值，通常 ADXR 的波动较 ADX 平缓，其使用法则同 ADX 类似。当股价大幅下跌了很长一段时间后，ADX 突然从下往上突破 ADXR，形成金叉时，是新一轮行情启动的信号。当 ADX 和 ADXR 交叉后，继续上行至 50 以上时，表明有可能产生一轮中级以上的行情，可继续看高一线。但是，股市大幅上涨后，一旦ADX 突然反转向下击穿 ADXR 线，形成死叉，表明多头行情即将结束，投资者应考虑全线抛空。

三、DMI 实盘经典

由于 DMI 指标由多条曲线构成，在图案上显得非常凌乱，使初入股市或没有深入技术分析研究的散户眼花缭乱，不知从何处入手，结果在市场中吃了大亏。这里根据多年实战经验，在运用 DMI 指标研判后市时，向大家介绍 4 种操盘技巧。

（1）关注 DMI 指标的菱形形态信号，并掌握其应用方法。

（2）注意并区别 + DI 与 –DI 一般性交叉后出现的拒绝交叉（金叉或死叉）信号。

（3）掌握指标的取值大小，尤其是 ADX 在 50 以上的转折点。

（4）把握 + DI、–DI、ADX、ADXR 这 4 条指标曲线趋向十分接近甚至黏合在一起后的突破方向。

（一）菱形信号

1. 上涨菱形信号

股价在底部区域小幅上涨后，+ DI 在 –DI 之上运行，突然 + DI 由上向下、–DI 由下向上快速形成死叉，但这时 ADX 和 ADXR 仍然向上延伸或走平，其值在 40 左右。一般在 8 个交易日以内，+ DI 再行金叉 –DI。这样一个死叉信号与一个金叉信号，就在图表上形成一个“菱形”形态，这时应立即买入。这种现象多为主力洗盘所为，任何一只大牛股在启动前都会发生这种现象，投资者遇到这种信号时可以积极做多。

如图 8–1 所示，风范股份（601700）的主力在底部成功吸纳低价筹码后，股价开始企稳回升，然后向下挖出一个“黄金坑”后，2021 年 12 月 13 日放量涨停，开启一波“井喷”行情。在 DMI 指标中，+ DI 与 –DI 死叉后又快速形成金叉，在图形上留下一个标准的“菱形”形态，形成一个较好的买入点。

2. 下跌菱形信号

在一轮跌势行情中，+ DI 由下向上、–DI 由上向下快速形成金叉，但这时 ADX 和ADXR 仍然向下延伸或走平，其值在 40 左右。一般在 8 个交易日以内，+ DI 再行死叉 –DI。这样前面的金叉信号与后面的死叉信号，就在图表上产生一个“菱形”形态，这

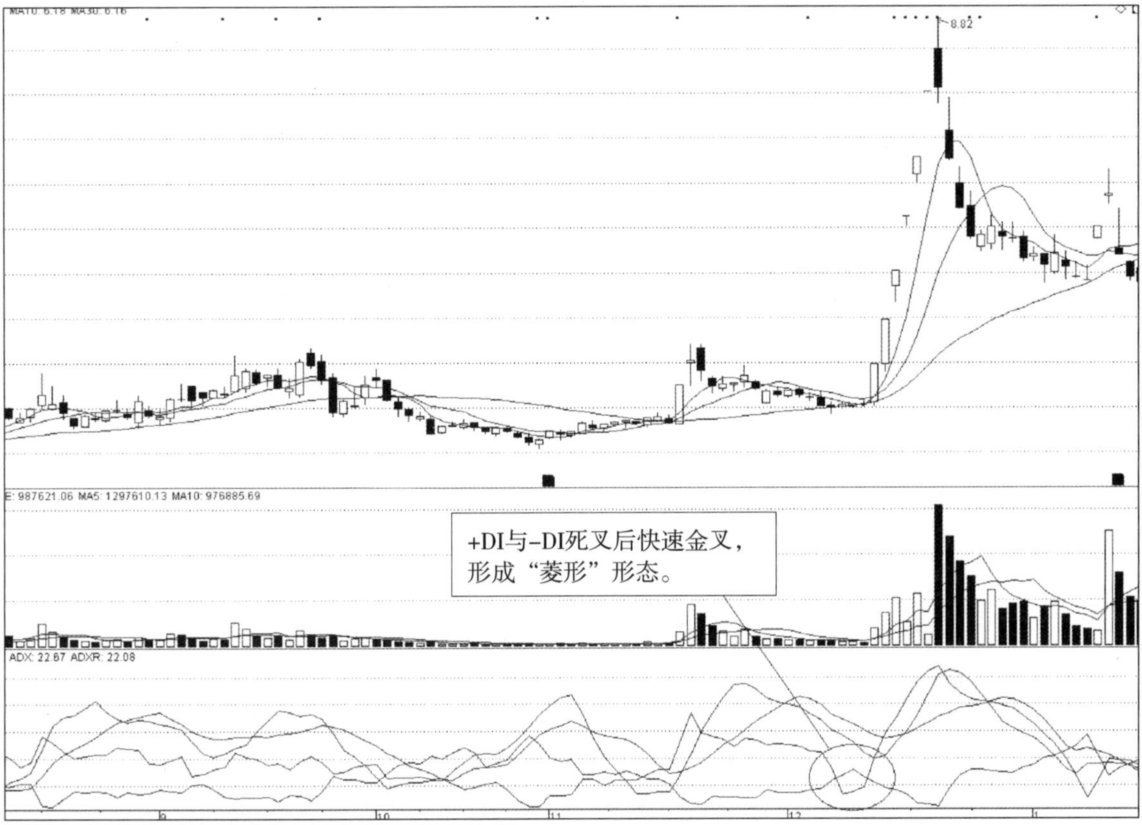

图 8-1　风范股份（601700）日 K 线图

个形态的杀伤力很大，应立即卖出。此种现象表明反弹行情宣告结束，股价将步入新一轮跌势。前期反弹大多为主力出货制造的多头陷阱，投资者遇到这种信号时应坚决卖出。

如图 8-2 所示，湖北广电（000665）在 2020 年 12 月的缓跌过程中，出现短暂的企稳走势，然后很快恢复下跌走势。在 DMI 指标中，+ DI 与 -DI 金叉后又快速死叉，这样前面的金叉信号与后面的死叉信号，就在图表上形成一个典型的"菱形"形态，说明盘面将继续走弱，短期股价看跌，因此是一个卖出信号。

（二）双叉信号

1. 双叉上涨信号

股价在底部区域运行，+ DI、-DI、ADX、ADXR 的值均不大（一般在 20～30 之间）。如果 + DI 向上金叉 -DI 后，继续向上再穿过 ADX 和 ADXR 两线。不几天（一般 3～5 个交易日），ADX 与 ADXR 发生了金叉，即 DMI 指标出现"双重金叉"，此时应及时介入。这种现象说明主力吸筹结束，将展开试拉升或第二轮拉升行情，是大牛股、大黑马启动前的重要标志。

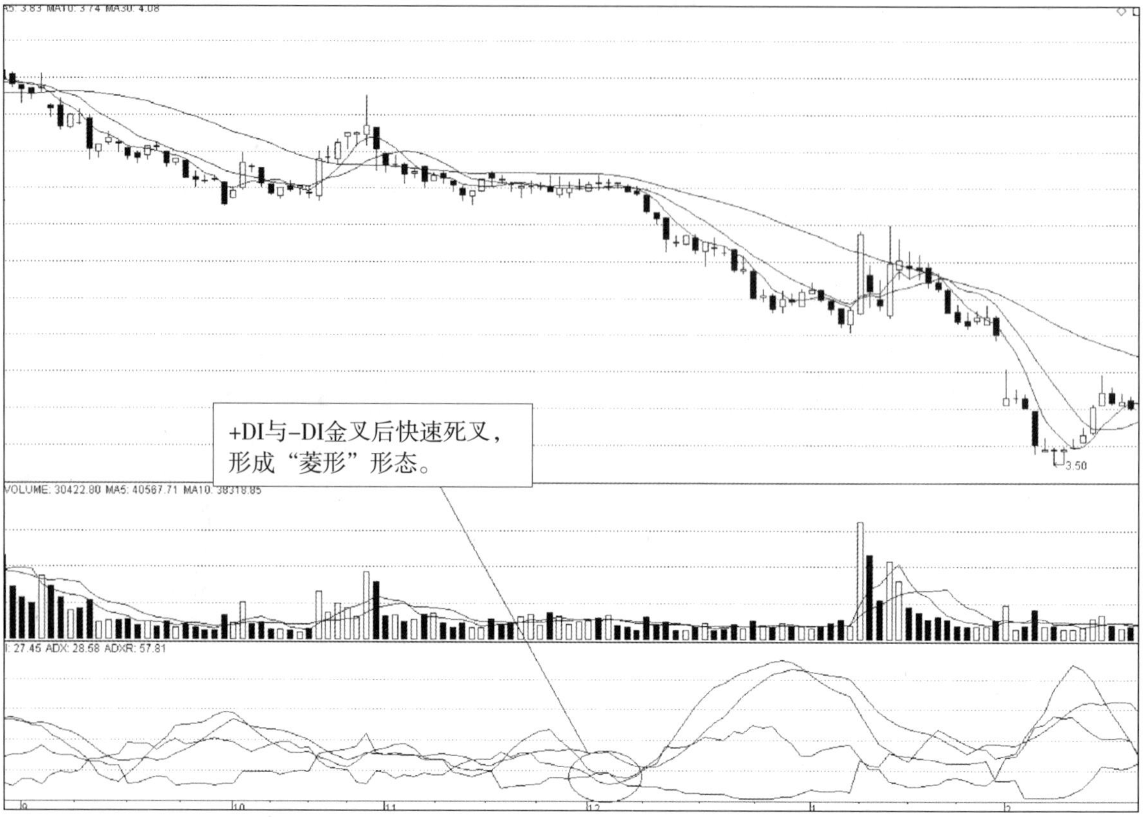

图 8-2　湖北广电（000665）日 K 线图

如图 8-3 所示，海螺水泥（600585）的股价小幅走高后开始回调整理，然后企稳上行。DMI 指标中的＋ DI 与 –DI 形成金叉，6 个交易日后 ADX 与 ADXR 再次形成金叉，从而使 DMI 指标出现“双重金叉”信号，这是明显的买入点，随后该股短线强势攀高。

2. 双叉下跌信号

股价在高位特别是涨幅较大时，ADX、ADXR 的值较大（在 60 以上），＋ DI 和 –DI 在正常范围内波动。当 ADX 与 ADXR 发生死叉后继续下移，不几天（一般 3～5 个交易日），＋ DI 与 –DI 也发生死叉，DMI 指标出现“双重死叉”。这种现象表明主力出货态度坚决，投资者见此现象应尽快先于主力出局，规避市场风险。

如图 8-4 所示，天泽信息（300209）的股价经过一波反弹后，出现快速回落，ADX 从 70 上方调头下行，与 ADXR 形成死叉，这时 ADXR 的值也在 60 以上。5 个交易日后，＋ DI 与 –DI 也形成死叉走势，这时 +DI 和 –DI 的值均为 20 左右，形成明显的出货信号，此后股价步入漫长的阴跌行情。

图 8-3　海螺水泥（600585）日 K 线图

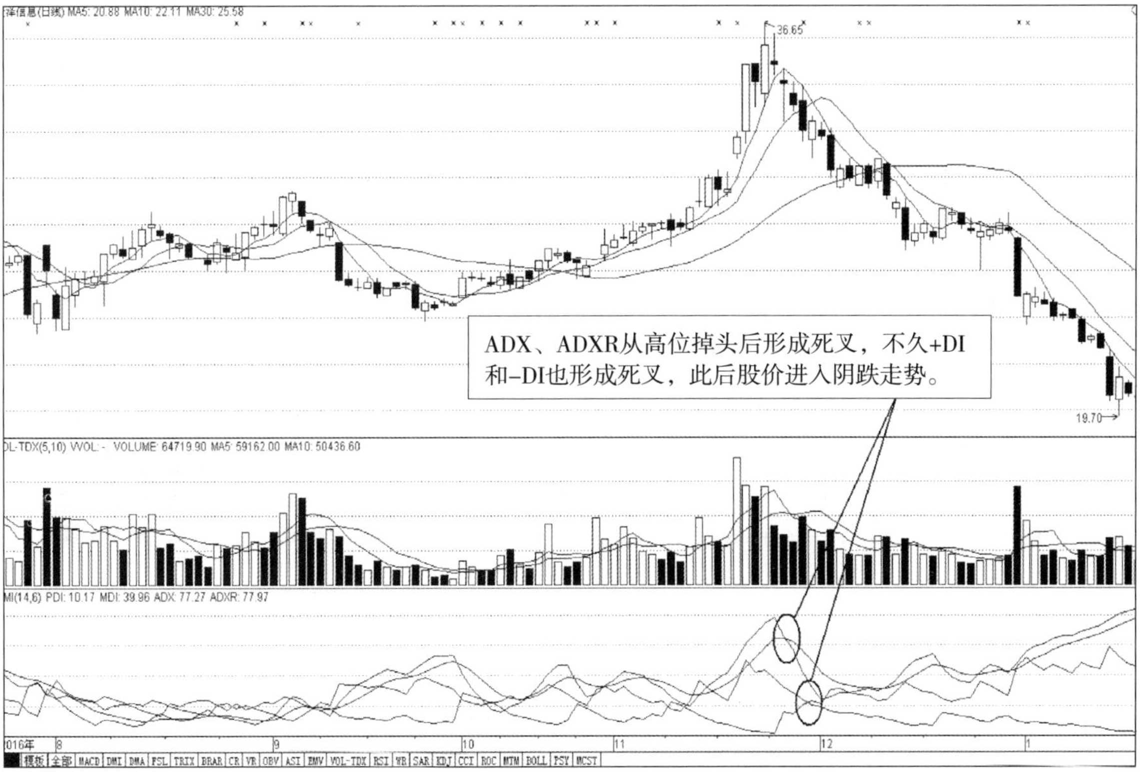

图 8-4　天泽信息（300209）日 K 线图

（三）拒绝信号

1. 拒绝死叉信号

股价经过一轮小幅上涨后，主力为了清洗浮筹，向下打压股价，+ DI 开始回落，–DI 开始上冲。当两线即将发生死叉时，却出乎意料地各自朝相反的方向运行，+ DI 与 –DI 拒绝死叉，ADX 或 ADXR 的值在 40 左右，为买入信号。或者，由于主力洗盘力度较大，+ DI 与 –DI 已经发生死叉，但 –DI 向下触及 ADX 和 ADXR 后得到强大支撑再度回升，表明多方力量强大，为买入信号。此种现象表明主力洗盘换手结束，后市可能迎来主升浪行情，此时可以积极介入做多。

如图 8–5 所示，迪生力（603335）经过长时间的筑底后，股价渐渐向上爬高，然后进入振荡整理走势。2021 年 12 月 2 日，+ DI 与 –DI 发生死叉，但次日 + DI 又回到 –DI 之上，两线拒绝死叉，第三天股价强势涨停，构成买入信号。这表明主力洗盘基本结束，也反映主力控盘程度较好，操作手法稳健老到，洗盘时点到为止，恰到好处。随后股价向上突破，短期出现一波快速上拉行情。

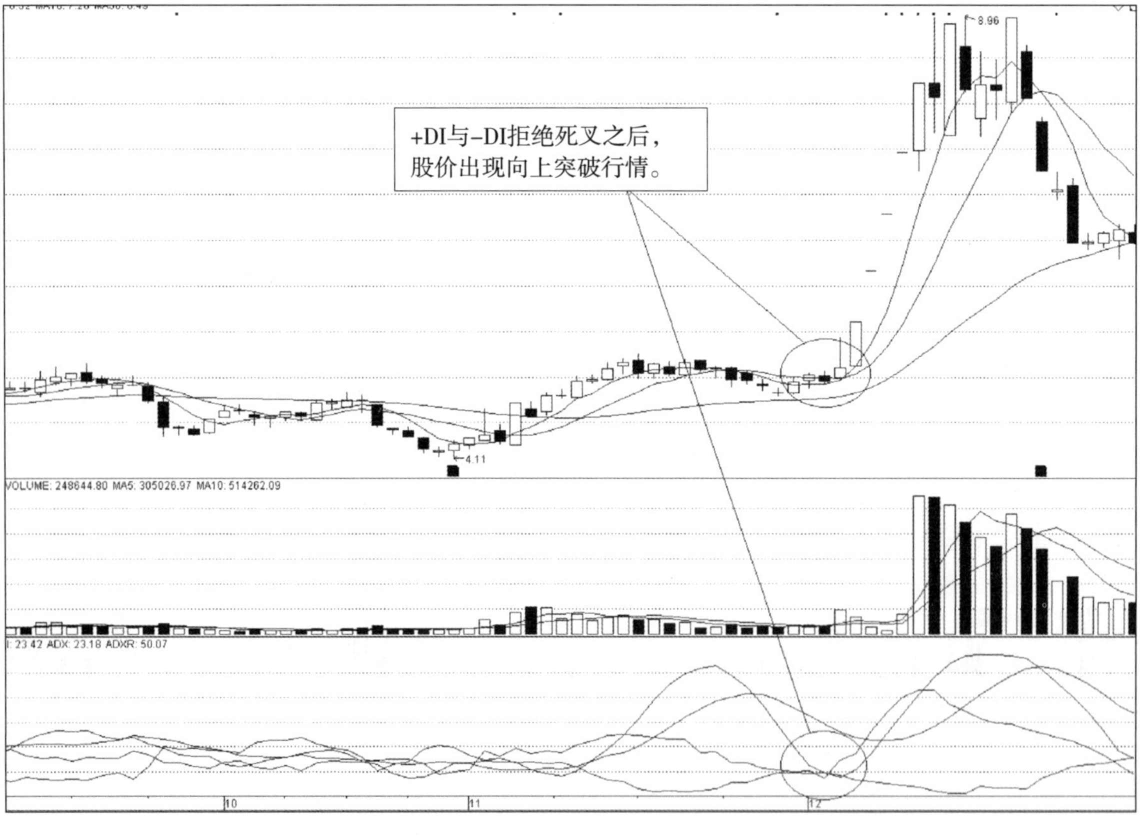

图 8–5　迪生力（603335）日 K 线图

2. 拒绝金叉信号

股价经过小幅下跌后，+ DI 在 –DI 之下缓缓向上抬升，–DI 慢慢向下移动。当两线即将形成金叉时，却出乎意料地各自朝相反方向运行，两线拒绝金叉。随后，+ DI 转头下行，–DI 调头上行并再次穿过 ADX 和 ADXR 两线，ADX 和 ADXR 也开始向上移动，股价出现下跌走势。或者，由于主力发动自救行情，反弹力度较大，+ DI 与 –DI 已经发生金叉，但 + DI 上冲触及 ADX 和 ADXR 后失败而再度回落。这种现象表明反弹行情已经结束，股价将出现新一轮跌势。如果投资者没有及时卖出股票，那么这是最后的卖出机会。

如图 8–6 所示，金陵药业（000919）的股价反弹结束后进入横盘整理，随后股价渐渐向下滑落，形成弱势盘跌走势。不久，+ DI 与 –DI 即将形成金叉，可是次日股价向下破位，+ DI 与 –DI 都朝反方向运行，两线拒绝金叉，ADX 和 ADXR 也开始向上移动，表明新一轮跌势开始，从而构成卖出信号。

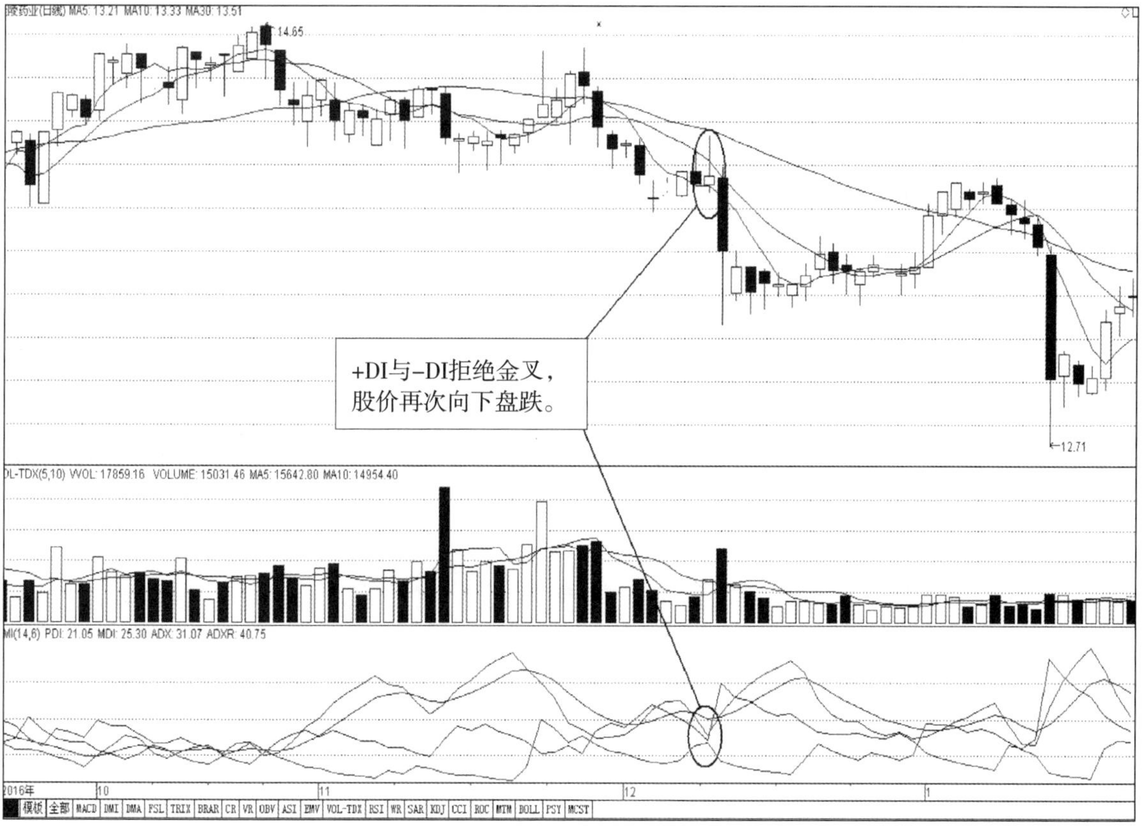

图 8–6　金陵药业（000919）日 K 线图

3. + DI 与 ADX、ADXR 拒绝死叉信号

股价成功见底后，+ DI 由下向上金叉 –DI，并穿过 ADX 和 ADXR 两线，ADX 和

ADXR 也开始向上移动，股价缓慢上升。行情经过一轮小幅上涨后，主力进行洗盘换手，股价出现小幅回调。此时，+ DI 回落至 ADX、ADXR 附近时，获得强大支撑而企稳回升（或穿破 ADX、ADXR 后重新快速向上拉起），两线拒绝死叉，+ DI、ADX、ADXR 再度向上运行，此为最佳买入点。

如图 8-7 所示，2021 年 11 月 4 日，奥翔药业（603229）大阳线拉起，股价到达前期高点附近时，主力展开短暂的洗盘动作。同期 + DI 金叉 -DI，ADX 和 ADXR 也开始向上移动。随着洗盘开始，+ DI 回落至 ADX、ADXR 附近获得企稳。11 月 10 日，股价放量涨停，+DI 拒绝死叉 ADXR，随后 + DI、ADX、ADXR 重新向上运行，这表明主力洗盘整理结束。随着成交量温和放大，股价成功突破前期高点，出现一轮强势升势行情。

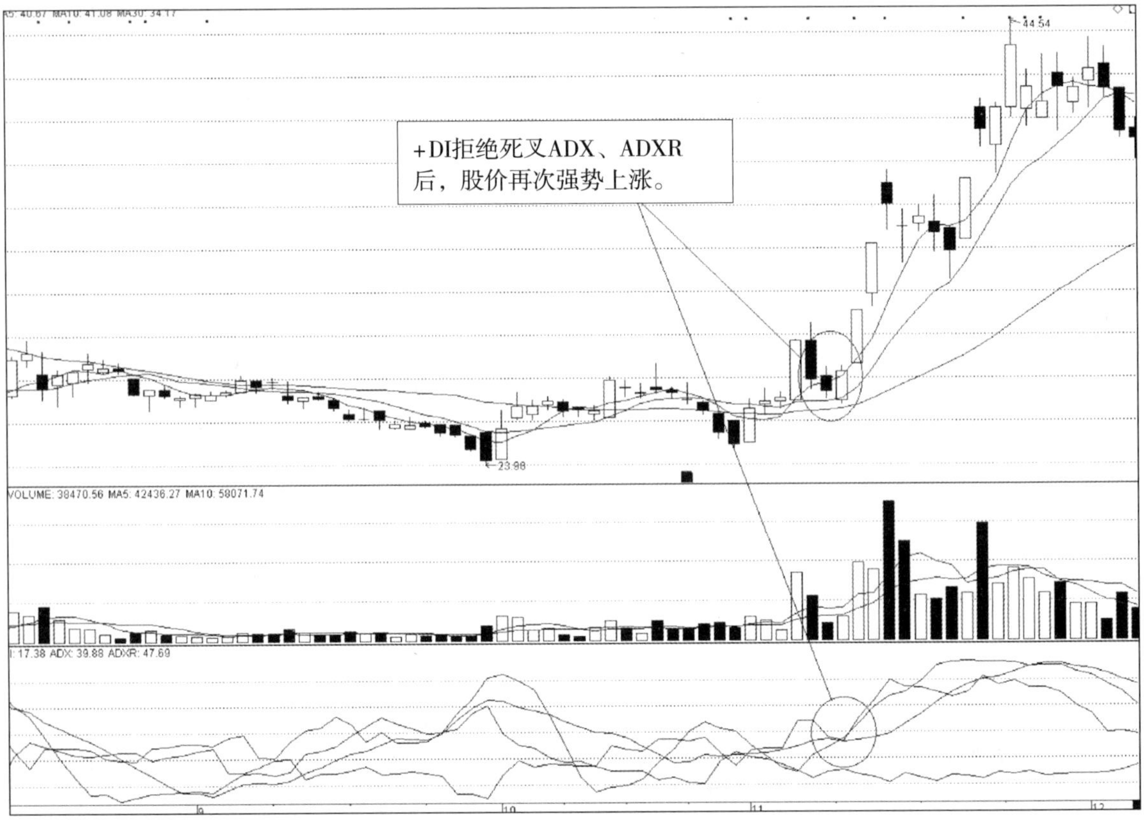

图 8-7　奥翔药业（603229）日 K 线图

4. -DI 与 ADX、ADXR 拒绝金叉信号

在一轮跌势行情中，-DI 由下向上死叉 + DI，并穿过 ADX 和 ADXR 两线，ADX 和 ADXR 也开始向上移动，股价出现下跌走势。股价经过一轮下跌后，出现反弹走势，此时 -DI 回落至 ADX、ADXR 附近获得企稳（或 -DI 穿破 ADX、ADXR 后快速向上拉起），两线拒绝金叉，-DI、ADX、ADXR 重新向上运行，此为最佳卖出点。这种现象多为主

力出货或自救行为形成的，反映出主力在自救行情中派发了大量的筹码，因此投资者遇到这种信号时应及时离场。

如图 8-8 所示，辰安科技（300523）的股价经过一段时间的横盘整理后渐渐向下滑落，-DI 由下向上死叉 + DI，并穿过 ADX 和 ADXR 两线，ADX 和 ADXR 也开始向上移动。股价经过短暂的休整后，-DI 回落至 ADX、ADXR 附近获得企稳，很快 -DI 反转上行，与 ADX、ADXR 两线拒绝交叉，随后 -DI、ADX、ADXR 重新向上运行。从此股价出现阴跌行情，短期跌幅较大。

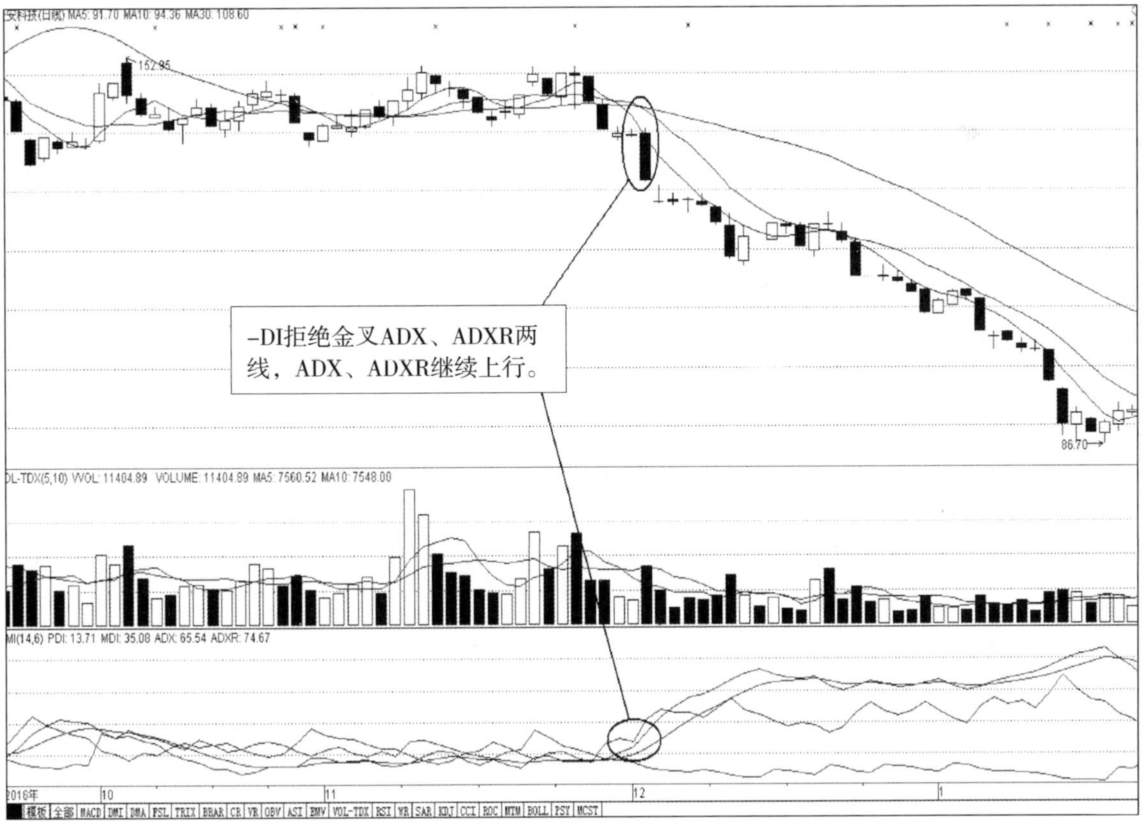

图 8-8　辰安科技（300523）日 K 线图

（四）黏合信号

1. 向上发散信号

在股价盘整过程中，+ DI、-DI、ADX、ADXR 这 4 条指标曲线逐渐收窄，差值十分接近，在 20 附近形成黏合状态（黏合越紧，持续时间越长，后市涨跌力度越大）。某日，突然指标曲线出现扩散，+ DI、ADX、ADXR 这 3 条指标曲线向上发散，而 -DI 向下运行，在指标中出现一个“蝴蝶结”图形，这意味着市场上多头主力比较强大，股价短期内将进入强势拉升阶段，投资者应果断介入。

如图 8-9 所示，长江电力（600900）的股价调整企稳，经过一段较长时间的横盘整理后，+ DI、–DI、ADX、ADXR 这 4 条指标曲线渐渐接近，几乎形成黏合状态。不久，+ DI、ADX、ADXR 这 3 条指标曲线持续向上移动，而 –DI 向下运行，指标中出现一个“蝴蝶结”图形，此时形成买入信号，此后股价出现一波振荡上涨行情。从该股走势中可以看出，“蝴蝶结”图形是一个比较准确的买卖信号，投资者要在实盘中多加验证总结。

图 8–9　长江电力（600900）日 K 线图

2. 向下发散信号

股价出现一波下跌行情后，在底部获得支撑而企稳。由于受暴跌的影响，投资者不敢轻易入场，观望气氛较浓，股价出现横盘走势。此时，+ DI、–DI、ADX、ADXR 这 4 条指标曲线逐渐靠近，在 20 左右形成一段时间的黏合。不久指标曲线向外发散，–DI、ADX、ADXR 这 3 条指标曲线持续向上移动，而+ DI 向下运行，在指标中出现一个“蝴蝶结”图形，这意味着空方力量十分强大，股价在短期内将出现暴跌走势，投资者应坚决离场。

如图 8-10 所示，城地香江（603887）的股价经过一轮下跌后企稳盘整，+ DI、-DI、ADX、ADXR 这 4 条指标曲线逐渐靠近，几乎黏合在一起。2021 年 10 月下旬，股价再次出现阴跌走势，4 条曲线向外发散，-DI、ADX、ADXR 这 3 条指标曲线持续向上移动，而 + DI 向下运行，指标中出现一个"蝴蝶结"图形，形成卖出信号。此后的 12 月初，该股 DMI 指标出现同样的走势，股价也继续阴跌。

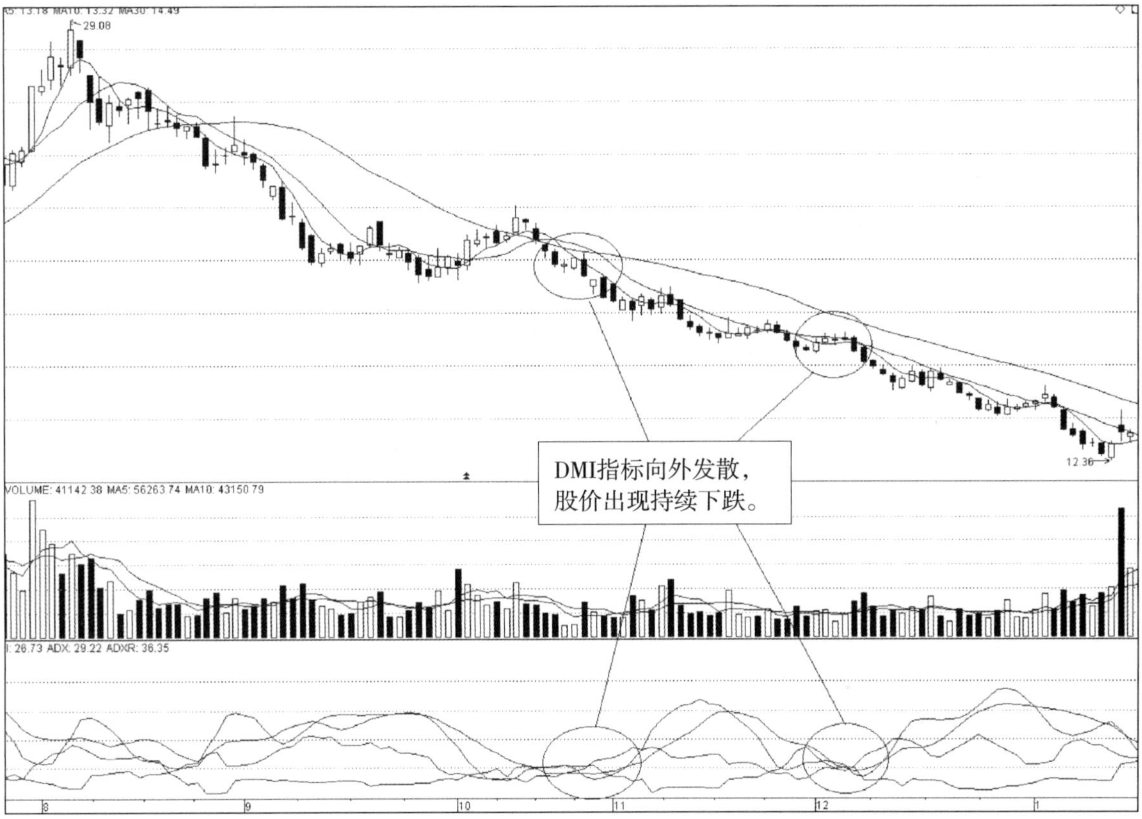

图 8-10　城地香江（603887）日 K 线图

四、DMI 常见陷阱

DMI 指标虽然有诸多优点，但也经常出现技术骗线。突出表现在 + DI 快速与 -DI 相交（死叉或金叉），但随后行情并不继续向前发展，而是在交叉点附近纠缠一两天之后又重新调转方向，形成更为凶猛的第二波上涨或下跌行情。DMI 的虚假信号，除了主力设置之外，在牛皮盘整、阴跌行情或慢牛行情中也经常出现。此时 DMI 频繁出现交叉，把人弄得稀里糊涂。而且由于设置上的破绽，经常会发生 ADX 已经转折，但股价仍然持续按原有的方向前进，并未发生反转，使投资者陷入技术困境之中。常见的陷阱有交叉陷阱、方向陷阱、趋势陷阱、整理陷阱和突破陷阱等。

（一）交叉陷阱

一般而言，+ DI 与 –DI 交叉是短期较为准确的买卖信号。当 + DI 由下向上金叉 –DI 时，为买入信号；当 + DI 由上向下死叉 –DI 时，为卖出信号。但在实盘操作中，+ DI 与 –DI 交叉频繁，虚假信号很多。在牛皮盘整市道中，4 条指标线缠绕在一起并位于低位，这时的假信号比较好辨别。而在阴跌行情或慢牛行情中，DMI 指标常常出现大量的假交叉信号，给投资者操作带来许多难度。

1. 金叉陷阱

在图表上，+ DI 由下向上交叉 –DI 时，显示市场内部有新的多头资金进场，自愿以较高的价格买进股票，短期内股价将出现一轮涨升行情，此为买入信号。但是形成金叉后，+ DI 数值不能持续增加，ADX、ADXR 维持盘绕，很快 + DI 回落与 –DI 构成死叉，股价出现新一轮跌势，从而出现金叉陷阱。

如图 8–11 所示，丽岛新材（603937）的股价经过快速拉高后见顶回落，形成了一条

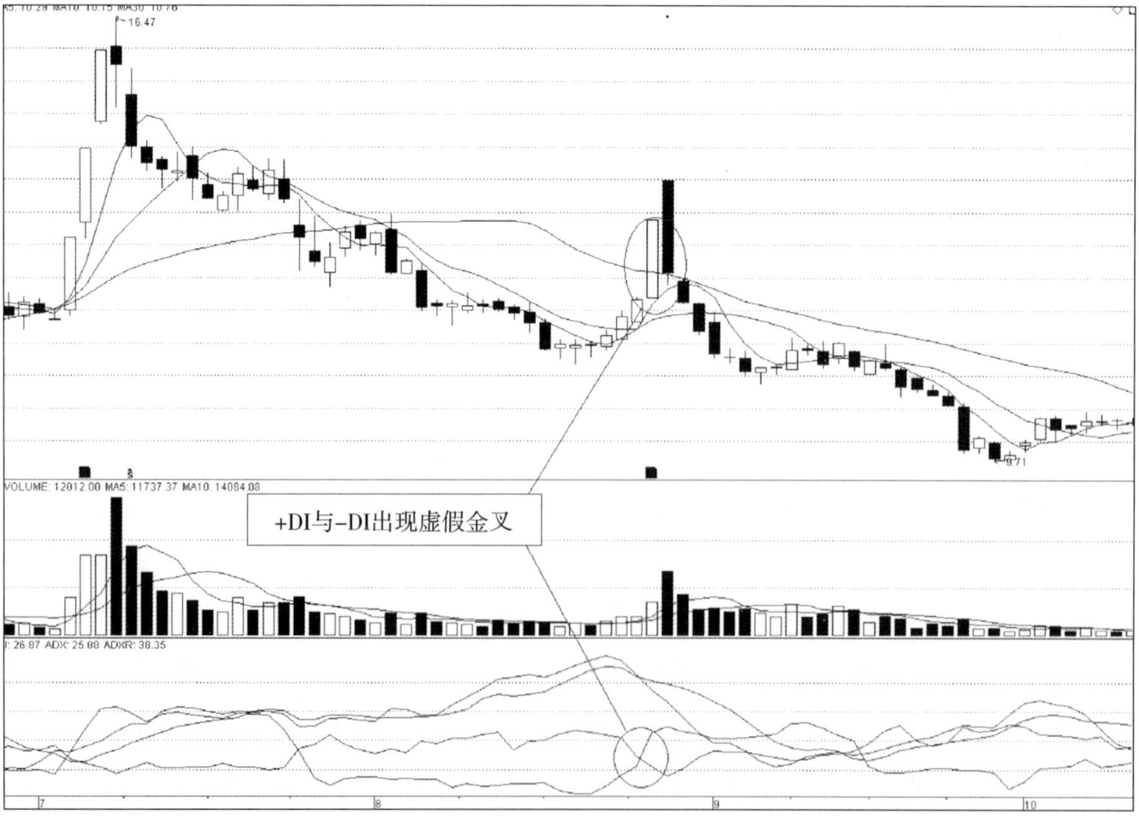

图 8–11　丽岛新材（603937）日 K 线图

下降通道。2021 年 8 月 26 日，股价放量反弹，突破 30 日均线的压制，预示股价仍有反弹空间。在下跌过程中，DMI 指标出现了＋ DI 金叉 –DI 的情况，预示有新的资金进场，股价可能会转跌势为升势，成为强烈的买入信号。但是，买入后股价很快出现回落，将追涨买入的投资者套牢，从而形成金叉陷阱。

技术解盘：从该股的盘面分析，股价受头部区域压制明显。头部是一个成交密集区域，对股价上涨构成重大压力。从均线系统看，虽然 5 日、10 日均线调头上行，但 30 日均线依然处于持续的下降走势之中，说明股价只是出现了短期反弹行情，中长期技术指标并未转强，因此反弹高度受到限制。当＋ DI 金叉 –DI 后，成交量不能持续放大，表明跟风资金较少，难以推动股价持续上涨。由此可见，虽然该股＋ DI 金叉 –DI，但据综合分析，该金叉信号为虚假信号。

2. 死叉陷阱

在图表上，–DI 由下向上交叉＋ DI 时，显示市场内部出现新的空方，自愿以更低的价格卖出股票，预示短期内股价将出现下跌走势，此为卖出信号。但是死叉形成后，–DI 数值不能持续增加，ADX、ADXR 两线维持盘绕。很快 –DI 回落，并与＋ DI 构成金叉，股价出现新一轮涨势，从而形成死叉陷阱。

如图 8–12 所示，郴电国际（600969）在底部经过较长时间的盘整后，股价渐渐盘升，然后主力展开主动洗盘调整。这时，ADX 和 ADXR 反转向下并构成死叉，＋ DI 逐步下移，–DI 不断上行，不久＋ DI 与 –DI 形成死叉，产生明显的卖出信号。投资者见此信号纷纷抛售股票，离场观望。可是，股价并没有持续下跌，第二天就止跌上涨，＋ DI 与 –DI 死叉后又快速形成金叉，股价出现新一轮上升行情，从而使前面的死叉成为一个陷阱，让提早出局者因踏空行情而深感懊悔。

技术解盘：在＋ DI 死叉 –DI 后，虽然 KDJ 指标也构成死叉，但从指标趋势线看不够凶猛，做空力度不大。从均线系统看，30 日均线支撑力度较强，均线依然呈多头排列，显示行情并没有转弱。RSI 指标在 50 强弱分界线获得支撑，显示行情没有转弱。MACD 指标中 DIF 线和 MACD 线死叉后，并没有继续扩散，BAR 指标绿柱也没有逐日增长，表明股价仍有上升潜力。由此可见，虽然该股＋ DI 死叉 –DI，但据综合分析，该死叉信号为虚假信号。

3. 技术纠正方法

（1）观察 KDJ 指标走势。当＋ DI 与 –DI 金叉后，如果 KDJ 指标中的 J 线躺底后不久拔地而起，在低位发生金叉，表明短线有走强的迹象。这说明此前下跌多为主力打压

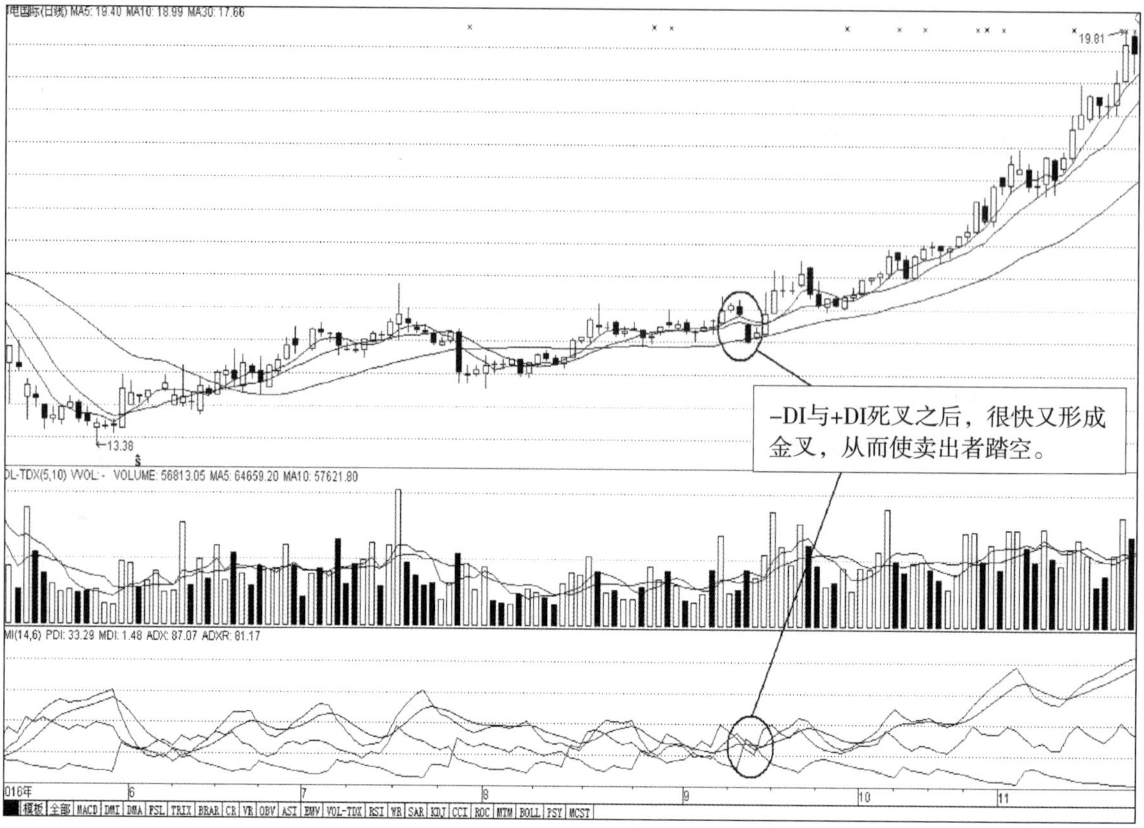

图 8-12 郴电国际（600969）日 K 线图

洗盘，或压箱顶吸货行为所致。此时 + DI 与 -DI 金叉，意味着主力洗盘或吸货结束，行情转弱为强，或进入主升段行情。

相反，当 + DI 与 -DI 死叉后，KDJ 指标在高位同时发生死叉，表明短线有走弱迹象，是短线做空的重要信号之一。这说明此前下跌多为主力拉高出货，或高抛低吸行为所致。此时 + DI 与 -DI 死叉，意味着股价反弹或回抽结束，行情转强为弱，或进入下跌段行情。

（2）观察移动平均线走势。当 + DI 与 -DI 金叉后，如果 5 日均线金叉（已经金叉或即将金叉）10 日均线，30 日均线走平或者上扬，均线系统呈多头排列，那就表明行情已经或即将转强。

反之，当 + DI 与 -DI 死叉后，如果 5 日均线死叉（已经死叉或即将死叉）10 日均线，30 日均线走平或者下行，均线系统呈空头排列，那就表明行情已经或即将转弱。

（3）观察成交量变化情况。当 + DI 与 -DI 金叉后，如果成交量连续温和放大，5 日成交均量大于 10 日成交均量，那就表明有场外资金介入。如果成交量不能连续温和放大，那就表明股价上涨属于虚张声势，有诱多嫌疑，此时 + DI 与 -DI 金叉的判断意义不大，为疑似信号。当 + DI 与 -DI 死叉后，无论成交量放大与否，都意味着后市向淡，宜离场观望。

（4）观察 RSI 指标走势。当 + DI 与 –DI 金叉后，如果在底部 6 日 RSI 线金叉 12 日 RSI 线，或者 RSI 有效突破 50 强弱分界线，那就表明势道转强。

相反，当 + DI 与 –DI 死叉后，如果在高位 6 日 RSI 线死叉 12 日 RSI 线，或者 RSI 有效跌破 50 强弱分界线，那就表明势道转弱。

（5）观察 MACD 指标走势。当 + DI 与 –DI 金叉后，如果 MACD 指标在底部（远离 0 轴）DIF 线金叉 MACD 线，MACD 线开始上移或走平，BAR 指标的红柱逐日增长。或者在 0 轴下方，DIF 线和 MACD 线金叉后，先后分别上穿 0 轴，表明股价触底回升。这意味着股价调整已经结束，也就是说，主力已经吸纳了一定的筹码，即将产生一波上扬或盘升行情，投资者可在股价回档时逢低介入。

反之，当 + DI 与 –DI 死叉后，如果 MACD 指标在顶部（远离 0 轴）DIF 线死叉 MACD 线，MACD 线开始下移或走平，BAR 指标的绿柱逐日增长。或者在 0 轴上方，DIF 线和 MACD 线死叉后，先后分别下穿 0 轴，表明股价将见顶回落。这意味着股价升势基本结束，主力开始逐步向外发货，行情即将步入下跌趋势，投资者应逢高减磅。

（6）关注 ADX 线的变化。当 + DI 与 –DI 金叉后，同时 ADX 线也尾随而上，显示后市涨势强烈，属于上升的盘面征兆，而且升幅较大。如果 + DI 与 –DI 金叉后，ADX 线未能随其上行，表明短期后市升势较弱，市场仅为反弹而已。

相反，当 + DI 与 –DI 死叉后，同时 ADX 线也尾随而上，显示后市跌势强烈，属于下跌的盘面征兆，而且跌幅较大。如果 + DI 与 –DI 死叉后，ADX 线未能随其上行，预示短期跌势不猛，市场仅为回探而已。

（二）方向陷阱

在实盘操作中，当行情脱离盘整后朝单一方向发展时，无论是牛市行情还是熊市行情，因 ADX 线、ADXR 线具有单一性，指标数值将持续不断地递增，因此当指标数值高于上一个交易日时，可以断定当前市场行情仍维持原有趋势，股价会继续上涨或下跌。如果指标数值在 50 以上（实盘中 70 以上效果较为明显）忽然转头向下反折，此时不论股价正在上涨或者下跌，都代表行情即将反转，表明行情到顶或到底。如当前处于涨势，表示跌势临近；如当前处于跌势，表示涨势临近。投资者可以据此跟随做空或做多。

但是，在一轮持续的上涨或下跌行情之中，DMI 指标经常会发生 ADX 线、ADXR 线已经转折，但股价仍然持续按原有方向前进，并未发生反转的走势，形成虚假转势信号，对此投资者必须引起注意。

1. 底部陷阱

股价持续阴跌，ADX 线从 20～30 区域爬升，ADX 和 ADXR 数值逐日增加，可以认定将产生一段有相当幅度的下跌行情。当指标值达到 70 以上（理论上认为 50 以上即可）时，+ DI 数值长时间运行在 10 以下甚至接近于 0，-DI 数值维持在 30～50 之间。不久，ADX 线反转向下，或者 ADX 线反转向下死叉 ADXR 线，随后 ADXR 线调头下移。这表明一轮跌势已近结束，股价将迎来反弹行情，为买入时机。但在操作中，这种现象常常是主力用来欺骗散户的一种手段，DMI 指标虽然出现反转走势，可股价不仅没涨，反而继续下跌，形成多头陷阱。

如图 8-13 所示，财信发展（000838）经过前期一轮炒作后，股价出现持续阴跌走势，ADX 出现两次单一上行走势，数值从 5.47 开始上行到 60 上方，同期的 ADXR 也上行到 60 附近。不久，ADX 线从 66.57 点反转向下与 ADXR 线接近，几天后 ADXR 线也从 60 附近反转回落，随后 ADX 线与 ADXR 线死叉后继续下移。此时 + DI 数值较低，基本上在 15 以下徘徊，-DI 处于 23～53 区间。期间，股价从 20 元上方跌到 11 元附近，股价严重超跌。通常来说，这些技术指标迹象表明跌势即将结束，后市将会迎来一波较大的反弹行情。可是，股价仅作小幅反弹回抽动作，仍然持续向下盘跌，使介入者套牢其中。

图 8-13　财信发展（000838）日 K 线图

技术解盘：当 ADX 线和 ADXR 线出现反转并死叉后，TRIX 指标仍然没有改变下降的趋势，TRIX 和 TMA 两线呈“平行”下移状态，表明该股中长期走势没有真正见底。盘面处于弱势之中，股价反弹时没有气势，力度较弱。均线系统呈空头排列，30 日均线持续下行，压制股价上涨，显示空方仍占据盘面优势。在成交量方面，股价在上攻时得不到量能的支持，跟风者寥寥无几，表明入场资金有限。据此综合分析，即使 ADX 线和 ADXR 线出现反转走势，也不能改变股价的下降趋势，因此是一个多头陷阱。

2. 顶部陷阱

股价持续盘升，ADX 线从 20～30 之间爬升，ADX 和 ADXR 数值逐日增加，可以认定将产生一段有相当幅度的上涨行情。当指标值达到 70 以上（理论上认为 50 以上即可）时，–DI 数值长时间运行在 10 以下甚至接近于 0，+ DI 数值维持在 30～50 之间。不久 ADX 线反转向下，或者 ADX 线反转向下死叉 ADXR 线，随后 ADXR 线调头下移。这表明一轮涨势已近结束，股价将出现回落走势，应卖出股票。但在操作中，此种现象也常常是主力用来欺骗散户的手段，DMI 指标虽然出现反转走势，可股价不仅没跌，反而续涨，成为空头陷阱。

如图 8–14 所示，上海科技（600608）的股价调整结束后再次攀高，+ DI 与 –DI

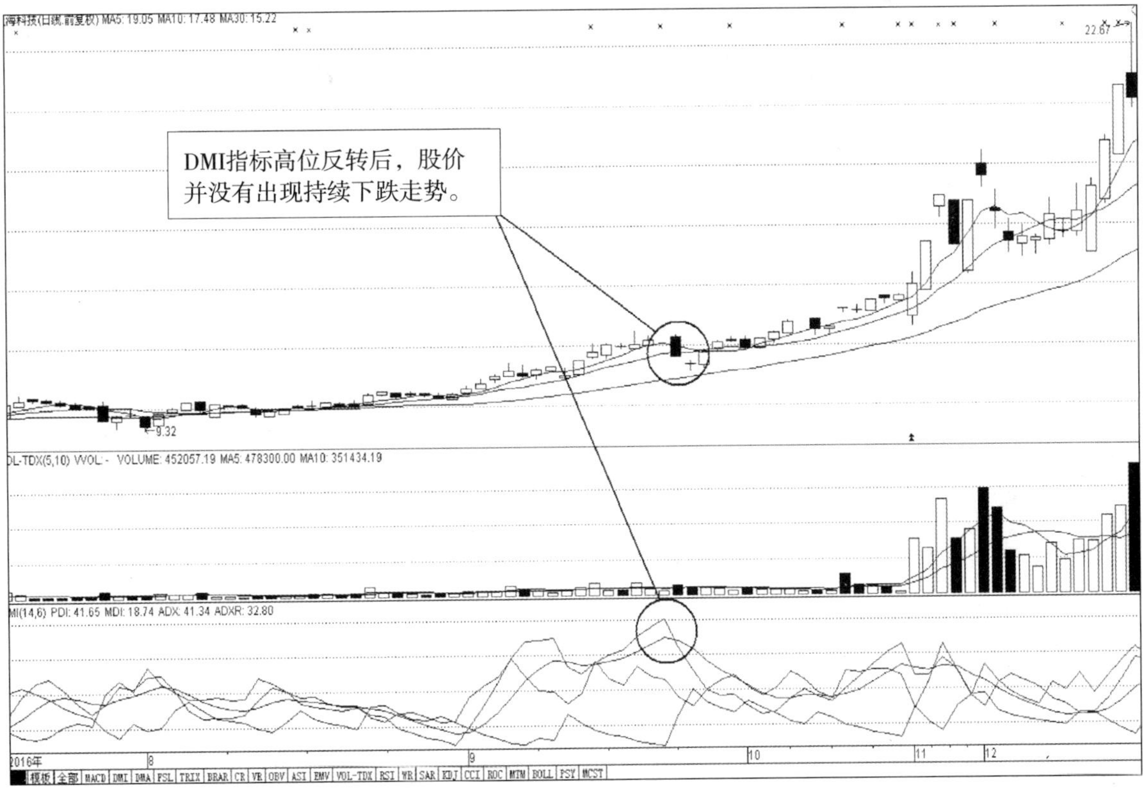

图 8–14 上海科技（600608）日 K 线图

金叉后，ADX 线在 + DI 之上，并且逐步上行到 60 上方。不久，ADX 线从 60.52 点高位反转向下，随后 ADXR 线也从高位回落，ADX 线与 ADXR 线死叉后继续下移。此时 –DI 数值较低，+ DI 处于 23～42 之间振荡。期间，股价阶段升幅已达到 30% 左右。通常来说，这些技术指标的迹象表明短期股价涨势基本结束，后市将会出现回落走势。可是股价仅作小幅回档，当指标得到修复后，即转入继续上涨，股价进入主升浪行情。

技术解盘：当 ADX 线和 ADXR 线出现反转并死叉后，TRIX 指标一直处于上升状态，TRIX 和 TMA 两线坚挺有力，两线呈“平行”上升状态，表明中长期走势向好。股价在调整时，30 日均线支撑明显，30 日均线保持上升态势，显示多方仍占据盘面优势，上涨仍然有潜力。在成交量方面，股价回调时量能明显萎缩，反映主力并未出货，并且筹码锁定性好。可见，ADX 线和 ADXR 线即使在高位出现反转，也不会改变股价的中期上升趋势，因此是一个空头陷阱。

3. 技术纠正方法

ADX 线和 ADXR 线有向单一方向运行的特性，表明股价持续朝一个方向上涨或下行。方向一旦出现反转，就意味着原来的市道即告结束，股价将向相反的方向运行。但主力常常运用这种方法做盘，以欺骗散户投资者，因此实盘中要重点把握以下 3 点。

（1）观察 TRIX 指标的走势。TRIX 指标是一项超长周期的指标，长线操作时采用本指标，可以过滤掉一些短期波动的干扰，避免交易次数过于频繁，造成无利润的买卖及手续费损失。TRIX 指标的趋势一旦形成，一般不会受短期行情波动的影响，仍然继续按原方向运行一段距离，直到行情真正进入调整期，才改变原方向运行。但运用该指标指导买卖时，要有足够的耐心，买入股票后要持之以恒，不可中途而废，否则会前功尽弃，造成损失。卖出股票后要耐心等待，未到买入信号产生时切勿进场。因此，TRIX 指标可以弥补 ADX 线和 ADXR 线的某些不足之处。

（2）观察均线系统的走势。在持续下跌行情中，ADX 线和 ADXR 线反转后，如果股价不能有效突破 30 日均线的压制，30 日均线继续维持原来方向下降或者走平，表明行情并没有真正见底反转，介入仍需谨慎。

在持续上升行情中，ADX 线和 ADXR 线反转后，如果股价不能有效击穿 30 日均线的支撑，30 日均线继续维持原来的方向上升或者走平，表明行情并没有真正见顶反转，可以持股观望。

（3）观察成交量变化。ADX 线和 ADXR 线反转后，如果成交量仍然较大，有主力出货嫌疑，投资者可以逢高减磅。如果成交量很快萎缩，多为主力洗盘行为，投资者可以继续持股。

当然，稳健的投资者可以不顾其他指标，仍然坚持按照 ADX 线转折信号操作。一旦股价果真持续上涨，ADX 线转折后，会在半空中出现第二次上升，形成“半空折返”走势，此时再次进场，会有一段更加凶猛的利润行情。“半空折返”的市场信号，要求 ADX 线的转折必须在 50 以上发生才有效，一般行情中，ADX 线转折后会持续下降至 20 左右。但有时候 ADX 线仅下降至 40～60 之间，随即再度回头上升，此种情形也是大行情来临的前兆。这种研判方法在下跌行情中也同样有效，ADX 线在 50 上方出现“半空折返”后，一般会出现新一轮跌势行情，而且跌幅较大，投资者可以择机退出，以免损失进一步扩大。

（三）趋势陷阱

ADX 线具有向单一方向发展的特性，无论是涨势或跌势，ADX 线的值都会不断递增。根据这一特性，如果 ADX 线和 ADXR 线不能继续向上扩展而出现反转，表明持续的行情即将终结。但在实盘操作中，ADX 线和 ADXR 线虽然不能继续向上扩展，但也没有出现明显的反转走势，而是在高位出现“徘徊”现象（DMI 指标理论上没有徘徊之说，但据多年的操盘经验，发现有“徘徊”的妙处所在）。

其盘面特征：ADX 线达到一定的数值（理论上认为 50 以上，但实盘中在 70 以上效果更好）后停止上行，稍微回落后，围绕 60 指标值进行上下波动。ADXR 线在高位作窄幅波动，指标线比 ADX 线更直，ADX 线和 ADXR 线出现频繁交叉。此时，如果在涨势行情中，+ DI 在 20～40 之间波动，–DI 在 20 以下波动；如果在跌势行情中，–DI 在 20～40 之间波动，+ DI 在 20 以下波动。

1. 空头陷阱

在一轮多头行情中，ADX 线脱离常态波动区，逐步递增到 70 以上后停止上行并回落，但仅作小幅回档即勾头向上，围绕 60 指标值进行上下波动，ADX 线和 ADXR 线在高位出现“徘徊”。ADXR 线在高位作窄幅波动，指标线比 ADX 线更直，ADX 线和 ADXR 线出现频繁交叉，+ DI 在 20～40 之间波动，–DI 在 20 以下运行。此时，ADX 线和 ADXR 线数值虽然停止递增，但股价并没有出现下跌走势，而是继续节节拔高，成为空头陷阱。

如图 8–15 所示，中国联通（600050）实力强大的主力入驻后，在长时间的盘整走势中，主力吸纳了大量的低价筹码，不久股价渐渐脱离底部开始盘升。在上涨行情中，ADX 线随之脱离常态波动区，出现单一向上发展，指标值递增到 85.23 点。而后停止上行并回落到 50 附近勾头向上，围绕 60 指标值进行上下波动，ADX 线和 ADXR 线在高位出现“徘徊”，两条指标线频繁交叉。+ DI 大部分时间运行在 20～40 之间，–DI 在 20 以下运行。此时，如果按照 ADX 线在高位反转即可逃顶或 ADX 线和 ADXR 线死叉是最后的逃顶机会的操作方法而卖出股票，那么就会损失后面的一大段行情。这种走势属于该指标的“多头徘徊”现象，也是多头的持续信号。

技术解盘：当 ADX 线和 ADXR 线出现反转后，+ DI 始终运行在 –DI 之上，并且多次出现将要死叉而拒绝死叉，表明有陆续的新多资金悄悄进场，ADX 线和 ADXR 线运行很温和，没有出现明显的下行趋势。此时，TRIX 指标仍然没有改变上升的趋势，TRIX 和 TMA 两线呈“平行”上行，表明该股中长期没有真正见底。股价向上推升时有气势，有力度，30 日均线支撑明显，显示多方仍占据盘面优势。在成交量方面呈温和状态，表明筹码锁定性好。因此，ADX 线和 ADXR 线在高位出现“徘徊”，不会改变股价的中期上升趋势，是主力精心打造的空头陷阱。

图 8–15　中国联通（600050）日 K 线图

2. 多头陷阱

在一轮空头行情中，ADX 线脱离常态波动区，逐步递增到 70 以上后停止上行并回落，但仅作小幅回档即勾头向上，围绕 60 指标值进行上下波动，ADX 线和 ADXR 线在高位出现“徘徊”走势。ADXR 线在高位作窄幅波动，指标线比 ADX 线更直，ADX 线和 ADXR 线出现频繁交叉。–DI 在 20～40 之间波动，+ DI 在 20 以下运行。此时，ADX 线和 ADXR 线数值虽然停止递增，但股价并没有出现反弹走势，而是继续步步走低，成为多头陷阱。

如图 8–16 所示，朗科科技（300042）在高位+ DI 死叉 –DI 后，股价出现下跌走势，ADX 线和 ADXR 线数值同步递增。当 ADX 线递增到 70 附近出现回档后，与 ADXR 线形成“徘徊”走势，两条指标线频繁交叉，–DI 大部分时间运行在 20～40 之间，+ DI 在 20 以下运行。此时，如果按照 ADX 线在高位反转即可抄底的操作方法而买入股票，那么就会遭受套牢之苦。其实这是该指标的“空头徘徊”现象，也是空头持续信号。

技术解盘：从图表中可以看出，当+ DI 和 –DI 形成死叉后，不能快速有效地形成金叉，表明不断有新空资金抽离市场，ADX 线和 ADXR 线没有出现明显的向下拐头。此时，TRIX 指标一直处于下降状态，TRIX 和 TMA 两线“平行”下降，表明行情中长期偏弱。均线系统呈空头排列，30 日均线对股价压制明显，显示空方占据盘面优势，反弹乏力。因此，虽然 ADX 线和 ADXR 线不能持续递增，也不能改变股价的下降趋势，同样是主力精心编制的多头陷阱。

图 8–16　朗科科技（300042）日 K 线图

3. 技术纠正方法

（1）观察＋ DI 和 –DI 所处的位置。如果＋ DI 始终处于 –DI 之上，或者＋ DI 拒绝交叉 –DI，ADX 线和 ADXR 线没有出现明显的下行趋势，表明行情仍然处于原来的上涨趋势之中，可以继续持股看多。如果＋ DI 由上向下有效交叉 –DI，形成死叉，或者＋ DI 与 –DI 交叉后不能迅速（1～3 天）相反交叉（即不能快速形成“菱形”），而＋ DI 长时间处于 –DI 之下，ADX 线和 ADXR 线出现明显的下行趋势，表明原来的上涨行情已经终结，可以做空观望。

如果 –DI 始终处于＋ DI 之上，或者 –DI 拒绝交叉＋ DI，ADX 线和 ADXR 线没有出现明显的下行趋势，表明行情仍然处于原来的下跌趋势之中，可以抛售看空。如果 –DI 由上向下有效交叉＋ DI，形成金叉，或者 –DI 与＋ DI 交叉后不能迅速（1～3 天）相反交叉（即不能快速形成“菱形”），而 –DI 长时间处于＋ DI 之下，ADX 线和 ADXR 线出现明显的下行趋势，表明原来的下跌行情已经终结，可以适当参与抢反弹。

（2）观察 TRIX 指标的走势。ADX 线和 ADXR 线在高位出现“徘徊”时，如果 TRIX 和 TMA 两条指标线继续维持“平行”趋势向前延伸，表明行情还会继续按原方向运行一段距离，并没有真正出现底部和顶部，因此 TRIX 指标可以弥补 ADX 和 ADXR 指标的某些不足之处。

（3）观察均线系统的走势。ADX 线和 ADXR 线在高位出现“徘徊”走势，在持续上涨行情中，如果股价不能有效击穿 30 日均线的支撑，30 日均线继续维持原来方向上升或者走平，表明行情并没有真正见顶反转，可以持股观望。在持续下跌行情中，如果股价不能有效向上突破 30 日均线的压制，30 日均线继续维持原来方向下降或者走平，表明行情并没有真正见底反转，介入仍需谨慎。

（4）观察成交量变化。ADX 线和 ADXR 线反转后在高位“徘徊”，如果成交量偏大，无论在涨势行情还是跌势行情之中，都有主力对敲出货嫌疑，投资者可以逢高减磅。如果成交量维持温和状态或很快萎缩，多为主力洗盘行为，投资者可以继续持股或适当抢反弹。

（四）突破陷阱

一轮趋势行情结束后，ADX 线和 ADXR 线逐步从高位下行到 20 左右徘徊，这时＋ DI 和 –DI 的值也在 20 左右盘整，4 条指标线越来越近，几乎缠绕在一起。或者，股价经过长时间的反复盘整后，4 条指标线渐渐靠近，在 20 左右缠绕在一起。如果出现这些现象，表明股价即将面临突破，投资者应密切关注。不久，＋ DI 和 –DI 突然脱离缠绕状态，向上或向下突破，随后 ADX 线和 ADXR 线向上递增，日 K 线上出现一根放量的长阴或长阳，这时一般股价将会沿突破方向运行一段时间。但在实盘操作中，经常发现＋DI和－DI突破缠绕后，股价很快反转，朝相反的方向运行，并产生一轮较大幅度的行情，使原先的突破走势成为一个骗人的陷阱。

1. 向上突破陷阱

行情经过充分盘整后，＋DI、－DI、ADX、ADXR这4条指标线均在20左右徘徊，数值十分接近，几乎缠绕在一起。几天后，＋DI向上运行，－DI向下运行，脱离盘整状态，随后ADX线和ADXR线向上单一递增，股价放量上扬收出一根或几根长阳线（有时候收出带长上影线的阳线，这种走势欺骗性更大）。按理说，股价将会出现一轮涨升行情，然而股价很快就朝相反的方向运行，并出现一轮下跌行情，使原先的向上突破成为一个美丽的陷阱。

如图8－17所示，宝通科技（300031）的股价企稳后出现较长时间的盘整走势，＋DI、－DI、ADX、ADXR这4条指标线数值越来越接近，在20左右缠绕在一起，连续多个交易日几乎拧成一股绳，预示股价突破就在眼前。不久，股价果然放量上涨，日K线上收出一根大阳线，＋DI向上、－DI向下脱离指标的缠绕，ADX线交叉ADXR线之

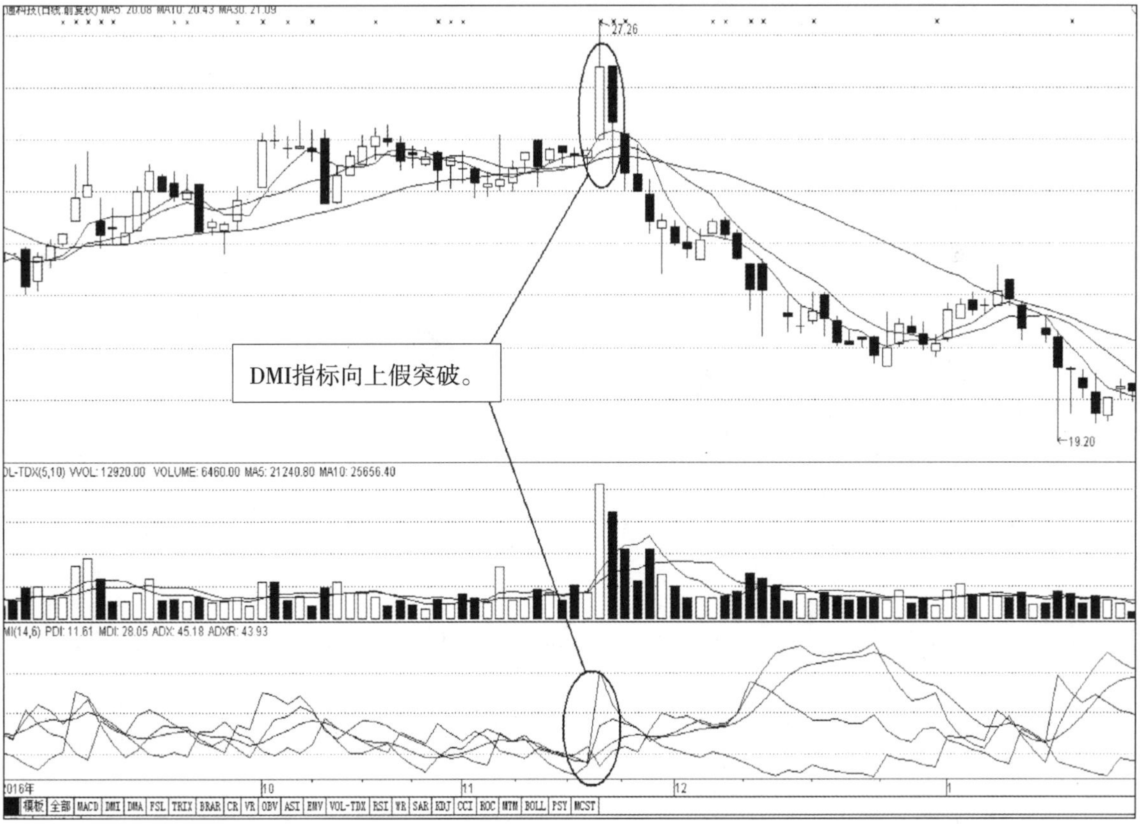

图8－17 宝通科技（300031）日K线图

后向上递增。这本是一个向上突破的经典信号，从图表看非常美丽诱人，吸引了不少技术高手的眼球。然而后来的走势并没有出现人们想象的情形，股价不久就步入下跌走势，使技术人士大感疑惑。

技术解盘：在向上突破时，股价上方压力重重，主力可能会采取向下砸盘的动作，为下一轮坐庄创造空间。成交量放大过急，有对敲放量嫌疑。股价上涨没有气势，“突破”后不能持续上涨，而且当前大势不佳。在这些诸多不利因素制约下，让主力拉升过于苛刻，因此判断为假突破的可能性较大。

2. 向下突破陷阱

行情经过充分盘整后，+ DI、–DI、ADX、ADXR 这 4 条指标线均在 20 左右徘徊，数值十分接近，几乎缠绕在一起。几天后，–DI 向上运行，+ DI 向下运行，脱离盘整状态，随后 ADX 线和 ADXR 线向上递增，股价放量下挫，收出一根或几根长阴线（有时候收出带长下影线的阴线，这种走势欺骗性更大）。按理说，股价将会出现一轮下跌行情，然而股价很快朝相反的方向运行，并出现一轮涨升行情，使原先的向下突破成为一个引发恐慌的陷阱。

如图 8–18 所示，深纺织 A（000045）的股价经过一段时间的盘整后，+ DI、–DI、

图 8–18　深纺织 A（000045）日 K 线图

ADX、ADXR 这 4 条指标线逐步收窄，并在 20 附近趋于黏合状态。不久，股价连续几天下跌，跌破了前期构筑的平台整理区。此时 –DI 向上运行，+ DI 向下运行，脱离盘整状态，ADX 线交叉 ADXR 线后向上递增，似乎展开深幅下跌之势。可是，股价并没有下跌多少就企稳，并很快放量上攻，+ DI 金叉 –DI，从此股价展开一轮强劲的上升行情，让恐慌离场者落入陷阱之中。

技术解盘：股价长时间处于底部阶段，整理相当充分，股价向下“突破”时，成交量并没有放大，表明主力没有出货。“突破”后跌幅不大（既然是突破，就应迅速脱离突破区）。虽然当前大势比较脆弱，但股价已到了主力的成本区附近，后市大跌的可能性不大，因此可以认为这是主力特意打造的空头陷阱。

3. 技术纠正方法

DMI 指标的 4 条指标线在低位缠绕在一起，这是暴风雨前的宁静，必将很快出现突破走势，投资者应密切关注。但是，突破有真假之别，投资者经常为突破是真是假而伤透脑筋。因此，如果没有区分真假的能力，对突破还不如不关注。

那么，如何判断股价突破是否有效呢?

（1）突破的前提是股价所处的位置和阶段。如果处于底部吸货区域、中途整理区域、主力成本区域附近，那么向上突破为真突破的概率较大，向下突破为假突破的概率较大。如果处于高位派发区域、远离主力成本区域，那么向上突破为假突破的概率较大，向下突破为真突破的概率较大。

（2）有效突破一般都建立在充分蓄势整理的基础上。整理的形式有两类：一类是人们常知的各类形态整理，如三角形整理、楔形整理、旗形整理、箱体整理等；另一类是主力吸完货以后，以拖延较长时间作为洗盘手段，或者因为等待题材或拉升时机，长期放任股价回落下跌，股价走出了比形态整理时间更长、范围更大的整理。股价一旦突破此种整理，则往往是有效突破。由于这种整理超出了形态整理的范围，因而有时是难以察觉和辨别的。

（3）在突破时成交量应持续有效温和放大，如果成交量过低，突破肯定不能成立。如果成交量特别大，股价位置又高，需提防主力以假突破的方式出货。

（4）股价上涨必须有气势，突破后并能持续上涨。既然是突破，就不应该磨磨蹭蹭，如果放量不涨，就有出货的嫌疑。

（5）对主力选择突破时机需要仔细研究。市道较好、价位又不高的时候，突破一般没有疑问。如果市道一般，就需要结合主力成本、股价位置、主力类型及其控盘特点进行分析，在大势较好的时候前期走势不逆势的个股，在市道不好的时候突然逆势突破，就要提防主力出货。

（6）突破要成功跨越或脱离某一个有意义的位置，比如一个整数点位、一个整理形态、一条趋势线、一个密集区域或一个时间之窗等，否则判断意义不大。

通常来说，行情一旦突破成功，一般要惯性延续一段时间。股价的上升或下降都是需要推动力的，在行情发展过程中，多少会遭遇到“阻力”或“支撑”。以下是较有可能形成阻力位和支撑位的地方：在历史高位、历史低位附近；通道、箱体的上轨线和下轨线附近；黄金分割点，如0.382、0.618、0.5位置等；技术指标发出买卖信号的位置点，如金叉、死叉、顶背离、底背离等；近期（3个月内）形成的成交密集区，是较重要的阻力位、支撑位；重要的时间之窗（如8、13、21、34等）或者长假期（国庆、春节）前后；重要的整数关口（包括指数和股价的整数）。

第九章

布林线（BOLL）

一、BOLL 指标精要

布林线（Bollinger Bands，简称 BOLL），也叫布林带，是根据统计学中的标准差原理设计出来的一种非常实用的技术指标，是行情价格的频带分轨。通常由上轨（压力线）、中轨（行情平衡线）、下轨（支撑线）3 条轨道线组成，属于通道式指标或路径式指标。

布林线指标图由两个部分组成：第一个部分就是构成通道的 3 条轨道线，分别为上轨、中轨和下轨，并在电脑上明确标示出各自的数值。一般情况下，价格线在由上下轨道组成的带状区间游走。其带状宽度具有变异性，能够随着股价波动幅度的大小变化自行调整，当波带变窄时，激烈的价格波动有可能随时产生；若高低点穿越波带边线时，立刻又回到波带内，则会有回档产生。也正是因为该指标具有灵活性和顺应趋势的特点，因此该指标成为市场上最受欢迎的技术分析指标之一。第二个部分就是股价的 K 线图，由股价在通道内的位置判断股价的运行趋势及阻力与支撑。

布林线的主要功能有如下 4 个。

（1）布林线可以指示支撑和压力位置。

（2）布林线可以显示超买、超卖。

（3）布林线可以指示趋势。

（4）布林线具备通道功能。

布林线、布林极限、布林极限宽三者构成一组指标群，俗称布林指标“三件套”，合并使用效果甚佳。布林线也是一项较为实用的技术分析指标，同样既可独立应用，亦可与其他技术分析指标相互参考使用。

二、BOLL 指标特性

（1）布林线指标是一个路径指标，正常情况下对股价具有较强的约束作用。当股价上涨至上轨附近时，有遇阻回落的可能，此时指标发生卖出信号，尤其是在盘档缩量的情况下，信号更加明显。相反，当股价下探至下轨时，股价有较强的反弹要求，是潜在的买入信号。

（2）指标中通道的中轨具有指示方向的作用。当中轨向上弯曲，而股价保持在中轨之上运行，显示目前走势为多头特征，是持股做多的信号。当中轨向下倾斜，而股价在中轨之下运行，则表明市场为空头市场，股价短期趋势向下，宜采取观望态度。

（3）当股价经过一轮下跌之后，股价自下而上突破中轨而翘头向上时，说明行情已由跌势转为升势，上穿中轨之时是最佳买入时机。当股价自高位回落并向下穿越中轨支撑，中轨也已拐头向下时，说明股价已由原先的升势转为跌势，操作上应及时卖出。

（4）股价上涨过程中，如果伴随着指标上行，说明市场支持股价上涨，中轨线对股价有一定的支撑作用，一般股价会在中轨与上轨之间振荡运行，当股价回档至中轨附近时，是最佳的回补或加码买进的时机。相反，在股价下跌过程中，布林线指标也同步下跌，说明空头势力占优势，中轨对股价有明显的压制作用，股价反弹至中轨附近时暂离场观望。

（5）当市场处于非正常状态时，股价可能出现大幅快速拉升的井喷式行情，并连续刺穿上轨阻力，跳出通道之外，此时指标的上下轨会同时向两边扩张，张口快速放大，指标通道的约束作用失去意义，此时我们可以根据下轨的运行情况来判断股价的回档。当下轨扩散速度放缓并拐头向上时，可以看到相对应的股价已开始有回档迹象，为卖出信号。

（6）布林线指标是一个测量股价变异性的指标，当股价处于长期横向盘整之时，指标开口逐渐变小，对那些开口变小的股票要多加留意。因为布林线指标开口逐渐变小，代表股价的涨跌幅度逐渐变小，多空双方力量趋于一致，股价随后会选择方向突破。布林线指标变窄持续的时间越长，显示变盘时机越临近，股价的波动幅度也将越大。因此，布林线指标对于筛选“变盘在即”的股票，提供了相当可靠的依据。但依据该指标这一特性选股时不要急于买进，因为变盘有上下两种可能，符合下列条件的向上突破的可能性较大：一则基本面转好，二则 K 线显示安全，三则股价所处的位置最好是相对底部。在高位横盘，上升或下跌途中横盘的股票要倍加小心。

三、BOLL 实盘经典

通常来说，布林线利用波带可以显示其安全的高低价位。布林线指标给出的是一个股价波动的上轨线和下轨线区间，同时通过中轨线来配合对趋势进行判断。虽然股价在上轨线和下轨线的区间波动带内变动，但这条波动带的宽窄会随着股价波动幅度的大小而变化。股价波动幅度加大时，波动带会变宽；股价横盘整理时，波动带保持不变或收窄。

也就是说，布林线给出的波动带区间是随着股价的变化而不断进行相应调整的。在应用该指标时，重点在于波动带的变动和股价对波动带的穿越。一般而言，当布林线的波动带呈水平方向移动时，可以视为目前的趋势以横盘运行为主。在这种情况下，当股价向上穿越上轨线时，将会形成短期的回档，可以看作是短线卖出信号；股价向下穿越下轨线时，将会形成短期反弹，此时则为短线买进时机。

由此可见，布林线对于波段操作的指导性较强。同时在趋势运行时，它的作用也较为明显。在股价形成突破之前，投资者可以通过观察波动带是否有收窄迹象，以提前做好准备。在趋势将要结束时，投资者可以通过观察股价对波动带中轨线的穿越，并结合波动带的变动来提前把握阶段性操作机会。

使用 BOLL 指标指导交易时应重点关注：BOLL 指标通道收窄后的突破方向，把握已扩张的上下轨线的收缩时机；注意上下轨线的压力支撑和超买超卖程度。

（一）超买超卖信号

1. 超买信号

行情碰触上轨线时，一般会遇到较强的压力，股价有产生强烈回档的可能。如果突破上轨线且股价连续 3 天收在上轨线之上，或冲出上轨线距离较远，而成交量又无法连续放出，股价就有回归通道内的要求，投资者应在相应上轨线附近顺势抛出筹码。

如图 9-1 所示，四川双马（000935）在上涨行情中，股价强势拉升，短期出现超买状态。BOLL 指标穿越上轨线之外，并且多日收于上轨线之上，显示股价有短线回调要求，短线应逢高抛出，待回调结束后视情况决定是否再次介入。

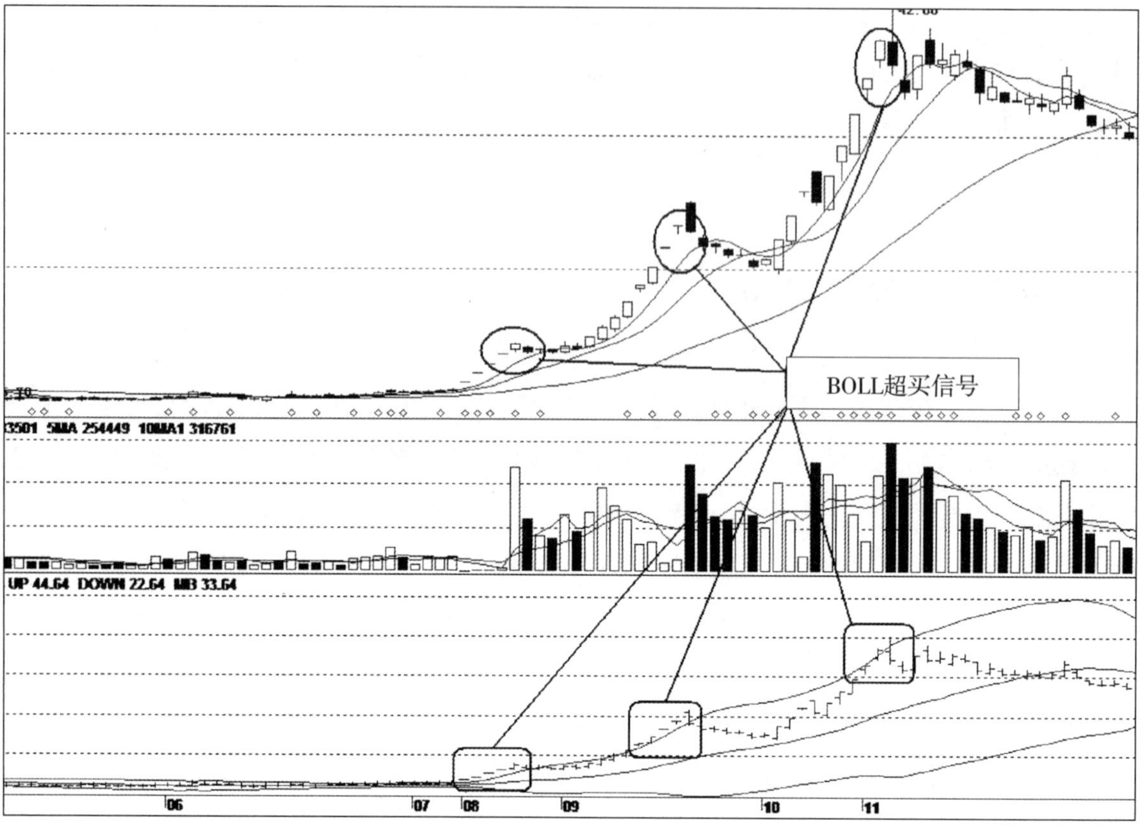

图 9-1　四川双马（000935）日 K 线图

2. 超卖信号

行情碰触下轨线时，一般会遇到较强的支撑，股价有产生强烈反弹的可能。如果突破下轨线且股价连续 3 天收在下轨线之下，或冲出下轨线距离较远，股价有回归通道内的要求，投资者应在相应下轨线附近择机购入筹码。

如图 9-2 所示，丹化科技（600844）的股价向下击穿均线系统后，恐慌盘杀出，形成快速下跌走势，股价连续 5 天收在 BOLL 指标的下轨线之下，严重偏离正常轨道，有回归 BOLL 通道内的要求。此时投资者可以逢低介入，做一波反弹行情也不错。

（二）支撑压力信号

1. 支撑信号

在一轮持续上涨的行情中，当股价从上轨线向中轨线回档之时，一旦在中轨线附近受到支撑并坚挺，则中轨线亦为股价的支撑带，可以据此买入。对于在布林通道中轨线与上轨线之间运作的强势股，不妨以回抽中轨线作为低吸买点，并以中轨线作为其重要的止盈、止损线。如果布林中轨线经长期大幅上涨后在高位转平，或者出现向下的拐点，并且股价

图 9-2 丹化科技（600844）日 K 线图

在 2～3 日内均在中轨线之下。此时，若股价回升受阻，其回升高点往往是逢高抛售的中短线卖出点。股价由上往下跌破中轨线时，股价有加速下跌之势，则是清仓卖出信号。

如图 9-3 所示，大连电瓷（002606）探明底部后，股价缓缓盘升而上，BOLL 指标中的美国线逐步盘上，形成一条清晰可见的上升布林通道。期间股价多次触及或冲破上轨线时遇阻回落，展开技术上的强势调整。当美国线回档至 BOLL 指标的中轨线附近时，均获得较强的技术支撑，每次回调均构成短线买入机会，并且每次介入均有一定的获利空间。

2. 压力信号

在一轮持续下跌的行情中，当行情从下轨线向中轨线反弹之时，一旦在中轨线附近感到压力并出现走势疲软现象，则中轨线亦为压力带。对于在布林中轨线与下轨线之间阴跌的弱势股，不妨以反弹到中轨线附近作为高抛卖点。如果布林中轨线经长期大幅下跌后在低位转平，出现向上的拐点，并且股价在 2～3 日内均在中轨线之上。此时若股价回调企稳，其回档低点往往是适量低吸的中短线买入点。股价由下往上突破中轨线时，股价有加速上扬之势，是加仓买进信号。

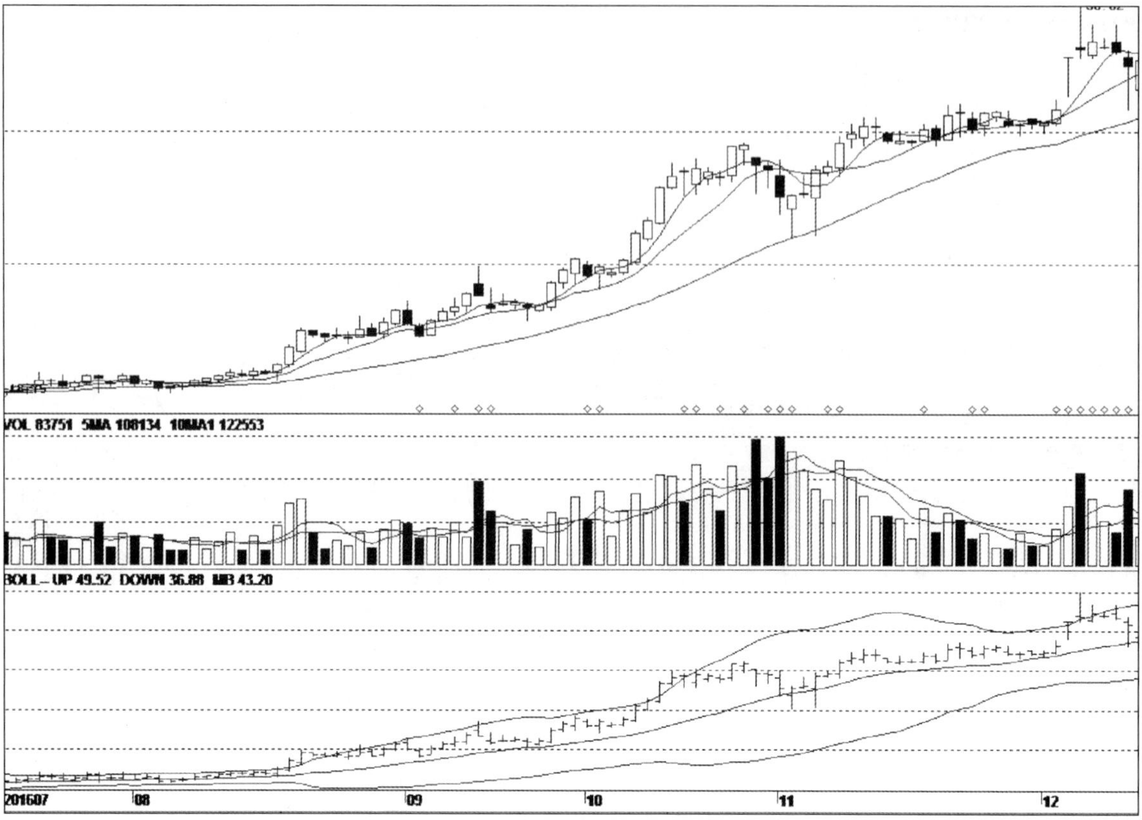

图 9-3 大连电瓷（002606）日 K 线图

如图 9-4 所示，廊坊发展（600149）的股价见顶后一路向下阴跌，BOLL 指标形成一条下降通道，股价每次反弹到中轨线附近时，均遇到压力而回落。可见，BOLL 指标下降通道一旦形成，其压力作用非常明显；一旦股价不能突破，就应该退出观望。

（三）喇叭口扩张信号

股价长时间横盘整理，BOLL 指标的上轨线和下轨线逐渐收紧，两线之间的距离越来越小，差值接近 10 时，即表示将要开始出现变盘，激烈的价格波动有可能随即产生。随着成交量的逐渐放大，股价突然出现急速涨升或下跌行情，此时 BOLL 的上轨线也同时急速向上扬升，而下轨线急速向下运动，这样 BOLL 线就形成了一个类似张口的喇叭形态。此时，若股价连续穿越上轨线，则表示股价将朝上涨方向运行；若股价连续穿越下轨线，则表示股价将朝下跌方向运行。

这种形态是股价经过长时间的横盘整理后，面临向上或向下变盘时所出现的一种现象。BOLL 线的上下轨出现方向截然相反而力度很大的走势，预示着多方（空方）力量逐渐强大而空方（多方）力量逐渐衰竭，股价短期将出现大幅拉升（下跌）行情。

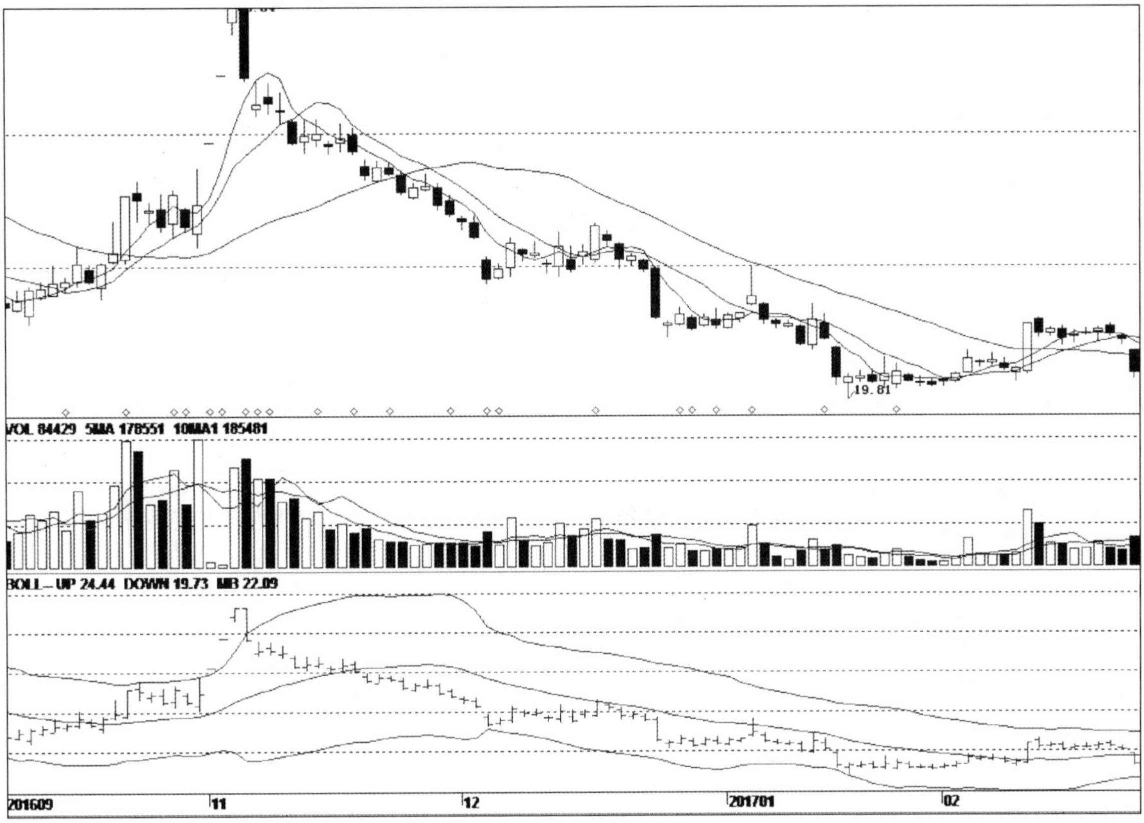

图 9-4　廊坊发展（600149）日 K 线图

这种形态的形成必须具备两个条件：一是股价要经过长时间的横盘整理，整理时间越长，上下轨之间的距离越小，则未来涨跌的幅度越大；二是在 BOLL 开口关键位置，无论涨跌都要有明显的大成交量出现。

如图 9-5 所示，川大智胜（002253）的股价经过一段时间的振荡调整后，选择向下破位的走势，此时 3 条布林轨道线在窄幅通道内运行，意味着行情随时会产生突破的可能性。此时投资者应逢高离场操作，回避风险。

如图 9-6 所示，湖南天雁（600698）的股价长期处于底部盘整状态，布林通道收窄多时，上轨、中轨和下轨十分接近，上下轨线数值差接近于 10%，这时投资者应密切关注其盘面变化（但不必过早介入），把箭拉在弦上，一旦突破（向上或向下）立即行动。当布林通道突然张开，成交量明显放大，股价向上突破的信号已经明确，一轮升势行情来临，投资者要不惜追涨杀入做多。此后，寂寞多时的骏马奋蹄而起，直接上奔。可见，布林通道收窄是暴风雨前的宁静，是黑马股启动前的信号，而布林通道开口再次放大是最佳买入时机。

图 9-5　川大智胜（002253）日 K 线图

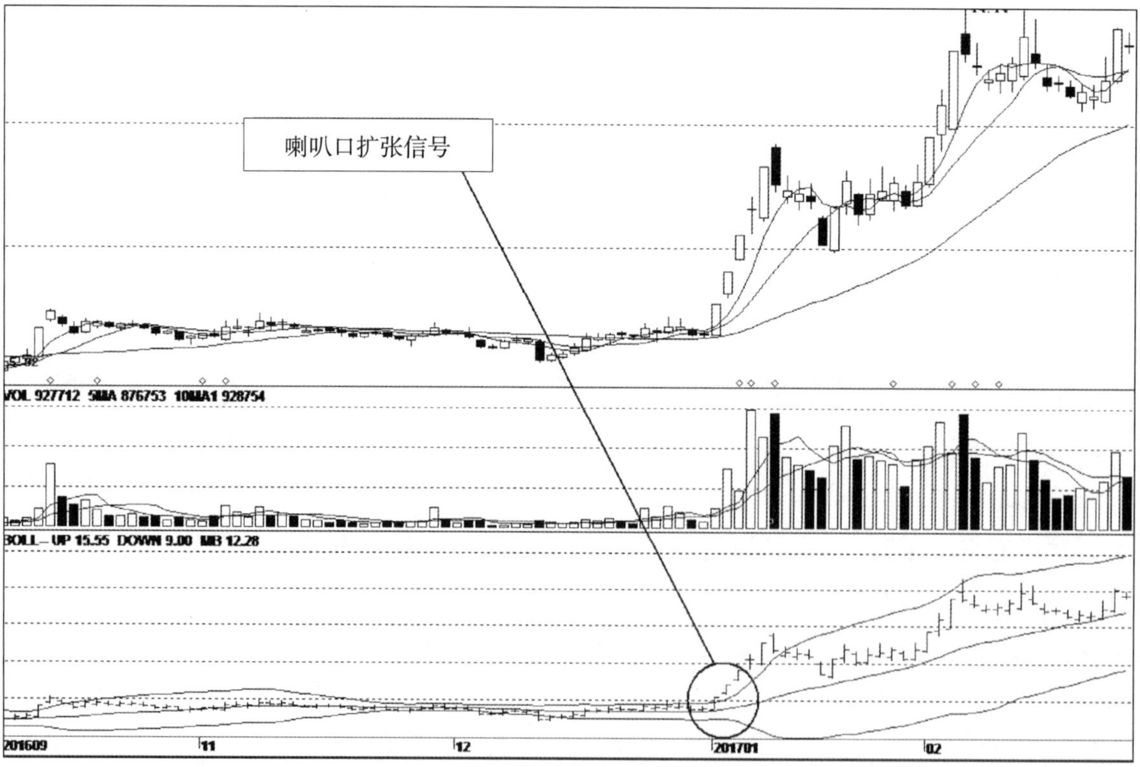

图 9-6　湖南天雁（600698）日 K 线图

（四）喇叭口收缩信号

股价经过短期的急涨急跌后，行情趋于平稳，BOLL 线中扩张的上下轨线开始逐渐收缩。在上升行情中，BOLL 的上轨线开始下降，而此时 BOLL 的下轨线继续上升，预示涨势行情将告一段落，投资者应减仓出局。形态的确立是以上轨线向下调头、股价向下跌破 BOLL 中轨线为准。在跌势行情中，BOLL 的下轨线开始上升，而此时 BOLL 的上轨线继续下降，预示跌势行情即将见底，短线可以轻仓介入博反弹。形态的确立是以下轨线向上调头、股价升破 BOLL 中轨线为准。

如图 9–7 所示，星宇股份（601799）历经几波大幅下跌后，股价在底部止跌企稳。在大跌过程中，BOLL 喇叭口迅速扩大。随着股价止跌，BOLL 喇叭口也开始收缩，BOLL 下轨线向上回缩。但此时并不是理想的买入时机，因为喇叭口仍然很大。到股价站上 BOLL 中轨后，才真正形成买点，此时可以在中轨线附近买入做多。

图 9–7　星宇股份（601799）日 K 线图

四、BOLL 常见陷阱

布林线是研判股价运动趋势的一种中长线技术指标，它具有灵活性、直观性和趋势性的特点，BOLL 指标是投资者广为应用的热门指标之一。正因如此，经常被主力“歪打正着”，在图形上设置许多虚假信号，让不少散户落入陷阱之中。常见的陷阱有多空陷阱、支撑压力陷阱、突破陷阱和出轨陷阱等，散户投资者应当具有识别和破解这些陷阱的技术和方法。

（一）多空陷阱

在 BOLL 指标的实际使用过程中，往往将中轨线作为强弱分界的标志。如果股价站稳在中轨线之上，那就意味着当前市场处于多头行情之中，可以看多做多；如果股价位于中轨线之下，那就意味着当前的市场处于空头行情之中，此时应看空做空。因此，通常将股价由下向上成功穿过中轨线时，视为买点产生；股价由上向下击穿中轨线时，视为卖出信号。但是，这些信号同样存在着许多陷阱，市场常常出现相反的走势，弄得股民不知所措。

1. 多头陷阱

当股价触及 BOLL 指标下轨线时，受到支撑而回升，或者股价跌破 BOLL 指标下轨线后快速拉起，股价向上突破中轨线，预示股价强势特征开始形成，股价即将开始上涨，是中短线较为有效的买入信号。股价在一波较大幅度的下跌后，往往会形成最后加速一跌，在 BOLL 指标通道上反映为股价触及或跌穿下轨线，然后出现反弹回升走势。但这个回升能否变成反转，如果用 BOLL 指标来判断的话，关键是看股价能否有效突破 BOLL 指标中轨线。一旦有效突破中轨线，则是较好的买入信号，但虚假信号较多。

如图 9–8 所示，悦达投资（600805）的股价经过一波涨升后回落，BOLL 指标滑落到下轨线附近，曾一度击穿下轨线，然后快速拉起。随后一举突破中轨线的压制，并继续上攻到上轨线，表明行情将再现强势走势，应当是一个较好的买入时机。但是，买入后股价即反转向下，击穿中轨线后呈阴跌走势，使突破中轨线信号成为多头陷阱。

技术解盘：从该股走势图中可以看出，当 BOLL 指标向上突破中轨线时，成交量没有放大，因此在股价突破中期均线时成交量不足，上涨力度不够，未能形成有效突破。而且股价又处在前期高点附近，上行压力较大。BOLL 指标本身运行过于平坦，很难聚集突破力量，当股价触及上轨线时，就自行滑落，重回中轨线之下。均线系统也不能继续支持多头进一步发展，5 日均线死叉 10 日均线后，继续向下死叉 30 日均线，随后 10 日均线向下死叉 30 日均线，30 日均线向下，在高位形成一个尖头向下的死亡角。因此，在这样尚不具备向上突破的技术条件下就盲目发起攻击，无疑是自寻死路。

图 9-8　悦达投资（600805）日 K 线图

2. 空头陷阱

在股价上涨过程中，触及 BOLL 指标上轨线时受到压力而回落，或者股价向上突破上轨线后很快回落，股价向下跌破中轨线，预示股价前期的强势行情已经结束，中短期下跌趋势即将形成，这时是较为有效的卖出信号。如果 BOLL 指标的上、中、下轨线也同时下行，则更能确认。但这个信号经常出现虚假现象，既有主力故意设置，也有市场自然形成。

如图 9-9 所示，宝硕股份（现名华创阳安，600155）的股价经过小幅上涨后，因主力洗盘调整而回落，BOLL 指标向下滑落并击穿中轨线支撑，而后持续向下，曾一度击穿下轨线。这时技术形态遭到一定的破坏，不少投资者因此退出观望。可是不久，洗盘结束后股价快速拉起，一举突破中轨线的压制并继续上扬，出现一波主升浪行情。

技术解盘：从该股走势图中可以看出，BOLL 指标在向下突破中轨线时，虽然股价也跌破了中期均线，但股价并未受 BOLL 指标中轨线的压制而下行。BOLL 指标趋势比较平坦，向下突破信号较差。30 日均线趋平，并未构成有利于空方的技术形态。不久 5 日均线金叉 10 日均线，之后继续向上金叉 30 日均线，随后 10 日均线向上金叉 30 日均线，30 日均线向上，形成一个尖头向上的银三角，从而推动股价出现一波飙升行情。

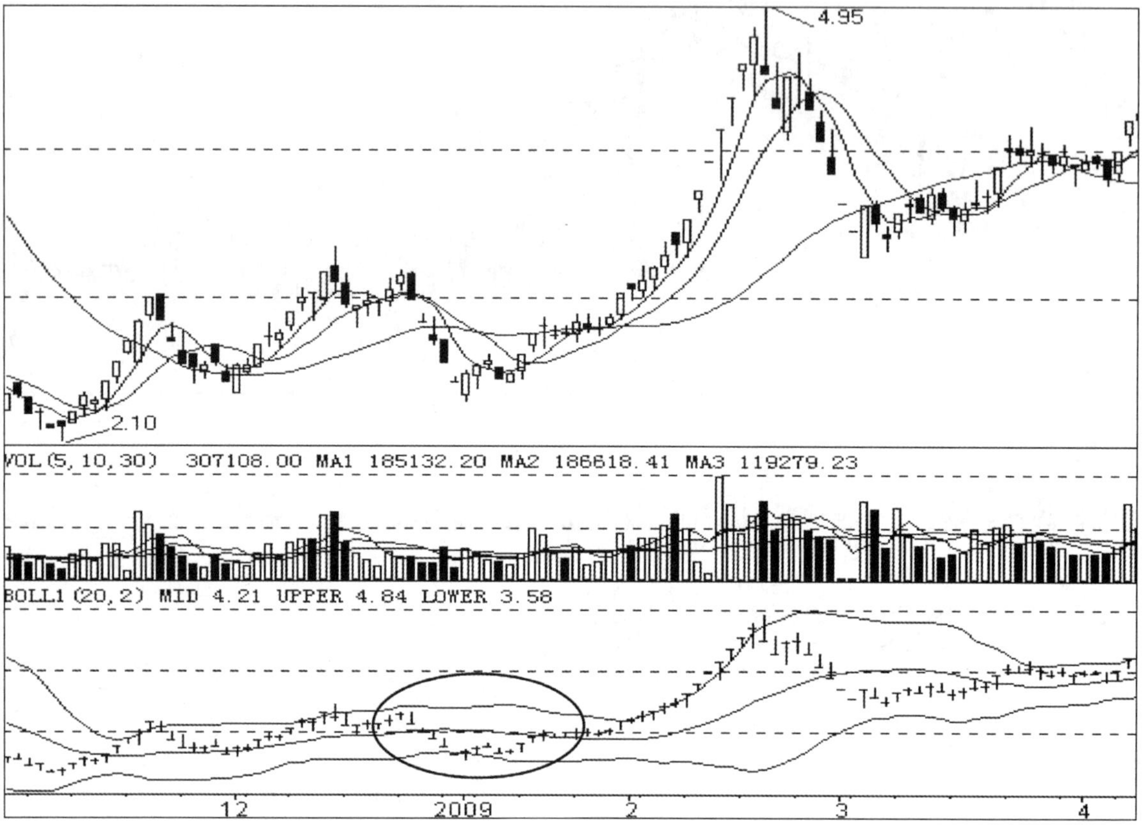

图 9-9　宝硕股份（现名华创阳安，600155）日 K 线图

3. 技术纠正方法

（1）观察股价走势。当 BOLL 指标向上突破中轨线时，如果股价放量突破中期均线，那就意味着股价中短期上涨趋势开始形成，这是 BOLL 指标揭示的中短期买入信号。当 BOLL 指标向上突破中轨线后，如果股价依托其中轨线向上攀升，那就意味着股价中短期上涨趋势已经形成，这是 BOLL 指标揭示的中短期逢低买入或持股信号。

当 BOLL 指标向下突破中轨线时，如果股价跌破中期均线，那就意味着股价中短期阴跌趋势开始形成，这是 BOLL 指标揭示的中短期卖出信号。当 BOLL 指标向下突破中轨线后，如果股价受中轨线的压制下行，那就意味着股价中短期下降趋势已经形成，这是 BOLL 指标揭示的中短期卖出或观望信号。

（2）观察 BOLL 指标的趋势。股价突破 BOLL 指标中轨线提示的买卖信号，要结合其运行趋势而定。若 BOLL 指标趋势是明显上升的，并且股价进行了较长时间的调整后再次上穿中轨线，向上突破的信号比较可靠，而向下突破的信号较差。若 BOLL 指标趋势是平行运行的，股价处于胶着状态，无论向哪个方向突破，突破信号均较差。若 BOLL 指标趋势是明显下降的，并且股价也有了一定的升幅，向下突破信号比较可靠，而向上突破信号较差。

（3）观察突破后的走势。其实股价突破 BOLL 指标中轨线，并不代表强弱决定性信号出现，此时如果贸然买卖，失误概率较大。因此，当遇到这种信号时，投资者应先观望一段时间，看看其股价能否持续走强。若能持续走强，再等待其回调时买入不迟。若不能持续走强，则可等待更低的价位出现后介入。

（4）观察中轨线的升降力度。中轨线是 BOLL 指标的平均线，具有指示方向的作用。中轨线的升降角度越大，反映突破力度越大，信号可靠性越强。中轨线的升降角度很小或很平坦，反映突破力度很小，信号可靠性较差。

（5）股价在突破时要有成交量的配合，同时还要得到移动平均线和股价运行趋势的支持。

（二）支撑压力陷阱

1. 支撑陷阱

股价整理结束后，走出一波上涨力度不大的行情。若股价触及 BOLL 通道的上轨线而回落调整，一旦股价在 BOLL 中轨线受到强大支撑而回升，则股价处于中轨线附近时是个较好的买入时机。但这时的虚假信号是，股价回升幅度不大，买入后很快就出现下跌走势，散户根本没有出逃的机会。

如图 9–10 所示，华鲁恒升（600426）的股价经过一波下跌调整后触底回升，走出一波反弹行情。股价触及 BOLL 指标上轨线时遇阻回落整理，股价在 BOLL 指标的中轨线附近获得支撑企稳回升。这时，从技术分析看是个买入点，BOLL 中轨线出现向上移动，而 30 日移动平均线又从下降转为上升，对股价构成支撑，成交量也保持活跃状态。可是，搞不明白的是买入后却是个诱多陷阱，股价上涨到前期高点附近即遇阻回落，形成双重顶形态，向下突破双重顶的颈线后，出现逐波下跌行情。

技术解盘：从该股走势图中可以看出，股价遇到 BOLL 指标中轨线的支撑时，没有达到“最小幅度”要求。回升时股价并没有冲破前期高点，这既反映上涨力量单薄，又体现支撑力度不强。而且股价处于中高位，主力出货态度坚决，又逢大势环境趋淡，因此得不到 BOLL 指标中轨线的支撑实属正常，因此成为一个虚假买入信号。

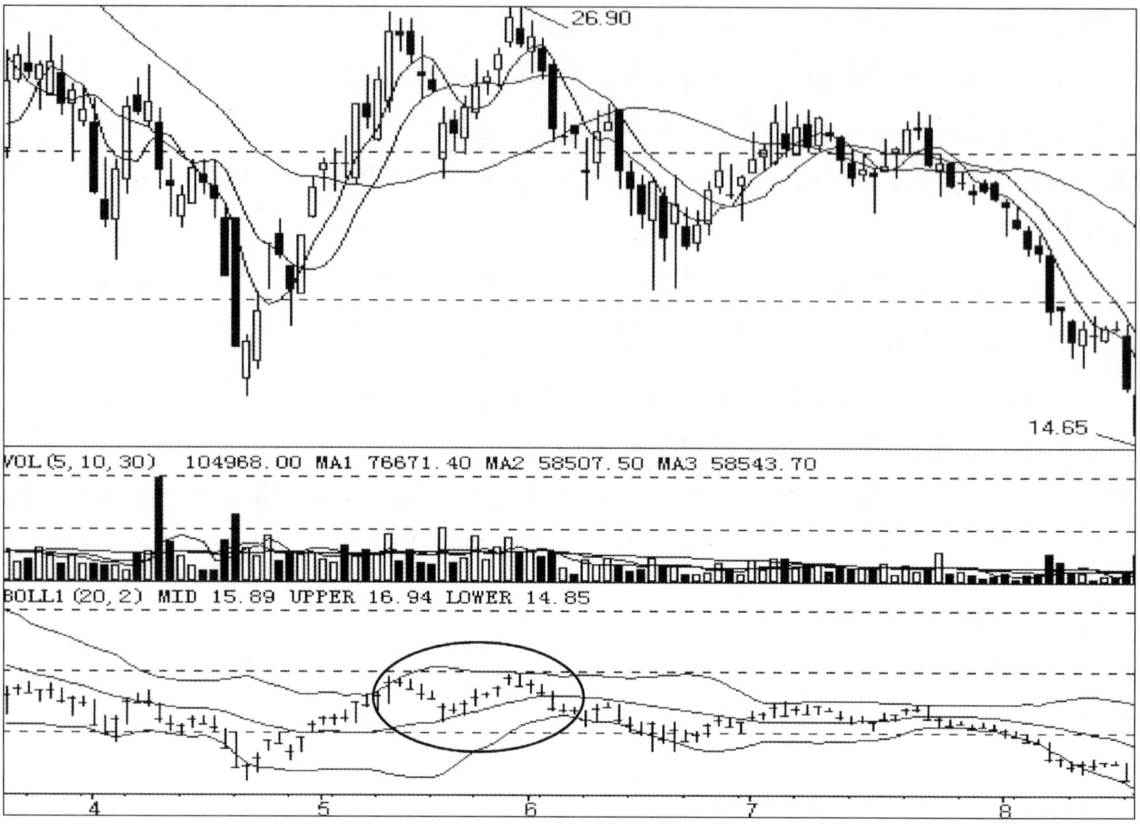

图 9-10　华鲁恒升（600426）日 K 线图

2. 压力陷阱

在持续下跌行情中，股价触及 BOLL 指标的下轨线或穿破 BOLL 通道的下轨线而产生反弹，但未能突破 BOLL 中轨线的反压即走软，则表明下跌趋势并没有结束，反弹行情失败，股价处于中轨线附近时为卖出良机。但这时的虚假信号是，股价下跌幅度不深，卖出后很快就出现企稳回升走势，使散户割肉踏空。

图 9-11 是华鲁恒升（600426）另一时段的走势图，股价出现急跌行情后产生小幅反弹，当股价触及 BOLL 指标的中轨线时，遇到压力而再度回落。此时，技术分析普遍认为应该做空，原因是股价受到反压明显，后市仍有做空动能。BOLL 通道趋势向下，对多方不利。成交量没有放大，做多力量比较分散。移动平均线呈空头排列，30 日均线下行。因此，短线继续做空是明知之举。可是，主力就喜欢与散户“捉迷藏”，股价只是小幅下跌后即企稳回升，随后走出逐波上扬行情，累计涨幅接近 200%。

技术解盘：从该股走势图中可以看出，股价在遇到 BOLL 指标中轨线压力时，回落的“最小幅度”虽然低于前期低点，但幅度很小，这既反映空头力量弱小，又体现压力不大，而且股价前期已经大幅下跌，处于市场跌势后期，战略性投资者已经悄然建仓，又逢大市渐渐复苏，因此这时的压力不会很大，后市上涨势在必行，因此成为一个虚假卖出信号。

图 9-11　华鲁恒升（600426）日 K 线图

3. 技术纠正方法

（1）对于 BOLL 指标支撑和压力的确认，实战中有点难度。根据实盘经典总结：BOLL 指标的确认标准与突破后的确认标准有点相似，股价回落到中轨线得到支撑时，回升的最小幅度应当超过回落时的最高点并达到一定的幅度，而且在此点位之上要至少持续 3 个交易日以上，否则支撑无效。同样，股价反弹到中轨线受到压力时，回落的最小幅度应当低于产生反弹时的最低点并达到一定的幅度，而且在此点位之下要至少持续 3 个交易日以上，否则压力不大。比如，股价从 10 元回落到 9 元获得支撑，而回升的最小幅度应超过 10 元，并在 10 元上方维持一定的时间，否则支撑力度不强。又如，股价从 10 元反弹到 11 元受到压力，而回落的最小幅度应低于 10 元，并在 10 元下方维持一定的时间，否则压力较小。

（2）确认支撑和压力时，要分析股价所处的基本位置和阶段、主力坐庄意图、操盘手法和市场持仓成本，以及股价运行的气势，必要时还要结合切线、形态、波浪等技术综合分析。

（3）要看股性和大势。通过个股股性，从过去出现的类似情况，基本可知现在的走势，可以帮助投资者更好地把握时机。如果大势正处于上升阶段，股价上行的压力就小，支撑力度就强；如果大势正处于下跌阶段，支撑力度就弱，压力就大。之后，也不要急于出局，再行观察后做出定夺；如大市开始转淡，建议先获利了结。

（4）结合 MACD、CCI、ROC、W%R、DMI 等重要技术指标组合分析，进行相互验证，其信号可靠性高。

（三）突破陷阱

股价处于振荡盘整时，BOLL 指标开口会由宽逐渐变窄呈收敛状，这意味着行情即将发生变盘（上下均有可能），应当引起警觉。因为 BOLL 指标开口逐渐收缩代表股价的涨跌幅度逐渐变小，多空双方力量趋于一致，股价会选择突破方向。而持续时间越长，显示变盘时机越临近，股价的波动幅度也将越大。由此可以看出，BOLL 指标为筛选“变盘在即”的股票，提供了相当可靠的依据。当行情发生变盘时，可视当时行情而定，向上变盘可追涨买入，向下变盘可杀跌出局。但这些信号也存在许多陷阱，有时向上变盘后不久股价又下跌了，有时向下变盘后不久股价又上涨了。

1. 向下突破陷阱

市场经过大起大落的振荡后，行情趋于平静，BOLL 指标上下轨线开始逐渐由宽变窄呈收敛状，股价在一个狭窄的通道里运行。不久，突然 BOLL 指标上下轨线向两边扩张，股价向下变盘。这表明空方力量逐渐强大，多方力量逐渐衰竭，股价短期将出现大幅下跌走势。可是股价下跌幅度并不大，很快盘稳后出现向上走势，刚刚扩张的 BOLL 指标开口重新收敛，从而形成向下变盘陷阱。

如图 9–12 所示，江西铜业（600362）一轮升势行情结束后，股价振荡幅度逐渐缩小，BOLL 指标通道变窄，预示行情随时产生变盘的可能。不久，一根大阴线打破了沉寂的盘面，行情选择向下突破，BOLL 指标通道上下轨线迅速向两边扩张。这通常反映主力出货态度坚决，后市看淡，上涨行情将告一段落，应当逢高卖出。可是，后市走势却始料未及，行情小幅下跌后很快企稳，经过一段横盘整理后向上突破，BOLL 指标通道变窄后再次向外扩张，行情步入上升走势。

技术解盘：从该股走势图中可以看出，当 BOLL 指标向下突破时，股价跌幅不大，说明做空动能不足。BOLL 指标通道上下轨线开口太小，开口速度缓慢，行动迟钝，反映下跌力道并不强大。在突破关键位置时成交量不大，没有引起盘面恐慌，主力对筹码控制较好，出逃的是散户而不是主力。BOLL 指标趋势过于平坦，中轨线弯曲不大，反映空方力量不强。因此，向下突破信号的可靠性并不高。

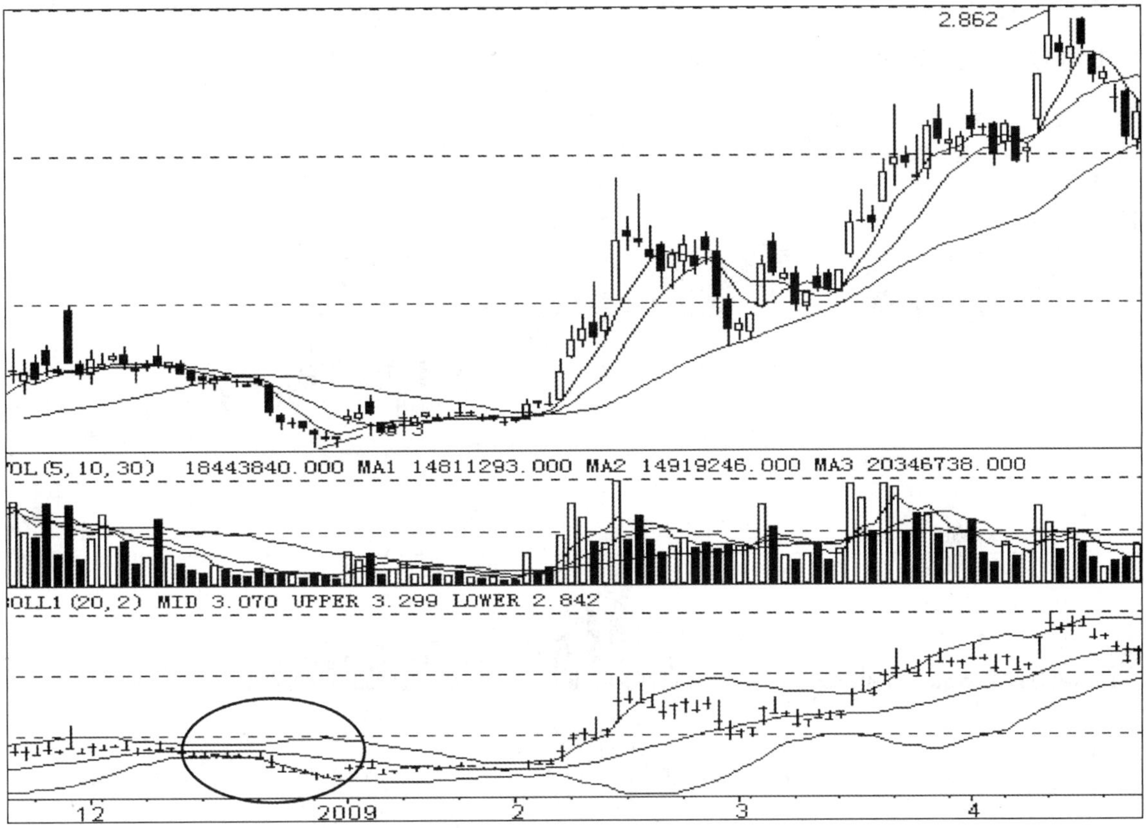

图 9–12　江西铜业（600362）日 K 线图

2. 向上突破陷阱

股价经过一轮下跌行情后出现盘整走势，BOLL 指标通道逐渐收敛，反映空方力量减弱。当 BOLL 指标不能继续收敛时，多方力量发起攻击，股价出现向上变盘，上下轨线向两边扩张。这表明主力吸货整理结束，市场筑底成功，股价短期将出现大幅拉升行情，短线可以买入做多。可是，股价上涨幅度不大即很快回落，出现下跌走势，刚刚扩张的 BOLL 指标开口重新收敛，从而形成向上变盘陷阱。

如图 9–13 所示，天宸股份（600620）的股价从高位小幅回落后，形成窄幅波动，BOLL 指标通道逐渐缩小，预示变盘在即。持续一段时间后，股价出现向上突破走势，BOLL 指标通道上下轨线迅速向两边扩张。这表明振荡蓄势整理结束，行情将出现新一轮上涨走势，短线可以跟进买入。可是股价仅仅是小幅上涨而已，很快即向下回落，出现下跌走势，让介入者套牢其中。

技术解盘：从该股走势图中可以看出，BOLL 指标通道上下轨线开口不大，显示突破力量有限，股价上涨高度受到限制。均线系统趋势不够明确，股价位置相对较高。主力刻意制造虚假成交量，是典型而古老的对敲放量出货方式，这种方式老股民一看就明白，新股民很容易上当受骗。BOLL 指标趋势过于平坦，中轨线弯曲不大，反映多方力量不强。因此导致向上突破失败，形成假突破走势。

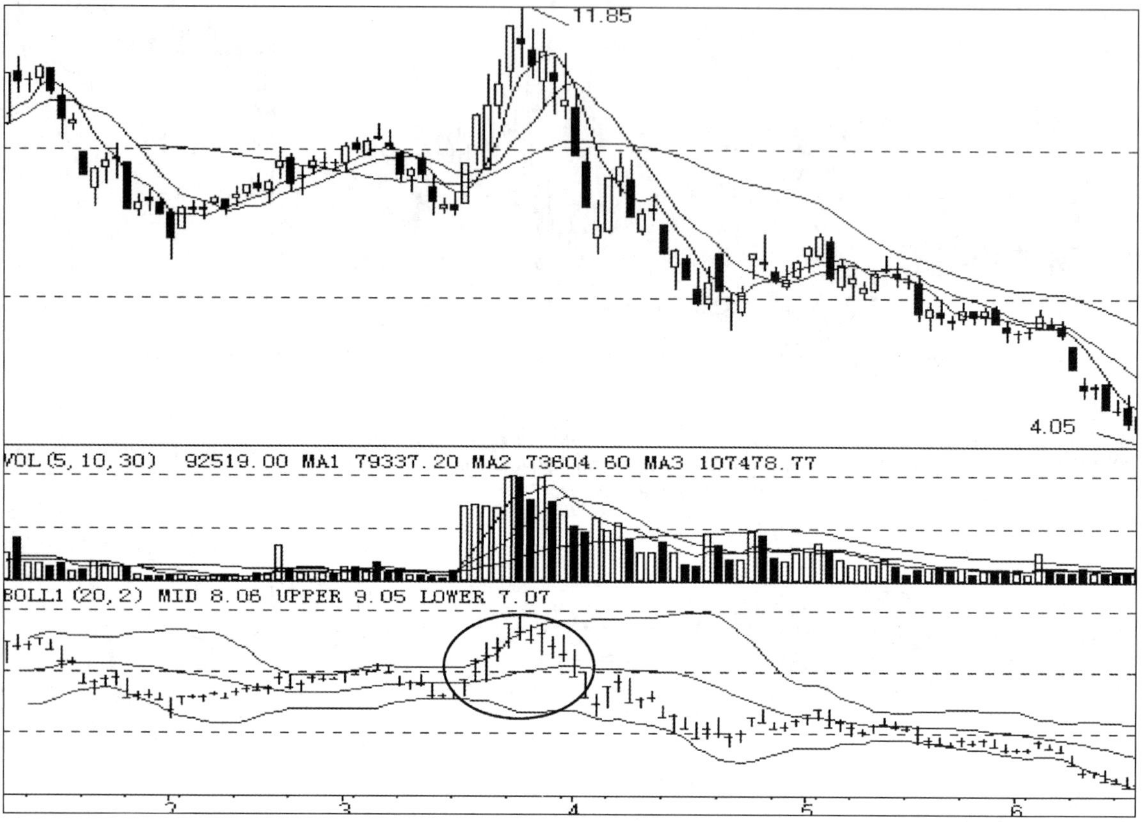

图 9-13 天宸股份（600620）日 K 线图

3. 技术纠正方法

（1）当 BOLL 指标逐渐收缩时，意味着变盘在即，但不要急于买卖，因为变盘有上下两种可能。有时即使股价处于低位，仍有可能再下台阶。投资者不应该认为股价在相对低位，变盘必定向上突破而贸然买入，而应等突破方向明确之后再做抉择。

符合下列条件的向上变盘，其可能性较大：一是基本面良好，二是均线形态显示安全，三是股价所处位置最好是相对底部。反之，向下变盘的可能性大。在高位横盘或上升、下跌途中横盘的股票要倍加小心。

BOLL 指标出现逐渐收敛形态后，突破必须具备两个条件：一是股价要经过长时间的横盘整理，整理时间越长，通道上下轨之间的距离越小，则未来涨跌幅度越大；二是在 BOLL 指标开口关键位置，无论涨跌都要有明显的大成交量出现。

（2）BOLL 指标的中轨线具有指示方向的作用。当股价向上突破后，中轨线向上弯曲，并且上升角度陡峭，股价保持在中轨线之上运行，显示目前走势为多头特征，是持股做多的信号。当股价向下突破后，中轨线向下倾斜，并且下降角度陡峭，股价维持在中轨线之下运行，表明市场为空头市场，应卖出做空。如果在 BOLL 指标突破时，中轨线的运行角度较小或相对平坦，反映突破力度较小，信号可靠性较差，假突破的可能性大。

（3）稳健型投资者可以先跟踪观察一段时间，看看其股价能否持续走强，等待股价回抽确认有效时，在中轨线附近再进行买卖决策比较可靠，若确认突破无效，则放弃跟踪观察。激进型投资者在持续扩张时行动，在 BOLL 指标上轨线或下轨线出现拐头时离场，向上突破时参考下轨线，向下突破时参考上轨线。

（4）突破时 BOLL 指标上下轨线向外扩张，迅速持续地张开。其开口越大，突破力度越大，短期爆发力也越大，信号可靠性就越高。如果仅是缓慢地稍微向外发散，表明其力度较弱，信号可靠性较差。

（5）股价在突破时要有成交量的积极配合，同时还要得到移动平均线和股价运行趋势的支持。

（6）突破要成功跨越或脱离某一个有意义的位置，比如一个整数点位、一个整理形态、一条趋势线、一个密集区域或一个时间之窗等，否则判断意义不大。

（四）出轨陷阱

列车始终在轨道上运行，出轨了就意味着出问题，BOLL 指标与其十分相似。股价一旦超出了轨道线，就说明短期股价脱离了市场运行规律，随后会有一个明显的技术修正过程，因此市场形成涨跌走势，从而出现买卖信号。但在实盘中，常常出现虚假信号，主力更是爱浑水摸鱼，制造市场混乱，导致散户判断失误。

1. 出上轨陷阱

BOLL 指标是一个路径指标，在正常情况下，对股价具有较强的约束作用。通常来说，股价上涨触及 BOLL 指标上轨线时，一般会遇到较强的压力，股价有产生回档的可能，此时指标发出卖出信号。如果股价突破 BOLL 指标上轨线，并且股价连续 3 天收在上轨线之上，那么反映多方短期力量消耗过大，股价有强烈回归通道内的要求，应在相应的上轨线附近顺势抛出筹码。但走势经常会出现虚假信号，过早抛出可能导致利润损失。

如图 9–14 所示，九安医疗（002432）的主力在底部吸纳了大量的低价筹码后，逐步脱离底部区域。2021 年 11 月 11 日向上突破，股价出现连续加速上涨走势，连续多日收在 BOLL 指标通道上轨线上方，表明短期股价严重超买。此时，通常应短线卖出以回避市场调整风险。可是，股价并没有出现深幅下跌，主力只是改变了操作手法，放缓了上升步伐，在行情的中后期又出现急拉走势，成功地将股价炒到目标价位区。

技术解盘：从该股走势图中发现，股价向上穿破 BOLL 指标上轨线，表明多方势头强劲，市场强势特征明显。成交量持续放大，盘内交投活跃，盘外跟风积极，股价上行有气势。均线系统呈多头排列，30 日均线支撑股价进一步走高，MACD 指标在 0 轴附近黏合后向上发散，CCI 指标在天线附近运行，TRIX 指标趋势向上，多项技术指标趋向于多头市场，因此短期上涨行情仍将持续下去。

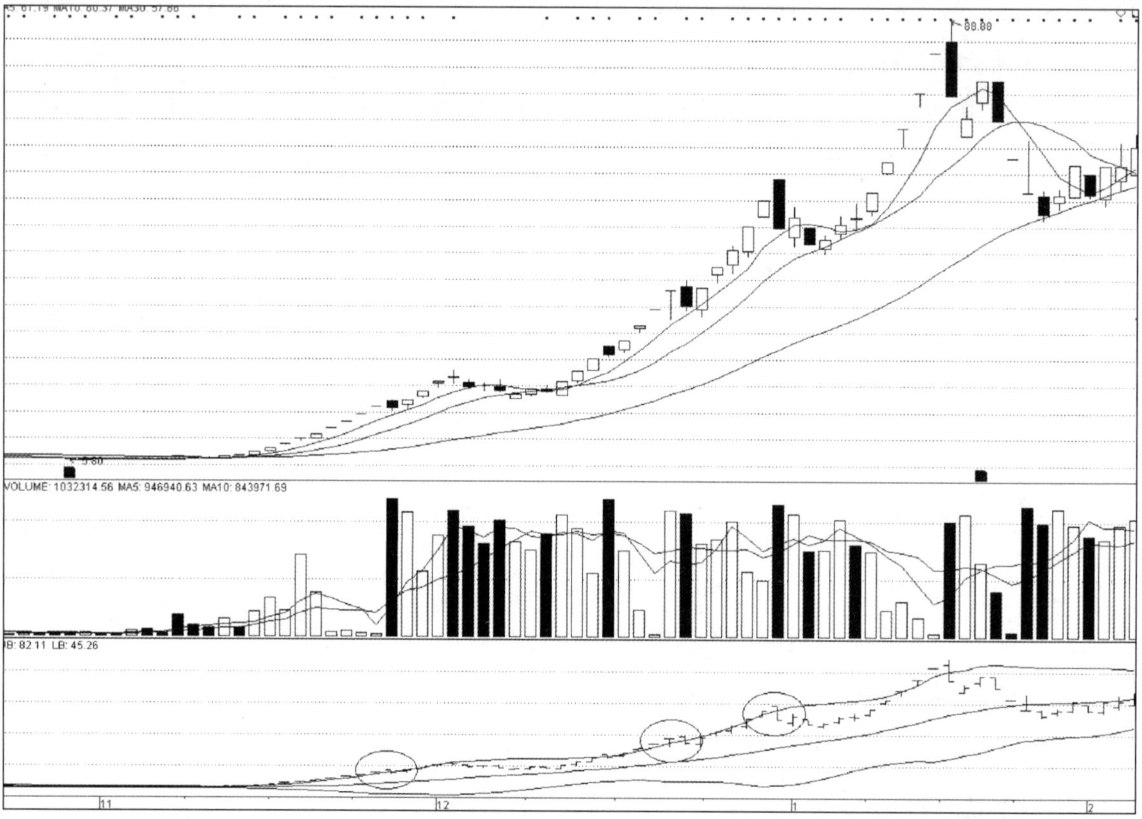

图 9-14　九安医疗（002432）日 K 线图

2. 出下轨陷阱

一般而言，当股价下跌触及 BOLL 指标下轨线时，会得到较强的支撑，股价有产生反弹的可能，此时指标发出潜在的买入信号。如果股价跌破下轨线，并且股价连续 3 天收在下轨线之下，反映空方短期力量消耗过大，股价有强烈回归通道内的要求，应在相应的下轨线附近择机购入筹码。但也经常会出现虚假信号，过早介入可能会遭受套牢之苦。

如图 9-15 所示，兴发集团（600141）的股价见顶后，主力不停地向外派发筹码，造成股价不断向下滑落。在随后的几个交易日里，股价出现加速下跌态势，连续多日收于

BOLL 指标下轨线之下，股价严重偏离正常轨道运行，有强烈回归 BOLL 指标通道内的要求。通常这时介入做多，可以做一波短线反弹行情，也是弱市中的一种操作方法。可是后市根本没有出现反弹行情，跌势依然不减，后期跌幅还超过 65%。

技术解盘：从该股走势图中可以看出，股价向下穿破 BOLL 指标下轨线，表明空方势头强劲，市场弱势特征明显。主要原因有这样几点：向下突破信号出现在下跌中期，成交量较大，说明股价下行抛盘沉重；均线系统呈空头排列，MACD 指标死叉后下行，CCI 指标在地线附近运行，TRIX 指标趋势向下，多项技术指标趋向于空头市场，因此短期股价仍将继续走低。

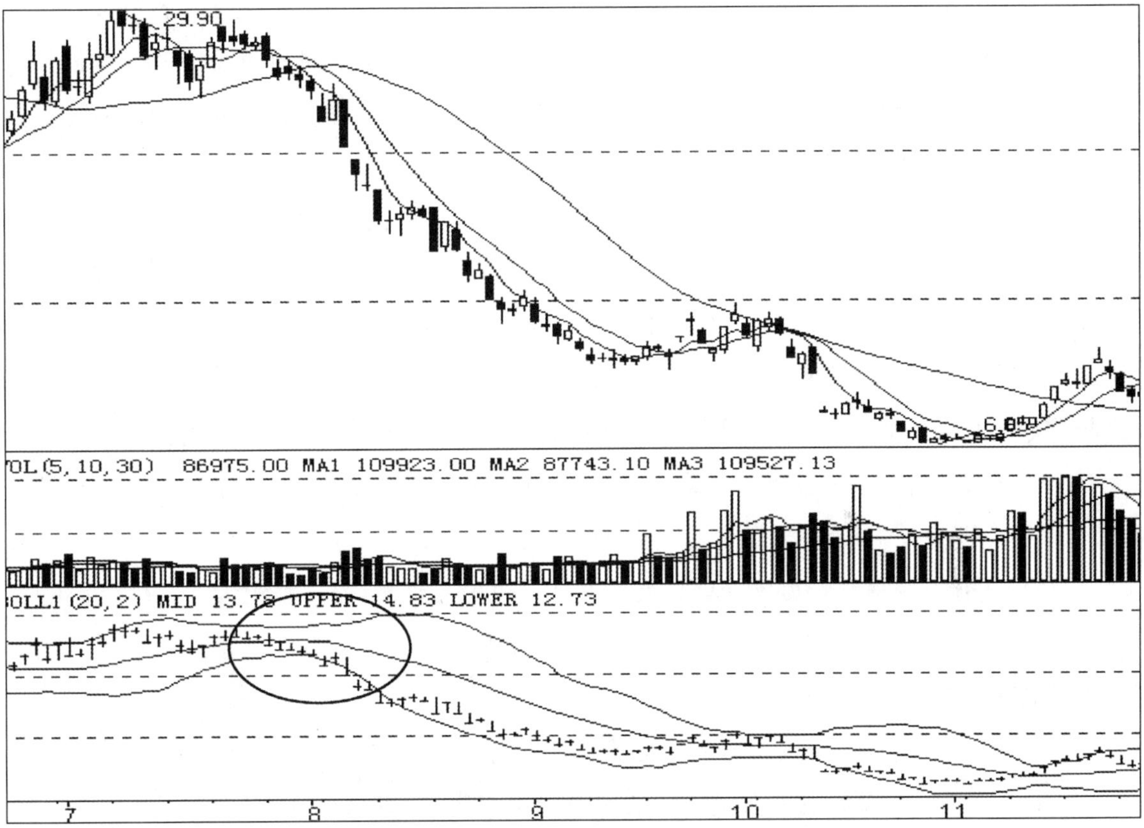

图 9-15 兴发集团（600141）日 K 线图

3. 技术纠正方法

股价超出 BOLL 指标的正常运行轨道，通常有一个短线回抽确认过程。但现在主力炒作风格不像以前了，完全凭实力操作，炒作起来不讲章法，涨得让你不敢相信，跌得让你难以接受。因此，在一轮主升段行情中，BOLL 指标突破“上限”时，易犯卖早或买迟的错误。在一轮暴跌行情中，BOLL 指标突破“下限”时，易犯买早或卖迟的错误。所以，在股价超出 BOLL 指标通道“上下限”后，投资者应结合其他因素综合分析研究，这样才能少犯或不犯错误。

（1）短期观察KDJ、BIAS、MA三大技术指标信号。这三大指标组合被称为短线操作的“黄金搭档”，不仅可以提供抢反弹的最佳买点，也能提供短线高手逢高派发的最高卖点。BIAS指标的功用是确认股价是否超跌及超跌程度，KDJ指标的作用是显示个股是否有拐头向上的动能，移动平均线可以鉴定股价的基本位置和方向，三者结合，可以打造出抢反弹的最佳工具和短线做空的最佳卖点。

股价出现持续下跌或暴跌后，BIAS指标向下远离0轴，5日BIAS超过−10，10日BIAS超过−15，30日BIAS超过−25或接近历史最小值，这是确认股价超跌的首要条件。KDJ指标在低位金叉，D线值最好在20以下，或者KDJ指标在低位钝化（股价大跌，乖离率大，必定造成KDJ指标钝化）后金叉向上，曲线穿越钝化期间的任一个高点，预示股价将要反弹。股价远离30日均线之下，意味着股价下跌过急，跌幅过大，有短线反弹要求，以修复技术指标，投资者可以适当介入抢反弹。

股价出现持续上涨或暴涨后，BIAS指标向上远离0轴，5日BIAS值超过10，10日BIAS值超过15，30日BIAS值超过25或接近历史最大值，短期乖离率偏大，有回档要求。KDJ指标在高位死叉，D值最好在80以上，或者KDJ指标在高位钝化后死叉向下，曲线穿越钝化期间的任一个低点，预示股价将要见顶。股价远离30日均线之上，意味着股价上涨过快，涨幅过大，有短线回档要求，以修复技术指标，投资者可以逢高了结。

（2）观察股价运行趋势、移动平均线发展方向，并结合MACD、W%R、ROC、CCI、TRIX等有关中长线技术指标综合研判。

（3）分析股价涨跌幅度大小、位置高低及所处的运行阶段。涨幅大的，位置高的，接近涨势尾声的，股价回落的可能性大；反之，跌幅大的，位置低的，接近跌势尾声的，股价回升的可能性大。

（4）此外，还要结合大市分析。如大市正处于上升阶段，股价突破上轨线之后，也不要急于出局，再行观察后进行定夺；如大市转淡，建议先获利了结。

五、布林极限（%BB）

布林极限简称%BB，同布林极限宽指标一样，都是由布林线指标派生出来的，主要作用在于辅助布林线指标辨别买卖点的真伪，从而进一步确认BOLL指标发出的买卖信号的可信度。

%BB 指标的计算方法和随机指标类似，但它的取值范围可以大于 100，也可以小于 0，常态波动于 0～100 之间。超出此范围之外，表明股价超越了 BOLL 指标上轨线或下轨线，有回档或反弹的要求。

大家知道，当股价超越布林上轨线时，代表超买；股价跌破下轨线时，代表超卖。但投资者实际运用布林线指标时，常常发现股价虽然超越布林上轨线，却不一定回档，或者股价跌破布林下轨线，却未见反弹的情况。因此，依据该指标可能造成卖出股票后，价格仍持续上涨，或买进股票后，股价持续下跌的情况，导致投资者的处境十分尴尬。这方面的盲点，让投资者对布林线指标的使用产生了怀疑。

解决布林线指标在趋势行情中的这个盲点，利用 %BB 指标的“背离”效果，可以确认股价向上突破布林上轨线时，是否可能形成短期头部，或者股价向下跌破布林下轨线时，是否可能形成短期低点。如果第二次价格波动时，无法让股价穿越布林上轨线或下轨线，这种情形显示股价的力量已经逐渐疲软，%BB 与股价产生背离的现象，暗示股价反转在即。

%BB 指标位于行情系统的副图中，它由一条 %BB 曲线和一条 %BB 的 N 天移动平均线组成。主要以其背离、超买超卖信号作为买卖判断的依据。

%BB 指标的取值范围在 0～100 之间，它有以下 3 个主要特征。

（1）%BB 指标是一项辅助性指标，用来确认布林线指标发出的信号是否真实。若与布林线指标同步上升或下降，则表明布林线信号的真实性和准确性比较高，有延续原趋势运行的动力。

（2）具有指标超买超卖的特性。%BB ＞ 100 时，表明市场出现超买现象，行情可能会出现回落，此时应提高警惕，择机卖出。%BB ＜ 0 时，表明市场进入超卖状态，有短期反弹的要求，此时应考虑买入。当指标数值在 0～100 之间上下波动时，表明市场处于常态。

（3）可根据 %BB 指标与股价走势的背离现象判断行情能否反转，从而提前做好操作准备。

六、布林极限宽（WID）

眼看 BOLL 通道的开口逐渐缩小，面临突破可能，却不知道行情何时才能突破？也不知道向哪个方向突破？于是，证券分析家又创造了布林极限宽指标，用以弥补该指标的不足。

布林极限宽指标简称WIDTH，热键WID，它是由BOLL指标派生出来的，既是BOLL的辅助指标，又是相对独立的测市工具。它是用来测量带状BOLL通道的上限和下限距离中间平均线的宽度，从而判断行情是否将要启动。

WID指标就是布林的上限值与下限值的差，同布林平均值的比值。一般来说，WID指标缩小到一定数值时，股票随时有可能发生突破（上或下）。但是，该指标的临界点会随个股的不同而改变，所以最好观察一年来该指标的走势图，以确定指标的临界点。

在钱龙分析软件中，WID指标为静态指标。在副图上，由两条线组成：一条为WID曲线，另一条为WID的N天移动平均线，取值范围是0～无限大。以上证指数走势图为例，一般常态分布于5～15，高于15（在大多头市场里有时高达30以上）或低于5，都属于超常态的超买超卖状态。

WID指标跟BOLL指标、%BB指标共同构成一组指标群，合并使用效果更佳。该指标有以下6个主要特征。

（1）WID指标的主要作用在于辅助BOLL指标搜索即将发动行情的个股，及时为投资者提供精确的买卖信号。

（2）WID指标的数据随个股不同而不同，不可一概而论，使用者应自行观察后判定。

（3）根据BOLL指标原理，当开口缩小到一定数值产生突破时，有向上或向下两种结果。注意：无论向上或向下，WID的值都是上升的。若向上突破，WID指标与股价是同步上升的；若向下突破，WID指标与股价趋势是背道而驰的，即WID线上升，股价下跌，这一点不同于平常所说的背离现象，应加以区别。

（4）一般情形下，当WID指标下跌至4左右时，股价随时可能爆发大级别的变盘，当其值大于15时，有可能产生回档或反弹。

（5）WID指标具有预知性，由于该指标提供了明确的数据标准，当该指标低于某一个数值水平时，就相当于提前悄悄地告诉大家：我将要变盘了。投资者对这类股票，应特别留意。

（6）WID的值由小变大，意味着即时的行情趋向上升或下跌；WID的值由大变小，则意味着上升或下跌的行情渐告结束。

第十章

宝塔线（TOW）

一、TOW 指标精要

宝塔线指标（Tower，简称 TOW），是一种较特殊的技术指标，虽名为“线”，图形却与 K 线相像。其标示方法是用红、绿实体（只计开盘价、收盘价，不计最高价、最低价）来表示股价的涨跌，并配合指数走势图，与移动平均线一起，来研判未来行情走势的一种技术分析指标。

由于这种指标图形绘制方法很特别，形成红棒、绿棒，以及红绿棒之间的更迭，故得名为“宝塔线”。有趣的是，宝塔线在同一天时间里有可能出现一头红一头绿的现象。一般而言，宝塔线绿翻红表明市势向好，此为买入时机；反之，红翻绿表明市势向坏，此为卖出时机。

宝塔线跟 K 线图不同：大势向上时，K 线图可能翻红翻绿频繁变化，宝塔线可能一直是红的；反之，大势向下时，宝塔线可能一直是绿的。依据宝塔线的翻红翻绿做买卖操作，是赢大波段，输小波动。宝塔线有时也会频繁翻红翻绿，意味着大势方向不定。

宝塔线的优点在于可预知次日红绿变色的敏感位，买卖决策点位丝毫不含糊，看多、看空也一目了然。无论是指数还是个股，它们的多空敏感位在开盘前就已知道（答案唯一）。其规律是：

如果昨天宝塔线是红的，以“昨顶端”为“今开端”，以“昨底端”为“今敏感位”。

如果昨天宝塔线是绿的，以“昨底端”为“今开端”，以“昨顶端”为“今敏感位”。

如果昨天宝塔线是红绿并存的，则以“昨敏感位”为“今敏感位”，以强化宝塔线的“隔日纠错功能”。

通常来说，“敏感位”具有一定的实盘指导意义：当股价穿过“敏感位”时，TOW指标绿变红，为买入信号；当股价跌破“敏感位”时，TOW 指标红变绿，为卖出信号。但在实际操作中，主力常常在“敏感位”上做骗线，利用其红绿线交替误导投资者。

二、TOW 指标特性

（1）TOW 的初始化：第一根宝塔线，以昨收盘为“今开盘”，以今收盘为今收盘画“K线”。注意：TOW 指标忽略当天的最高价、最低价数据（认为这些是不稳定的、偶然的）。收盘数据则是多空整天对垒的最终相对稳定的结果。今收盘比昨收盘高为红色阳线，反之为绿色阴线。新股上市首日，只好以今开盘代替昨收盘。

（2）昨红，今收盘比昨红线上端更高，则画上升新红线，继续看多。如果连绵不断永远出红线，永远看多。TOW 没有“钝化”之说，在单边牛市或单边熊市，能够助人赚取最大值。

（3）昨红，今收盘低于昨红线上端，但又高于昨红线低端，今仍是红线，不过今上端与昨上端平齐（即所谓“两平顶”）。这是上攻乏力的表现，但空头尚未得势，多方虽腿软，但仍守着要害防线。

（4）昨红，今收盘低于昨红线下端，今为红翻绿的双色线。顶与昨顶平齐，今线于昨红线下端之上为红，今线于昨红线下端之下为绿，今收盘为今线之下端，这是多翻空转势信号。一般来说，三平顶翻绿比两平顶翻绿的杀伤力更大，偶尔也会出现四平顶翻绿或更多平顶翻绿，那是多方奋力抗争后的多杀多，看空、做空的参考意义更大。

（5）昨绿，今收盘于昨绿之下端之下、昨绿之上下端之间、昨绿之上端之上的现象，与上述昨红后续情况形成反对称，在此不再赘述。下行绿线继续看空，平底绿线注意反抽，绿翻红为转势信号。

三、TOW 实盘经典

在实盘操作中，TOW 指标应重点掌握以下 3 点。

（1）关注 TOW 指标的多重平底和多重平顶出现后的突破方向。

（2）注意 TOW 指标的敏感位及红绿棒的转换。

（3）了解 TOW 的画法。

（一）变色信号

（1）股价经过一段时间的上涨后，宝塔线在高位由红翻绿，并且 5 日移动平均线调头下行死叉 10 日移动平均线，表明上涨空间已被封闭，此时看空做空，甚至不计盈亏。

如图 10–1 所示，四通股份（603838）大幅上涨后，盘中出现大量的获利盘，TOW 指标连续 5 个交易日平顶，说明股价上涨空间有限。此后 TOW 由红翻绿，很快 5 日均线死叉 10 日均线，此时应以卖出股票为主。

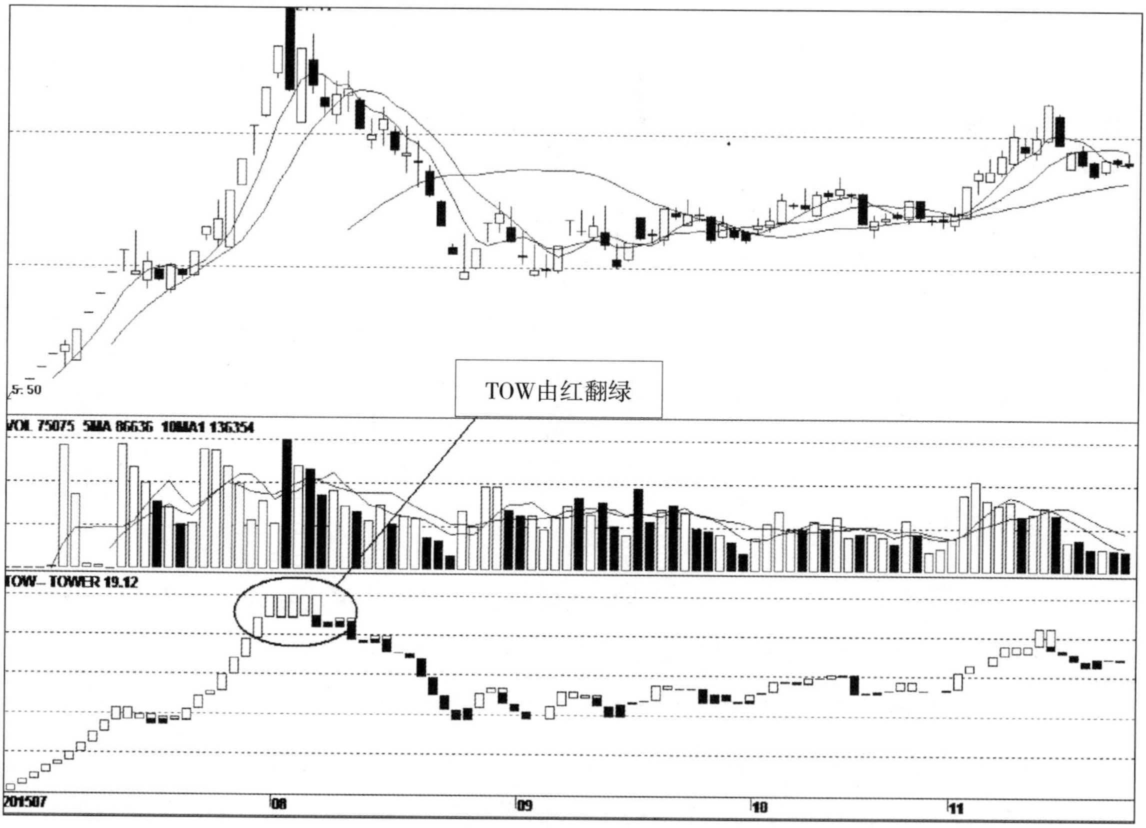

图 10–1　四通股份（603838）日 K 线图

（2）股价经过一段时间的调整下跌后，宝塔线在底部由绿翻红，并且 5 日移动平均线上行金叉 10 日移动平均线，此时可看多做多，甚至可追多，不惜帮主力抬轿子，肯定能得到丰厚的回报。

如图 10–2 所示，宜华生活（600978）的股价经过一段时间的调整后形成底部，股价渐渐企稳回升，TOW 由绿翻红，5 日均线由下行转为上行并金叉 10 日均线，发出买入信号，此后股价出现一定幅度的盘升行情。

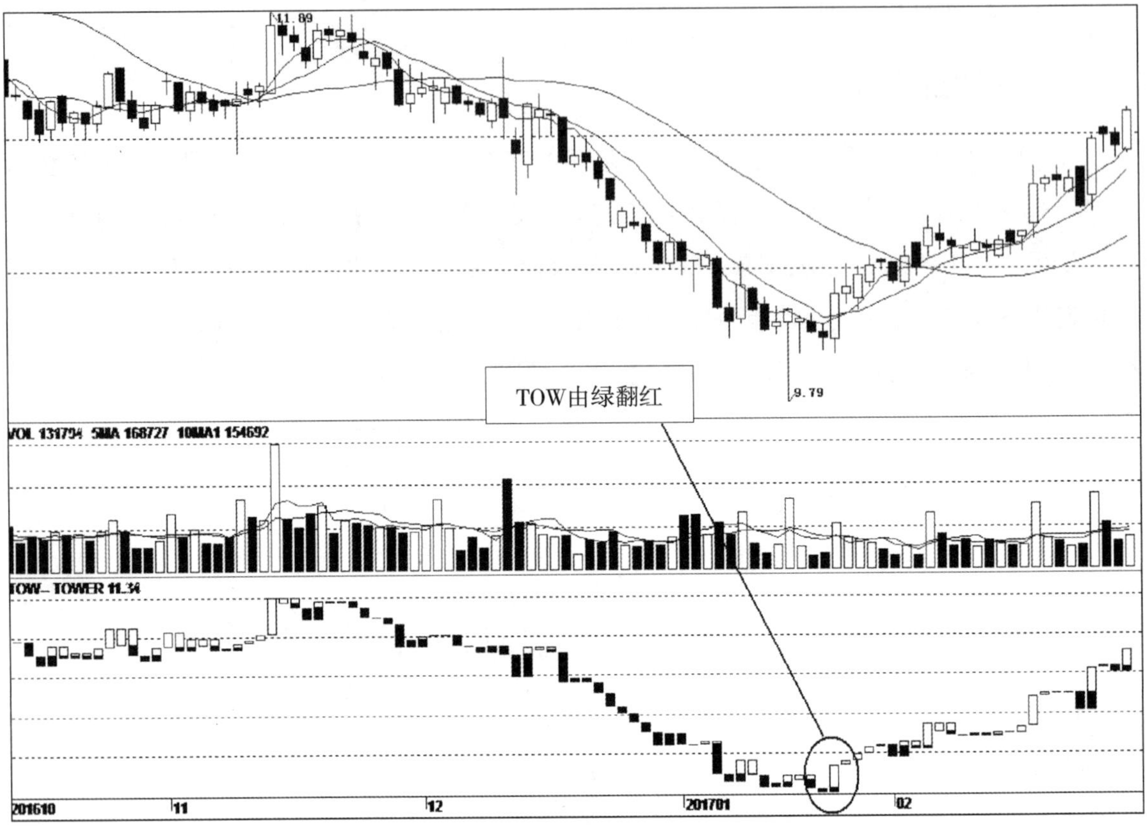

图 10-2 宜华生活（600978）日 K 线图

（二）转势信号

（1）在股价高位区域，宝塔线虽然是红色，但 5 日移动平均线走平或下行，表明股价已经上行乏力，有筹码的应短线减仓或出局，没有筹码的观望不进。

（2）若在底部区域，宝塔线虽然是绿色，但 5 日移动平均线走平或上行，表明下跌动能减弱，此时看空不做空，没有筹码的观望不进，有筹码的即使套牢也暂不割肉。

如图 10-3 所示，银之杰（300085）的股价见底后出现一波反弹行情，然后在高位形成平台走势，此时 TOW 线虽然是红色，但 5 日线在高位走平，预示股价上涨已十分吃力，最后股价选择了向下走势，TOW 线翻绿，形成卖出点。

（三）红绿信号

（1）股价位于高档区，宝塔线长绿而下，一般为主力出货所为，应立即获利了结，未来得及抛货者，可以趁反弹时抛出。

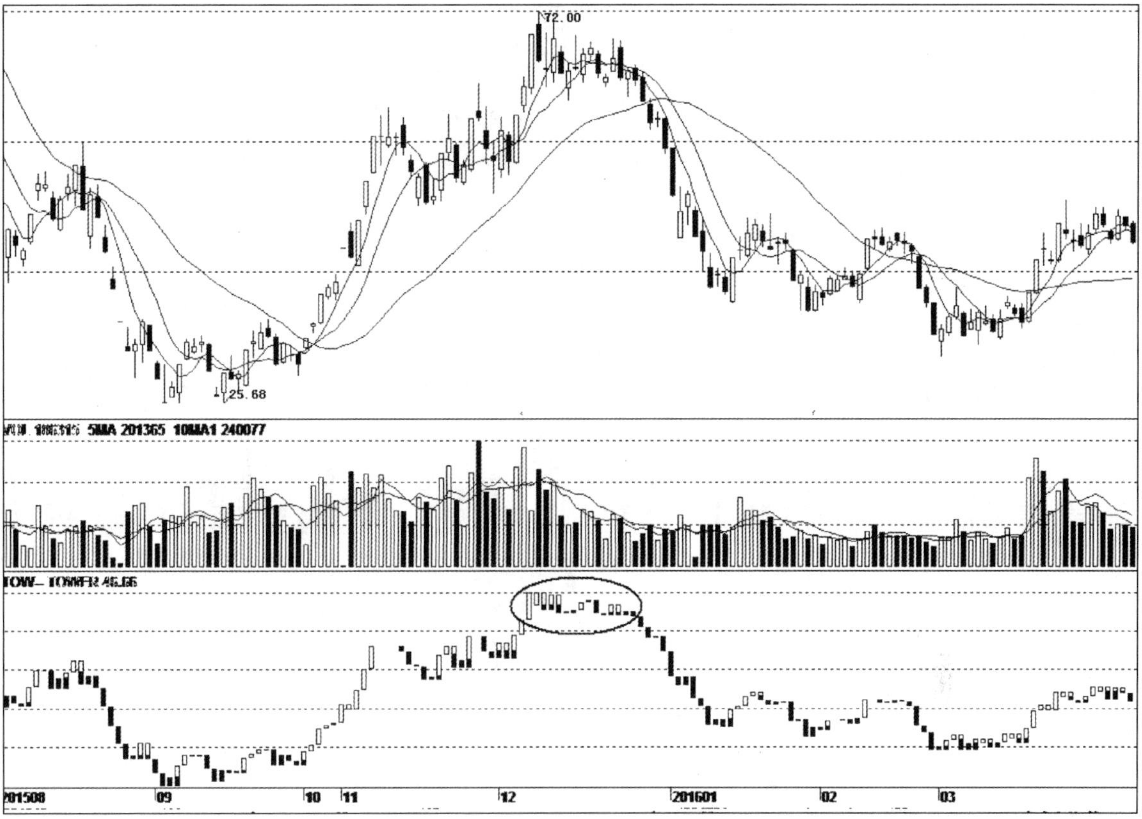

图 10-3 银之杰（300085）日 K 线图

（2）股价位于低档区，宝塔线长红而上，则是买入时机。

（3）盘局时，宝塔线产生小翻红、小翻绿现象，可不必理会。

如图 10-4 所示，亨通光电（600487）的股价经过一轮爆炒后，短线获利盘较大，TOW 线在高位出现一根长长的绿线，表明行情已经见顶，主力在高位派发意愿十分强烈，这时投资者不论后市走势如何，应尽快出局观望。

（四）包容信号

（1）行情经过一轮上涨，股价见顶回落，当日收盘时，TOW 指标低于最近 3 根阳线的最低价时（包容线），表明股价上涨乏力，投资者可在回抽时逢高了结。

（2）行情经过一轮下跌，股价触底反弹，当日收盘时，TOW 指标高于最近 3 根阴线的最高价时（包容线），表明股价探底成功，投资者可在回调时买入做多。

如图 10-5 所示，中路股份（600818）的主力打压洗盘结束后，由于抄底资金介入，股价企稳回升，TOW 指标中的一根大红线将前面的多根小绿小红线包容起来，企稳迹象非常明显，投资者应第一时间买入。

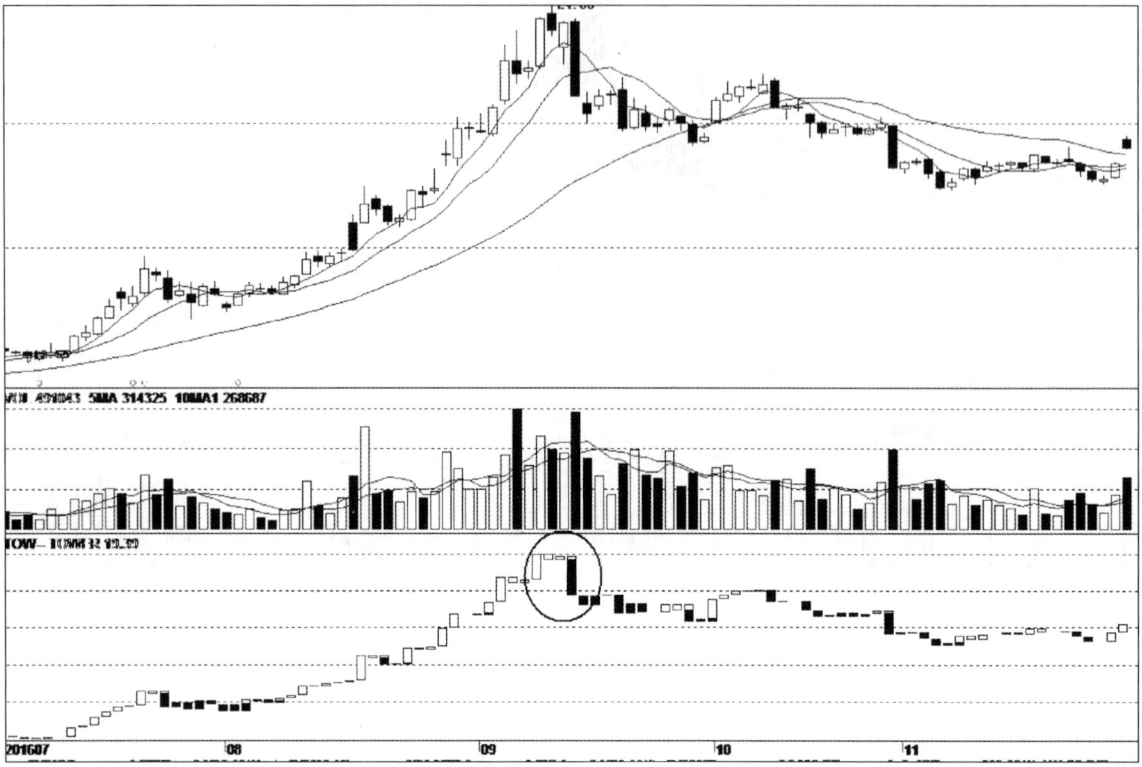

图 10-4　亨通光电（600487）日 K 线图

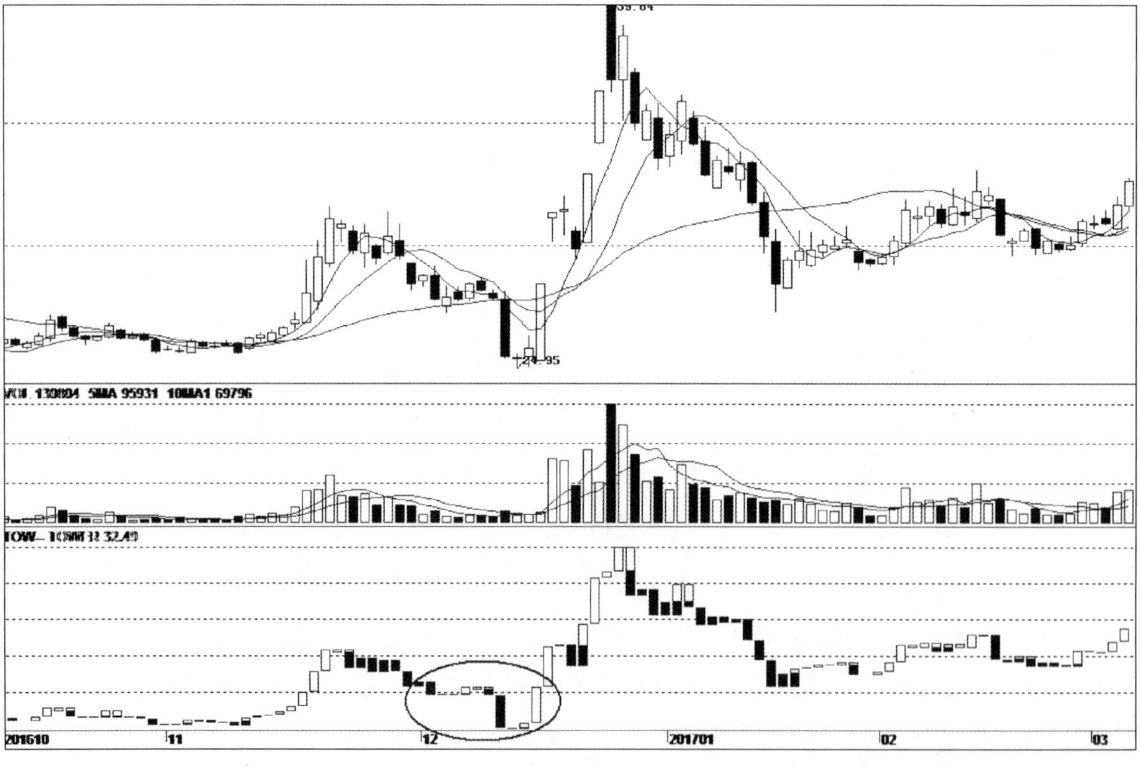

图 10-5　中路股份（600818）日 K 线图

（五）平底平头信号

（1）平底信号。股价即将见底时，主力一般会在前一日 TOW 线的底边线附近护盘，因此 TOW 线通常出现平底现象。当在底部出现三平底或多平底时由绿翻红，为买进信号。这种形态出现后，红线会逐渐增长，这时可以根据 5 日 TOW 线的上升或下降以及它的陡峭程度来估计后市的发展趋势，只要 5 日 TOW 线不调头，就可以持股到底。

（2）平头信号。主力在高位出货时，大多在前一日 TOW 线的顶边线附近，因此在顶部出现三平顶或多平顶时由红翻绿，为卖出信号。遇到这种形态，必定会有一段时间和幅度的下跌。出现这种形态的先兆，就是持续上升的红线逐渐变小，5 日 TOW 线逐渐走平或向下调头。

如图 10-6 所示，武昌鱼（600275）的主力成功完成建仓计划后，股价开始大幅拉升，短期涨幅较大，这时主力开始不断地进行出货。TOW 线在高位出现三平顶翻绿走势，此处形成极佳的卖出点。其后股价一路振荡下跌，形成倒 V 形头部形态。

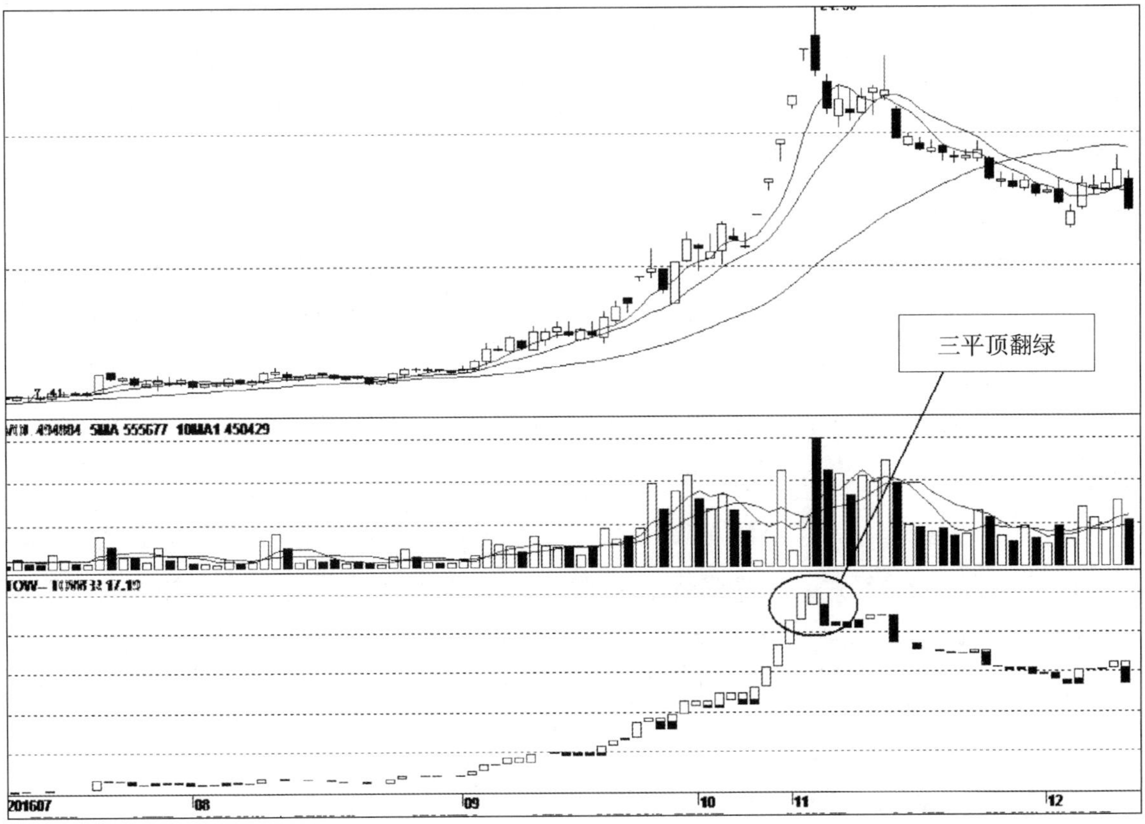

图 10-6　武昌鱼（600275）日 K 线图

四、TOW 常见陷阱

一般而言，TOW 由绿翻红表明市势向好，此为买入时机；TOW 由红翻绿表明市势向坏，此为卖出时机。TOW 跟 K 线图不同，大势向上时，K 线图可能翻红翻绿频繁变化，TOW 指标可能一直是红的；大势向下时，TOW 可能一直是绿的。跟随 TOW 翻红翻绿买卖操盘，是赢大头、输小头。TOW 也会频繁翻红翻绿，意味着大势方向不定。正因为 TOW 有翻红翻绿的特征，也导致该指标经常出现虚假信号。

（一）敏感位陷阱

1. 敏感位陷阱

（1）股价在一轮持续的升势行情中节节攀升，TOW 指标红色线不断地往上码叠，突然某一天 TOW 指标由红色变为绿色，即击穿了“当日敏感位”，呈现红绿并存的柱状线。如果将其对应到日 K 线图上，便形成乌云盖顶的阴包阳看跌形态，因此构成了较好的卖出信号。但是卖出股票后，股价并未出现下跌走势，并且很快企稳回升，走出上升行情，令提早出局者深感悔意。

（2）股价在一轮持续的下跌行情中向下步步走低，TOW 指标绿色线不断向下堆积，突然某一天 TOW 指标由绿色变为红色，即突破了“当日敏感位”，呈红绿并存的柱状线，此时在日 K 线图上就形成了曙光初现的阳包阴看涨形态，因此构成较好的买入信号。但是买入股票后，股价只是小幅反弹，并且很快恢复下跌走势并创出新低，把“技术高手”套牢其中。

如图 10–7 所示，浪潮软件（600756）在大势下跌时，大牛股也难逃噩运，股价照样跌得面目全非。股价经过大幅调整后企稳回升，顺利穿过 30 日均线，可是第二天股价意外跌停，当日收于 4.05 元，TOW 指标红翻绿，散户大为惊慌。但在跌停后的第二天，股价又出乎意外地涨停，当日收于 4.46 元，TOW 指标绿翻红，令散户大为不解。股价大起大落，明显是主力在利用宝塔线故意捣乱，搅得散户人心惶惶，纷纷抛售筹码离场。主力则张开胃口照单全收，结果不久股价就又飞了起来。

技术解盘：从该股走势图中可以看出，在 TOW 指标出现红翻绿信号时，从 K 线组合观察，有刻意设置信号嫌疑。在分时走势中，主力造假行为更加明显。5 日 TOW 线趋势向上，没有出现明显的向下调头迹象。KDJ 指标中的 J 线、K 线回落到 D 线附近，得到 D 线的支撑，继续保持强势状态。在 BOLL 指标中，股价得到中轨线的支撑，股价回档属于正常。MACD 指标在 0 轴下方金叉后向上，中线趋势向好。因此，股价大起大落不必惊慌，这是主力正常吸货洗盘所为，后市坚定向好。

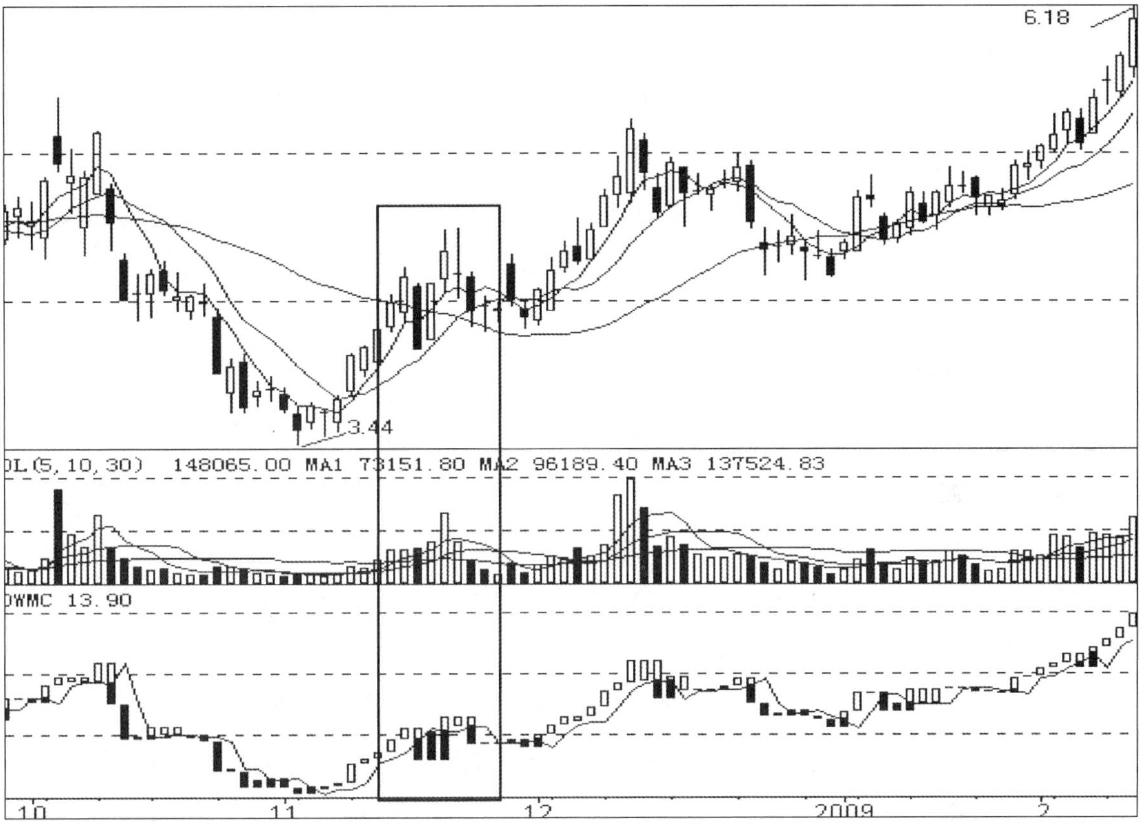

图 10-7 浪潮软件（600756）日 K 线图

2. 技术纠正方法

（1）由于 TOW 线是通过收盘价做出来的，所以主力运用其翻红翻绿功能极容易做成骗线，散户也极容易受骗。识别它的方法是看它是否在尾市几笔或一笔大单拉上来或是打下去很多。如果是，应引起警觉；如果经常出现这种情况，肯定有异动；如果不是，可能是市场所为。因此，投资者尤其是短线投资者应认真观察盘面的每一个细节。主力意图是通过盘面变化表现出来的，读懂了盘面就看清了主力。

（2）将 TOW 指标与它的 5 日 TOW 线结合起来，只要 5 日 TOW 线趋势不变，可以不必为中间的细小波动大伤脑筋。当 5 日 TOW 线出现调头时，再结合其他技术因素综合分析，得出的结果更加可靠。

（3）短线可以观察 RSI、KDJ、W%R 等技术指标信号，看是否得到相应的支持，同时参考 BIAS 指标值的大小。比如，当 TOW 红翻绿时，KDJ 指标有没有出现有效死叉，J 线、K 线回落时，在 D 线附近有没有得到支撑等，便可以检验 TOW 指标红翻绿的真假。

（4）中线可以观察 MACD、BOLL、MIK、SAR 等技术指标信号，看是否支持 TOW 指标翻红翻绿信号。

（二）形态陷阱

在价格变化不大的盘整行情中，TOW 指标经常形成平头平底形态。后市一旦打破这个形态，将产生一段不小的升幅或跌幅行情。通常形态持续时间越长，突破力度越大，后市涨跌幅度也越大。但在实盘中，也常常出现虚假信号，主力也喜欢在这些指标中制造假象，因此散户要认真分析，谨慎操作。

1. 三平底翻红陷阱

经过一段时间的下跌行情后，股价在低位出现三平底翻红形态，反映股价已经严重超跌，短期内可能产生一波短线反弹行情。因此，当 TOW 指标在底部出现三平底翻红形态时，投资者可以适量介入，做短线反弹行情。或者，股价在上涨途中进行了一段较长时间的调整后，一旦 TOW 指标出现三平底翻红形态，并且股价也依托中长期均线向上扬升，或放量向上突破中长期均线，意味着股价调整已经结束，股价将出现新一轮涨升行情，投资者可以买入做多。但这种走势中虚假信号很多，投资者要多加防备。

如图 10–8 所示，凤竹纺织（600493）的股价经过大幅炒作后，主力在高位派发了大量筹码，然后向下脱离头部。不久，股价出现反弹走势，TOW 指标产生三平底翻红形态，构成买入信号。但是，后市股价只是出现了冲高动作，然后加速下跌，从而构成虚假信号。此后不久，又出现两次同样的信号，都是同样的走势，同样的结果，据此介入的投资者都被套牢。

技术解盘：从该股走势图中可以看出，当 TOW 指标在中低位三平底翻红后，没有出现持续性红色实体，信号持续性值得怀疑。移动平均线呈空头排列，对股价上行构成压力，信号可靠性差。RSI 指标运行在 50 线以下弱势区，未能有效向上突破 50 强弱分界线，6 日 RSI 指标偶尔向上穿过 50 强弱分界线后也快速滑落。MACD 指标向下滑落，穿过 0 轴加速下行。因此，三平底翻红信号不可靠，中长线操作不可取，超短线技术高手可在设好止损位的情况下适当参与抢反弹。

2. 三平顶翻绿陷阱

当股价已经有了一定的上涨幅度后，在高位出现三平顶翻绿时，反映股价的涨势行情已经见顶，将开始一波比较凶猛的跌势行情。因此一旦 TOW 指标在高位出现三平顶翻绿

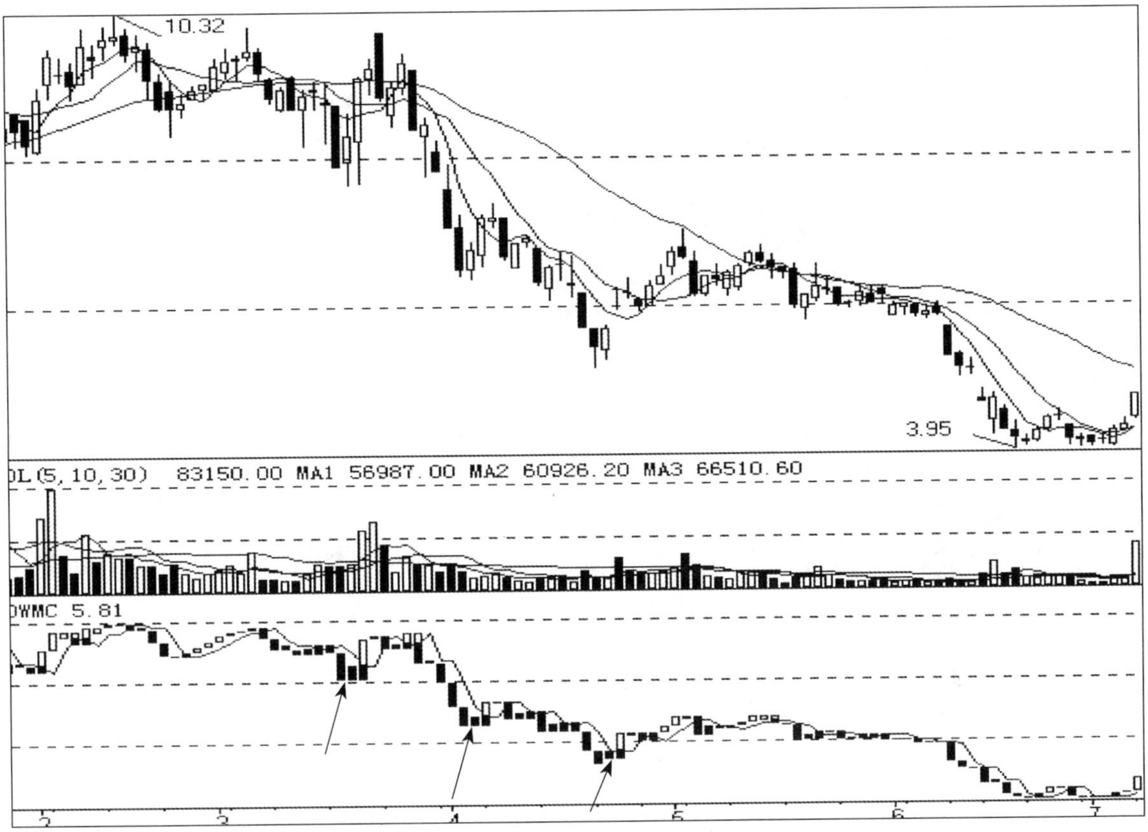

图 10-8　凤竹纺织（600493）日 K 线图

形态，应果断卖出。或者，在中高位区域滞涨而进行了一段时间的盘整时，一旦 TOW 指标出现三平顶翻绿形态，并且股价几乎同时向下跌破中长期均线，意味着股价出现新一轮跌势行情，投资者应卖出股票。但这种走势中虚假信号经常出现，投资者要谨防被骗。

如图 10-9 所示，长江通信（600345）的股价经过大幅调整后见底回升，经过一波小幅上涨后，主力开始洗盘整理，股价出现振荡回落。此时，TOW 指标出现三平顶翻绿形态，表明反弹行情结束，构成卖出信号。可是，卖出后股价并未出现明显的下跌，而是出现振荡盘升走势，先期卖出者成为踏空者。不久又出现一次三平顶翻绿形态，股价也没有出现下跌调整，三平顶翻绿成为又一个空头陷阱。

技术解盘：从该股走势图中可以看出，当 TOW 指标出现三平顶翻绿后，没有出现持续性的绿色实体，表明信号持续性不强。移动平均线呈多头排列，对股价上行构成支撑，做空信号可靠性差。RSI 指标在 50 线以上强势区运行，没有向下击穿 50 强弱分界线。6 日 RSI 指标偶尔向下穿越 50 强弱分界线后，也被快速拉起。MACD 指标仍在 0 轴上方运行，趋弱信号不明显。因此，三平顶翻绿信号可靠性不强，卖出容易踏空。

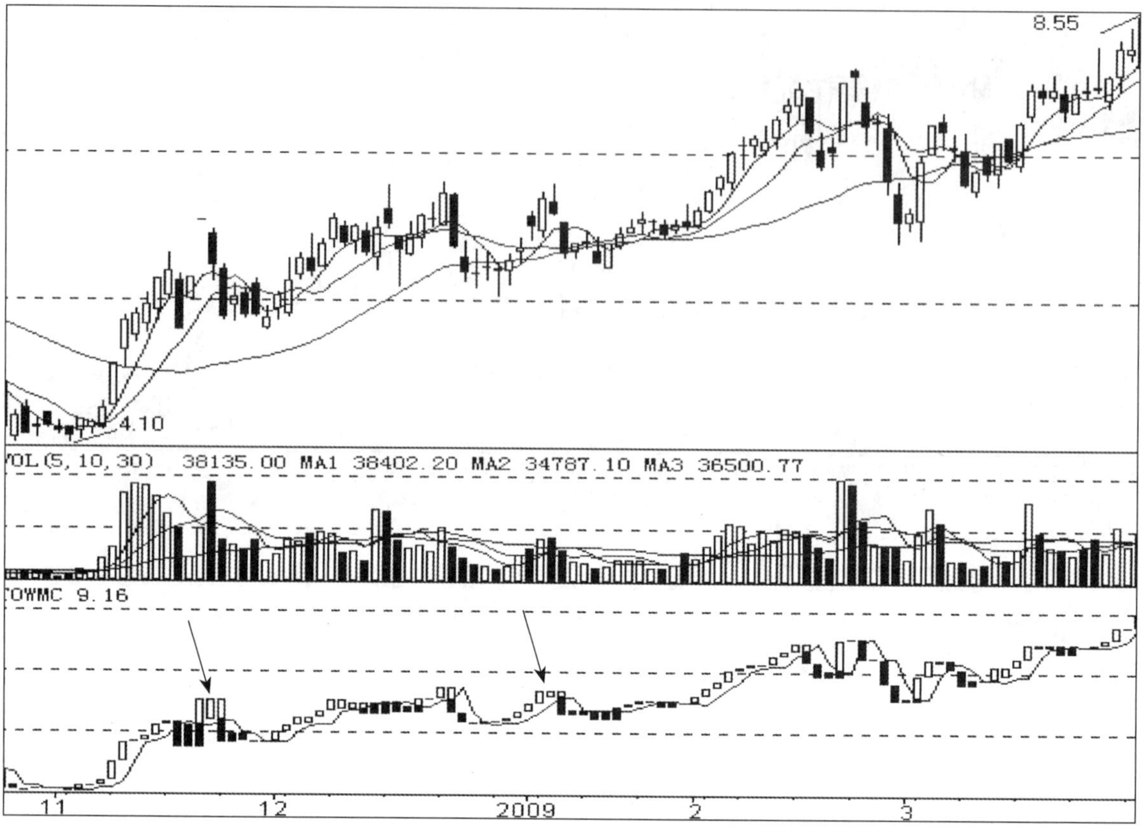

图 10-9　长江通信（600345）日 K 线图

3. 技术纠正方法

（1）当 TOW 指标在中低位三平底翻红后，只要 TOW 指标放出一连串红色实体，并且股价依托中短期均线向上运行，说明股价强势依旧，还将继续上涨，这是 TOW 指标发出的涨势持续信号，否则假信号可能性大。同样，当 TOW 指标在高位三平顶翻绿后，只要 TOW 指标放出一连串绿色实体，没有明显的翻红现象，同时股价也被中短期均线压制下行，说明股价弱势依旧，股价还将继续下跌，这是 TOW 指标发出的跌势持续信号，否则假信号可能性大。

（2）将 TOW 指标与 K 线图、股价运行趋势、移动平均线等共同使用效果更佳。出现三平底翻红时，若 K 线向好，股价运行趋势向上，移动平均线呈多头排列，信号可靠性高，否则信号可靠性差。出现三平顶翻绿时，若 K 线向淡，股价运行趋势向下，均线系统呈空头排列，信号可靠性高，否则信号可靠性差。

（3）分析 MACD 指标信号。如果 MACD 指标运行在正值区域，表明市场仍处于强势之中，或者当 DIF 线交叉 MACD 线后，DIF 线没有形成快速下滑（斜线较为平坦）的势头，表明股价主动回档而不是下跌，经过短期调整后会重拾升势。相反，如果

MACD 指标运行在负值区域，表明股价处于弱势之中，或者当 DIF 线交叉 MACD 线后，DIF 线没有形成快速上行的势头，大多属于反弹行情，经过短期反弹后会再度下跌。

（4）分析 RSI 指标信号。如果 RSI 指标在 50 线以上强势区运行或 6 日 RSI 指标向下击穿 50 强弱分界线后快速拉起，表明市场仍处于强势之中，或者 RSI 指标形成金叉后，快速向上穿越 50 强弱分界线，表明行情开始走强。如果 RSI 指标在 50 线以下弱势区运行，或 6 日 RSI 指标向上突破 50 强弱分界线后快速滑落，表明市场仍处于弱势之中，或者 RSI 指标形成死叉后，快速向下击穿 50 强弱分界线，表明行情开始走弱。

（5）结合 K 线分析。TOW 指标出现翻红翻绿时，K 线图也会形成平头平底、身怀六甲或穿头破脚等 K 线组合，其判断意义更大。

（三）红绿陷阱

红色实体线代表上涨，表明此时买气较盛。尤其在底部区域，TOW 长红而上，说明市场出现底部反转，应及时买入。相反，绿色实体线代表下跌，在顶部区域 TOW 长绿而下，说明市场出现顶部特征，应及时离场。

但在实盘中，TOW 指标的这个信号也并不十分可靠，有时一根长红实体线之后，股价只是小幅上涨，并很快转为下跌，将买入者套牢其中。同样，有时一根长绿实体线之后，股价只是小幅下跌，并且很快就恢复上涨走势，令出局者踏空后悔。

1. 长红陷阱

当股价经过一轮下跌行情后，当日 TOW 指标收盘价高于前面 3 根绿棒的最高价，形成“长红覆盖”形态，预示空方力量消退，多方力量占据盘面优势，为买入信号。或者，当股价经过一轮下跌行情后，在低档 TOW 指标突然长红而上，形成“长红反转”形态，说明股价跌势结束，涨势开始形成，是买入信号。但是，这类信号的虚假现象也比较多，投资者应综合其他因素进行分析判断。

如图 10–10 所示，京沪高铁（601816）的股价反弹结束后出现振荡整理走势，然后渐渐向下滑落，TOW 指标绿色方柱一个比一个低。2021 年 10 月 8 日，TOW 指标出现多平底翻红形态，一根大红棒覆盖了前面 10 根小绿块的最高价，形成“长红覆盖”形态。出现这种形态，按照 TOW 指标买卖法则，预示股价将见底回升或出现一波上涨行情，因而是一个买入信号。但是，随后股价并没有出现预期的上涨走势，仍然向下阴跌，“长红覆盖”形态成为骗人的陷阱。

技术解盘：从该股走势图中发现，出现这种情况主要原因有 3 个：一是股价反弹遇到前高的压力，短线难以突破；二是成交量不足，无法形成强有力的攻势；三是压缩实盘图形，发现有一条明显的下降趋势线，压制股价上涨。此外，MACD、BOLL、MIK、SAR等多项技术指标也不支持TOW指标发出的做多信号。

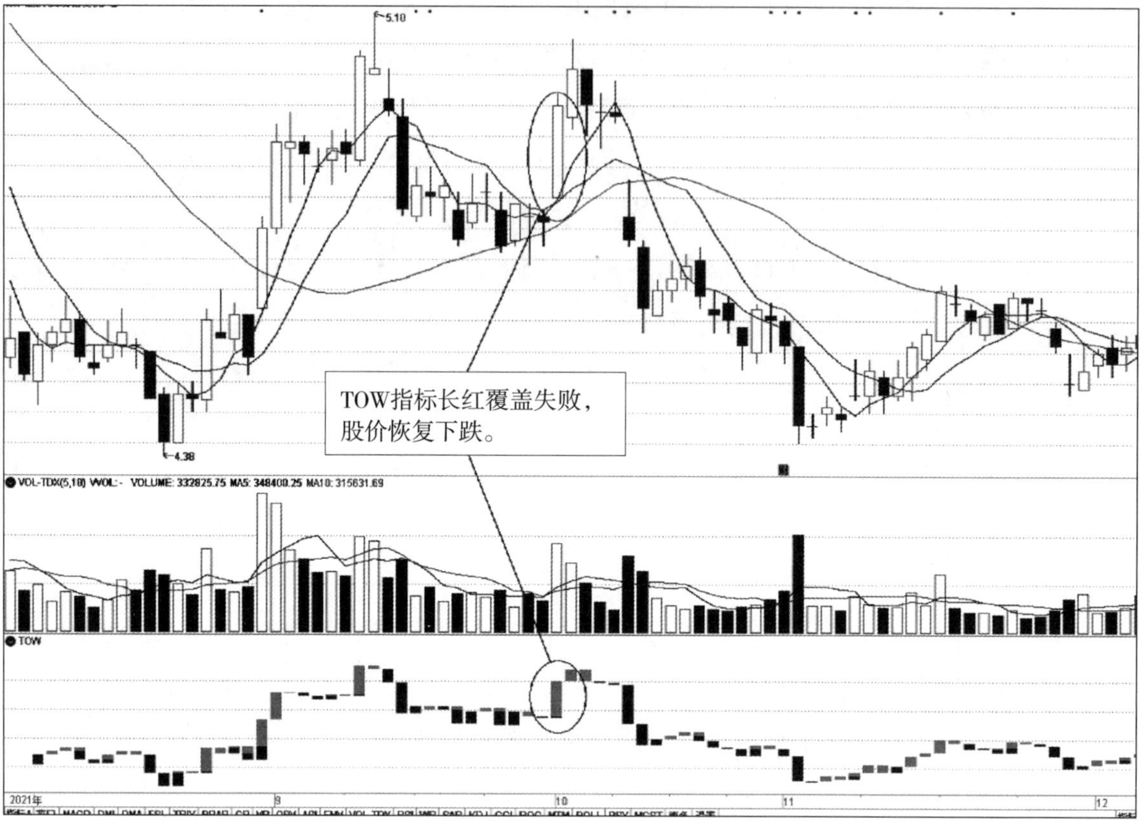

图 10-10 京沪高铁（601816）日K线图

2. 长绿陷阱

当股价经过一轮上涨行情后，当日TOW指标收盘价低于前面3根红棒的最低价，形成“长绿包容”形态，预示多方力量消退，空方力量占据盘面优势，为卖出信号。或者，当股价经过一段时间幅度较大的上涨行情后，在高档TOW指标突然长绿而下，形成“长绿反转”形态，说明股价涨势结束，跌势形成，是卖出信号。但是，这类信号的虚假现象也比较多，投资者应综合其他因素进行分析判断。

如图10-11所示，云煤能源（600792）的股价经过大幅调整后企稳回升，经过一波盘升行情后，主力开始洗盘整理。2021年7月28日，TOW指标一根大绿棒包容了前面数根红绿小方块，形成“长绿反转”形态。走出这种形态，按照TOW指标的一般操作法则，预示股价仍将继续下跌，因而是一个卖出信号。但是，股价走势并没有人们想象的那么差，第二天就止跌企稳了，接着出现一波涨升行情，“长绿反转”形态成为诱空信号。

技术解盘：从该股走势图中发现，TOW 指标虽然出现长绿线，但从盘面观察，股价下跌力度不大，难以出现大跌行情，因为有前方低位的支撑，同时能量萎缩，杀跌动能有限。实盘中遇到这种走势时，可以在股价重返 30 日均线上方时择低买入。

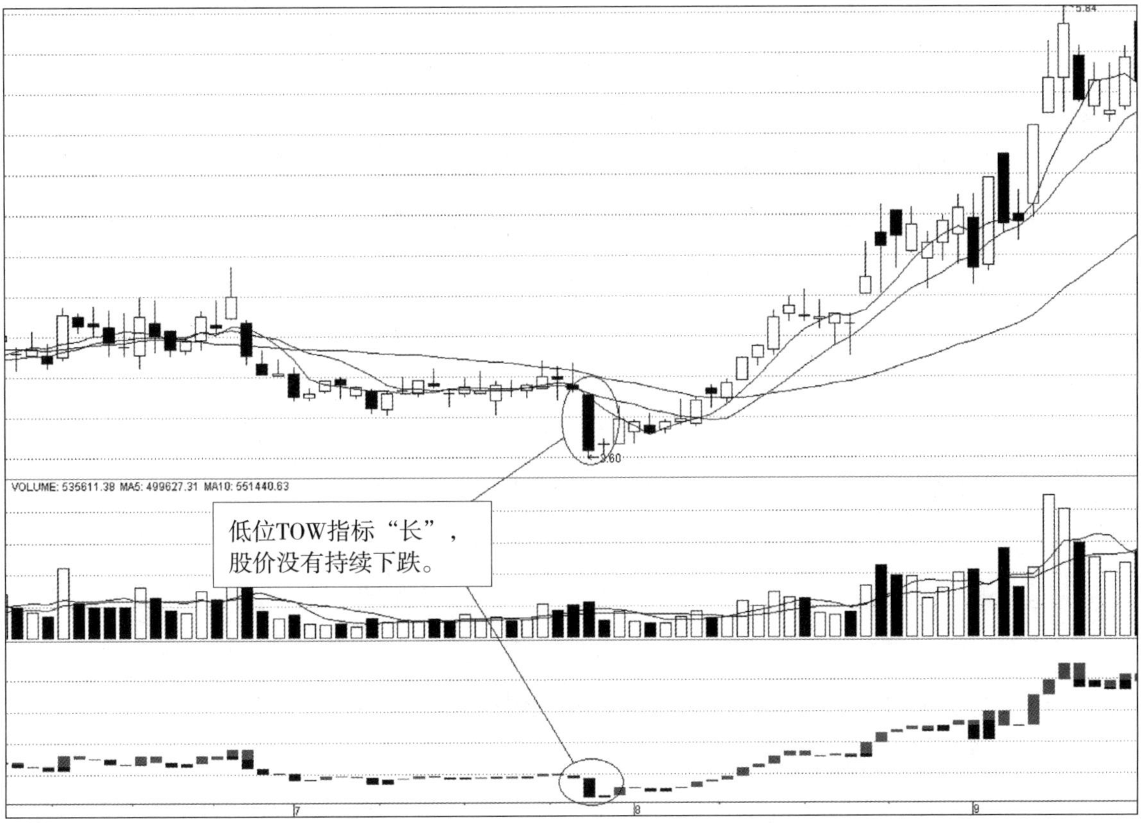

图 10-11　云煤能源（600792）日 K 线图

3. 技术纠正方法

（1）观察 TOW 指标的 5 日 TOW 线的变化情况。在趋势行情中，可以根据 5 日 TOW 线的上升或下降的陡峭程度来估计股价下一个阶段的趋势，从而明确自己是持股还是抛股。如果 5 日 TOW 线趋势不变，没有出现明显的转向信号，就保持原来的计划不变。当 5 日 TOW 线出现调头迹象时，再结合其他技术因素综合分析，得出的结果更加可靠。

（2）利用均线系统的方向进行过滤。短线关注 10 日均线，如果 TOW 指标发出买卖信号，而 10 日均线依旧维持原方向不变，这时应耐心等待下一个信号出现。当 10 日均线出现转向信号时，应及时采取行动。中长线关注 30 日均线的变化情况，操作方法同 10 日均线。

（3）观察趋势线支撑和压力的变化。当股价到达趋势线的上轨线或下轨线、趋势线的支撑点或压力点时，根据趋势线所起的作用大小决定如何操作。趋势线所起的作用越大，股价越有可能保持原趋势运行不变，所起的作用越小，股价趋势线越容易被突破，此时可以根据有关突破的理论法则进行操作。

（4）短线可以观察 RSI、KDJ、W%R 等技术指标信号，看能否得到相应的支持，同时参考 BIAS 指标值的大小进行研判。中线可以观察 MACD、BOLL、MIK、SAR 等技术指标信号，看是否支持 TOW 指标的突破走势。

（5）结合 K 线分析。TOW 指标出现长红长绿线棒时，K 线也形成三只乌鸦、红三兵、乌云盖顶或曙光初现等组合，其判断意义更大。

（四）突破陷阱

1. 向上突破陷阱

当股价在一定幅度内的盘整区域中维持小翻红、小翻绿状态时，只要这个盘整区域没有被突破，说明股价的整理态势没有结束，投资者可以坚持原来的操作策略不变。当股价在高位维持一段时间后，一旦 TOW 指标出现实体很长的红色棒线向上突破盘整区间，说明股价整理的态势已经结束，将进入新一轮上涨行情，投资者应及时买入。

或者，股价经过一轮下跌行情后，在中位维持一段时间的整理，一旦 TOW 指标出现实体很长的红色棒线向上突破整理区间，说明股价中低位蓄势整理态势已经结束，将出现见底回升行情，投资者应及时买入抄底。

但在实际操作中，股价向上突破后可能只是维持一两天的升势，没有出现持续的上涨行情，随后很快回落到原位并出现新一轮下跌行情，使介入的投资者套牢其中。

如图 10-12 所示，江铃汽车（000550）经过一波调整后初步得到企稳，股价小幅反弹后再次回落，继续呈现盘整走势。2022 年 1 月 11 日，股价出现回升。1 月 13 日，一根大阳线向上突破前期反弹高点，TOW 指标出现实体较长的红棒向上脱离盘整区域，预示股价进入新一轮升势行情，应作为买入操作的理由。但是，第二天股价低开低走，收回了前一天的全部涨幅，此后继续呈现调整走势。

技术解盘：从该股走势图中可以看出，股价涨势结束后，进入弱势调整，短期难以重拾升势。成交量仅是脉冲式放量，没有形成持续放量，表明场外跟风盘稀少，也没有达到突破的两个条件，即幅度要超过 3%，时间至少要连续 3 天站稳于突破位置之上，因此股价难以形成持续的上涨行情。

2. 向下突破陷阱

当股价从底部上升一段距离以后，维持在一个窄小的区域里整理，一旦 TOW 指标出

图 10-12　江铃汽车（000550）日 K 线图

现实体很长的绿色棒线向下突破整理区间，说明反弹行情已经结束，将进入一个快速的下跌行情，投资者应及时离场观望。

或者，股价经过一轮下跌行情后，在中位维持一段时间的整理，一旦 TOW 指标出现实体很长的绿色棒线向下突破整理区间，说明股价中低位出货振荡的态势已经结束，将进入新一轮快速下跌行情，投资者应及时离场观望。

但在实际操作中，股价向下突破后只维持了一两天的跌势，没有出现持续的下跌行情，很快就回升到原位并出现新一轮上涨行情，使卖出的投资者踏空。

如图 10-13 所示，中科信息（300678）的股价反弹结束后，出现横向盘整走势，多空双方势均力敌，形成一条水平支撑线。持续一段时间后，2021 年 10 月 27 日股价向下突破水平支撑线，TOW 指标出现实体很长的绿色棒线向下脱离盘整区，通常这是一个卖出信号。可是卖出股票之后，股价很快止跌并又返回到前期盘区附近，稍微整理后向上拉起，从而形成空头陷阱。

技术解盘：该股存在什么技术疑问呢？从图中可以看出：其一，股价向下突破时成交量没有放大，股价下跌时虽然不强调成交量的大小，但在突破关键位置时，也要有成交量的放大配合，这样才能加强突破的力度。从该股的盘面可以发现，单从 K 线形态上分析，后市看跌意味十分强烈，但没有成交量的配合，是无量空跌的典型例子。底部出现价跌量缩走势，说明没有恐慌盘出现，庄家对筹码的掌控非常好，向下突破则进一步加强筹码的稳定性。

其二，从价位情况分析，股价总体下跌幅度较大，调整时间充分，基本处于历史性底部区域，中长期投资价值凸现，此处下跌往往是一个低位空头陷阱。

其三，从坐庄角度分析，股价位于庄家建仓成本区附近，股价继续下跌，将会加大庄家账户的亏损额度。根据实盘操作经验，一个比较均匀的水平通道形态，市场平均成本价大概是水平通道的中心价附近，庄家的成本价位相对略低一些，但不会相差太远，更不会超出中心价至支撑线的垂直距离。因此，股价不会长时间大幅下跌，向下破位是底部空头陷阱。

所以，可以判断该股向下突破水平支撑线是一个虚假信号，是庄家建仓、试盘或砸盘行为所致。投资者遇到此情形时，不宜盲目杀跌，持币者以逢低吸纳为主。

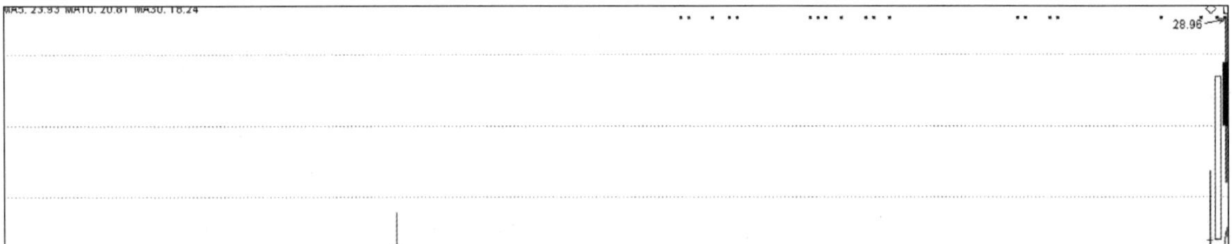

图 10-13 中科信息（300678）日 K 线图

3. 技术纠正方法

单纯就突破来讲，有效突破要达到两个条件：一是突破幅度要超过 3%，二是突破时间要持续 3 天以上。但具备这两个条件不一定都是有效突破，因此还要结合其他因素综合分析。

（1）结合股价所处位置分析。股价处在历史底部区域，或成功脱离底部区域后仅有小幅上涨，或在上涨途中第一次出现下跌调整的，那么向上突破的可能性大。股价处在历史顶部区域，或成功脱离顶部区域后下跌幅度不大，或在下跌途中第一次出现反弹后开始横盘调整的，向下突破的可能性大。

（2）结合坐庄阶段分析。股价没有经过充分炒作，或股价处在主力持仓成本之下或附近不远的，或即使股价处在高位，但主力没有完成出货的，向上突破的可能性大。股价经过大幅炒作的，或即使主力没有出货，但离主力持仓成本较远的，或在反弹行情中和主力自救行情中形成横盘整理的，向下突破的可能性大。

（3）结合市场市道分析。市道强势的，人气高涨的，走势气势强盛的，向上突破的可能性大。市道弱势的，人气涣散的，走势有气无力的，向下突破的可能性大。股价突破后要迅速脱离盘整区，如果突破后仍然在盘整区附近逗留的，假突破的可能性大。

（4）结合成交量分析。在 TOW 指标出现突破走势时，成交量相当重要，尤其是向上突破，必须要有成交量放大的支持，或者后续出现补量。成交量过低，突破肯定不能成立。但成交量特别巨大，股价位置又高的，要提防顶部出现。

（5）结合均线系统分析。如果均线系统处于多头排列，那么向上突破信号的可靠性高，向下突破信号的可靠性差。如果均线系统处于空头排列，那么向下突破信号的可靠性高，向上突破信号的可靠性差。如果均线系统处于黏合状态，那么突破信号还要结合其他因素综合分析。

（6）突破要成功跨越或脱离某一个有意义的位置，比如一个整数点位、一个整理形态、一条趋势线、一个密集区域或一个时间之窗等，否则判断意义不大。

后　记

在不少投资者心里，技术指标很神秘。有人认为技术指标的买卖信号非常明确，是万能的判市测势工具。也有人认为技术指标一无是处，是市场走出来的“马后炮”。

关于技术指标分析结果的好坏，无须评论，但可以肯定地说，离开了技术指标分析，或许可以在市场上生存一时，绝不可能存活一世。事实已经证明并将继续证明，所有贬低技术指标分析这一证券技术分析基础的行为，最终将付出沉痛的代价。

当然，技术指标不是赚钱的万灵丹，不能把技术指标看得太神奇。因为技术指标有其自身的不足，而且是一种大众化的分析工具，你用我用大家用，你知我知大家知，庄家肯定不会按常规信号来操盘。虽然历史往往会重演，但不会简单地重复。

其实，任何一项技术指标的有效性均是相对的，都有自己的适用范围和环境，以及自身的盲点和缺陷，而且在使用技术指标时，可能因人、因股、因势、因时不同而不同。比如说，同样的金叉和死叉，有人使用起来得心应手，有人使用起来却十分别扭；在这只股票中使用十分奏效，在那只股票中使用就无效，甚至出现相反的走势；在上涨趋势中用得很好，在下跌趋势中却一无是处；有时候用得很好，有时候却用得很差。同样的背离信号、同样的方向信号、同样的突破信号……也是如此。所以，在使用技术指标时，应具体问题具体分析，不能机械地照搬结论。

在这里，希望投资者将本书中的“实盘经典”和“破解陷阱”的方法，在即时行情中灵活运用，在实盘中不断总结经验，吸取教训，逐步形成一套适合自己个性的解盘判势方法。这样才能在瞬息万变的股市中立于不败之地。同时，更希望投资者能结合中国资本市场的运行规律，不断探索研究，改进或创造出适合中国资本市场的技术分析指标，成为中国式的葛兰碧、拉瑞·威廉姆斯、乔治·兰恩。如是，功莫大焉！

在成书过程中，中国宇航出版社编辑老师在图书策划、编辑和出版过程中付出了大量的心血，付梓之际，谨致最衷心的谢意！

由于时间仓促，书中差错疏漏在所难免，期盼股林同仁不吝斧正，以便在今后再版时进一步改进和提高。愿本书为广大投资者在实盘操作中带来一点启示，创造一份财富。如是，我将深感欣慰！

麻道明

2022 年春　中国·楠溪江畔